JN151007

日本語学

——「見る」の終止形は上代語では「み」である——

坂田　隆　著

真珠書院

目　　次

序　　章
 §1　上代語には終止形「見る」はない……………………………19
 §2　「見」の終止形は上代語では「み」である　………………22
 §3　上代近畿語・上代東方語・上代九州語は同等に貴重…………25
 凡例………………………………………………………………………27

第一編　「見」の終止形が上代語で「み」になる理由
第一部　動詞連体形の活用語足は AU
 第1章　動詞連体形の活用語足は AU ………………………………29
  §1　音素・語素……………………………………………………29
  §2　音素節・母音部・潜化・顕存・融合…………………………29
  §3　父音素・父音部・母類音素・完母音素………………………32
  §4　近畿語完母潜顕法則…………………………………………33
  §5　本質音・現象音………………………………………………33
  §6　四段活用動詞連体形語尾の母音部は AU ……………………34
  §7　動詞の六活用形は活用語胴と活用語足に分解できる………35
  §8　四段動詞の直結形……………………………………………37
第二部　Y は「い甲」を形成する
 第2章　Y は「い甲」を形成する音素の一つ………………………40
  §1　近畿語で「ヨ」にも「イェ」にもなる「良し」の第一音素節は
   YYO　………………………………………………………40
  §2　兼音素・父類音素……………………………………………40
  §3　「います」の「い」は Y ……………………………………41
  §4　動詞に助動詞「ます」が続く用法は語胴形 Y ます用法 ………42
  §5　Y は「い甲」を形成する音素の一つ………………………43
  §6　「ゐやぶ」の「ゐや」が「うやうやし」で「うや」になる理由
   ………………………………………………………………43
第三部　双挟潜化

第3章 「行く」が「ゆく」とも「いく」とも読まれるのはどうしてか YUY……………………………………………………………45
　§1 双挟潜化…………………………………………………45
　§2 「行く」第一音素節が「ゆ」とも「い」とも読まれるのはどうしてか………………………………………………47
　§3 形容詞「斎斎し」YUYYUY……………………………47
　§4 上代語「さぶし」が平安語で「さびし」になる理由 YUY……48
第4章 「吾君」が「あぎ」に、「籠モリ水」が「コモりづ」になる理由 YMY…………………………………………………49
　§1 「田」は「た」なのに「山田」が「やまだ」と読まれるのはどうしてか………………………………………………49
　§2 双挟潜化によって「吾君」は「あぎ」に、「いざな君」は「いざなぎ」になる……………………………………50
　§3 「籠モリ水」が「コモりづ」になる理由………………51
第5章 「十」が「トこを」「そ甲」「トこ」「ソこ」に変化する理由……52
　§1 「十」が「トこを」「そ甲」「トこ」「ソこ」に変化する理由…52
　§2 「針」「百合」「しり方」の「り」が東方語で「る」と読まれる理由……………………………………………………54

第四部 ナ行変格活用と動詞終止形活用語足
第6章 ナ変動詞・ナ変助動詞の語素構成と動詞終止形の活用語足 W……………………………………………………55
　§1 ナ変動詞・ナ変助動詞の活用語胴………………………55
　§2 近畿語でのナ変連体形の遷移過程………………………56
　§3 東方語でのナ変連体形の遷移過程………………………57
　§4 動詞終止形の活用語足は W ……………………………58
　§5 ナ変の活用形式付加語素 WRW…………………………59

第五部 上代語動詞「居」の終止形「う」
第7章 上代語動詞「居」の終止形が「う」になる理由………60
　§1 上代語動詞「居」の終止形・連体形・連用形の用例……60
　§2 上代語「居」終止形の語素構成と遷移過程………………62

第六部　上代語上甲段活用動詞「見」の終止形
　第8章　上代語「見」の終止形が「み」になる理由……………64
　　§1　上代語「見」の終止形が「み」になる理由……………64
　　§2　終止形が「い甲」段一音節になる活用は上甲段活用……65
　　§3　上甲段動詞「見」の語胴形Yます用法 ………………66
第七部　上二段活用動詞終止形の遷移過程と連体形「見る」「居る」「過ぐる」
　　　　「生ふ」の遷移過程
　第9章　上代語上二段活用動詞の終止形の遷移過程……………67
　　§1　呼応潜顕……………………………………………………67
　　§2　「月」が「ツキ」とも「つく」とも読まれる理由　WY ………68
　　§3　上代語の上二段終止形「恋ふ」の遷移過程………………69
　　§4　上二段動詞の語胴形YYぬ用法の遷移過程………………70
　第10章　上代語連体形「見る」「居る」「過ぐる」「生ふ」の遷移過程 …71
　　§1　上代語連体形「見る」の遷移過程…………………………71
　　§2　「居」の連体形が上代語で「ゐる」になる遷移過程 ………71
　　§3　近畿語上二段連体形「過ぐる」と東方語上二段連体形「生(お)
　　　　ふ」の遷移過程……………………………………………72
　第11章　助動詞「らし」「らむ」「へ"し」への接続 ……………72
　　§1　助動詞「らし」「らむ」への接続 …………………………72
　　§2　助動詞「へ"し」への接続 …………………………………75
第八部　上乙段活用動詞「干(ふ)」「嚔(ふ)」「居(う)」「廻(む)」
　第12章　「干(ふ)」「嚔(ふ)」「居(う)」「廻(む)」は上乙段活用動詞……77
　　§1　未然「ヒ乙」・連用「ヒ乙」・終止「ふ」と活用する動詞「干(ふ)」…77
　　§2　橋本進吉の"上代語已然形「干(ふ)れ」"説 ………………78
　　§3　未然形連用形の語尾が「イ乙」段である動詞の終止形語尾は
　　　　活用行の「う」段になる……………………………………82
　　§4　連体形が「ミ乙る」、連用形が「ミ乙」の動詞「廻(む)」………83
　　§5　有坂秀世の"上代語「廻」は上一段"説 …………………85
　　§6　上乙段活用動詞「干(ふ)」「居(う)」「廻(む)」 ……………86
　　§7　上代語の上甲段活用・上乙段活用は平安語ではすべて上一段

3

　　　　活用に変化する……………………………………………………87
　　§8　上乙段活用動詞「干」「廻」の終止形・連体形の遷移過程……88

第二編　四段動詞に続く助動詞「り」と動詞の命令形
　第一部　体言を表す動詞連用形と、四段動詞に続く助動詞「り」
　　第13章　体言を表す動詞連用形「行き」「死に」「見」「居」「廻」
　　　　「恋ヒ」の遷移過程………………………………………………90
　　第14章　四段動詞に助動詞「り」が続く場合の遷移過程　Y＋AY………92
　　　§1　「家」第二音素節が「へ甲」「ひ甲」「は」「へ乙」に変化する
　　　　　理由……………………………………………………………92
　　　§2　四段動詞に助動詞「り」が続く場合の遷移過程……………93
　第二部　動詞命令形
　　第15章　動詞命令形の活用語足は YOY ……………………………95
　　　§1　動詞命令形の活用語足は YOY ………………………………95
　　　§2　上代語の四段・ナ変・上二段の命令形の遷移過程…………96
　　　§3　上代語上甲段命令形の遷移過程………………………………97

第三編　弱母音素 ∀（ターンエイ）と動詞未然形
　第一部　弱母音素∀
　　第16章　弱母音素　∀ ………………………………………………101
　第二部　動詞未然形の仮定用法・ずむ用法
　　第17章　動詞未然形の仮定用法・ずむ用法………………………103
　　　§1　動詞未然形仮定用法の遷移過程………………………………103
　　　§2　動詞未然形ずむ用法の遷移過程………………………………106

第四編　兼音素 ¥（イェン）とサ変・カ変と動詞已然形
　第一部　兼音素¥
　　第18章　兼音素¥ ……………………………………………………108
　　　§1　「網」第二音素節の母音部¥は「い甲」を形成する…………108
　　　§2　「寄す」第一音素節¥YO・「帯」第一音素節¥¥O ……………109

4

第二部　否定助動詞「ず・にす」
　第19章　否定助動詞「ず・にす」 N￥+SU …………………………111
　　§1　否定助動詞「ず・にす」の終止形は「N￥+SU+W」…………111
　　§2　大野晋のani-su説と私の「∀+N￥+SU+W」説との相違点
　　　　………………………………………………………………………112
　　§3　否定助動詞連体形「ぬ・の」は「N￥+AU」…………………113
　　§4　平安語・現代語での否定助動詞の終止形・連体形 ……………114
第三部　「思ふ」「面」「持つ」の「モ乙」が駿河で「メ乙」になる理由
　第20章　近畿語の「思ふ」「面」「持つ」の「モ乙」が駿河の言語で
　　　　「メ乙」になる理由 ………………………………………………115
第四部　サ行変格活用動詞・カ行変格活用動詞
　第21章　サ変動詞「為」の活用 ………………………………………117
　第22章　カ変動詞「来」の活用 ………………………………………120
　　§1　上代語「来」の活用 ………………………………………………120
　　§2　平安語命令形「来よ」の遷移過程 ………………………………123
第五部　上代語の動詞已然形
　第23章　動詞已然形の接続用法と　コソや用法…………………………123
　　§1　万葉集では「等」「登」は清音を表す仮名 ………………………123
　　§2　四段動詞已然形語尾の母音部はYO￥ …………………………125
　　§3　動詞已然形の接続用法と　コソや用法 …………………………126
　　§4　上甲段・上二段の已然形の遷移過程 ……………………………128
　　§5　サ変・カ変の已然形の遷移過程 …………………………………129
　　§6　「人をヨく見ば猿にかモ似る」の「見」は已然形………………130
　　§7　完了助動詞「ぬ」の已然形接続用法「ぬれ」の遷移過程 ……132
　　§8　助動詞「ず・にす」の已然形接続用法「ね」の遷移過程 ……133

第五編　兼音素Ω（オメガ）と下二段動詞
　第一部　兼音素Ω
　　第24章　兼音素Ω ………………………………………………………134
　　　§1　「わ」にも「あ」にもなる「吾」の父音部はΩ（オメガ）……………134

§2　「思ひ(おモ)」の第一音素節はΩ……………………………135
第二部　助動詞「む」
　第25章　意志助動詞「む」の助動詞語素はMΩ……………………136
　　　§1　意志助動詞終止形・連体形が近畿語で「む」、東方語で
　　　　　「も」になる理由………………………………………………136
　　　§2　サ変・カ変に助動詞「む」が続く場合の遷移過程…………139
　第26章　平安語「あはん」と現代語「ません」「ましょう」…………139
　　　§1　平安語の撥音便「あはん」の遷移過程……………………139
　　　§2　上代語「まさず」と現代語「ません」の遷移過程…………140
　　　§3　平安語ウ音便「ませう」・現代語拗音便「ましょう」の遷移
　　　　　過程………………………………………………………………141
第三部　単音節下二段活用とエ乙型複音節下二段活用
　第27章　単音節下二段とエ乙型複音節下二段の遷移過程…………142
　　　§1　単音節下二段動詞と複音節下二段動詞……………………142
　　　§2　単音節下二段の遷移過程……………………………………142
　　　§3　エ乙型複音節下二段の遷移過程……………………………144
第四部　東方語下二段「忘ら」「明け甲ぬ」
　第28章　東方語下二段の語尾が「あ」段・「え甲」段にもなる理由
　　　　　YAY…………………………………………………………148
第五部　可得動詞「焼ケ」「見ゆ」と可得助動詞「ゆ・らゆ・る」
　第29章　可得動詞　―焼けむ柴垣・見ゆ・引ケ鳥……………………150
　　　§1　「焼ケむ柴垣」の「焼ケ」は可得動詞………………………150
　　　§2　可得動詞「見ゆ」……………………………………………151
　　　§3　可得動詞は動詞の活用語胴に下二段「得(う)」が続いたもの……152
　　　§4　「引ケ去(い)なば」の他動詞「引ケ」と「引ケ鳥」「引ケ田」の可
　　　　　得動詞「引ケ」…………………………………………………152
　　　§5　現代語の可得動詞「見える」「聞ける」の遷移過程………154

第六編　動詞連用形とラ変動詞
第一部　動詞連用形の体言用法・つてに用法

第30章　動詞連用形体言用法・つてに用法 ………………………156
　　　　§1　動詞連用形体言用法 ……………………………………156
　　　　§2　「吹き」に「上ゲ」が続いて「ふきあげ」になる理由…156
　　　　§3　連用形つてに用法の遷移過程 …………………………158
　　　　§4　東方語カ変「来」の連用形が「キ乙」になる理由 …167
　　　　§5　否定助動詞「ず」の連用形つてに用法「に」「ず」…168
　第二部　四段動詞の連用形い音便
　　　第31章　四段動詞連用形の促音便・い音便 …………………169
　　　　§1　現代語の促音便「持って」「取って」の遷移過程………169
　　　　§2　動詞連用形がい音便を起こす理由 ……………………170
　第三部　ラ行変格活用動詞
　　　第32章　ラ変動詞「有り」の活用 ……………………………172
　　　　§1　ラ変動詞「有り」………………………………………172
　　　　§2　ラ変動詞「をり」………………………………………176
　　　　§3　完了存続助動詞「たり」の語素構成 …………………176
　　　　§4　ラ変「あり」の語胴形WWら用法・語胴形WMW∧"し用法…176
　　　　§5　山口佳紀の"「有り」の終止形は上代語より一段階前には
　　　　　　「ある」だった"説…………………………………………177

第七編　助動詞「す」「ふ」「ゆ・らゆ・る」「なふ」、および助詞「う」
　第一部　尊敬助動詞「す」・継続助動詞「ふ」・可得助動詞「ゆ・らゆ・る」
　　　　「る・らる」
　　　第33章　尊敬助動詞「す」・継続助動詞「ふ」　OAYS・OAYP ……180
　　　　§1　尊敬助動詞「す」　OAYS ………………………………180
　　　　§2　継続助動詞「ふ」　OAYP ………………………………186
　　　第34章　可得助動詞「ゆ・らゆ・る」「る・らる」　OAYRY …187
　　　　§1　上代語の可得助動詞「ゆ・らゆ・る」…………………187
　　　　§2　平安語の可得助動詞「る・らる」の遷移過程 ………191
　　　　§3　現代語の可得助動詞「れる」「られる」の遷移過程……192
　第二部　助詞「う」と"時"を表す「う」

第35章　助詞「う」と動詞の語素形う用法　WΩW ……………………194
　§1　近畿語「過ぐす」が東方語で「過ごす」になる理由 …………194
　§2　助詞「う」および動詞の語素形う用法「行くさ」「来さ」……195
　§3　近畿語「来るまで」と東方語「来まで」………………………196
第36章　"時"を表す「う」と「何時」「いづれ」の語素構成 ………196
　§1　"時"を表す「う」………………………………………………196
　§2　「昼」「夜」の語素構成・遷移過程 ……………………………197
　§3　"何時"の意味の「いつ」の語素構成・遷移過程………………197
　§4　上代語「いづれ」の語素構成・遷移過程と現代語「ドレ」の
　　　遷移過程 ………………………………………………………198
第37章　「射ゆ猪」の語素構成………………………………………199

第三部　東方語否定助動詞「なふ」と、東方語「来なに」「付かなな」
　第38章　東方語否定助動詞「なふ」　N¥＋AOP ……………………201
　第39章　東方語「来なに」「付かなな」……………………………203
　§1　東方語で「な」「の」に変化する助詞「に」の本質音…………203
　§2　東方語「来なに」「付かなな」の遷移過程……………………204

第八編　動詞・助動詞の語素形Y用法と、助詞「き」「り」「ませ・
　　　　 まし」
　第40章　なソ用法での動詞は語素形Y用法 ………………………207
　第41章　助動詞「り」がカ変・サ変・上甲段・下二段・上二段の動詞
　　　　に続く遷移過程………………………………………………208
　§1　助動詞「り」がカ変・サ変・上甲段・下二段・上二段に続く
　　　　遷移過程 ……………………………………………………208
　§2　東方語「勝ちめり」の語素構成・遷移過程 …………………210
　第42章　過去助動詞「き」　SYK……………………………………211
　§1　過去助動詞「き」の遷移過程……………………………………211
　§2　否定助動詞「ず」に「き」が続く遷移過程……………………215
　§3　東方語「固メトし」の遷移過程…………………………………216
　第43章　反実仮想助動詞「ませ・まし」　MAS ……………………216

第九編　上代九州語および続日本紀・延喜式以後の日本語

第一部　上代九州語で上代特殊仮名「迷」甲乙両用問題と「いさちる・いさつる」問題を解く

第44章　日本書紀の「迷」は「メ乙」「め甲」両用なのか …………220
　§1　日本書紀の「迷」はすべて「メ乙」である …………………220
　§2　上代九州語「いさちる」……………………………………223
　§3　ク活用形容詞「醜女き」は九州語で「しコメ乙き」…………225

第二部　広瀬本万葉集東歌で"心"が「吉々里」と読まれる理由

第45章　"心"が広瀬本万葉集東歌で「吉々里」、古事記で「紀理」、
　　　　古今集甲斐歌で「けけれ」と読まれる理由 …………………227
　§1　広瀬本万葉集東歌で"心"が「吉々里」と読まれる理由 ……227
　§2　「寝床」の「床」が「ド乙コ乙」とも「ど甲」とも読まれる理由
　　　 ………………………………………………………………231

第三部　続日本紀の「賜へ乙る」「荒ビ乙る」と『延喜式』の「荒び甲る」

第46章　上代近畿語の「賜へ甲る」が続日本紀で「賜へ乙る」になる
　　　　のはどうしてか ……………………………………………232
　§1　続日本紀宣命の「荒ビ乙る」と延喜式祝詞の「荒び甲る」……232
　§2　上代近畿語の「賜へ甲る」が続日本紀で「賜へ乙る」になる
　　　　のはどうしてか ……………………………………………236
　§3　平安語四段活用・現代語五段活用の命令形 ………………237

第四部　下二段「消」「蹴ゑ」の活用の遷移過程

第47章　自動詞「消」の活用が上代語ではカ行下二段、平安語ではヤ
　　　　行下二段に変化する理由 …………………………………238
　§1　平安語下二段活用の一般的な遷移過程 ……………………238
　§2　自動詞「消」が上代語ではカ行下二段、平安語ではヤ行下二
　　　　段、現代語でア行下一段になる理由 ……………………239

第48章　「蹴ゑ」の活用が下二段から下一段・五段へと変化する理由…241
　§1　「蹴ゑ」は上代語ではワ行下二段活用し、平安語前期の辞書
　　　　類では終止形が「くゑる」「くぇる」「くゆ」「く」になる……241
　§2　平安語の物語で下一段活用する「蹴る」の遷移過程 ………243

§３　現代語五段活用「蹴る」の遷移過程 ……………………………244
　　§４　平安語Ｗ潜化遷移・現代語Ｗ潜化遷移 …………………………244
　　§５　上二段動詞「ヨロコぶ」が再動詞化して四段動詞「ヨロコ
　　　　ぶ」になる経緯 ………………………………………………………245
第五部　平安語・現代語の動詞活用
　第49章　平安語「見る」「居る」の終止形・連体形・已然形の遷移過
　　　　　程 ……………………………………………………………………246
　　§１　平安語「見る」の終止形・連体形・已然形の遷移過程 ………246
　　§２　平安語「居る」の終止形・連体形・已然形の遷移過程 ………247
　第50章　「い甲」「イ乙」の識別が平安語で消滅する理由 ………………247
　　§１　平安語上二段活用の遷移過程 ……………………………………247
　　§２　平安語上一段活用「嚏る」の終止形・連体形の遷移過程 ……248
　　§３　「い甲」「イ乙」の識別が平安語で消滅する理由 ………………249
　第51章　現代語の動詞活用の遷移過程 ……………………………………250
　　§１　上一段・サ変・カ変および五段（上代語ではナ変）の終止形
　　　　の遷移過程 ……………………………………………………………250
　　§２　上一段・サ変・カ変の命令形の遷移過程 ………………………251
　　§３　意志形「行こう」「見よう」「起きよう」「居よう」「為よう」
　　　　「来よう」の遷移過程…………………………………………………252
　　§４　現代語下一段動詞の遷移過程 ……………………………………253
　　§５　上一段（上代語の上甲段・上二段）と五段（上代語ではナ変）
　　　　の連体形・仮定形 ……………………………………………………255
　　§６　上一段（上代語の上二段）・サ変の未然形の遷移過程…………256
　第52章　大野晋の動詞古形説と私の動詞本質音説の相違点・共通点 …256
　　§１　上代特殊仮名の音素配列についての大野晋説と私見との相違
　　　　点・共通点 ……………………………………………………………256
　　§２　動詞語素についての大野説と私見との相違点 …………………258
　　§３　連用形・終止形の活用語足についての大野説と私見との相違
　　　　点 ………………………………………………………………………260

第十編　助詞「ノ・な」「ロ・ら」「あ」

第一部　助詞「ノ・な」「ロ・ら」「あ」

　第53章　助詞「ノ・な」　N∀Ω ……………………………………261
　　§1　助詞「ノ」「な」の意味・用法………………………………261
　　§2　助詞「ノ・な」の本質音はN∀Ω ……………………………262
　第54章　助詞「ロ・ら」　R∀Ω ………………………………………263
　第55章　助詞「あ」……………………………………………………266
　　§1　複数を表す助詞「あ」…………………………………………266
　　§2　動詞語素に助詞「あ」が付く用法……………………………268

第二部　「吾が大王」が「わゴおほきみ」に、「吾が思ふ」が「わがモ
　　　　ふ」になる理由

　第56章　「吾が大王」が「わゴおほきみ」になる理由………………269
　　§1　「常」「苑」が訓仮名で「ト」「ソ」になる理由………………269
　　§2　「吾君」「いざな君」の遷移過程………………………………270
　　§3　「大」は「おほ」とも「お」とも読まれる……………………270
　　§4　「吾が大王」が「わゴおほきみ」になる理由…………………273
　　§5　「翁」「大王ロなし」の遷移過程………………………………273
　第57章　「が＋思ふ」が「がモふ」になる理由………………………274
　　§1　「吾が家・吾ぎ家」と「吾ぎ妹」……………………………274
　　§2　「心は思ヘド」「吾が思ふ」「吾が面て」で「お」が脱落する
　　　　理由……………………………………………………………275

第十一編　形容源詞と形容源化語素

　第58章　足跡・下下……………………………………………………277
　　§1　船余り・雨籠モり……………………………………………277
　　§2　「足跡」が「あト」、「足結ひ」が「あゆひ」、「鐙（足踏み）」が
　　　　「あぶみ」と読まれる理由……………………………………278
　　§3　「下下」が「したた」と読まれる理由………………………280
　第59章　「荒し男」の「荒し」は形容源詞、「し」は形容源化語素S¥ …280
　　§1　「荒し男」の「荒し」は形容源詞、「し」は形容源化語素S¥ …281

11

§2　形容源詞の連体用法 ……………………………………282
　　§3　形容源詞は後続語と縮約する場合としない場合がある ………282
　　§4　形容源詞の已然用法 ……………………………………283
　　§5　「苦しみ」に「し」があり、「寒み」に「し」がない理由 ……284
　　§6　「悲しさ」「羨(トモ)しさ」に「し」があり、「無さ」「良さ」に
　　　　「し」がない理由……………………………………………285

第十二編　形容詞の語素構成と活用
第一部　形容詞の終止形・連用形・連体形・未然形
　第60章　形容詞終止形語尾にカ行音節がない理由 ……………288
　　§1　「苦し」終止形が「くるし」に、「寒し」終止形が「さむし」
　　　　になる理由 …………………………………………………288
　　§2　現代語終止形で「くるしい」に「し」があり、「さむい」に
　　　　「し」がない理由……………………………………………289
　第61章　連用形「悲しく」に「し」があり、連用形「深く」に「し」
　　　　がない理由　─シク形容∨群とク形容A群 ……………290
　　§1　「悲し」の連用形「かなしく」に「し」がある理由　─シク
　　　　形容∨群 ……………………………………………………290
　　§2　「深し」の連用形「ふかく」に「し」がない理由　─ク形容
　　　　A群 …………………………………………………………291
　　§3　形容詞連用形にラ変動詞「有り」が下接・縮約したカリ活用
　　　　形容詞 ………………………………………………………292
　　§4　桜井茂治説と私見との相違点 ……………………………293
　　§5　形容詞連用形が平安語でウ音便、現代語で拗音便・オウ音便
　　　　を起こす理由 ………………………………………………294
　第62章　連体形「苦しき」に「し」があり、連体形「寒き」に「し」
　　　　がない理由　$Y\Omega Y$ ………………………………………296
　　§1　「幸く」が「さきく」「さけく」「さケく」「さく」と読まれる
　　　　理由 …………………………………………………………296
　　§2　形容詞連体形語尾が「き甲」「け甲」「ケ乙」になる理由 ………297

§3　連体形「苦しき」に「し」があり、連体形「寒き」に「し」
　　　　がない理由　―シク形容W群・ク形容U群‥‥‥‥‥‥298
　　§4　連体形「トモしき」に「し」があり、連体形「青き」に
　　　　「し」がない理由　―シク形容Ω群・ク形容O群‥‥‥‥299
　　§5　ク活用「広き」　―ク形容YΩ群‥‥‥‥‥‥‥‥‥‥‥300
　　§6　現代語形容詞連体形が「くるしい」「さむい」になる理由‥‥301
　　§7　ク活用「古し」の語素構成‥‥‥‥‥‥‥‥‥‥‥‥‥302
　第63章　形容詞未然形の仮定用法・ずむ用法　―シク形容W¥Ω群‥303
　　§1　形容詞未然形仮定用法の用例‥‥‥‥‥‥‥‥‥‥‥‥303
　　§2　形容詞未然形仮定用法の遷移過程‥‥‥‥‥‥‥‥‥‥305
　　§3　形容詞未然形ずむ用法の遷移過程‥‥‥‥‥‥‥‥‥‥306
第二部　ク活用「しコメき」「武き」とシク活用「うれしく」「らしき」
　第64章　ク活用「しコメしコメき」「武き」　―ク形容Y∀Y群‥‥‥308
　　§1　「しコメしコメき」はク容YᐯY群‥‥‥‥‥‥‥‥‥308
　　§2　「若たける」「獲加多支鹵（わかたきろ）」と「武き」‥‥‥‥‥‥‥‥309
　第65章　ク活用「うれたし」とシク活用「うれし」　―シク形容
　　　　YAYYO群‥‥‥‥‥‥‥‥‥‥‥‥‥‥‥‥‥‥‥311
　　§1　ク活用「うれたし」は「う RYA+YYTA し」‥‥‥‥‥311
　　§2　シク活用「嬉し」は「う RYA+YYO し」‥‥‥‥‥‥312
　第66章　助動詞「らし」がシク活用になる理由　―ク形容YA群‥312
第三部　形容詞の已然形
　第67章　形容詞已然形語尾が「けれ」「け」「か」「き」になる理由
　　　　―ク形容¥O¥群‥‥‥‥‥‥‥‥‥‥‥‥‥‥‥‥313
　　§1　形容詞已然形の接続用法・コソや用法‥‥‥‥‥‥‥‥313
　　§2　形容詞已然形語尾「けれ」「け」「か」の遷移過程‥‥‥‥314
　　§3　形容詞已然形語尾「き」の遷移過程‥‥‥‥‥‥‥‥‥317
第四部　形容詞きう縮約・否定助動詞ずう縮約
　第68章　形容詞くは語法・形容詞くトモ語法‥‥‥‥‥‥‥‥‥319
　　§1　形容詞くは語法の語素構成‥‥‥‥‥‥‥‥‥‥‥‥‥319
　　§2　形容詞くトモ語法の語素構成‥‥‥‥‥‥‥‥‥‥‥‥321

13

第69章　否定助動詞ず は語法 …………………………………… 322
　§1　否定助動詞ず は語法が仮定条件を表す理由 …………… 322
　§2　ず は語法ぐらいなら用法・もちろん用法 ……………… 323

第十三編　形容詞はどうしてク活用とシク活用に分岐するのか
第一部　穏ひし・寂し・斎斎し・緩し
第70章　形容源詞「おだひし」とシク活用形容詞「さぶし」「斎斎し」
　　　　―Y群・YUY群・UY群 ………………………………… 325
　§1　形容源詞「おだひし」―シク形容Y群 ………………… 325
　§2　シク活用連用形「寂しく」の遷移過程―シク形容YUY群… 326
　§3　シク活用連体形「斎斎しき」の遷移過程―シク形容UY群… 326
第71章　上代語形容源詞「ゆらみ」と平安語ク活用「ゆるし」―ク形
　　　　容∀W群 …………………………………………………… 327

第二部　語幹末尾が「エ乙」段・「え甲」段の形容詞
第72章　「さやケし」の「ケ」と「さやかに」の「か」―ク形容
　　　　¥A¥群 …………………………………………………… 328
第73章　ク活用する助動詞「へ"し」―ク形容YO¥群………… 331
第74章　葦原ノしけしき小屋・葦原ノしコ男―シク形容¥OY群…332
第75章　シク活用「異し」「うらめし」―シク形容¥∀Y群……… 333
第76章　ク活用「繁し」「まねし」―ク形容¥∀¥群 ……………… 334

第三部　語幹末尾が「お甲」段・「お丙」段の形容詞
第77章　楽し・か黒し・かしこし―シク形容ΩWΩ群・ク形容
　　　　ΩOΩ群・ク形容∀U∀群 ……………………………… 335
　§1　楽し―シク形容ΩWΩ群 ………………………………… 335
　§2　か黒し・尊し―ク形容ΩOΩ群 ………………………… 336
　§3　ク活用「畏し」―ク形容∀U∀群 ……………………… 337
第78章　白し・著し・トほしロし―ク形容WAW群・ク形容
　　　　WOW群 …………………………………………………… 338
　§1　白し―ク形容WAW群 …………………………………… 338
　§2　著し・いちしろ甲し―ク形容WOW群 ………………… 339

§3 遠著し(とほしろ) …………………………………………340

第79章 形容源詞「いそしみ」・形容詞「いそし」と「いと県主」「いト手」 ―シク形容 OWO 群……………………342

第四部 語幹末尾に助詞がある形容詞

第80章 語幹末尾に助詞「あ」が付いているシク活用形容詞「懐かし」「悔やし」 ―シク形容 A¥群・シク形容 WA¥群 ………344

§1 語幹が「四段動詞語素＋助詞あ」であるシク活用形容詞「懐かし」 ―シク形容 A¥群………………………344

§2 上代語「ヨロコぽし」が平安語で「ヨロコばし」に変化する理由 ………………………………………345

§3 語幹が「下二段動詞語素＋助詞あ」であるシク活用形容詞「痩さし」 …………………………………347

§4 語幹が「上二段動詞語素＋助詞あ」であるシク活用形容詞「悔やし」 ―シク形容 WA¥群 ………………348

第81章 語幹末尾に助詞「う」が付いているシク活用形容詞「斎つくし」「思ほしき」 ―シク形容 WΩW 群 ……………348

§1 語幹が「動詞語素＋助詞う」であるシク活用形容詞「斎つくし」 ―シク形容 WΩW 群………………348

§2 「思ほしき」「厭ほしみ」「たノモしみ」の語素構成・遷移過程 ………………………………………349

第82章 語幹末尾に助詞「か」が付いているシク活用「恥づかし」「いぶかし」およびク活用「いぶせし」 ―ク形容 YOY 群 …350

§1 恥づかし ………………………………………350

§2 「いぶせし」は「いぶ＋為(せ)＋し」 ―ク形容 YOY 群 ………351

第83章 「うむがし」の「が」は助詞「が」……………………353

第84章 語幹末尾に助詞「ロ・ら」があるシク活用形容詞 ―シク形容∨Ω 群 ………………………………356

§1 シク活用「良ロし・良らし」…………………………356

§2 シク活用「賞(め)づらし」……………………………357

第五部 「またけむ・まソけむ」と「おほし」

第85章 「またけむ・まソけむ」と「おほし」 ―ク形容Ω∨群・ΩΩ群 ……………357
 §1 「全けむ」が「またけむ」にも「まソけむ」にもなる理由
    ―ク形容Ω∨群 ………………………357
 §2 形容詞「おほし」がク活用する理由 ―ク形容ΩΩ群 ………359
第六部 補助動詞「なす」「ノす」と形容詞語幹末尾の「如」
第86章 補助動詞「なす・ノす」………………………359
第87章 「如＝NOA」が語幹末尾にある形容詞 ―ク形容OA群 ……361
 §1 をぢなし …………………………361
 §2 つたなし …………………………362
 §3 いらなし …………………………363
 §4 すくなし …………………………363
 §5 きたなし …………………………364
 §6 すかなし …………………………365
 §7 おぎロなし …………………………366
第88章 「たづ」の原義とシク活用「たづたづし」 ―WΩW ………366
 §1 鶴が「たづ」と呼ばれる理由 ………………366
 §2 シク活用「たづたづし」………………………367
第89章 「おほほし・おぽほし」「おほロか」「おほならば」………368
 §1 おほほし・おぽほし ………………………368
 §2 「おほ＝ΩMPΩ」の原義と「おほほし・おぽほし」の意味 …369
 §3 おほロか・おほならば・己が生をおほにな思ひソ・朝霧ノおほ ……………370
第90章 語幹末尾に「助詞か＋如」があるク活用形容詞 ……………371
 §1 たづかなし …………………………371
 §2 おほつかなし …………………………372
第七部 「欲し」「時じ」「同じ」
第91章 動詞「欲る」と形容詞「欲し」 ―シク形容¥群………373
 §1 四段動詞「欲る」 POR¥ ……………………373
 §2 サ変動詞「欲りす」………………………373

16

§3　「見が欲し国」の「欲し」は形容源詞‥‥‥‥‥‥‥‥‥‥‥‥‥374
　　§4　形容詞「欲し」‥‥‥‥‥‥‥‥‥‥‥‥‥‥‥‥‥‥‥‥‥‥374
　第92章　シク活用形容詞「時じ」と形容源詞「鳥じ」‥‥‥‥‥‥‥‥‥375
　　§1　シク活用形容詞「時じ」‥‥‥‥‥‥‥‥‥‥‥‥‥‥‥‥‥‥375
　　§2　形容源詞「鳥じモノ」‥‥‥‥‥‥‥‥‥‥‥‥‥‥‥‥‥‥‥376
　第93章　語幹末尾に「無」がある形容詞‥‥‥‥‥‥‥‥‥‥‥‥‥‥‥376
　　§1　心無し・あづき無し‥‥‥‥‥‥‥‥‥‥‥‥‥‥‥‥‥‥‥‥376
　　§2　かたじケ無し‥‥‥‥‥‥‥‥‥‥‥‥‥‥‥‥‥‥‥‥‥‥‥377
　第94章　形容源詞「おなじ・おやじ」とシク活用形容詞連体形「おな
　　　　　じき」‥‥‥‥‥‥‥‥‥‥‥‥‥‥‥‥‥‥‥‥‥‥‥‥‥379
　　§1　形容源詞「おなじ・おやじ」‥‥‥‥‥‥‥‥‥‥‥‥‥‥‥‥379
　　§2　シク活用形容詞連体形「おなじき」の遷移過程‥‥‥‥‥‥‥‥380
第八部　否定推量助動詞「ましじ」「じ」
　第95章　上代語「ましじ」・平安語「まじ」‥‥‥‥‥‥‥‥‥‥‥‥‥381
　第96章　否定推量助動詞「じ」‥‥‥‥‥‥‥‥‥‥‥‥‥‥‥‥‥‥‥382
第九部　形容素詞の連体用法・已然用法
　第97章　東方語「あやはとモ」は形容素詞の已然用法　―ク形容
　　　　　AU群‥‥‥‥‥‥‥‥‥‥‥‥‥‥‥‥‥‥‥‥‥‥‥‥‥384
　　§1　「あやふかる」「あやほかト」「あやはとモ」の第三音素節は
　　　　　PAU‥‥‥‥‥‥‥‥‥‥‥‥‥‥‥‥‥‥‥‥‥‥‥‥‥384
　　§2　形容素詞の連体用法‥‥‥‥‥‥‥‥‥‥‥‥‥‥‥‥‥‥‥‥385
　　§3　東方語「あやはとモ」の「あやは」は形容素詞の已然用法‥‥385
　　§4　形容詞「あやふかる」「あやほかト」と形容素詞「あやは
　　　　　とモ」の遷移過程‥‥‥‥‥‥‥‥‥‥‥‥‥‥‥‥‥‥‥‥387
第十部　ク・シクが分岐するのはどうしてか
　第98章　ク・シク分岐語幹末母音部説‥‥‥‥‥‥‥‥‥‥‥‥‥‥‥388
　　§1　"ク活用形容詞は状態を表し、シク活用は情意を表す"説に
　　　　　は例外が多い‥‥‥‥‥‥‥‥‥‥‥‥‥‥‥‥‥‥‥‥‥‥388
　　§2　語幹末尾の母音部の音素配列によってク活用・シク活用の区
　　　　　別が定まる‥‥‥‥‥‥‥‥‥‥‥‥‥‥‥‥‥‥‥‥‥‥‥389

第十四編　ク語法は「連体形＋AYく」
　第99章　ク語法「AYく」説 …………………………………………391
　　§1　大野晋のク語法 aku 説 ……………………………………391
　　§2　ク語法「AYく」説 …………………………………………394
　　§3　形容詞ク語法の遷移過程　─近畿語「悲しけく」「無けく」
　　　　と東方語「しげかく」……………………………………394
　　§4　動詞のク語法の遷移過程 ……………………………………395
　　§5　完了助動詞「ぬ」・否定助動詞「ず」のク語法の遷移過程……397
　　§6　詠嘆助動詞「け甲り・ケ乙り・かり」と過去推量助動詞「けら
　　　　し」………………………………………………………………397
　　§7　過去助動詞「き」のク語法が「けく」にも「しく」にもなる
　　　　理由 ……………………………………………………………399

参考文献
おわりに

序　　　章

　動詞・助動詞・形容詞の活用形はどのような過程で形成されるのか。
　上代特殊仮名はどのような音素配列で表せるのか。
　これら二つは日本語学の重要な問題である。本書はこれら二つの問題を統合して考究する。

§1　上代語には終止形「見る」はない

【1】先入観を排し、上代語の文献事実に基づいて、動詞・助動詞・形容詞の六活用形を定める

　平安語（平安京が首都だった時代の日本語。19世紀ごろまでを含む）では、動詞「見る」「干る（乾る）」「居る」は、活用行は異なるが、活用段は同一で、「い」段である。平安語「見る」なら、未然形・連用形・終止形・連体形・已然形・命令形の順に、

　　み　　み　　みる　　みる　　みれ　　みヨ

である。このような活用は上一段活用と呼ばれる。「見る」は平安語では上一段活用であり、終止形は「みる」である。
　では、上代語（三世紀ごろから八世紀ごろまでの日本語）では、「見」「干」「居」の活用はどのようであるか。
　上代語での「見」「干」「居」の活用を知るには『古事記』『日本書紀』『万葉集』など上代語文献にある「見」「干」「居」の用例を捜羅し、それらを六活用形（未然形・連用形・終止形・連体形・已然形・命令形）に分類すればよい。その際には、先入観を排し、一字一仮名で記された文献事実そのものに従うことが肝要である。

【2】文献事実たる用例が挙げられないまま上代語での終止形が「みる」だとされている

　上代語での「見」の未然形・連用形・連体形・已然形・命令形は次の用例

によって解る（〈　〉内は原文）。

《未然》　都見ば〈弥婆〉　いやしき吾が身　また若ちぬべし　［万5-848］
《連用》　波立ち来やト　見て〈見底〉帰り来む　　　　　　　［万18-4032］
《連体》　胸見る〈美流〉時　　　　　　　　　　　　　　　　［記上巻歌4］
《已然》　千葉ノ　葛野を見れば〈美礼婆〉　　　　　　　　　［応神記歌41］
《命令》　吉野ヨく見ヨ〈見与〉　　　　　　　　　　　　　　［万1-27］

　では、上代語での「見」「着」の終止形は何か。

　この問いに明確に答える論者は皆、「みる」「きる」だという。

　橋本進吉は「用言の研究」（昭和五年の東京帝国大学での講義案）『橋本進吉博士著作集第七冊国文法体系論』315頁で「見」の活用を次のように記す。

　　み（甲）　　み（甲）　　み（甲）る　　み（甲）る　　み（甲）れ
　　み（甲）よ

　だが、橋本は終止形が「みる」であることを示す用例を挙げない。

　山田孝雄は『奈良朝文法史』154～157頁で、「一段」活用の「原形」（終止形）を「イる」と記し、「用例の一班を示す」といって諸例を示すが、「見」の用例として挙げたのは、「伊敝乃安多里見由」［万15-3608］である。しかし、「見由」の「由」は「ゆ」であって、「る」ではない。

　大野晋は「万葉時代の音韻」『万葉集大成第六巻』320頁で、「奈良朝の形」として、「見る」の終止形を mi-ru と記す。大野はまた『仮名遣と上代語』86～87頁で、「奈良時代の動詞活用と上代特殊仮名遣との関係を実例から帰納して表示すれば次の如くである。」と述べて、表を掲げるが、その表の「上一段活用（カ、マ行）」の「終止形」のところには「イ列甲〔iru〕」と記す。大野は「実例から帰納して表示」というが、実例は挙げられていない。

　馬淵和夫は『上代のことば』220頁で、「見る」「着る」について、「こういう純粋上一段活用の動詞が、　　き　き　きる　きる　きれ　きよ　のような、もっとも単純な形をとっている」という。だが、その用例を挙げない。

　浅見徹・橋本四郎は『時代別国語大辞典上代編』の「上代語概説」第三章38頁で、「上一段」の動詞として、「見ル」を挙げ、その終止形を「ミル」とする。だが、この辞典の「みる［見・視・看］」の項を見ても終止形「みる」の用例は挙げられていない。

山口佳紀は『古代日本語史論究』316頁で次のとおりいう。
「本来の上一段とは、キル（着）・ミル（見）などである。これは、たとえば次のように活用する。
　　キ甲　キ甲　キ甲ル　キ甲ル　キ甲レ　キ甲ヨ乙」
　だが、終止形「き甲る」の用例を挙げない。

【3】上代語には連体形「見る」はあっても終止形「見る」はない

　諸学者が終止形たる「みる」の用例を挙げないのは当然である。上代語には「見る」はあるが、それはすべて連体形なのである。
① 　助詞「まで」に上接する「みる」。
　　　降る雪ト　人ノ見るまで〈美流麻提〉　　　　　　［万5-839］
　上二段活用・下二段活用・カ行変格活用などの動詞には、「まで」に上接する用例があるが、上代近畿語の用例ではすべて連体形が「まで」に上接する。
《上二》　梅ノ花　散り過ぐるまで〈須具流麻弖〉　　　［万20-4497］
《下二》　昼は　日ノ暮るるまで〈久流留麻弖〉　　　　［万4-485］
《カ変》　吾が来るまで〈久流麻埿〉に　　　　　　　　［万20-4408］
　よって、「まで」に上接する「みる」は連体形である。
② 　助詞「が」に上接して主語になる「みる」。
　　　見る〈見流〉がトモシさ　　　　　　　　　　　　［万15-3658］
　「見るが」の「見る」は連体形である。そのことは「見エぬが」によって解る。否定助動詞「ず」は、連体形「ぬ」の形で助詞「が」に上接する。
　　　吹く風ノ　見エぬが〈見要奴我〉ゴトく　　　　　［万19-4160］
③ 　助詞「に」に上接する「みる」。
　　　見るに〈美流尓〉知らエぬ　貴人ノ子ト　　　　　［万5-853］
　否定助動詞「ず」は連体形「ぬ」で「に」に上接する。
　　　眠ノ寝らエぬに〈袮良延奴尓〉　　　　　　　　　［万15-3665］
　よって、「に」に上接する「見る」は連体形である。
④ 　係助詞「なモ」を結ぶ「みる」。
　　　嬉し喜ほしトなモ見る〈奈毛見流〉　　　［続紀神護景雲三年宣命46］
　助詞「なモ」を結ぶ動詞としてはカ変・サ変などがあるが、いずれも連体

形である。
　　仕へ奉る事に依りてなモ〈奈母〉天つ日嗣は平ケく安らケく聞コし召し来る〈来流〉。　　　　　　　　　［続紀天平勝宝元年宣命13］
　　御命を受ケ給はりてなモ〈奈母〉、かく為る〈為流〉。
　　　　　　　　　　　　　　　　　　　　　　［続紀天平宝字三年宣命25］
よって、「なモ」を結ぶ「見る」は連体形である。

§2　「見」の終止形は上代語では「み」である

【1】「見」の終止形を「みる」から「不明」へと修正した橋本進吉

　橋本進吉は「用言の研究」では、上代語「見」「着」の終止形を「みる」「きる」だと明記した。だが、その後に発表した「上代における波行上一段活用に就いて」『橋本進吉博士著作集第五冊上代語の研究』190頁で、カ行・マ行の「上一段活用」動詞（見る・着る）終止形について、これらを「未詳」「不明」と記す（橋本のいう「将然」は未然形のこと）。「次に上一段活用について見るに、カ行の将然、連用、命令の語尾キ、連体の語尾キルのキは共に伎の類であり（其他の活用形は仮名書きの例がない故に未詳）、マ行の将然、連用の語尾ミ、連体の語尾ミル、已然の語尾ミレのミは皆美の類である（其他の活用形では不明）。」

　「見」「着」の終止形たる「みる」「きる」の用例は存在しない。先入観を捨て、「見」「着」の終止形を、一旦、未詳・不明とし、あらためて、上代語文献の用例を検討し、文献事実に基づいて「見」「着」の終止形を論定する必要がある。

【2】助詞「トモ」に上接して将然逆接仮定の意を表す動詞は終止形になる

　上代語では助詞「トモ」に上接して、将然逆接仮定条件"……しようとも"を表す動詞は、四段・上二段・下二段・サ変・ナ変・ラ変、すべて終止形になる（カ変については「く」を音仮名で表した用例はない）。

《四段》　沖つ波　千重に立つトモ〈多都等母〉　　　　　［万15-3583］
《上二》　時は過ぐトモ〈須具登母〉　　　　　［万14-3493或本。東歌］
《下二》　沖つ波　寄すトモ〈与須止毛〉寄らじ　［常陸国風土記茨城郡条］
《サ変》　葛飾早稲を　饗為トモ〈尓倍須登毛〉　　　　　［万14-3386東歌］

《ナ変》　死なば死ぬトモ〈斯農等母〉　　　　　［万5-889］
《ラ変》　言問はぬ　木には有りトモ〈安里等母〉　［万5-811］
《カ変》　辺波しくしく　寄せ来トモ〈来登母〉　　［万7-1206一云］

　そして上代語では「見」が「トモ」に上接する場合には「み甲」になる。
　　ひねモすに　見トモ〈美等母〉　飽くへ"き　浦にあらなくに
　　　　　　　　　　　　　　　　　　　　　　　　［万18-4037］
　　つらつらに　見トモ〈美等母〉　飽かメや　　　［万20-4481］
　　しばしば見トモ〈美等母〉　　　　　　　　　　［万20-4503］

【3】「見トモ」についての従来説

（1）「トモ」に上接する動詞を語幹だとする濱田敦説。

　濱田敦は「助動詞」『万葉集大成第六巻』99頁で、助詞「トモ」などに上接する動詞の活用形について、「本来動詞の終止形ではなくして、その語幹に直接したもの」だという。

　しかし、「トモ」に上接する動詞の用例として、「寄すトモ」も「有りトモ」もある。これらの「寄す」「有り」を語幹とすることはできない。よって、「見トモ」の「み」についても、これを語幹とすることはできない。

（2）「見トモ」の「み」を未然形あるいは連用形だとする橋本進吉説。

　橋本進吉は『橋本進吉博士著作集第七冊国文法体系論』321頁で、「見トモ」の「トモ」について、「これも上一段には、将然連用につく。」と断定する。だが橋本はその論拠を示さない。

　逆に、〔「トモ」に上接する「み」は未然形・連用形でない〕という論拠は提示できる。平安語の「動詞＋トモ」の用例を見よう。

　仮に、"動詞が「トモ」に上接する場合、「見」だけは、他の動詞とは異なって、未然形・連用形になる"としよう。それならば、平安語においても、「見」が「トモ」に上接する場合には未然形・連用形たる「み」になるはずである。平安語の文献事実はどのようであるか。

　まず、「見」以外の動詞が「とも」に上接する平安語の用例を挙げる。

《四段》　人をとふとも　我かと思はむ　　　　［古今和歌集14-738］
《上二》　春はすぐとも　かたみならまし　　　［古今和歌集1-46］
《下二》　年ふとも　たづぬる人も　あらじと思へば　［古今和歌集15-780］

《カ変》　藤の花　立よりくとも　なみにおらるな　　　　［後撰和歌集3-120］
《サ変》　あし曳の　山ゐはすとも　　　　　　　　　　　［後撰和歌集10-633］
《ナ変》　音にはたてじ　恋はしぬとも　　　　　　　　　［古今和歌集11-492］
《ラ変》　こと浦にまつ　人はありとも　　　　　　　　　［続千載和歌集3-217］
《下一》　太政大臣の　しりはけるとも　この殿のうしかひに　てふれてんや。
　　　　　　　　　　　　　　　　　　　　　　　　　　　［落窪物語2］

　このように、平安語でも四段・上二段・下二段・カ変・サ変・ナ変・ラ変・下一段すべてで終止形で「トモ」に上接する。
　次に、「見」が「とも」に上接する平安語の用例を挙げる。仮に、"「見」は未然形・連用形で「トモ」に上接する"ものなら平安語では「みトモ」になるはずである。だが文献事実の平安語では将然逆接仮定条件を表す「見」は終止形「みる」で「トモ」に上接する。

《上一》　わが宿に　さけるさくらの　花さかり　ちとせみるとも　あかじと
　　　　そ思う　　　　　　　　　　　　　　　　　　　［拾遺和歌集5-279］

　よって、橋本の"「トモ」に上接する「見」は未然形・連用形"という説には従えない。

【4】上代語「見トモ」の「見」は終止形

　「トモ」に上接して"……しようとも"の意味になる動詞は終止形である。そして上代語では動詞「見」が「トモ」に上接する場合、常に「み甲」になる。よって、上代語動詞「見」の終止形は「み甲」だと論定できる。

【5】「見」終止形が上代語で「み」に、平安語・現代語で「みる」になるのはどうしてか

　上代語「見」の終止形が「み」だと解れば、次のことが日本語学の重要な問題になる。
　「見」の終止形が、上代語では「み甲」になり、平安語・現代語で「みる」になるのは、何が原因で、どのような経緯によってであるか。本書ではこの問題を論究する。

【6】「終止形み・みる」問題は上代特殊仮名問題と密接に関連する

　「上代語終止形み・平安語終止形みる」など動詞についての諸問題を解決しようと思えば上代特殊仮名について考察する必要がある。

序章

本書では、動詞・形容詞が有する規則性と上代特殊仮名の音素配列を並行して論じる。

§3　上代近畿語・上代東方語・上代九州語は同等に貴重

【1】上代近畿語・上代東方語・上代九州語

上代において、奈良盆地などの近畿地方や吉備国・出雲国・越国・尾張国あたりで用いられた言語を上代近畿語、略して近畿語と呼ぶ。

万葉集の東歌・防人歌や常陸国風土記の歌謡などで用いられる言語、および、東国（信濃・遠江以東）で生まれ育った人などの言語を上代東方語、略して東方語と呼ぶ。

『豊後国風土記』『肥前国風土記』など西海道風土記に記された言語や、『日本書紀』の九州での記事およびその注で用いられる言語、『万葉集』歌のうち九州で詠まれた歌、そして上代に九州で生まれ育った人や九州で子を生んだ人の言語を、上代九州語、略して九州語と呼ぶ。

【2】近畿語・東方語・九州語は同等に尊重されねばならない

近畿語・東方語・九州語は三者とも上代日本語の一部であり、日本語の基層を成すものである。

「家」第二音素節は近畿語では「ヘ甲」だが、東方語では「ヘ乙」「ひ甲」「は」とも表記される。この場合、東方語「ヘ乙」「ひ甲」「は」を軽視してはならない。日本語「家」の第二音素節は本来的に「ヘ甲」「ヘ乙」「ひ甲」「は」に音韻転化するものだと考える。そして「ヘ甲」「ヘ乙」「ひ甲」「は」に音韻転化する音素配列はどのようであるかを考える。

「姫」第二音素節は八世紀の近畿語では「め甲」だが、七世紀推古天皇時代の文献では「み甲」と表記され、九州で詠まれた万葉集歌では「メ乙」と表記される。この場合、日本語「姫」の第二音素節は近畿語では「め甲」「み甲」に、九州語では「メ乙」に音韻転化するものだと考え、このように音韻転化する音素配列はどのようであるかを考える。

動詞活用の中の音素節についても同様のことがいえる。

下二段活用動詞連体形の語尾は、近畿語では「う段＋る」になる。ナ行で活用する「撥ぬ」の連体形なら「はぬる」になる。このことから類推するな

25

ら、ラ行で活用する「顕る(あらは)」の連体形は「あらはるる」になると予想される。だが、東方語では「あらほろ」になる。どうして「あらはるる」ではなく、「あらはろ」になるのか。その原因と経緯を考える。

東方語・九州語では、近畿語とは異なる経緯で音韻転化が起きて、近畿語とは異なる仮名になることがある。この場合の東方語・九州語の用例を軽視・無視してはならない。一見異例のように見える東方語・九州語の稀少用例は、動詞活用の遷移過程を解明する上で貴重な事例だと認識して真摯に考察すべきである。

本書では、日本語学を論考する者の義務として、東方語・九州語を考察する。そして、当然のこととして、東方語・九州語での用例を根拠として活用語の遷移過程を推定する。

凡　　例

† 上代語の用例を読み下して引用する際には、平易な漢字と平仮名・片仮名を用いて解りやすい表記に書き換える。「々」などの踊り字は正字に直して表示することが多い。

　肝要な単語・文節の原文は、読み下し直後の〈　〉内に新字体で記す。

　一つの文や一首の歌の一部分を引用する際、「前略」「下略」は記さない。ことが多い。

† 上代特殊仮名の表記について。八世紀に成立した『古事記』『日本書紀』『万葉集』などでは、き・ひ・み・け・へ・め・こ・そ・と・の・よ・ろ・ぎ・び・げ・べ・ご・ぞ・ど（『古事記』では「も」も）に相当する仮名は、二類（甲類・乙類）に識別されている。上代特殊仮名である。本書では、甲類の仮名を平仮名で記し、乙類の仮名を片仮名で記す。但し、乙類の「へ」は「ヘ"」と記し、乙類の「べ」は「ヘ"」と記す。甲類の仮名を表す場合、平仮名の後に「甲」を、乙類の仮名を表す場合、片仮名の後に「乙」を付けることがある。

　甲類・乙類の識別が不可能あるいは困難な場合は片仮名で記す。

　甲類・乙類に識別されない仮名を、丙類と呼び、「ほ丙」などと記すこともある。丙類の「お」段音節をまとめて「お丙」段と呼ぶ。「い丙」段・「え丙」段も同様。

　「お丙」段ではあるが、本質的には「お甲」段に相当する音素節がある。このような音素節と「お甲」段音素節とをまとめて「お甲・お丙」段と呼ぶ。「え甲・え丙」段・「い甲・い丙」段も同様。

　「お甲・お丙」段の母音部を「お甲・お丙」と呼ぶ。「え甲・え丙」・「い甲・い丙」なども同様。

　同様に、「オ乙・お丙」段・「エ乙・え丙」段・「イ乙・い丙」段および「オ乙・お丙」「エ乙・え丙」・「イ乙・い丙」を定める。

　ア行の「え」は「え」と記し、ヤ行の「え」は「イエ」と記す。

† 『万葉集』歌謡のうち、巻十八の［4044～4049番歌］・［4055番歌］・［4081～4082番歌］・［4106番歌］・［4111～4118番歌］、および、巻十五の［3745～3765番歌］・［3694番歌］、合わせて40首における上代特殊仮名の識別は、大野晋『仮名遣と上代語』

27

100〜111頁の論証に従い、上代語とは認めない。772年に成立した『歌経標式』は、「甲類ノ」「乙類ノ」の混乱が多いので、本質音を推定するための資料にはしない。

† 『古事記』景行天皇章を景行記と略記する。他も同様。

『日本書紀』崇神天皇章を崇神紀と略記する。他も同様。

『日本書紀』巻一を神代上紀、『日本書紀』巻二を神代下紀と略記する。神代上紀・神代下紀の段区分・一書番号については『日本古典文学大系日本書紀上』に従う。

『万葉集』はこれを万と略記することも多い。

† 平安時代の文献を引用する際には、濁点を付加することもある。また、原文の平仮名を漢字に書き換えることもある。

† イタリック体のアルファベットについて。

MとPが連続した場合、MPが融け合って、バ行を形成することがある。この場合、MPが融け合った子音をBと表記する。Dなども同様。

Aは、「あ」を形成するが、その本質的な音素配列を明示できないもの。Uも同様。

Oは、「お甲」・「オ乙」・「お丙」のいずれかを形成するが、本質的な音素配列を明示できないもの。Iも同様。

第一編 「見」の終止形が上代語で「み」になる理由

第一部　動詞連体形の活用語足は AU

第1章　動詞連体形の活用語足は AU

§1　音素・語素

【1】音素
　〔条件によっては発音されなくなる音がある〕ことに留意しつつ、〔これよりさらに分解すれば、音とは認められなくなる〕段階まで日本語を分解したものを**音素**と呼ぶ。

【2】語素
　日本語を分解していき、〔これよりさらに分解すれば意味・用途を持たなくなる〕段階まで分解したものを**語素**と呼ぶ。

【3】動詞語素
　動詞を分解していくと、その動詞固有の意味を表す語素が現れる。この語素を**動詞語素**と呼ぶ。

【4】助動詞語素
　助動詞を分解していくと、その助動詞固有の意味を表す語素が現れる。この語素を**助動詞語素**と呼ぶ。

§2　音素節・母音部・潜化・顕存・融合

　「淡海」は「あは＋うみ」で、淡水湖のことだが、縮約して三音節になる

と、近畿語では「あふみ〈阿布美〉」〔仲哀記歌38〕になる。その経緯を、音素節・母音部・潜化・顕存という概念を用いて説明する。

【1】音素節

「あふみ」の「ふ」は一つの音節だが、「あふみ」の「ふ」をさらに分解すると何と何になるか。

従来の考え方によるなら、"ハ行を形成する子音と、母音たる u に分けられる"ということになろう。この考え方は、実際の発音を表すという点ではすぐれている。

だが、「あふみ」の「ふ」は、本質的には、「淡（あは）」の「は」に、「海（うみ）」の「う」が続き、両者が熟合し、縮約したものである。縮約の際に、「は」の「あ」は発音されなくなり、「う」が発音されて、「ふ」になったのである。私は、「ふ」の本質的な音素配列が解るような記法で「あふみ」の「ふ」を表記したい。「あふみ」の「ふ」は "本質的には、ハ行を形成する音素の後に、「あ」と「う」が続く" ものだと表示したい。そこで次のような表記法を用いる。

上代語のハ行を形成する音素を、本書ではPと表記する。

「あふみ」を構成する二つの語素「淡（あは）」と「海（うみ）」を、アルファベットの大文字や平仮名などを用いて、「あPA」「Uみ」と表記する。

「淡海」は、「淡＝あPA」に「海＝Uみ」が続いたものなので、これを「あPA＋Uみ」と記す。「あPA」と「Uみ」が熟合した段階を「あPAUみ」と記す。「あふみ」の「ふ」はPAUと表せる。

　　淡海＝あPA＋Uみ→あPAUみ

PAUのように記したものを「音節」と呼ぶのは適切ではなかろう。従来は、"音節とは、一つの母音だけからなるもの、および、一つの子音に一つの母音が続いたものをいう" とされているからである。

そこで音素節という概念を提起する。

一つの音韻について、〔その音韻を含む単語の意味〕や、〔その音韻が他の音韻（無音を含む）に遷移する理由〕を考察して、〔その音韻を構成する音素の配列〕を推定した場合、その音韻および〔その音韻の音素配列〕を**音素節**と呼ぶ。

「淡海」の「ふ」たる PAU は音素節である。

下二段動詞「経」の終止形たる「ふ」と「あふみ」の「ふ」は同じ音節ではあるが、同じ音素節ではない。

【2】母音部

音素節 PAU では、P の後に、「あ」音を表す母音素 A と「う」音を表す母音素 U がある。このような場合、"「あふみ」の「ふ」の母音は AU である"というのは適切ではなかろう。従来、"母音は、一つの音節に一つだけある"とされているからである。

そこで母音部(ぼおんぶ)という概念を提起する。

音素節にある音素群（単数あるいは複数の音素）のうち、カ行やサ行などの行を形成することには参与しないで、「あ」段や「う」段などの段（ア行の「あ」「い」「う」「え」「お」を含む）を形成することのみに参与する音素群を**母音部**と呼ぶ。

母音部は単数の音素から成ることもあり、複数の音素から成ることもある。

「あふみ」の「ふ」たる音素節 PAU の母音部は AU である。

【3】潜化・顕存

（1）潜化。

「淡＋海」は「あ PAU み」になった後、近畿語では、母音部 AU のうち、A は発音されず、U のみが発音される。この場合の A のように、〔本質的には存在する音素が現象としては発音されなくなる〕ことを**潜化**(せんか)と呼ぶ。

潜化した音素であることを示すにはアルファベットの小文字（ギリシア文字の α(アルファ)・ω(オメガ)を含む）で記す。

（2）顕存。

本質的に存在する音素が現象として発音されることを**顕存**と呼ぶ。顕存する音素はアルファベットの大文字（およびギリシア文字 Ω(オメガ)や、別に定める記号）で表記する。

（3）潜顕。

潜化と顕存をまとめて**潜顕**と呼ぶ。

【4】音素式

「淡」と「海」が熟合して「あふみ」になる遷移過程は、母音部や潜化・

顕存の概念を用いると、次のように表せる。

　　淡海＝あ PA＋U み→あ PAU み→あ PaU み＝あ PU み＝あふみ
　このような式を**音素式**と呼ぶ。
　音素式では、潜化した音素を小文字で記すが、その後はその小文字を記さないことが多い。

【5】融合・融合音

　東方語では、「あは＋うみ」が縮約した場合、第二音素節は「ほ」になることがある。遠江国で用いられる東方語では「遠江」を「遠たほみ〈等倍多保美〉」［万20-4324防人歌］と読む。「遠たほみ」は「遠＋助詞つ＋あは＋うみ」が縮約した語である。東方語では「淡（あは）」の「は」と「海（うみ）」の「う」が縮約すると「ほ」になるのである。これは、「淡（あは）」の「は」の母音部 A と、「海（うみ）」の「う」たる U が融け合って、「お」を形成したのである。

　複数の音素が合一して、元の音素のいずれとも異なる音韻になることを**融合**と呼ぶ。長音と短音とは異なる音韻とする。
　複数の音素が融合したことを表すには、それらの音素群を｜　｜でくくる。
　融合した音素群を**融合音**と呼ぶ。
　東方語で「淡＋海」が「あほみ」になる遷移過程は次の音素式で表せる。

　　淡海＝あ PA＋U み→あ PAU み→あ P|AU| み＝あほみ

§3　父音素・父音部・母類音素・完母音素

【1】父音素

　「た」「ち」「つ」「て」などタ行音節の初頭に共通して存在する音素を T と表す。
　同様に、カ行・サ行・ナ行・ハ行・マ行・ラ行・ガ行・ザ行・ダ行・バ行に対して、K・S・N・P・M・R・G・Z・D・B を定める。
　これら11の音素を**父音素**と呼ぶ。
　ワ行・ヤ行を形成する音素は父音素に含まれない。

【2】父音部

　音素節の前部にあって、後部の母音部と結合して、ア行音素節以外の音素

節を形成する（単数・複数の）音素を父音部(ふおんぶ)と呼ぶ。

父音部は複数の音素から成ることもある。

【3】母類音素

父音素以外の音素を母類音素(ぼるいおんそ)と呼ぶ。

A・Uや、W・Yは母類音素に含まれる。

【4】完母音素

母類音素のうち、A・O・Uの三つを完母音素(かんぼおんそ)と呼ぶ。

Oは、「お甲」ではなく、「オ乙・お丙」を表す音素である。

§4 近畿語完母潜顕法則

【1】近畿語完母潜顕法則

父音素Pに二つの完母音素AUが続く場合、近畿語では、前方にある完母音素Aは潜化し、後方にある完母音素Uは顕存する。

このことを一般化して、次の仮説を立てる。

「上代近畿語において、〔完母音素が二つ連続していて、その前後に母類音素がない〕場合、二つの完母音素のうち、前方にある完母音素は潜化し、後方にある完母音素は顕存する。」

この仮説を近畿語完母潜顕法則と呼ぶ。

この法則は、諸々の用例から帰納されたものではない。基本的な仮説として提起するものである。

【2】父音素と父音素の間にある完母音素は潜化しない

完母音素は次の性質を持つと考える。

父音素と父音素の間にある完母音素は潜化しない。

§5 本質音・現象音

近畿語では「淡海」は「あふみ」と読まれる。その「ふ」の現象としての音素配列はPUと表せる。だが、「淡海」は「淡＝あPA」に「海＝Uみ」が下接・熟合・縮約したものだから、その「ふ」は、本質的にはPAUである。

このような状況を説明するために、本質音と現象音という概念を提起する。

【1】本質音

〔同一の単語あるいは語素あるいは音素節が、地域・時代によってどのように変化するか、また、その単語・語素・音素節が他の単語・語素・音素節と熟合した場合にどのように変化するか〕を考察することによって推定した〔その単語・語素・音素節の音素配列〕を**本質音**と呼ぶ。

本質音は近畿語・東方語・九州語を通じて同一であり、また、上代語・平安語・現代語を通じて同一である。地域により、時代によって、音韻転化の仕方が異なるので、異なる音韻になることがよくある。

【2】現象音

本質音における(単数・複数の)音素が、本質音のままで、あるいは潜顕・融合を起こすなどして、仮名で表せるようになった場合、その仮名と音韻を**現象音**と呼ぶ。また、その仮名において、顕存している音素の配列も現象音と呼ぶ。

本書では、本質音・現象音を記す際、解る部分だけ、あるいは注目したい部分だけをアルファベット等の記号で記し、他の部分を平仮名・片仮名・漢字で記すことも多い。

§6　四段活用動詞連体形語尾の母音部は AU

【1】四段活用動詞連体形語尾の母音部は AU

四段活用動詞連体形語尾は、近畿語では「う」段だが、東方語では「お甲・お丙」段になることもあり、「あ」段になることもある。

[近畿]　降る〈布流〉雪ト　人ノ見るまで	[万5-839]
逢ふ〈安布〉縁モ無し	[万5-807]
奈良路来通ふ〈可欲布〉　使ひ絶イェメや	[万7-3973]
[東方1]　降ろ甲〈布路〉雪ノ	[万14-3423東歌]
行こ甲〈由古〉先に　波なトゑらひ	[万20-4385防人歌]
立と甲〈多刀〉月ノ	[万14-3476東歌]
逢ほ〈阿抱〉時モ	[万14-3478東歌]
[東方2]　通は〈可欲波〉鳥如す	[万14-3526東歌]

【2】四段動詞連体形末尾音素節が近畿語で「う」段、東方語で「お甲・お丙」段・「あ」段になる理由

〔近畿語で「う」段になり、東方語で「お丙」段になる〕という変化は、「淡海」第二音素節と同様である。「淡海」第二音素節本質音の母音部は AU である。そこで四段活用動詞（「います・ます」「欲る」を除く）の連体形語尾母音部の本質音は AU だと推定する。

[近畿] 　近畿語では、近畿語完母潜顕法則により、前方にある A は潜化し、後方にある U は顕存する。

　　　降る＝降 RAU→ふ RaU＝ふ RU＝ふる

[東方1] 　「東方語は近畿語完母潜顕法則に制約されないので、AU が融合することがある。|AU| は「お甲・お丙」を形成する。R |AU| は「ろ甲」になり、P |AU| は「ほ丙」になる。

　　　降ろ＝降 RAU→ふ R |AU|→ふろ甲

　　　逢ほ＝逢 PAU→あ P |AU|→あほ丙

[東方2] 　東方語は近畿語完母潜顕法則に制約されないので、母音部 AU で、前方にある A が顕存し、後方にる U が潜化することがある。

　　　通は＝通 PAU→かよ PAu＝かよ PA＝かよは

【3】|AU| は「お甲・お丙」を形成する

R |AU| が「ろ甲」であり、P |AU| が「ほ丙」だから、|AU| は「お甲・お丙」を形成する現象音の一つである。

§7　動詞の六活用形は活用語胴と活用語足に分解できる

【1】すべての動詞の連体形末尾には AU がある

四段活用動詞連体形「降る・降ろ」の本質音は「ふ RAU」であり、四段活用動詞連体形「逢ふ・逢ほ」の本質音は「あ PAU」であり、四段活用動詞連体形「通ふ・通は」の本質音は「かよ PAU」である。三者とも末尾に AU がある。このことを一般化して、すべての四段活用動詞連体形本質音の末尾には AU がある、と考える。

四段動詞だけでなく、すべての動詞に拡張して、次のとおり考える。

すべての動詞連体形本質音の末尾には AU がある。

【2】活用語足と活用語胴
（1）活用語足。
　すべての動詞連体形本質音の末尾にある AU を動詞連体形の**活用語足**(ごそく)と呼ぶ。
　連体形だけではなく、未然形・連用形・終止形・已然形・命令形にも、その用法に応じて、活用語足があると考える。それらを終止形の活用語足、命令形の活用語足などと呼ぶ。
　動詞の活用語足は、六活用形が同じで、用法も同じなら、段行活用（四段・上二段・下二段・カ行変格活用・ラ行変格活用など）が異なっても、同一の音素配列である。
（2）活用語胴。
① 動詞の活用語胴。
　動詞の六活用形の本質音から活用語足を除去した部分を動詞の**活用語胴**と呼ぶ。
　連体形「降る＝降 RAU」の場合なら、連体形の活用語足 AU を除去した「降 R」が活用語胴である。連体形「咲く」なら、「咲 KAU」から AU を除去した「咲 K」が活用語胴である。
　四段動詞・ラ変動詞では活用語胴は動詞語素と同一である。
② 助動詞の活用語胴。
　助動詞の活用形の本質音は、活用語胴と活用語足とに分解できる。
③ 形容詞の活用語胴。
　形容詞（カリ活用を除く）の五活用形（未然形・連用形・終止形・連体形・已然形）の本質音は活用語胴と活用語足とに分解できる。ただ、形容詞の場合には、活用語胴・活用語足に分けるよりも、語幹と形容源化語素と活用語足に分ける方が解りやすい。

【3】先行説と私見との相違点
　山口佳紀は『古代日本語文法の成立の研究』327～336頁で、北条忠雄『上代東国方言の研究』474頁の見解を踏まえて、四段動詞「咲く」を例にして、連体形の語素構成を説明する。山口は335頁でいう。「連体形の原構成を〈saka＋u〉と推定する。」

私の見解は山口の見解と共通するところがある。とはいえ、私見と山口説との間には相違点も多い。
①　私は、連体形「咲く」を、動詞語素「咲K」と、連体形活用語足AUに分ける。
　他方、山口は、連体形「咲く」をsakaとuとに分ける。
②　私は、連体形だけでなく、未然形・連用形・終止形・已然形・命令形も、用法に応じた活用語足が、活用語胴に続いたものだと考える。「咲かず」の「咲か」なら、活用語胴「咲K」に、動詞未然形の活用語足が続いたものだと考える。
　他方、山口は、同書329頁で、「〈未然形〉は、sakaのごとく、～aの形をとる」と述べる。"未然形はsakaそのもの"だとするのである。そうすると、"連体形（saka+u）は「未然形+u」だ"ということになる。この見解は私見とは大きく異なる。私は"連体形は未然形から派生する"とは考えない。
③　私は、連体形の活用語足AUは、動詞連体形のみに用いられる語素であって、動詞連体形を形成する以外には何の用途もないと考える。
　他方、山口は、同書334頁で、「saka+u」のuを「連体助詞」と認識し、「連体助詞uの存在を論証することは容易ではない。」という。
　私は、助詞「う」は存在するが、それは動詞連体形活用語足AUとは別の語素だと考える。
④　私は、東方語ではAUは融合して「お甲・お丙」になることがあると考える。
　他方、山口は"auは「お甲」になる"とは述べない。

§8　四段動詞の直結形

【1】四段動詞語素末尾父音素

　四段動詞（「います・ます」「欲る」を除く）の語素の末尾には父音素がある。この父音素を**四段動詞語素末尾父音素**と呼ぶ。

【2】四段動詞の直結形

（1）四段動詞の動詞語素に他の動詞が続く用例。
①　四段動詞の語素に、「あ」で始まる動詞が続く用例。

召さゲ〈咩佐宜〉たまはね　　　　　　　　　　　［万5-882］
　　　尾張に直に向合へる〈牟迦弊流〉　　　　　　　［景行記歌29］

　これらの用例の四段動詞「召」「向」は連用形ではなく、動詞語素だと考える。

　「召さゲ」は、四段動詞「召す」の語素「召S」に、「上ゲ＝Aゲ」が下接・縮約したもの。四段動詞語素末尾父音素Sが父音部になり、「Aゲ」のAが母音部になって、「SA＝さ」を形成する。

　　　召さげ＝召S＋上ゲ＝めS＋Aゲ→めSAゲ＝めさゲ

　「向合へる」は「向く」の動詞語素「向K」に「合へる＝Aへる」が下接・縮約したもの。四段動詞語素末尾父音素Kが父音部になり、「Aへる」のAが母音部になって、「KA＝か」を形成する。

　　　向合へる＝向K＋合へる→むK＋Aへる→むKAへる＝むかへる

② 四段動詞の語素末尾父音素がMであって、その後にTで始まる動詞が続く用例。

　　　並付き〈那豆岐〉ノ　田ノ稲柄に　　　　　　　　［景行記歌34］

　「並付きノ田」は"（古墳の周囲に）並び付く田"のことである。「なづき」は、四段動詞「並む」の動詞語素「なM」に「付き＝TUき」が下接・縮約したもの。

　　　並付き＝並M＋TUき→なMTUき

　MTUは音素節を形成する。その父音部はMTである。M・Tは融合してDになり、ダ行を形成する。

　　　→な{MT}Uき＝なDUき＝なづき

③ 四段動詞の語素末尾父音素がMであって、その後にKで始まる動詞が続く用例。

　　　ええ　しやごしや　此は　い祷請ふ〈伊能碁布〉ソ　［神武記歌9］

　「い祷請ふ」の「い」は動詞に冠される接頭語。「祷請ふ」は、「祷む」の動詞語素「祷M」に、「請ふ＝KOふ」が下接・縮約したもの。「祷む」は"祈る"の意。「い祷請ふ」の類義語に「請ひ祷む〈許比能武〉」［万5-906］がある。

　　　い祷請ふ＝い祷M＋KOふ→いノMKOふ

MK は融合する。|MK| は G になる。

→いノ |MK| O ふ＝いノ GO ふ＝いノゴ乙ふ

④　四段動詞語素末尾父音素が S であって、その後に S で始まる動詞が続く用例。

指進_{さすす}みノ〈指進乃〉　栗栖_{くるす}ノ小野ノ

［万 6-970。歌意については『ちはやぶる・さねかづら』第 1 章参照］

「指進乃」は短歌の第一句なので五音節で読まねばならない。その五音節は「さすすみノ」だと考える。「指進」が「さすすみ」になるのは、動詞語素「指_さ S」に、「進み＝SU すみ」が下接し、縮約したからだと考える。

指進み＝指 S＋進み＝さ S＋SU すみ→さ SSU すみ

SSU は音素節を形成する。父音部 SS では同一の父音素が二連続するが、一方は顕存し、他方は潜化する。

→さ SsU すみ＝さ SU すみ＝さすすみ

難波津_{なにはつ}に　御船_{みふね}降_おロ据ゑ〈於呂須恵〉　　　　　　［万20-4363防人歌］

「おロすゑ」は動詞語素「おロ S」に「すゑ＝SU ゑ」が下接・縮約したもの。

降ロ据ゑ＝おロ S＋SU ゑ→おロ SSU ゑ→おロ SsU ゑ＝おロ SU ゑ

　＝おロすゑ

（2）四段動詞の動詞語素に体言が続く用例。

四段動詞は、通例は連体形が後続の体言を修飾するが、動詞語素が体言を修飾することもある。「笑酒_{ゑぐし}〈恵具志〉」［応神記歌49］がその用例である。

「笑酒_{ゑぐし}」は、四段動詞の動詞語素「笑 M」に、「酒_{くし}＝KU し」が下接・縮約したもの。

笑酒＝笑 M＋KU し→ゑ MKU し→ゑ |MK| U し

→ゑ GU し＝ゑぐし

動詞語素の直後に、用言（助動詞・補助助詞を除く）・体言が下接・縮約する活用形を動詞の**直結形**と呼ぶ。

第二部　Yは「い甲」を形成する

第2章　Yは「い甲」を形成する音素の一つ

§1　近畿語で「ヨ」にも「イエ」にもなる「良し」の第一音素節はYYO

【1】「良し」「吉野」の第一音素節は上代語で「ヨ」にも「イエ」にもなる。
[上代1]　大王し　良し〈与斯〉ト聞コさば　　　　　［仁徳記歌65］
　　　　　吉野〈余思努〉ノ宮を　あり通ひ見す　　　［万18-4099］
[上代2]　何ノ伝言　直にし　良けむ〈曳鶏武〉　［天智10年 紀歌128］
　　　　　み吉野〈延斯怒〉ノ　小室が岳に　　　　　［雄略記歌96］

【2】上代語で「良し」「吉野」の第一音素節が「ヨ」「イエ」になる理由
　「良し」「吉野」の第一音素節の本質音はYYOだと推定する。
[上代1]　YYが父音部になり、Oが母音部になる。父音部YYでは前のYが顕存し、後のYは潜化する。YOは「ヨ乙」になる。
　　　　良し＝YYOし→YyOし＝YOし＝ヨ乙し
[上代2]　前のYが父音部になり、YOが母音部になる。母音部ではYOは融合する。|YO|は「エ乙・え丙」を形成する。Y|YO|はヤ行・エ段の「イエ」になる。
　　　　良し＝YYOし→Y|YO|し＝イエし

§2　兼音素・父類音素

【1】兼音素
（1）Yは父音素性と母音素性を兼ね備える。
　YYOの初頭にあるYはヤ行の「ヨ」「イエ」を形成するから、父音素性を持つ。そして|YO|のYは、Oと融合して「エ乙・え丙」を形成するから、母音素性をも持つ。

（2）兼音素。
　父音素性と母音素性を兼ね備える音素を**兼音素**と呼ぶ。
　Yは父音素性と母音素性を兼ね備えるから、兼音素である。
（3）通兼音素Y。
　兼音素は四つある。それぞれ重要なので個別に名を付ける。
　兼音素Yを**通兼音素**と呼ぶ。
　父音素がYの前にあり、別の父音素がそのYの後にある場合、Yは顕存する。
【2】父類音素
　父音素と兼音素を合わせた音素の集合を**父類音素**と呼ぶ。
　兼音素は父類音素に含まれ、母類音素にも含まれる。
【3】母音素
　父類音素でない音素を**母音素**と呼ぶ。
　完母音素たるA・O・Uは母音素に含まれる。

§3　「います」の「い」はY

（1）動詞「坐す」は「います」とも「ます」とも読まれる。
[上代1]　地ならば　大王います〈伊摩周〉　　　　　　　　［万5-800］
　　　　幸く　いまして〈伊麻志弖〉　早帰りませ　　　　　［万5-894］
　　　　いまし〈伊麻思〉を頼み　母に違ひぬ
　　　　　［万14-3359東歌。「いまし」は"高い位にいる人""あなた様"の意］
[上代2]　大王は　千歳にまさむ〈麻佐武〉　　　　　　　　［万3-243］
　　　　吾が夫子が　国へましなば〈麻之奈婆〉　　　　　　［万17-3996］
　　　　鄙モ治むる　ますらを〈麻須良袁〉や　何かモノ思ふ
［万17-3973。「ら」は助詞。「を」は"男"。「ますらを」は"いらっしゃる男"で、"高い位にいる男"の意］
（2）「坐す」が「います」とも「ます」とも読まれる理由。
　「坐す」の本質音は「Y*MA*す」だと推定する。
[上代1]　兼音素Yは母音素性を発揮する。Yと*MA*の間で音素節が分離する。音素節Yは単独で「い」になる。

音素節が分離する位置を明瞭に示したい場合には－(ハイフン)を用いる。

　　　坐す＝YMAす→Y-MAす

　通兼音素Yは単独で「い」になる。

　　　＝います

［上代2］　兼音素Yは父音素性を発揮する。YMAが一つの音素節になる。YMが父音部になる。YMでは父音素Mは顕存し、兼音素Yは潜化する。

　　　坐す＝YMAす→yMAす＝MAす＝ます

§4　動詞に助動詞「ます」が続く用法は語胴形Yます用法

【1】四段動詞に尊敬助動詞「ます」が続く場合の遷移過程

　四段動詞に尊敬助動詞「ます」が続く場合には、動詞語尾は「い甲・い丙」段になる。

　　　吾(わ)が大王ノ　隠(かく)ります〈訶句理摩須〉　天(あま)ノ八十影(やそかゲ)

［推古紀20年　紀歌102。「天ノ八十影」は"天にあって多くの影を作るもの"で、太陽のこと。太陽の形は円なので、この歌では"円墳"を意味する］

　動詞に助動詞「ます」が続く場合の構成は、動詞の活用語胴に助動詞「ます」が続いたもの。

　「隠る」は四段動詞だからその活用語胴は動詞語素と同一で「隠R」である。

　助動詞「ます」は四段動詞「坐す」と同源語で、その本質音は「YMAす」である。

　　　隠ります＝隠R＋YMAす→隠RYMAす

　RYのYは母音素性を発揮して母音部になり、「い」段を形成する。RYは「り」になる。

　　　→かくRY-MAす＝かくります

【2】動詞の語胴形

　動詞の活用で、活用語胴に助動詞が続くものを**語胴形**と呼ぶ。

　動詞の活用語胴に尊敬助動詞「ます＝YMAす」が続く用法を語胴形Y(ワイ)ます用法と呼ぶ。

第 2 章

§5　Ｙは「い甲」を形成する音素の一つ

【1】四段動詞の語胴形Ｙます用法で動詞語尾が「い甲」段になる理由
　　　君ノ御代御代　敷き甲ませる〈之伎麻世流〉　四方ノ国には
　　　　　　　　　　　　　　　　　　　　　　　　　　　　［万18-4094］
「敷きませ」は、四段動詞「敷く」の活用語胴「敷Ｋ」に助動詞「ませ＝Ｙませ」が続いたものである。
　　敷きませ＝敷Ｋ＋Ｙませ→しＫＹませ
この「しＫＹませ」が「しき甲ませ」である。
　　＝しき甲ませ
「敷ＫＹませ」が「敷き甲ませ」になるのだから、「敷き甲ませ」の「き甲」の本質音はＫＹだと解る。よって、次のことがいえる。
　い甲イ乙識別行では、母音部たるＹは「い甲」を形成する。
　Ｙは「い甲」を形成する音素の一つである。

【2】「隠ります」の「り」は「い甲」段相当の音素節
　上述の「隠ります＝隠ＲＹます」と「敷き甲ませ＝敷ＫＹませ」とを比較しよう。
　「り」は甲類乙類の識別はない。だが、「隠ります」の「り」の母音部はＹであって、「敷き甲ませ＝敷ＫＹませ」の「き甲」の母音部と同じである。よって、次のことがいえる。
　母音部たるＹは、い甲イ乙識別行では「い甲」を形成し、い甲イ乙不識別行では「い丙」を形成する。
　また、次のことがいえる。「し」には甲類乙類の識別はないが、音素節「し」の中には母音部がＹのものもある。「ち」「ぢ」「ゐ」なども同様で、その中には母音部がＹのものがある。ヤ行の「い」にも母音部がＹのものがある。

§6　「ゐやぶ」の「ゐや」が「うやうやし」で「うや」になる理由

【1】「敬ぶ」の「ゐや」が「うやうやし」で「うや」になる理由
　上代語「ゐやぶ」は"敬う"の意味の上二段動詞である。
　　　神たちをモ　ゐやビ〈為夜備〉まつり　　［続紀天平神護元年宣命38］

一方、「ゐやぶ」の「ゐや」から派生したとみられる形容詞「うやうやし」がある。

うやうやしく〈宇夜宇也自久〉相ひ従ふ　　　［続紀天平宝字六年宣命27］

「ゐやぶ」の「ゐ」が「うやうやし」で「う」になる理由を述べる。

「ゐや」の本質音と「うや」の本質音は同一で、WYYA だと推定する。

　　敬ビ＝WYYA ビ

WY の Y は母音素性を発揮し、WY は音素節を形成する。音素節 WY はワ行 Y 段（い段）の「ゐ」になる。

　　→WY-YA ビ＝ゐやビ

　　敬敬し＝WYYA＋WYYA＋し→WYYAWYYA し

W は母音素性を発揮し、単独で音素節を形成する。

W に続く二つの Y は二つとも父音素性を発揮し、直後の A と結合して音素節 YYA を形成する。

　　→W-YYA-W-YYA し→う YYA-う YYA し

父音部 YY では、前の Y は顕存し、後の Y は潜化する。

　　→う YyA-う YyA し＝う YA-う YA し＝うやうやし

【2】父音素および Y に続く W は母音部「う」を形成する

W が単独で音節「う」を形成することから類推して、次のとおり考える。

父音素および Y に W が続き、その直後で音素節が分離する場合、W は母音部「う」を形成する。

第三部　双挟潜化

第3章　「行く」が「ゆく」とも「いく」とも読まれるのはどうしてか　YUY

§1　双挟潜化

【1】双挟潜化

（1）双挟音素配列。

〔同一の音素二つが、他の（単数・複数の）音素を前後から挟む音素配列〕になっており、かつ、〔それらのすべてが父類音素である〕か〔それらのすべてが母類音素である〕場合、その音素配列を**双挟音素配列**（そうきょう）と呼ぶ。

たとえば、UYUでは、同一の音素U二つが、Yの前と後にあって、Yを挟む形である。そしてUは完母音素、Yは兼音素だから、U・Yは共に母類音素である。UYUは双挟音素配列である。

また、YMYは、同一の音素Y二つが、Mの前と後にあって、Mを挟む形である。そしてMは父音素、Yは兼音素だから、M・Yは共に父類音素である。YMYは双挟音素配列である。

（2）双挟潜化

「双挟音素配列では、双挟されている（単数・複数の）音素が潜化することがある。この遷移を**双挟潜化**（そうきょうせんか）と呼ぶ。

双挟音素配列UYUでは、UはYを双挟潜化することがある。

双挟音素配列YMYでは、YはMを双挟潜化することがある。

【2】完母音素が兼音素Yを双挟潜化する事例

（1）連体形「思ふ」が「ゆゑ」に上接すると「思ふゑ」になる理由。

四段動詞連体形「思ふ」が「ゆゑ〈由恵〉」[応神記歌42]に上接すると、「思ふゆゑ」ではなく、「思ふゑ」になる。

　　思ふゑ〈於毛布恵〉に　逢ふモノならば　　　　　[万15-3731]

「思ふゆゑ」の「思ふ」は、連体形だから「思P＋AU」である。「ゆゑ」は「YUゑ」である。

　　思ふ故＝思P＋AU＋YUゑ→おモPAUYUゑ

UYUは双挟音素配列である。そこで、UはYを双挟潜化する。

　　→おモPAUyUゑ＝おモPAUUゑ

母音部AUUでは、後方で二連続する完母音素Uはひとまず顕存し、Aは潜化する。

　　→おモPaUUゑ＝おモPUUゑ

母音部UUでは、前のUは潜化し、後のUは顕存する。

　　→おモPuUゑ＝おモPUゑ＝おモふゑ

（２）「早(はや)」が「は」になる理由。

形容詞「早し」の語幹は、「はやき〈波夜伎〉瀬ゴトに」[万17-4023]のように、通例は「はや」である。だが、訓仮名としての「早」は「は」と読まれることがある。「はしき」の「は」に注目したい。

　　はしき〈波辞枳〉ヨ̲し　吾家(わぎへ)ノ方ゆ　　　［景行紀17年 紀歌21］

「はしき」は『万葉集』では「早敷」と表記されることがある。

　　はしき〈早敷〉やし　吾が妻ノ子が　　　　　　　［万2-138］

「早」の本質音はPAYAだと推定する。AYAは双挟音素配列である。それで、「早」が訓仮名として用いられる場合には、AはYを双挟潜化する。

　　早敷＝PAYAしき→PAyAしき＝PAAしき→PaAしき

　　　　＝PAしき＝はしき

（３）「誤(あやま)す」が「あます」になる理由。

『古事記』に「築(つ)きあまし」という語句がある。

　　みモロに　築くや玉垣　築きあまし〈阿麻斯〉　誰(た)にかモ依らむ　神ノ宮人　　　　　　　　　　　　　　　　　　　　　　［雄略記歌93］

この「あまし」は「余(あま)し」ではない。「誤(あやま)り」の同源語たる動詞「誤(あやま)し」が縮約したものである。「誤す」の意味は"間違う"である（歌意は拙著『古事記歌謡全解』記歌93の段参照）。「あやまし」の本質音は「AYAまし」だと推定する。AがYを双挟潜化すると「あまし」になる。

　　誤し＝AYAまし→AyAまし＝AAまし→aAまし＝Aまし＝あまし

46

§2 「行く」第一音素節が「ゆ」とも「い」とも読まれるのはどうしてか

【1】「行く」は「ゆく」とも「いく」とも読まれる

「行く」第一音素節は「ゆ」とも「い」とも読まれる。
[上代1]　向会へをゆかむ〈由加牟〉　　　　　　　　[允恭記歌87]
[上代2]　竜田ノ山を　何時越イいかむ〈伊加武〉　　　[万15-3722]

【2】上代語母類音素潜顕遷移

「行く」第一音素節は YUY だと考える。
母音部が完母音素一つと兼音素一つから成る音素配列の遷移について次のとおり考える。
上代語では、一つの完母音素と一つの兼音素とから成る母音部では、どちらが前にあっても、完母音素は顕存し、兼音素は潜化する。
但し、完母音素が兼音素に双挟されている場合には、完母音素が双挟潜化されることがある。
この遷移を**上代語母類音素潜顕遷移**と呼ぶ。

【3】「行く」が「ゆく」「いく」になる**遷移過程**

[上代1]　「ゆ」になる。YUY では UY が母音部になる。母音部 UY では、完母音素 U は顕存し、兼音素 Y は潜化する（上代語母類音素潜顕遷移）。
　　　行く＝YUYく→YUyく＝YUく＝ゆく
[上代2]　「い」になる。双挟音素配列 YUY で、Y が U を双挟潜化する。
　　　行く＝YUYく→YuYく＝YYく
　　YY はヤ行・Y段（い段）の音素節「い」になる。
　　　＝いく

§3　形容詞「斎斎し」　YUYYUY

【1】「斎つ」第一音素節は YUY

「斎」は、助詞「つ」に上接した「斎つ」の形で後続の体言を修飾する。その用例では「斎つ」は「ゆつ〈湯都〉」[万1-22] とも「いつ〈伊都〉」[雄略記歌91] とも読まれる。これは「行く」第一音素節と同様の変化である。

そこで「斎」の本質音はYUYだと推定する。

【2】シク活用「斎斎し」の語幹が「ゆゆ」になる遷移過程

　シク活用形容詞「斎斎し」の「斎斎」の読みは、「ゆゆしき〈由由斯伎〉」や「ゆゆしけれドモ〈由遊志計礼杼母〉」[万2-199一云]のように、「ゆゆ」になることはあるが、「いい」になることはない。「ゆゆ」になる遷移過程を述べる。

　「ゆゆし」の「ゆ」は「斎つ」の「斎」と同一語であり、その本質音はYUYだと推定する。「ゆゆし」の語幹「ゆゆ」は「ゆ＝YUY」を重複したもので、YUYYUYである。

　　　斎斎し＝YUY＋YUY＋し→YUYYUYし

　初頭のYUの直後にあるYは父音素性を発揮するようになり、後のYUYと結合して、音素節YYUYを形成する。

　このような遷移をYの後方編入と呼ぶ。

　　　→YU-YYUYし＝ゆ-YYUYし

　YYUYでは、YYが父音部になり、UYが母音部になる。父音部YYでは、前のYは顕存し、後のYは潜化する。母音部UYでは、Uは顕存し、Yは潜化する（上代語母類音素潜顕遷移）。

　　　→ゆ-YyUyし＝ゆ-YUし＝ゆゆし

§4　上代語「さぶし」が平安語で「さびし」になる理由　YUY

【1】「さぶし・さびし」「すむやか・すみやか」「さがむ・さがみ」「あづきなし・あぢきなし」

　上代語で「う」段である音素節が、平安語で「い」段に転じる事例がある。
（1）上代語「さぶしは平安語で「さびし」になる。
［上代］　　さぶしけむ〈佐夫之家牟〉かモ　　　　　　　　［万4-762］
［平安］　　さび甲しさ〈左必之佐〉
　　　　　［西本願寺本万葉集15-3734一云。広瀬本には一云左必之佐はない］
　　　　山里は　冬そさびしさ　まさりける　　　　　　［古今和歌集6-315］
（2）上代語「すむや」は平安語で「すみや」になる。
［上代］　　すむやケく〈須牟也気久〉　早帰りませ　　　　［万15-3748］

第4章

［平安］　御船(みふね)すみやかに漕(こ)がしめたまへ　　　　　　［土佐日記1月26日］
（3）上代語での国名「さがむ」は平安語で「さがみ」になる。
［上代］　真指(さね)し　さがむ〈佐賀牟〉ノ小野に　　　　　　［景行記歌24］
［平安］　さがみ〈佐加三〉　　　　　　　　［倭名類聚鈔二十巻本巻五。相模］
（4）上代語「あづきなし」は平安語で「あぢきなし」になる。
［上代］　上代語「あづきなく〈小豆奈九〉何ノ狂言(たはゴト)　　　［万11-2582］
［平安］　あぢきなき物　　　　　　　　　　　　　　　　　　［枕草子75段］

【2】上代語で「う」段に、平安語で「い」段になる母音部はYUY

　上代語で「う」段であって平安語では「い」段に変化する音素節の母音部はYUYだと推定する。
［上代］　「さぶし」の本質音は「さBYUYし」である。父音素B・M・Dに母音部YUYが続く場合、上代語では、完母音素Uは顕存し、兼音素Yは二つとも潜化する。
　　　　寂し＝さBYUYし→さByUyし＝さBUし＝さぶし
［平安］　平安語では、YはUを双挟潜化する。
　　　　寂し＝さBYUYし→さBYuYし→さByYし＝さBYし＝さび甲し

第4章　「吾君」が「あぎ」に、「籠モリ水」が「コモりづ」になる理由　YMY

§1　「田」は「た」なのに「山田」が「やまだ」と読まれるのはどうしてか

「田」は、単独では「た」だが、「山」に続いた場合には「だ」になる。
　　田〈多〉ノ稲柄(いながら)に　　　　　　　　　　　　　　　　［景行記歌34］
　　山田(やまだ)〈夜麻陀〉を作り　　　　　　　　　　　　　　　　［允恭記歌78］
「田」の本質音はTDAだと推定する。
「田」が前の語に下接・熟合しない場合には、父音部TDでは、前方にある父音素Tは顕存し、後方にある父音素Dは潜化する。
　　田＝TDA→TdA＝TA＝た

49

「山」の本質音はYAMAだと推定する。

　　山田＝YAMA＋TDA＝やMATDA

MAの直後では父音素がT・D二連続する。この場合、前方にある父音素Tは直前の母音素Aに付着して音素節MATを形成する。

　このような遷移を**父音素の前方編入**と呼ぶ。

　　→やMAT–DA

音素節MATでは次の遷移が起きる。

　上代語では、音素節末尾にある父音素は潜化する。

　この遷移を**末尾父音素潜化**と呼ぶ。

　　→やMAt–DA＝やMA–DA＝やまだ

§2　双挟潜化によって「吾君」は「あぎ」に、「いざな君」は「いざなぎ」になる

（1）「吾君」が「あぎ」になる理由。

　　いざ　あぎ〈阿芸〉　振熊が　痛手負はずは　　　［仲哀記歌38］

本居宣長が『古事記伝』31巻でいうように、「あぎ」は「吾君」が縮約したものである。「吾＋君」が「あぎ」になる理由を述べよう。

　「吾」は「わ」とも「あ」とも読まれる。本章では「吾」を A と記す。

　「君」第一音素節の父音部はKGだと推定する。

　「君」の「き」「み」は共に「い甲」段である。前章で述べたように、「い甲」を形成する音素の一つにYがある。「君」の「き甲」「み甲」の母音部は共にYだと推定する。

　　吾君＝A＋KGYMY→AKGYMY

A の直後に父音素がK・G二連続する。それで先頭のKは直前の A に付着して音素節 AK を形成する（父音素の前方編入）。

　　→AK–GYMY

AK では音素節末尾のKは潜化する（末尾父音素潜化）。

　　→Ak–GYMY

双挟音素配列YMYではYはMを双挟潜化する。

　　→A–GYmY＝あGYY

第 4 章

母音部 YY では、後の Y は顕存し、前の Y は潜化する。

→あ GyY＝あ GY＝あぎ甲

（2）「いざな君」が「いざなぎ」になる理由。

男神の名には、その末尾が「ぎ」であるものがある。「伊邪那伎大神」[古事記上巻]と、「沫那芸神」[古事記上巻]すなわち「沫蕩〈阿和那伎〉」[神代上紀第二段一書第二]である。これらの「ぎ」は、「吾君」の「ぎ」と同様、「君」が縮約したものだと考える。

「な」は助詞である。これを NA と表記する。

いざな君＝いざ＋NA＋KGYMY→いざ NAK–GYMY

双挟音素配列 YMY では Y は M を双挟潜化する。

→いざ NAk–GYmY→いざな GyY＝いざな GY＝いざなぎ甲

§3 「籠モリ水」が「コモりづ」になる理由

籠モり水〈許母理豆〉ノ 下よ延へつつ 行くは誰が偶

[仁徳記歌56。歌意は『古事記歌謡全解』記歌56の段参照]

「籠モり水」は、四段動詞連用形「籠モり」に、「水」が下接し縮約したものである。

「浮き甲橋〈宇枳〉橋」のように四段動詞連用形が後続の体言を修飾する場合には、語尾は「い甲」段になる。「い甲」を形成する音素として Y があるので、体言を修飾する四段動詞連用形の語尾の母音部は Y だと推定する。

四段動詞連用形「籠モり」は後続の「水」を修飾するから、語尾「り」の母音部は Y だと推定できる。

「水」第一音素節の「み甲」の母音部は Y だと推定する。

籠モり水＝籠モ RY＋MYづ→コモ RYMYづ

双挟音素配列 YMY では、Y は M を双挟潜化する。

→コモ RYmYづ＝コモ RYYづ→コモ RyYづ＝コモ RYづ＝コモりづ

第5章 「十」が「ト乙を」「そ甲」「ト乙」「ソ乙」に変化する理由

§1 「十」が「ト乙を」「そ甲」「ト乙」「ソ乙」に変化する理由

【1】上代語で「十」は「ト乙を」「そ甲」「ト乙」「ソ乙」に変化する

[上代1]「十」は句頭にある場合には「ト乙を」である。
　　　夜には九夜　日には　十日〈登袁加〉を　　　　　　［景行記歌26］
[上代2]「十」は「八」や「三」に続く場合には「そ甲」になる。
　　　八十島〈夜蘇之麻〉ノ上ゆ　　　　　　　　　　　　［万15-3651］
　　　三十〈弥蘇〉ち余り　二つノ相　　　　　　　　　　［仏足石歌2］
　　　訓仮名の「十」も「そ甲」に用いられることがある。
　　　珠裳ノ裾〈須十〉に　　　　　［万1-40。「裾」は古事記歌27では須蘇］
[上代3]「十」は訓仮名では「ト乙」を表すことがある。
　　　此処に逢はむト乙は〈十羽〉
　　　　　　　　　　　　　　　　［万11-2601。「トは」は古事記歌4では登波］
　　　鎮メトモ〈十方〉　坐す神かモ　宝トモ〈十方〉　成れる山かモ
　　　　　　　　　　　　　　　　　［万3-319。トモは古事記歌61では登母］
[上代4]「卌」は、訓仮名では「ヨソ乙」と読まれる。
　　　筑波嶺を　外〈卌〉ノミ見つつ　ありかねて　　　　［万3-383］
　　　「卌」すなわち「四十」が「外に当てられている。「外」は万15-3596では
「ヨ乙ソ乙〈与曽〉」だから、「四十」は「ヨ乙ソ乙」だと解る。

【2】「十」が「ト乙を」「そ甲」「ト乙」「ソ乙」に変化する理由

　　「十」の本質音はTSOWOだと推定する。
[上代1]「十」が「トを」になる場合は、TSOとWOの間で音素節が分離する。
　　　十＝TSOWO→TSO-WO
　　TSOの父音部TSでは、前方にあるTは顕存し、Sは潜化する。
　　　→TsO-WO＝TO-WO＝ト乙を

［上代2］「十」が「そ」になる場合は、OWO が融合する。「八」は YA だと推定する。

八十＝YA＋TSOWO→YATSOWO

YATS では、A の後に父音素が T・S 二連続する。それで先頭の T は直前の母音素 A に付着して音素節 YAT を形成する（父音素の前方編入）。

→YAT-SOWO→YAt-SOWO

母音部 OWO は融合する。|OWO| は「お甲」を形成すると考える。

→YA-S|OWO|＝やそ甲

「三」の本質音は MY だと推定する。「三十」の遷移は「八十」と同様の遷移過程である。

［上代3］ 訓仮名で「十＝TSOWO」が「ト乙」になる場合は、O が W を双挟潜化する。

十羽＝TSOWO は→TSOwO は→TsOO は→ToO は＝TO は＝ト乙は

［上代4］ 訓仮名で「四十」が「ヨソ乙」になる場合も、O が W を双挟潜化する。「四」の本質音は YO だと推定する。

卌＝四十＝YO＋TSOWO→YOTSOWO

→YOT-SOwO→YOt-SoO＝YO-SO＝ヨ乙ソ乙

【3】普兼音素 W

W は、「トを」の「を＝WO」の父音部になってワ行を形成するから父音素性を持つ。

W は、|OWO| では O と共に「お甲」を形成するから母音素性を持つ。

W は父音素性と母音素性を兼ね備えるから、兼音素である。

W を普兼音素と呼ぶ。

【4】母音部が同じでも父音素が異なれば異なる遷移過程になることがある

上代語では行によって遷移の仕方が異なることがある。

「十＝TSOWO」では、T が顕存した場合には、O と WO の間で音素節が分離して「トを」になるが、S が顕存した場合には「ソを」になることはない。母音部が同じ音素配列でも、父音部が異なれば、異なる遷移過程をたどって異なる現象音になることがある。

§2 「針」「百合(ゆり)」「しり方(ヘ)」の「り」が東方語で「る」と読まれる理由

【1】「針」「百合(ゆり)」「しり方(ヘ)」の「り」は東方語で「る」と読まれる

[近畿]　はり〈芳理(ぶくろ)〉袋　　　　　　　　　　　　　　　[万18-4129]
[東方]　吾(あ)が手ト付ケロ　コレノはる〈波流〉持し　[万20-4420防人歌]
[近畿]　さゆり〈佐由利〉ノ花ノ　笑(ゑ)まはしきかモ　　[万18-4086]
[東方]　筑(つく)波(は)嶺(ね)ノ　さゆる〈佐由流〉ノ花ノ　　　　　　[万20-4369防人歌]
[近畿]　しり方(ヘ)でにふく〈志理幣提尓布倶〉
　　　　　　　　　　　　　　　　　[神代上紀第五段一書第七「背揮」注]
[東方]　しる方(ヘ)〈志流敝〉には　子をト妻をト　置きてトモ来(き)ぬ
　　　　　　　　　　　　　　　　　　　　　　　　　[万20-4385防人歌]

【2】近畿語で「り」、東方語で「る」になる音素節はRYUY

　近畿語で「り」、東方語で「る」になる音素節の本質音はRYUYだと推定する。

　YUYは、これだけで音素節を形成する場合は、前のYが父音部になり、UYが母音部になって、「ゆ」あるいは「い」になる。

　YUYが父音素に続く場合は三音素とも母音素性を発揮して、「う」段あるいは「い」段を形成する。

　RにYUYが続く場合には、近畿語と東方語では遷移の仕方が異なる。
[近畿]　近畿語では、母音部YUYで、YはUを双挟潜化する。

　　　針=はRYUY→はRYuY→はRYY→はRyY=はRY=はり
[東方]　東方語では、母音部YUYで、完母音素Uは顕存し、兼音素Yは二つとも潜化する。

　　　針=はRYUY→はRyUy=はRU=はる

54

第四部　ナ行変格活用と動詞終止形活用語足

第6章　ナ変動詞・ナ変助動詞の語素構成と動詞終止形の活用語足 W

§1　ナ変動詞・ナ変助動詞の活用語胴

【1】ナ変動詞・ナ変助動詞の連体形の用例

　ナ変動詞・ナ変完了助動詞の連体形の語尾は、近畿語では「ぬる」である。東方語では、「ぬる」になる場合もあるが、「ぬ」にも「の甲」にもなる。
（1）ナ変動詞の連体形。
　　　相ひ見ては　千年や去ぬる〈伊奴流〉　　　　［万14-3470東歌］
（2）ナ変助動詞の連体形。
［近畿］語尾は「ぬる」になる。
　　　蜩ノ　鳴き甲ぬる〈奈吉奴流〉時は　　　　　［万17-3951］
　　　吾がたメは　狭くや成りぬる〈奈里奴流〉　　［万5-892］
［東方1］語尾が「ぬ」になる。
　　　明けぬ〈安家奴〉時来る　　　　　　　　　　［万14-3461東歌］
　　　家ノ妹が　なるべきコトを　言はず来ぬかモ〈伎奴可母〉
　　　　　　　　　　　　　　　　　　　　　　　　［万20-4364防人歌］
［東方2］語尾が「の甲」になる。
　　　息づく妹を　置きて来の甲〈伎努〉かモ　　　［万14-3527東歌］

【2】ナ変動詞・ナ変助動詞の終止形の用例

　ナ変動詞・ナ変完了助動詞の終止形の語尾は「ぬ」である。
（1）ナ変動詞の終止形。
　　　死なば死ぬトモ〈斯農等母〉　　　　　　　　［万5-889］
（2）ナ変助動詞の終止形。「ぬ」直前の動詞語尾は「い甲」段になる。
　　　潮モ適ひ甲ぬ〈可奈比沼〉　　　　　　　　　［万1-8］

55

【3】ナ変動詞・ナ変助動詞の活用語胴
(1) ナ変の動詞・助動詞の連体形には双挟音素配列 WRW が含まれる。
　ナ変動詞・ナ変助動詞の連体形の語尾は、「ぬる」「ぬ」「の甲」になる。「る」が脱落したりしなかったりするのは、ナ変の動詞・助動詞の連体形の活用語胴に双挟音素配列 WRW が含まれるからだと考える。R が W に双挟潜化されなければ「ぬる」になり、双挟潜化されれば語尾は「ぬ」あるいは「の甲」になる。
(2) ナ変動詞・ナ変助動詞の活用語胴には NWRW が含まれる。
　ナ変動詞・助動詞の終止形・連体形の語尾に「ぬ」が現れるのは、ナ変動詞・ナ変助動詞の活用語胴に NW が含まれるからだと考える。
(3) 上記(1)(2)をまとめて次のように考える。
　ナ変動詞・ナ変助動詞の活用語胴には NWRW が含まれる。
(4) ナ変動詞「去ぬ」「死ぬ」の活用語胴。
　ナ変動詞「去ぬ」の活用語胴は YYNWRW であり、「死ぬ」の活用語は SYNWRW だと推定する。
(5) ナ変完了助動詞「ぬ」の活用語胴。
　ナ変完了助動詞「ぬ」の活用語胴は、ナ変動詞「去ぬ」と同一で、YYNWRW だと推定する。

§2　近畿語でのナ変連体形の遷移過程

【1】近畿語ナ変動詞連体形「去ぬる」の遷移過程
　「去ぬ」の活用語胴 YYNWRW に、連体形の活用語足 AU が続く。
《連体》　去ぬる＝YYNWRW＋AU→YYNWRWAU
　NWR 直後の母類音素群 WAU には複数の完母音素がある。この場合近畿語では、末尾の完母音素 U は顕存し、他は潜化する。
　　→YYNWRwaU
　双挟音素配列 WRW だった部分では、R 直後の W が潜化したので、双挟音素配列ではなくなる。R は双挟潜化されずに顕存する。R の直前で音素節が分離する。
　　→YYNW-RwaU＝YYNW-RU

第6章

YYはヤ行・Y段の「い」になる。NWはナ行・W段（う段）の「ぬ」になる。

→いぬる

【2】ナ変助動詞が四段動詞に続いた場合の遷移過程
（1）ナ変助動詞「ぬ」の連体形が「鳴く」に続いて「鳴きぬる」になる遷移過程。

　動詞の活用語胴に、助動詞「ぬ」の活用語胴YYNWRWと、連体形の活用語足が続く。ナ変助動詞「ぬ」の活用語足は動詞と同一で、連体形ならAUである。

《連体》　鳴きぬる＝鳴K＋YYNWRW＋AU→なKYYNWRWAU

　母音部YYでは、後のYは顕存し、前のYは潜化する。

　　→なKyYNW–RwaU＝なKY–NW–RU＝なき甲ぬる。

（2）語胴形YYぬ用法。

　動詞に完了助動詞「ぬ」が続く場合、動詞には活用語足は用いられない。動詞の活用語胴に「ぬ」の活用語胴・活用語足が続く。この用法を動詞の**語胴形YYぬ用法**と呼ぶ。

§3　東方語でのナ変連体形の遷移過程

【1】融合音潜顕遷移
　東方語のナ変助動詞連体形「の甲」の遷移過程を説明するためには、融合音を含む母類音素群での潜化・顕存の規則性を述べる必要がある。
　母音部が〔融合音と、それ以外の（単数・複数の）母類音素〕からなる場合、融合音は顕存し、他の母類音素は潜化する。
　この遷移を**融合音潜顕遷移**と呼ぶ。

【2】東方語でナ変助動詞連体形が「の甲」「ぬ」になる遷移過程
［東方1］「来のかモ」の「来の」は、カ変動詞「来」の活用語胴に、完了助動詞「ぬ」の連体形「YYNWRW＋AU」が続いたもの。「きNWRW＋AU」になったところから説明する。

《連体》　来の＝きNWRW＋AU→きNWRWAU

57

東方語では、WRWAU で、W が R を双挟潜化することがある。
　　→き NWrWAU = き NWWAU
母音部 WWAU では AU が融合する。
　　→き NWW |AU|
母音部 WW |AU| では、融合音 |AU| は顕存し、他は潜化する（融合音潜顕遷移）。|AU| は「お甲」を形成する。
　　→き Nww |AU| = き N |AU| = きの甲

［東方２］「明けぬ時(しだ)」の「明けぬ」は下二段動詞「明く」の活用語胴に、助動詞「ぬ」の連体形「YYNWRW + AU」が続いたもの。「明け NWRW + AU」になったところから説明する。

《連体》　明けぬ→あけ NWRW + AU→あけ NWRWAU
　東方語では、NWRWAU で、W が R を双挟潜化することがある。
　　→あけ NWrWAU = あけ NWWAU
母音部 WWAU では、末尾にある完母音素 U は顕存し、他は潜化する。
　　→あけ NwwaU = あけ NU = あけぬ

【3】現代語の連体形「死ぬ」の遷移過程
　現代語の連体形「死ぬ」の構成は、上代語のナ変動詞連体形と同様で、活用語胴 SYNWRW に AU が続いたもの。

《連体》　死ぬ = SYNWRW + AU→SYNWRWAU
　現代語の NWRWAU では、W は R を双挟潜化する。
　　→SY-NWrWAU = し NWWAU→し NwwaU = し NU = しぬ

§4　動詞終止形の活用語足は W

【1】動詞終止形の活用語足は W
　動詞終止形の活用語足は何か。
仮に、終止形の活用語足が U だったとしよう。その場合には、上代近畿語での「死ぬ」終止形「SYNWRW + U→し NWRWU」は、末尾に完母音素 U があるから、「し NW-RwU = しぬる」という遷移過程で、「しぬる」になるのではないかと思われる。だが、これは文献事実に反する。
　そこで動詞終止形の活用語足は、U ではないが、「う」を形成できる音素

第6章

だということになる。U以外で「う」を形成できる音素は普兼音素Wしかない。よって、動詞終止形の活用語足はWだと推定する。

【2】ナ変動詞・助動詞の終止形の遷移過程
（1）ナ変動詞「死ぬ」終止形の遷移過程。
　ナ変終止形「死ぬ」は、活用語胴SYNWRWに、動詞終止形の活用語足Wが続いたもの。

《終止》　死ぬ＝SYNWRW＋W→SYNNWRWW
　NWRWWの場合、上代語でも平安語でも現代語でも、WはRを双挟潜化する。
　　→SYNWrWW＝SY-NWWW
　母音部WWWでは、末尾のWは顕存し、他のWは潜化する。
　　→しNwwW＝しNW＝しぬ

（2）ナ変助動詞「ぬ」終止形の遷移過程。
　「適ひぬ」は、動詞語素「かなP」に、ナ変助動詞「ぬ」の活用語胴YYNWRWと、終止形の活用語足Wが続いたもの。
　　適ひぬ＝適P＋YYNWRW＋W＝かなPYYNWRWW
　　→かなPYYNWrWW→かなPyYNwwW
　　＝かなPYNW＝かなひ甲ぬ

§5　ナ変の活用形式付加語素WRW

【1】ナ変の活用形式付加語素WRW
　ナ変動詞「去ぬ」の活用語胴はYYNWRWであり、「死ぬ」の活用語胴はSYNWRWであって、両者とも末尾に双挟音素配列WRWがある。
　WRWがあるから、近畿語ではナ変動詞連体形語尾に「る」が現れ、終止形では「る」は現れない。
　そこで、WRWは、動詞それぞれの固有の意味には無関係であり、ナ行変格活用という活用形式を形成するために用いられている語素だと考える。
　ナ変動詞で動詞固有の意味を持つのは、活用語胴からWRWを除去した部分だと考える。「去ぬ」なら活用語胴YYNWRWからWRWを除去したYYNが動詞語素であり、「死ぬ」ならSYNWRWからWRWを除去したSYNが動

59

詞語素だと考える。

　ナ変動詞・ナ変助動詞の活用語胴にある WRW をナ変の**活用形式付加語素**と呼ぶ。

【２】ナ変動詞の語素構成

　ナ変動詞の語素構成は、「動詞語素＋活用形式付加語素 WRW ＋活用語足」である。

　ナ変「去ぬ」の連体形の語素構成は、動詞語素 YYN に、ナ変の活用形式付加語素 WRW と、動詞連体形の活用語足 AU が続いたものである。

　ナ変「死ぬ」の終止形の語素構成は、動詞語素 SYN に、ナ変の活用形式付加語素 WRW と、動詞終止形の活用語足 W が続いたものである。

第五部　上代語動詞「居」の終止形「う」

第７章　上代語動詞「居」の終止形が「う」になる理由

§１　上代語動詞「居」の終止形・連体形・連用形の用例

【１】上代語動詞「居」の用例

　上代語文献に見える動詞「居」の用例は、終止形「う」、連体形「ゐる」、連用形「ゐ」である。

《終止》　急居、此を、つきう〈菟岐于〉ト云ふ。　　　　［崇神紀10年注］
《連体》　阿倍ノ田ノ面に　居る〈為流〉鶴ノ　　　　　　［万14-3523東歌］
《連用》　二人並び居〈為〉　語らひし　　　　　　　　　［万５-794］
　　　　　立ちても居ても〈為弖母〉　　　　　　　　　　［万17-3993］

【２】上代語「居」の活用についての従来説

（１）橋本進吉の見解。

　橋本進吉は「上代に於ける波行上一段活用に就いて」『橋本進吉博士著作集第五冊上代語の研究』185・192頁でいう。「殊に動詞の如きは、一語であつてそのあらゆる活用形の確実な実例を具へたものは甚少数で、多くは他の

第7章

類例から推定するか、又は後世の例によつて補ふの外無いのである。動詞の活用の形式やその種類も、平安朝の言語から得たものを基準として、之を上代の文献に見える不充分な実例に照して見て、矛盾する所が見出されなければ、上代語に於ても同様であつたとし、もし違ふ所があれば、之に補訂を加へるといふ有様である。」

要するに、上代語の活用については「平安朝の言語から得たものを基準」とし、「矛盾する所が見出されなければ、上代語に於ても同様」だとする、ということである。

では、橋本は上代語「居」の活用「連用形ゐ・終止形う・連体形ゐる」をどう把握したか。橋本は『橋本進吉博士著作集第七冊国文法体系論』331頁で、まず次のとおりいう。「「居」は「于」といつたとしなければならない。ところが、この語は奈良朝以前にワ行上一段で、たしかに「ゐる」といふ例がある。されば、「于」は活用とする事が出来ない」。

文献事実は〔「居」の活用に「う〈于〉」「ゐる」がある〕のだが、橋本は「「于」は活用とする事が出来ない」という。文献事実と橋本の活用説とは「矛盾」する。橋本は「矛盾する所が見出されなければ、上代語に於ても同様であつた」というが、矛盾するところが見いだされたのだから、上代語の「居」の活用は平安語とは異なるとせねばならない。

〔動詞終止形が上代語と平安語で異なる〕事例は「居」だけではない。序章で述べたように、上代語動詞「見」の終止形は「み」であって、平安語「みる」とは異なる。「居」も「見」も平安語では上一段活用だが、その一つたる「見」の上代語での活用は平安語とは異なるのだから、「居」の上代語での活用が平安語と異なるのも当然である。

「居」の終止形も「見」の終止形も、上代語と平安語とで異なる。橋本は「後世の例によつて補ふ」というが、「居」「見」の終止形については、「後世の例によつて補ふ」ことは不可能である。よって、私は次のとおり考える。

上代語の活用を論定するにあたっては、橋本進吉の「平安朝の言語から得たものを基準」とする方法には従えない。上代語の六活用形を論定するには、上代語の文献事実に基づかねばならない。

（2）川端善明の見解。

川端善明は『活用の研究Ⅱ』139頁で「上二段に、ウ（居）・フ（干）・フ（嚏）・フ（簸）・ム（廻）の五語があり」という。しかし、「居」が上二段活用であるならば、連体形語尾は、「恋ふる〈古敷流〉」［万17-4011］・「過ぐる〈須具流〉」［万20-4496］のように、「う段＋る」でなくてはならない。ところが、上代語の文献事実では、「居」の連体形は「ゐる」である。「ゐる」は「い段＋る」であって、「う段＋る」ではない。
　川端は同書同頁で、「ウ（居）は上二と上一に跨る」という。しかし、"終止形が上二段「う」で、連体形が上一段「ゐる」"という活用は、上二段ではなく、上一段でもない。川端説に従うことはできない。

【3】上代語動詞「居」の活用形

　上代語の動詞活用形を論定するには、先入観ではなく、上代語の文献事実そのものに依拠せねばならない。平安語の動詞活用に拘泥してはならない。上代語文献に見える「居」の用例は連用「ゐ」・終止「う」・連体「ゐる」だから、上代語「居」は連用「ゐ」・終止「う」・連体「ゐる」と活用する動詞である。
　日本語学は、上代語動詞活用「見」終止形は「み甲」、「居」終止形は「う」、「居」連体形は「ゐる」という文献事実を基盤にして構築せねばならない。

§2　上代語「居」終止形の語素構成と遷移過程

【1】動詞「居」の動詞語素

　上代語動詞「居」の連用形は「ゐ」であり、連体形は「ゐる」だが、その「ゐ」の音素配列はどのようであるか。
　「ゐ」はワ行い段である。そして「い甲・い丙」を形成する音素としてYがある。そこで「居」の連用形・連体形にある「ゐ」の現象音はWYだと推定する。
　そして「居」の動詞語素の本質音はWYだと推定する。

【2】動詞「居」の活用形式付加語素はYRY

　ナ変動詞の連体形の末尾には「る」があり、終止形には「る」はない。「居」も連体形の末尾に「る」があり、終止形には「る」はない。
　そしてナ変動詞では活用形式付加語素として双挟音素配列WRWが用い

られる。そこで「居」も活用形式付加語素として、双挟音素配列が用いられていると考える。

　ナ変では連体形が「う段＋る」であるため、活用形式付加語素はWRWが用いられる。「居」は連体形が「い段＋る」だから、活用形式付加語素は双挟音素配列 YRY だと推定する。

【3】上代語「居」の終止形が「う」になる遷移過程

　「居」終止形の語素構成は、動詞語素 WY に、活用形式付加語素 YRY と、動詞終止形の活用語足 W が続いたものである。

《終止》　居＝WY＋YRY＋W→WYYRYW

　WYYRYW では、R は Y に双挟され、その YRY を含む YYRY は W に双挟される。この場合、上代語では Y は R を双挟潜化し、その後、その YrY を含む YYrY を W が双挟潜化する。

　　→WYYrYW＝WYYYW→WyyyW＝WW

　WW は、ワ行・W段（う段）の音素節「う」になる。

　　＝う

　こうして、上代語終止形「居」は「う」になる。

第六部　上代語上甲段活用動詞「見」の終止形

第8章　上代語「見」の終止形が「み」になる理由

§1　上代語「見」の終止形が「み」になる理由

【1】「見」の動詞語素は MY

　上代語「見」の終止形は「み甲」である。そして「見」の連体形は「み甲る」であり、連用形は「み甲」である。

《連体》　後モ取り見る〈美流〉　思ひ妻　　　　　　　［允恭記歌88］
《連用》　いざ見に〈美尓〉行かな　　　　　　　　　　［万17-3973］

　そして「い甲・い丙」を形成する音素としてYがある。そこで、「見」の動詞語素は MY だと推定する。

【2】「見」の活用形式付加語素は YRY

　動詞「見」では、連体形の語尾に「る」があるが、終止形・連用形には「る」がない。これは「見」の活用語胴に、活用形式付加語素として、Rを含む双挟音素配列が含まれるからだと考える。

　「見」に含まれる活用形式付加語素はどのような双挟音素配列か。

　「見」は、「居」と同じく、上代語連体形は「い段+る」である。また、平安語では両者は共に上一段活用になる。その「居」の活用形式付加語素は YRY である。そこで「見」の活用形式付加語素は YRY だと推定する。

【3】「見」の活用語胴は「MY＋YRY」

　「見」の動詞語素は MY であり、活用形式付加語素は YRY だから、「見」の活用語胴は、「MY＋YRY」である。

【4】上代語「見」の終止形「み」の遷移過程

　「見」終止形の語素構成は、動詞語素 MY に、活用形式付加語素 YRY と、終止形の活用語足 W が続いたものである。

《終止》　見＝MY＋YRY＋W→MYYRYW

第8章

父音素にYYRが続き、その後にYで始まる母類音素群が続く場合、YYR直後の母類音素群の音素配列により、上代語では次の遷移が起きる。

YYR直後の母類音素群に、複数の完母音素もYO¥(イェン)もWWもない場合、YはRを双挟潜化する。

　→MYYrYW = MYYYW

MYYYWでは、Mが父音部になり、YYYWが母音部になる。

母音部YYYWでは、Yが三連続し、その後にWが一つある。この場合、三連続するYはひとまず顕存し、末尾のWは潜化する。

　→MYYYw = MYYY

YYYでは、末尾にあるYは顕存し、他のYは潜化する。

　→MyyY = MY = み甲

こうして、上代語では「見」終止形は「み」になる。

§2　終止形が「い甲」段一音節になる活用は上甲段活用

【1】上代語に「上一段活用」は存在しない。

「上一段活用」は、平安語には頻出する活用で、六活用形が、

　　い段　　い段　　い段＋る　　い段＋る　　い段＋れ　　い段＋よ

になるものである。

「見る」は平安語では終止形が「みる」であって、上一段活用である。だが、上代語では「見」の終止形は「み」であって「みる」でないから、上一段活用ではない。上代語には上一段活用は存在しない。

【2】上代語「見」は上甲段活用

上代語「見」の活用は、「上一段活用」以外の名称で呼ぶより他ない。

動詞の六活用形が、い甲イ乙識別行で、

　　い甲　　い甲　　い甲　　い甲＋る　　い甲＋れ　　い甲＋ヨ

と現れる場合、この動詞の活用を**上甲段活用**(かみこう)と呼ぶ。また、この動詞の六活用形に上掲以外の活用例が検出されても、それが同じ行の「い甲」段を含むものなら上甲段活用だと認める。

【3】「着」は上甲段活用

【2】で掲げた六活用形の一部だけが確認できる場合、その動詞は上甲段

活用である。

「着」は未然形「き甲」、連用形「き甲」だから、上甲段活用である。

《未然》 筑紫ノ綿は　身に著ケて　いまだは着ねド〈伎祢杼〉　暖ケく見ゆ
[万3-336]

《連用》 ひ虫ノ衣 (コロモ)　二重着 (ふたへき) て〈耆弖〉　　　　[仁徳紀22年 紀歌49]

「着」の動詞語素は KY だと推定する。

【4】上甲段動詞の動詞語素の音素配列

　上甲段活用の動詞語素は、父音素または Y に、Y が続いた音素配列だと推定する。

　動詞「煮」には「煮らし」[万10-1879] の用例がある。ナ行は　い甲イ乙識別行ではないが、「煮」の動詞語素を NY だと推定し、「煮」を上甲段動詞と認める。

　動詞「射」には「射ゆ猪」[斉明紀 紀歌117] の用例がある。ヤ行は　い甲イ乙識別行ではないが、「射」の動詞語素を YY だと推定し、「射」を上甲段動詞と認める。

§3　上甲段動詞「見」の語胴形 Y ます用法

　上甲段動詞が助動詞「ます」に上接する場合の遷移を述べる。

　　　見ませ〈見末世〉吾妹子 (わぎもこ)　　　　　　　　　　[万8-1507]

　上甲段「見」に助動詞「ます」が続く場合には、「見」の活用語胴「MY+YRY」に「Yます」が続く。

　　見ませ＝MY＋YRY＋Yませ→MYYRYY ませ→MYYrYY ませ
　　＝MYYYY ませ

　父音素直後の YYYY では末尾の Y は顕存し、他の Y は潜化する。

　　→MyyyY ませ＝MY ませ＝み甲ませ

第七部　上二段活用動詞終止形の遷移過程と連体形「見る」「居る」「過ぐる」「生ふ」の遷移過程

第9章　上代語上二段活用動詞の終止形の遷移過程

§1　呼応潜顕

【1】近畿語で「オ乙」段音素節が二連続する語の用例
（1）「八十」は「やそ甲」、「三十」は「みそ甲」と読まれるが、「四十」は「ヨ乙ソ乙」と読まれる。

　第5章で述べたように、「十」は、「四＝ヨ乙」に続く場合には、近畿語で「ソ乙」と読まれる。その主因は次のようだと考える。「四」の母音部と「十」の母音部が影響し合い、それらに含まれる複数の音素が適宜に潜化・顕存し、双方とも「オ乙」段になる。その遷移過程は第5章で述べたとおりである。
（2）近畿語では「コソ」になり、東方語では「こソ」にもなる係助詞。

　係助詞「コソ」は、近畿語では常に「コ乙ソ乙」になるが、東方語では「こ甲ソ乙」になることもある。

［近畿］　語れ語れト　詔らせコ乙ソ乙〈許曽〉　志斐いは奏せ　　［万3-237］
［東方］　忘ら来ばこ甲ソ乙〈古曽〉　汝を懸けなはめ　　［万14-3394東歌］

　近畿語・東方語・九州語を合わせた上代語全体からいえば、係助詞「コソ」の第一音素節は「こ甲」にもなり、「コ乙」にもなる。

　近畿語では、有坂秀世が「古代日本語に於ける音節結合の法則」（『国語音韻史の研究』所収）でいうように、「甲類のオ列音と乙類のオ列音とは、同一結合単位内に共存することが無い」。近畿語の「コ乙ソ乙」はその事例の一つである。

　問題になるのは上代語全体からいえば「コソ」は「こ甲ソ乙」とも読めるのに、近畿語で「こ甲ソ乙」にならないのは何が原因なのか、ということで

ある。

　その主因は次のようだと考える。この係助詞の第一音素節は、本質的には「こ甲」にも「コ乙」にもなりうるが、近畿語においては、第一音素節の母音部と第二音素節「ソ乙」の母音部が影響し合い、それらに含まれる複数の音素が適宜に潜化・顕存し、双方とも「オ乙」段になる。

【2】「手端〈たなすゑ〉」の語素構成
　　　手端〈多那須衛〉。　　　　　　［神代上紀第七段一書第二「手端」注］
　「手端」の語素構成は、「手」に、助詞「ノ」と、"末"の意味の「端」が続いたものと考える。原義は"(左右の)手の先"である。「手ノ」は「てノ」とは読まれず、「たな〈多那〉」と読まれる。これは、「手」の母音部の音素群と助詞「ノ」の母音部の音素群が影響し合い、適宜に潜化・顕存して、双方とも「あ」段なったからだと考える。

【3】呼応潜顕
　「コ乙ソ・こ甲ソ」や「たなすゑ」のように、日本語では（単数・複数の）音素が、近隣の（単数・複数の）音素と影響し合い、適宜に潜化・顕存することがある。この遷移を**呼応潜顕**と呼ぶ。
　呼応潜顕の仕方は、時代により、地域により、音素配列により、異なる。

§2　「月」が「つキ」とも「つく」とも読まれる理由　WY

　上二段活用は、その連用形などの語尾には「イ乙」段が現れるが、終止形の語尾は「う」段になる。その理由を説明するために、まず、「月」の本質音について述べる。「月」第二音素節も「イ乙段」にもなり、「う」段にもなるからである。

【1】「月」第二音素節は「キ乙」「く」に変化する
［近畿1］　あらたまノ　つキ乙〈都紀〉は来経行く　　　　　　［景行記歌28］
［近畿2］　近畿語では、ヤ行で始まる語が「月」に続くと「月」第二音素節は「く」になる。
　　　　今宵ノつくよ〈都久欲〉　霞みたるらむ　　　　　　　［万20-4489］
［東方］　東方語では「月」は「つく」と読まれる。
　　　　小筑波ノ　嶺ロに月〈都久〉立し　　　　　　　　　［万14-3395東歌］

【2】「月」第二音素節が「キ乙」「く」に変化する理由

「月」の本質音は TWKWY だと推定する。

［近畿1］　母音部 WY で、W も Y も母音素性を発揮し、融合して、|WY| になる。|WY| は「イ乙・い丙」を形成する。K|WY| は「キ乙」になる。

「キ乙＝K|WY|」の発音は「き甲」を長音にしたものと考える（拙著『上代特殊仮名の本質音』第77章参照）。

月＝TWKWY→つ K|WY|＝つきキ乙

［近畿2］「夜＝よ」を YO と表記して説明する。

月夜＝TWKWY＋YO→つ KWYYO

KWYYO では、W 直後の Y は父音素性を発揮するようになり、直後の音素群と結合して、音素節 YYO を形成する（Y の後方編入）。

→つ KW–YYO

YYO の父音部 YY では、前の Y は顕存し、後の Y は潜化する。

→つ KW–YyO＝つ KW–YO＝つくよ

［東方］　東方語では、TW の母音部 W と、KWY の母音部 WY が呼応潜顕し、双方とも W になる。後者では Y が潜化する。

月＝TWKWY→TWKWy＝TWKW＝つく

§3　上代語の上二段終止形「恋ふ」の遷移過程

【1】上二段活用動詞の語素構成

上二段動詞「恋ふ」の連用形は「こヒ乙」である。

恋ヒ〈故非〉忘れ貝　採らずは行かじ　　　　　　［万15-3711］

この連用形「恋ヒ乙」の現象音は「恋 P|WY|」だと推定する。|WY| は、「月」第二音素節の現象音 K|WY| の母音部と同一であり、「イ乙」を形成する。P|WY| は「ヒ乙」になる。

動詞「居」の活用語胴が「WY＋YRY」であること、「見」の活用語胴が「MY＋YRY」であること、そして「見」「居」および上二段動詞が現代語で上一段動詞になることを考え合わせて、「恋ふ」の活用語胴は「恋 PW＋YRY」だと推定する。「恋ふ」の動詞語素は「恋 PW」であり、上二段活用の活用形式付加語素は YRY である。

69

【2】上二段終止形「恋ふ」の遷移過程

　　常人ノ　恋ふ〈故布〉ト言ふよりは　　　　　　　［万18-4080］
　上二段終止形「恋ふ」の語素構成は、動詞語素「恋 PW」に、YRY と、終止形活用語足 W が続いたもの。
《終止》　恋ふ＝恋 PW＋YRY＋W→こ PWYRYW
　WYRYW では、R は Y に双挟され、その YRY は W に双挟されている。この場合、上代語では Y は R を双挟潜化する。
　　→こ PWYrYW＝こ PWYYW
W は YY を双挟潜化する。
　　→こ PWyyW＝こ PWW
父音素に WW が続く場合、後の W は顕存し、前の W は潜化する。
　　→こ PwW＝こ PW＝こふ

§4　上二段動詞の語胴形 YY ぬ用法の遷移過程

　上二段動詞にナ変完了助動詞「ぬ」が続く場合の遷移を述べる。
　　待ち恋ヒぬらむ〈故非奴良武〉　　　　　　　　　［万15-3721］
「恋ヒぬ」は、動詞語素「恋 PW」に、YRY と、完了助動詞「YY ぬ」が続いたもの。
　　恋ヒぬ＝恋 PW＋YRY＋YY ぬ→こ PWYRYYY ぬ
父音素または Y に WYRY が続き、その後さらに母類音素群が続く場合、WYR 直後の母類音素群の音素配列により、上代語では次の遷移が起きる。
　WYR 直後の母類音素群に、複数の完母音素も YO¥ も WW もない場合、Y は R を双挟潜化する。
　　→こ PWYrYYY ぬ＝こ PWYYYY ぬ
母音部 WYYYY では WY が融合する。
　　→こ P{WY} YYY ぬ
{WY} YYY では、融合音 {WY} は顕存し、YYY は潜化する（融合音潜顕遷移）。
　　→こ P{WY} yyy ぬ＝こ P{WY} ぬ＝こヒ乙ぬ

第10章　上代語連体形「見る」「居る」「過ぐる」「生ふ」の遷移過程

§1　上代語連体形「見る」の遷移過程

　上代語の連体形「見る」の語素構成は、動詞語素 MY に、活用形式付加語素 YRY と、動詞連体形の活用語足 AU が続いたもの。

《連体》　見る ＝ MY ＋ YRY ＋ AU → MYYRYAU

　父音素に YYRYAU が続く場合、母音部 YAU では、末尾の U は顕存し、YA は潜化する。

　R は、その直後の Y が潜化したので、双挟潜化されずに顕存する。R の直前で音素節が分離する。

　　→ MYYRyaU → MYY‑RyaU

　母音部 YY では、後の Y は顕存し、前の Y は潜化する。

　　→ MyY‑RyaU ＝ MY‑RU ＝ み甲る

§2　「居」の連体形が上代語で「ゐる」になる遷移過程

　「居(う)」の連体形「居(ゐ)る」の語素構成は、動詞語素 WY に、活用形式付加語素 YRY と、動詞連体形の活用語足 AU が続いたもの。

《連体》　居る ＝ WY ＋ YRY ＋ AU → WYYRYAU

　上代語では、WYYRYAU を含む音素配列では、WYY と YAU は呼応潜顕する。後者では末尾の U は顕存し、YA は潜化する。これに呼応して、前者では、末尾の Y（R 直前の Y）は潜化し、他は顕存する。

　R は、その前後の Y が潜化したので、双挟潜化されずに顕存する。

　　→ WYyRyaU → WYy‑RyaU ＝ WY‑RU

　WY はワ行・Y 段の音素節「ゐ」になる。

　　＝ ゐる

§3　近畿語上二段連体形「過ぐる」と東方語上二段連体形「生ふ」の遷移過程

【1】近畿語上二段連体形「過ぐる」の遷移過程
《連体》　屋戸ノ梅ノ　散り過ぐる〈須具流〉まで　　　　　［万20-4496］
　　上二段連体形「過ぐる」の語素構成は、動詞語素「過 GW」に、YRY と、連体形活用語足 AU が続いたもの。

　　　　過ぐる＝過 GW＋YRY＋AU→す GWYRYAU

　　上代近畿語では、WYRYAU を含む音素配列では、WY と YAU は呼応潜顕する。後者では、末尾の U は顕存し、YA は潜化する。これに呼応して、前者では、末尾の Y は潜化し、他は顕存する。

　　R は、その前後の Y が潜化したので、双挟潜化されずに顕存する。

　　　　→す GWyRyaU→す GWy-RyaU＝す GW-RU＝すぐる

【2】東方語上二段連体形「生ふ」の遷移過程
　　東方語では、上二段連体形の末尾が「る」にならないことがある。
《連体》　生ふ〈於布〉楚　　　　　　　　　　　　　　　［万14-3488東歌］

　　　　生ふ＝生 PW＋YRY＋AU→お PWYRYAU

　　東方語では、WYRYAU で呼応潜顕が起きず、Y は R を双挟潜化することがある。

　　　　→お PWYrYAU＝お PWYYAU

　　母音部 WYYAU では、末尾の完母音素 U は顕存し、他は潜化する。

　　　　→お PwyyaU＝お PU＝おふ

第11章　助動詞「らし」「らむ」「へ"し」への接続

§1　助動詞「らし」「らむ」への接続

【1】四段・上甲段・上二段動詞に「らし」「らむ」が続く用例
（1）四段・上甲段・上二段動詞に「らし」が続く用例。
［近畿］《四段》　蘇我ノ子らを　大王ノ　使はすらしき〈兎伽破須羅志枳〉

第11章

［推古紀20年 紀歌103］
《上甲》 春野ノうはギ 摘みて煮らしモ〈煮良思文〉　　［万10-1879］
［東方］《上二》 上二段動詞に「らし」が続く用例は東方語に見える。上二段「恋ふ」の語尾は「ひ甲」になる。

吾が妻は いたく恋ひ甲らし〈古比良之〉［万20-4322防人歌。＊「比」は、かつては元暦校本によって「非」とされたが、広瀬本の「比」に従う］
（2）四段・上甲段・上二段に「らむ」が続く用例。
《四段》 思ひ萎ェて 偲ふらむ〈志怒布良武〉
　　　　　　　　　　　　　　　　　　　［万2-131。＊怒は広瀬本による］
《上甲》 人皆ノ 見らむ〈美良武〉松浦ノ　　　　　［万5-862］
《上二》 家人ノ 待ち恋ふらむ〈古布良牟〉に　　　［万15-3653］

【2】従来説
　濱田敦は「助動詞」『万葉集大成第六巻』98〜99頁で、「この「らむ」の上部要素の「ら」は果して如何なる語源のものか不明である」としつつ、「「有り」と関係づける」と述べて、「子泣くらむ」を「子泣く・あら・む」と分解する。しかし、「泣く＋あら」なら「泣から」になるだろう。濱田説には従えない。
　大野晋は「日本語の動詞の活用形の起源について」『国語と国文学』30-6の54頁で、「見らむ」の「見」などについて、「通常終止形に接続するのが例である「らむ」「べし」などが、八世紀の文献では上一段活用に限つて終止形に接続せず、未然形または連用形に接続するが（例へば「見らむ」「煮らし」）これは恐らく、上一段活用の終止形がiで終つた頃の古形の化石的残存例なのではあるまいか。」という。
　大野は、「見らむ」の「み」について、「上一段活用に限つて終止形に接続せず」と述べて"終止形ではない"とするが、序章で述べたように、「見」の終止形は「み」である。「見らむ」の「見」を終止形の形と認識しないで導かれた大野説には従えない。

【3】助動詞「らし」「らむ」の「ら」は"心"の意味の「うら」
　「らし」「らむ」直前の音素節の多くは「う」段になる。私はこのことに留意して、「らし」「らむ」の「ら」は"心"の意味の「うら」だと考える。「心

73

＝うら」の用例を挙げる。

　　泊瀬ノ山は　あやに　うらぐはし〈于羅虞波斯〉
　　（はつせ）
　　　　　　　　　　　　　　　　　　　　　　[雄略6年 紀歌77]
　　別れなは　うら悲し〈宇良我奈之〉けむ　　　　[万15-3584]
　　　　　　　　（がな）
　　思ひ乱れて　君待つト　うら恋ヒ〈宇良呉悲〉すなり　[万17-3973]
　　　　　　　　　　　　　　　（ご）
　　うら泣ケ〈宇良奈気〉しつつ　下恋ヒに　思ひうらぶれ〈宇良夫礼〉
　　　　　　　　　　　　　　　　　　　　　　　[万17-3978]

「らし」は「心」に形容詞を形成する「し」が続いたものであり、「らむ」は「心」に意志助動詞「む」が続いたものだと考える。
　　（う）
　　（う）

「らし」「らむ」の直前の音素節は、「煮らし」「見らむ」「恋ひらし」のように、「う」段にならないこともあるから、「うら（心）」の「う」は、完母音素 U ではなく、WW だと推定する。「うら」の「ら」は、本章では、R*A* と表記する。

「WWR*A* し」「WWR*A* む」は動詞の活用語胴に続く。

【4】四段・上甲段・上二段動詞に「らし」「らむ」が続く遷移過程
（1）動詞に「らし」が続く遷移過程。
[近畿]《四段》「使は S」に「WW ら＋し」が続く。
　　使はすらしき＝使は S＋WWR*A*＋しき→つかは SWW らしき
　　→つかは SwW らしき＝つかは SW らしき＝つかはすらしき
《上甲》上甲段「煮」の動詞語素は NY だと推定する。
　　煮らし＝NY＋YRY＋WWR*A*＋し→NYYRYWWR*A* し
双挟音素配列 RYWWR では、R は YWW を双挟潜化する。
　　→NyYRywwR*A* し NYRR*A* し→NY-RR*A* し
父音部 RR では、前の R は顕存し、後の R は潜化する。
　　→に Rr*A* し＝に R*A* し＝にらし
[東方]《上二》「恋 PW」に、YRY と、「WWR*A*＋し」が続く。
　　恋ひらし＝恋 PW＋YRY＋WWR*A*＋し→こ PWYRYWWR*A* し
東方語では WY と YWW は次のように呼応潜顕する。
RYWWR では、R は YWW を双挟潜化する。これに呼応して、WY では W は潜化し、Y は顕存する。

→こ PwYRywwR*A* し＝こ PYRR*A* し→こ PY-Rr*A* し

＝こ PY-R*A* し＝こひ㊄らし

（２）動詞に「らむ」が続く遷移過程。

《四段》 動詞語素「偲P」に、「WWR*A*＋む」が続く。

偲ふらむ＝偲P＋WWR*A*＋む→しの PWWR*A* む

→しの PwW らむ＝しの PW らむ＝しのふらむ

《上甲》 MY に、YRY と、「WWR*A*＋む」が続く。

見らむ＝MY＋YRY＋WWR*A*＋む→MYYRYWWR*A* む

→MyYRywwR*A* む→MYRr*A* む＝み㊄らむ

《上二》 動詞語素「恋PW」に、YRY と、「WWR*A*＋む」が続く。

恋ふらむ＝恋 PW＋YRY＋WWR*A*＋む→こ PWYRYWWR*A* む

WY と YWW は次のように呼応潜顕する。R は YWW を双挟潜化する。これに呼応して、WY では Y は潜化し、W は顕存する。

→こ PWy-RywwR*A* む→こ PW-Rr*A* む＝こふらむ

【５】語胴形 WW ら用法

動詞に助動詞「らし」「らむ」が続く場合、終止形の活用語足 W は用いられない。だから、本質的なことをいえば、「らし」「らむ」は終止形に接続するのではない。動詞に「らし」「らむ」が続く用法を**語胴形 WW ら用法**と呼ぶ。

§２ 助動詞「へ"し」への接続

【１】四段・ナ変・上甲段動詞に「へ"し」が続く用例

《四段》 剣大刀（つるぎたち）　いヨヨ研ぐ（と）へ"し〈刀具倍之〉　　　［万20-4467］

《ナ変》 吾れは死ぬへ"く〈之奴倍久〉なりにたらずや　［万18-4080］

《上甲》 咲きたる野辺を　行きつつ見（み）へ"し〈見倍之〉　［万17-3951］

【２】助動詞「へ"し」の「へ"」は「う へ"」

（１）上代語「う へ"」は平安語では「むべ」になる。

［上代］　う へ"な　う へ"な　う へ"な　　　　　　　　　［景行記歌28］

［平安］　吹くからに　秋の草木の　しほるれは　むべ山風を　あらしといふらむ　　　　　　　　　　　　　　　　　［古今和歌集５-249］

上代語では「う∧"」に、平安語では「むべ」になる、その第一音素節の本質音はWMWだと推定する。

［上代］　WMWではWはMを双挟潜化する。
　　　理＝WMW∧"→WmW∧"＝WW∧"＝う∧"
　　　　（う∧"）

［平安］　平安語では、「むべ」に「し」が続く場合以外では、WMが父音部になる。父音部WMでは、父音素Mは顕存し、兼音素Wは潜化する。
　　　理＝WMWべ→wMWべ＝MWべ＝むべ

（2）助動詞「∧"し」は「う∧"」に「し」が続いたもの。
　助動詞「∧"し」は、「う∧"＝WMW∧"」に、形容詞を形成する「し」が続いたものである。
　「WMW∧"し」は動詞の活用語胴に続く。

【3】四段・ナ変・上甲段・上二段動詞に「∧"し」が続く遷移過程
「WMW∧"し」では、WはMを双挟潜化する。
《四段》　研ぐ∧"し＝研G＋WMW∧"＋し→とGWmW∧"し＝とGWW∧"し
　　　　→とGwW∧"し＝とGW∧"し＝とぐ∧"し
《ナ変》　死ぬ∧"く＝死N＋WRW＋WMW∧"＋く→しNWRWWmW∧"く
　　　　→しNWrWWW∧"く→NwwwW∧"く＝しNW∧"く＝しぬ∧"く
《上甲》　見∧"し＝MY＋YRY＋WMW∧"＋し→MYYRYmW∧"し
　　　　→MYYrYWW∧"し＝MYYYWW∧"し
　母音部YYYWWは、三連続するYに、二連続するWが続く。この場合、前方で三連続するYはひとまず顕存し、後方で二連続するWは潜化する。
　　　　→MYYYww∧"し→MyyY∧"し＝MY∧"し＝み甲∧"し

【4】語胴形WMW∧"し用法
　動詞に助動詞「∧"し」が続く場合、終止形の活用語足Wは用いられない。だから、本質的なことをいえば、「∧"し」は終止形に接続するのではない。動詞に「∧"し」が続く用法を**語胴形WMW∧"し用法**と呼ぶ。

第八部　上乙段活用動詞「干ふ」「嚏ふ」「居う」「廻む」

第12章　「干ふ」「嚏ふ」「居う」「廻む」は上乙段活用動詞

§1　未然「ヒ乙」・連用「ヒ乙」・終止「ふ」と活用する動詞「干ふ」

　平安語で上一段活用する動詞「干ひる（乾る）」は上代語ではどのように活用するか。
　橋本進吉は「上代に於ける波行上一段活用に就いて」『橋本進吉博士著作集第五冊上代語の研究』で上代語「干ふ」の活用を論定した。橋本の見解のうち、まず、未然形（橋本は「将然形」と呼ぶ）・連用形・終止形について述べる。
　橋本は「干」の未然形・連用形・終止形を次のとおり論定する。
《未然》「ヒ乙」。
　　吾が泣く涙　いまだ干(ヒ)なくに〈飛那久尔〉
　　　　　　　　　　　　　［万5-798。「なく」は否定助動詞「ず」のク語法］
　　　潮ノ早干(しほヒ)は〈非波〉　　　　　　　　　　　　　　［万18-4034］
《連用》「ヒ乙」。
　　武庫ノ浦ノ　潮干(しほヒ)〈之保非〉ノ潟に　鶴が声すモ　　［万15-3595］
　　荒津ノ海　潮干(しほヒ)〈悲〉潮満ち　　　　　　　　　　　［万17-3891］
《終止》「ふ」。
　　乾、此を、ふ〈賦〉ト云ふ。　　　　　　［景行紀12年「市乾鹿文(いちふかや)」注］
　「干」の活用が未然「ヒ」・連用「ヒ」・終止「ふ」だという橋本の論定は、上代語文献の一字一仮名表記の用例に基づくものであり、これらの論定は正しい。

§2　橋本進吉の"上代語已然形「干れ」"説

【1】万葉集2465歌の「浦乾」の読みは「うらぶれ」なのか

（1）一字一仮名の用例によるなら〔平安語で上一段活用する動詞は上代語で上二段に変化した〕とは断定できない。

　平安語の上一段活用動詞は上代語ではどのように活用したか。上代語での一字一仮名の表記を見るかぎりでは、上二段に活用した確証はない。已然形が「う段＋れ」と表記された用例はなく、連体形が「う段＋る」と表記された用例もない。この文献事実に従えば、〔平安語で上一段活用する動詞は、上代語で上二段活用に変化した〕とは断定できない。

（2）橋本進吉は万葉集の「浦乾」を「うらぶれ」と読み、この読みを根拠として、上代語「干（乾）」の已然形を「ふれ」だと論定し、「干」は上代語では上二段活用だったと主張する。

　　吾が夫子に　吾が恋ヒをれば　吾が屋戸ノ　草さヘ思ひ　浦乾来

[万11-2465]

　橋本は「上代に於ける波行上一段活用に就いて」『橋本進吉博士著作集第五冊上代語の研究』で、"万2465の「浦乾」の訓読は「うらぶれ」だから、上代語「干（乾）」の已然形は「ふれ」である"と論定する。

　そして"「干」は未然「ヒ」、連用「ヒ」、終止「ふ」、已然「ふれ」だったから上代語では「上二段活用であつた」"（199頁）という。

　そして"「干」が上代語で上二段活用であった"ということを理由にして、202頁で「ハ行上一段といふ活用形式は、ハ行上二段が変じてはじめて出来たもの」だと主張する。"「干」は、上代語での上二段から平安語での上一段に変化した"というのである。橋本のこの論旨は正当だろうか。

（3）「浦乾」は橋本以前には「うらかれ」と読まれていたが、橋本はこの読みを論難する。

　橋本は196頁で「ウラガレといふ語は、「末枯れ」の義である」と断定する。この見解に立った上で橋本はいう。「「思ひうらがれ」とつゞいてゐるが、かやうな言葉つゞきは実際あつたであらうか。(中略)木の先の枯れるのに、「思ひ」とつかないは勿論、中絶えるにしても「思ひ」とつく筈は無い。譬喩的

に用ゐて心の有様を言つたものとして、「思ひがうらがれる」と解しても「心の中にうらがれる」と解しても、ほとんど意味をなさない。」
（4）万葉集には「末」と「心」が同音異義であることを用いた歌がある。
　橋本は、"「ウラガレ」の意味は「末枯れ」である"と断定したために、「思ひうらかれ」説に対して、「木の先の枯れるのに、「思ひ」とつかない」などと難じることになった。橋本のように"「うら」の意味は「木の先」"と解するなら、「うら」と「思ひ」は結びつかないだろう。
　だが、「うら」の意味は「木の先」だけではない。「うら」には"心"を意味する「うら」もある。「木の先」と「思ひ」は直接には結びつかないが、"心"の意味の「うら」を介して「思ひ」に結びつくことはある。
　　藤ノ末葉〈宇良葉〉ノ　心安〈宇良夜須〉に　さ寝る夜ソ無き　子ロをし思へば　　　　　　　　　　　　　　　　　　　［万14-3504東歌］
　万3504では「末葉」の「末」で同音「心」を呼びおこし、その「心」に関係深い「思ひ」を用いて、「思へば」と結んだのである。
　このことから類推して次のように考える。万2465の「思ひうら乾れにけり」の「うら」は、表層では"末＝木の先"であるが、深層では「心＝こころ」の意味であって、直前にある類義語「思ひ」を受けて、後文「乾れにけり」に続けたのではないか。
　「うら」には"こころ"の意味もあると知られたからには万2465の解釈は再考すべきであろう。
（5）「枯れ」は「離れ」と同音。
　「末枯れ」の「末」が同音の「心」と通じるなら、「枯れ」はどの語と通じるか。
　「妹が目離れて〈可礼弖〉吾れ居らメやモ」［万15-3731］の「離れ」は「枯れ」と同音である。よって「末枯れ」は同音の「心離（うらか）れ」と通じる。
　私は「浦乾」は「うらかれ」と読むべきだと考える。「うらかれ」は、「末枯れ」としては「草さへ」を受けつつ、「心離れ」としては「思ひ」を受ける。これが万2465の技法である。「うらかれ」は表層としては「末枯れ」の意であり、深層としては「心離れ」の意である。

（6）「新田山寝には付かなな」「夏草ノ（中略）足踏ますな」の技法。

「草さへ思ひうらかれにけり」の意味と技法を探る上で参考になる上代歌謡が二首ある。

① 新田山(にひた)　寝(ね)〈祢〉には付(つ)かなな　吾(わ)に寄居(ヨソ)り　端(はし)なる子(こ)らし　あやに愛(かな)しモ　　　　　　　　　　　　　　　　　　　　　　　　　　　　［万14-3408］

「新田山」は、沢瀉久孝が『万葉集注釋巻第十四』でいうように、「「嶺」と「寝(ね)」とを掛けた枕詞」である。「新田山」は「山」と同義の「嶺」を呼びおこす。呼び起こした「嶺」を、同音異義の「寝(ね)」に転じる。この「寝」が後文の「には付かなな」に続いていき、"寝床には着かずに"の意味になる。

「端なる子」は"下座にいる女子"の意。座所をいうだけではなく、"謙虚な"の意を含む。

② 夏草ノ　あひねノ浜ノ　牡蠣貝(かきかひ)に　足〈阿斯〉踏ますな　明かして通れ
　　　　　　　　［允恭記歌86。歌意は『古事記歌謡全解』記歌86の段参照］

「夏草ノ」は枕詞である。この歌で"草"に相当する語は一つしかない。「あし」すなわち「葦」である。枕詞「夏草ノ」で「葦」を呼びおこし、それを同音異義の「足」に転じる。この「足」が後文の「踏ますな」に続いていく。

これら二つの歌謡と同様、万2465では、枕詞「草さへ」で「末枯れ」を呼びおこし、その「うらかれ」を同音異義語の「心離(うらか)れ」に転じて、「にけり」に続けたのである。

枕詞「草さへ」は、その呼びおこす「うらかれ」の直前ではなく、「思ひ」の前にある。これは、この技法を初めて用いた古事記歌86で、枕詞「夏草ノ」が、その呼びおこす「あし」の直前になく、「あひねノ浜ノ牡蠣貝に」の前にあることを踏襲したのだと考える。

（7）万2465の歌意。

私の彼氏を私が恋いこがれて（いつ来てくれるだろうと期待して自宅に）いると（待っても待っても彼氏は来ないので）、（「私の家の戸の草木でさえ」といえば"末の葉は枯れる"＝「末枯(うらか)れ」を想いおこすでしょう、それと同音異義の）心離(うらか)れです。（あの人への）思いは、（愛する）心は、（私から）離れ去ってしまいました。

"待っても待っても来ない彼氏をいつまでも待ち続ける"というのは一途で健気ではあるが、彼氏は永遠に来ないかもしれない。現実の場面では"あの人のことはもう忘れよう"という選択も当然ありうる。万2465の作者の場合も"思慕する心は消えてしまった"のである。

（8）上代語文献には「干（乾）」の已然形を「ふれ」と読む用例は存在しない。

　万2465の「浦乾」は「うらかれ」であって、「うらぶれ」ではない。よって、上代語文献には「干（乾）」已然形を「ふれ」と読む用例は存在しない。「干」已然形を「ふれ」とする用例は存在しない。

　橋本は、「浦乾」を「うらぶれ」と読むものとして、上代語「干」の已然形を「ふれ」だと定め、「干」を上二段活用だとしたが、私は橋本説を是認することはできない。

【2】動詞活用を論定するには一字一仮名表記の用例を尊重せねばならない

　万2465の「浦乾」の訓読・解釈については、橋本の「うらぶれ」説の方に賛同する人もいるだろう。しかし、「うらぶれ」説を是とする人であっても、"だから、「干（乾）」の已然形は「ふれ」だ"と主張することはできない。

　六活用形を論定するにあたっては規範がある。橋本進吉が前掲書190頁で述べる内容である。「活用形は仮名書きの例がない故に未詳」。活用語の六活用形を論定するには一字一仮名表記の用例に基づかねばならない。訓読の用例には依拠するのは適切ではない。

【3】橋本の「かやうな形式の活用を上一段以外にもとめると、上二段の外に無い」という説明は論理学の面から見れば誤謬

　橋本進吉は、「浦乾」の訓読によって「干」を上二段だとするより前（前掲書195頁）に、「干」を上二段だとしている。その際の論拠は次のようである。「「乾る」の将然連用の語尾は斐であり、「嚏る」の連用は「斐」である。かやうな形式の活用を上一段以外にもとめると、上二段の外に無い。」

　上代語の活用には不明なことが多い。だから私たちは動詞活用の規則性や分類などについて知りたいと望んでいる。〔上代語動詞「干」は上二段活用か否か〕を知りたいと望んでいる。そしてまた、「上一段以外にもとめると、上二段の外に無い」といえるかどうかを知りたいと望んでいる。

ところが橋本は、真偽が未定の命題「上一段以外にもとめると、上二段の外に無い」を真だと断定し、これを論拠として、"上代語動詞「干」は上二段である"と結論する。これは論理学でいう先決問題要求の誤謬だから是認できない。

【4】平安語で上一段活用する動詞が上代語で上二段活用する用例は存在しない

平安語で上一段活用する「干」は、上代語では未然形「イ乙」段・連用形「イ乙」段・終止形「う」段の用例が見えるが連体形・已然形・連命令形を一字一仮名で記した用例はないから、上代語で上二段活用だったと論定することはできない。

「干」だけではない。平安語で上一段活用する動詞が上代語で上二段活用だったと確認できる用例は存在しない。

上代語動詞「干」の活用を一層詳しく知るにはどうすればよいのか。

「干」は連用形（一音節）の末尾音節が「イ乙」段一音節である。そこで、上代語文献の中から連用形・未然形の末尾音節が「イ乙」段である一音節動詞を探求し、その動詞の連体形などを調べれば、上代語「干」の活用を一層詳しく知ることができるだろう。

§3 未然形連用形の語尾が「イ乙」段である動詞の終止形語尾は活用行の「う」段になる

上代近畿語動詞の未然形・連用形の語尾音素節と終止形の語尾音素節との関係には規則性がある。

い甲イ乙識別行で上二段活用する「恋ふ」「過ぐ」「起く」などの未然形・連用形の語尾は「イ乙」段であり、終止形語尾は同じ行の「う」段である。

上二段動詞とは確定できない「干」も、未然形・連用形は「ヒ乙」であり、終止形は「ふ」である。

"くしゃみする"などを意味する「嚔」は、連用形「ヒ乙」、終止形「ふ」である。

《連用》 眉根掻き　鼻嚔〈鼻火〉紐解ケ　　　　　　　［万11-2808］
《終止》 秋つ花吹く　鼻嚔トモ〈波奈布止毛〉

［琴歌譜。「つ」は助詞。「花吹(ふ)」は同音「鼻嚔(ふ)」を呼びおこす詞］
　これらの用例から帰納して、次の命題を立てることができる。
　上代近畿語の動詞では、未然形・連用形のいずれかの末尾音節が「イ乙」段であれば、その終止形末尾音節は活用行の「う」段である。
　この規則性を**未用イ乙終う命題**と呼ぶ。

§4　連体形が「ミ乙る」、連用形が「ミ乙」の動詞「廻(む)」

【1】連体形が「ミ乙る」、連用形が「ミ乙」の動詞「廻」
　有坂秀世は「古動詞「みる」（廻・転）について」『国語音韻史の研究増補新版』で、連体形が「ミ乙る」に、連用形が「ミ乙」になる動詞に着目した。この動詞を「廻(む)」と表記する。「廻」は一音節動詞である（未然形・連用形が一音節の動詞を一音節動詞と呼ぶ）。
《連体》　揃ち廻(うみ)る〈微流〉　島ノ崎崎　揃き廻(かみ)る〈微流〉　磯ノ崎　落ちず　若草ノ　偶持たせらメ　　　　　　　　　　　　　　　　　　　　［記上巻歌5］
《連用》　「島廻(しまみ)〈之麻未〉」［万17-3991］・「浦廻(うらみ)〈宇良未〉」［万15-3622］・「隈廻(くまみ)〈久麻尾〉」［万5-886］・「裾廻(すそみ)〈須蘇未〉」［万17-3985］・「磯廻(いそみ)〈礒廻〉」［万3-368］など。

【2】上代語動詞「廻る」（連体形）の意味
（1）「廻る」の意味。
　先に挙げた「廻」の連体形「ミ乙る」の用例は、大国主神が出雲から大和に行こうとして服装を整えて出発する時に、その妻が詠んだ歌の中にある。
　「揃ち……、揃き……」は、『万葉集』の「天皇ノ、酒を節度使ノ卿等に賜ふ御歌」の「天皇朕(わ)れ　うづの御手以ち　かき撫でソ〈掻撫曽〉　ねぎ賜ふ　うち撫でソ〈打撫曽〉　ねぎ賜ふ」［万6-973］の「かき……、うち……」と同じで、"(何人もの人たちを）まとめて、揃えて"の意味である。
　"出雲から、島にいる妃の家や磯にいる妃の家をめぐり経て、大和へ行く"という歌意からすれば、「廻」の意味は、"目的地は定まっているが、目的地に直行するのではなく、各地を経由して目的地に行く"である。
（2）連用形「廻(み)」の意味。
　先に挙げた連用形「廻」は体言を表す用法で、意味は"曲がった形状"で

ある。

（3）動詞「廻」の原義。

　連体形「廻る」と連用形「廻」の意味と合わせると、「廻」の原義は"直線的でない経路を進む"だと考えられる。

【3】連用形「廻(ミ)」・連体形「廻(ミ)る」の動詞「廻」は上二段動詞「たむ」とは別の語

（1）二音節動詞「たむ」の用例・意味・活用。

　上代語には二音節動詞「たむ」がある（連用形・未然形が二音節の動詞を二音節動詞と呼ぶ）。

《連用》　何処(いづく)にか　船泊(ふなは)てすらむ　安礼(あれ)ノ埼　漕ぎたミ〈多味〉行きし　棚無し小船(をぶね)　　　　　　　　　　　　　　　　　　［万1-58］
　　　　岡ノ前(さき)　たミ〈多未〉たる道を　人な通ひソ　ありつつモ　君が来(き)まさば　曲き道にせむ　　　　　　　　　　　　　　　　［万11-2363］
　　　　磯ノ前　漕ぎたみ〈手廻〉行けば　近江海(あふみのうみ)　八十(やそ)ノ水(み)な門(と)に　鶴(たづ)多(さは)に鳴く　　　　　　　　　　　　　　　　　　　　　　［万3-273］

《連体》　岡ノ前　いたむる〈伊多牟流〉　ゴトに　万度(ヨロヅたび)　返り見しつつ
　　　　　　　　　［万20-4408。「いたむ」の「い」は接頭語］

　「たむ」の意味は、"さまよう""行くえ定めずに進む""気ままに行き来する""行路が複雑で解りにくい"である。連用形で体言化した場合には"迷ってしまうような道"の意味になる。二音節動詞「たむ」を「彷(た)む」と表記する。

（2）連体形で「ミる」になる一音節動詞「廻」は二音節動詞「彷む」とは別の動詞。

　「彷む」は連用形「たミ乙」、連体形「たむる」だから上二段活用である。他方、「廻」は連体形が「ミ乙る」だから、上二段活用ではない。

　「彷む」は連用形が「たミ」だから二音節動詞である。他方、「廻」は連用形が「ミ」だから一音節動詞である。

　「彷む」の意味は"さまよう"である。他方、「廻」の意味は"各地を経由して目的地に行く"である。

　「彷む」と「廻」は活用形も音節数も意味も異なるから、別の動詞である。

「彷む」は上二段活用だから、動詞語素は「たMW」だと推定する。

§5　有坂秀世の"上代語「廻」は上一段"説

【1】有坂秀世の"上代語「廻」は上一段"説

　有坂秀世は「古動詞「みる」（廻・転）について」前掲書537頁で「廻（転）」の活用について、これを「上一段」だと主張する。有坂はまず次のとおりいう。「連用形はミであり、連体形はミルであることが分つた。然らば、一往は上一段活用と言つて差支へ無ささうである。」

　この後有坂は、「廻」を上一段とすることには難点もあることを記す。その難点とは、上一段活用なら連用形・連体形にある「ミ乙」は「甲類のものたるべき筈であるのに、ミル（転）の場合にはそれが乙類になつてゐる。」ということである。

　有坂秀世はこの難点を解決するために、"「廻（転）」は古くは上二段活用であって、それが「早くから既に上一段に転じてゐた」"という仮説を立てる。有坂はいう。「キル（居）ヒル（干）ヒル（嚔）の如く、古くは上二段活用であつたものが、後に上一段活用に転じたと考へられるものがある。ミル（転）がもしこの種の上二段起原の上一段活用動詞であつたと仮定すれば、そのミが乙類のものであるといふことも、深く怪むには足らないのである。かやうなわけで、ミル（転）は早くから既に上一段に転じてゐたのである（下略）」。

【2】有坂の"上代語「廻」は上一段"説を批判する

（1）有坂説は"「干」は上代語では上二段だった"という仮定の上に立てられている。

　有坂の"上代語「廻」は上一段"説には〔上一段なら連用形は「み甲」でなくてはならないのに、「廻」は「ミ乙」である〕という難点がある。この難点は、「ヒル（干）ヒル（嚔）の如く、古くは上二段活用であつたものが、後に上一段活用に転じたと考へられるものがある」と仮定することによってのみ、解決できる。

　だが、§2で述べたように、上代語「干」を上二段活用だとすることはできない。したがって、"「干」は上二段から上一段に変化した"と仮定するこ

とはできない。有坂説の難点"「廻」が上一段なら語幹は「み甲」でなくてはならないのに、実際は「ミ乙」である"を解消するために有坂が立てた仮定が成り立たないのだから、有坂説は成り立たない。
（2）連用形末尾が「イ乙」段なら終止形はその行の「う」段でなくてはならない。

　有坂は、連用形が「ミ乙」になる「廻」を上一段活用だとした。上一段なら終止形の末尾音節は「る」でなくてはならない。
　だが、上代近畿語では、動詞連用形の語尾が「イ乙」段であれば、その終止形末尾音節は、活用行の「う」段になる（未用イ乙終う命題）。「廻」の連用形は「ミ乙」だから、その終止形は「む」だと推定できる。"「廻」終止形は「ミる」"だとする有坂説は、文献事実から帰納された未用イ乙終う命題に違背する。このことからしても私は有坂説を是認できない。

§6　上乙段活用動詞「干ふ」「居う」「廻む」

【1】一音節動詞を終止形が「い甲」段のものと「う」段のものとに分類する
　動詞「干ふ」「廻む」「居う」などの六活用形・語素構成・遷移過程を探りたい。そのために、上代語で連用形が「い甲」段・「イ乙」段・「い丙」段の一音節である動詞に着目し、その終止形が「い甲」段であるものと、「う」段であるものとに分類する。
①　一音節動詞の終止形が「い甲」段の動詞を甲群とし、「う」段の動詞を乙群とする。
《甲群》　終止形が「み甲」である「見」は甲群に分類される。
《乙群》　終止形が「う」の「居」と、終止形が「ふ」の「干」「嚏」は乙群に分類される。
②　甲群の「見」は未然形・連用形が「い甲」段だから、未然形・連用形が「い甲」段の「着」を甲群に入れる。
③　乙群の「干」は連用形が「イ乙」段だから、連用形が「イ乙」段の「廻」と「簸」を乙群に入れる。「簸」は"箕を使って、穀物に混ざっている塵や糠を取り除く"の意。「出雲国簸之川上」［神代上紀第八段本文］は「出雲国之肥ひ河上」［古事記上巻］に相当するので訓仮名「簸」は「ヒ乙」と読

める。よって動詞「籤」の連用形は「ヒ乙」だと推定する。

④　群ごとの六活用形を揃える。

《甲群》「見」「着」の六活用形は次のようである。

　　　い甲　　　い甲　　　い甲　　　い甲＋る　　　い甲＋れ　　　い甲＋ヨ

《乙群》「干」の未然「ヒ乙」、連用は「ヒ乙、終止「ふ」、「廻」の連用「ミ乙」、連体「ミ乙る」、「居」の連用「ゐ」、終止「う」、連体「ゐる」などをまとめると、次のようになる（―は該当する用例がないことを示す）。

　　　イ乙　　イ乙（い丙）　　う　　イ乙（い丙）＋る　　（已然　―）
　　（命令　―）

【2】上甲段活用・上乙段活用

　甲群の「見」「着」は上甲段活用に含まれる。このことには何の矛盾もない。甲群の動詞は上甲段活用と一致するといえる。

　乙群の「干」「廻」「居」は、これらをまとめて独自の活用形だとしても何の矛盾もない。そこで、乙群の動詞を**上乙段活用**(かみおつ)動詞と呼ぶ。

　「干（乾）」は上二段ではなく、上乙段活用である。「廻」は上一段でも上二段でもなく、上乙段活用である。「居」は上一段でもなく上二段でもなく、上乙段活用である。

【3】「干」連体形は「ヒ乙る」、「廻」の終止形は「む」と推定できる

　上記の分類により、上代語文献に用例がない六活用形を推定できる。

　乙群「干」の連体形は、「ふる」ではなく、「ヒ乙る」だと推定できる。

　「廻」の終止形は、「ミ乙る」ではなく、「む」だと推定できる。

　「籤」の終止形は「ふ」だと推定できる。

§7　上代語の上甲段活用・上乙段活用は平安語ではすべて上一段活用に変化する

【1】上二段活用には一音節動詞はない

　川端善明は『活用の研究Ⅱ』139頁で、「一音節動詞（連用形において）は、上一段に属する十語程度の他に、上二段に、ウ（居）・フ（干）・フ（嚔）・フ（籤）・ム（廻）の五語があり」という。

　川端は"上二段活用には一音節動詞がある"というが、川端が上二段だと

87

した「居」「干」「嚏」「簸」「廻」は上二段活用ではなく、上乙段活用である。よって、次のことがいえる。

　上二段活用動詞には、連用形で一音節になるものはない。

【2】上代語での上乙段動詞は平安語で上一段に変化する

　上代語での上乙段活用「居」「干」などは平安語では上一段活用に変化する。

　橋本進吉は「ハ行上一段といふ活用形式は、ハ行上二段が変じてはじめて出來たもの」だというが、橋本が"上代語で「ハ行上二段」する"と考えた動詞「干」は上二段活用ではなく、上乙段活用である。よって、橋本の"上代語での上二段動詞の中には平安語で上一段に変化するものがある"という見解に従うことはできない。

　私は次のように考える。

　上代語の上甲段活用・上乙段活用は平安語ではすべて上一段活用に変化する。

　上代語の上二段動詞は平安語においてもすべて上二段活用する。

§8　上乙段活用動詞「干」「廻」の終止形・連体形の遷移過程

【1】「干」「廻」の動詞語素と活用形式付加語素

　「居」「干」「廻」は三者とも上乙段活用である。その中の「居」の動詞語素は、第7章で述べたように、WYである。このことから類推して、上乙段活用の動詞語素にはWYが含まれると考える。

　上乙段「干」の動詞語素はPWYだと推定する。

　上乙段「廻」の動詞語素はMWYだと推定する。

　上乙段「干」「廻」の活用形式付加語素は、「居」と同一で、YRYだと推定する。

【2】上乙段活用「干」「廻」の終止形・連体形・語胴形YYぬ用法の遷移過程

《終止》　干＝PWY＋YRY＋W→PWYYRYW

　WYYRYWでは、RはYに双挾され、そのYRYを含むYYRYはWに双挾される。この場合、上代語ではYはRを双挾潜化する。

　　→PWYYrYW＝PWYYYW

WはYYYを双挟潜化する。

→PWyyyW＝PWW→PwW＝PW＝ふ

《連体》 廻る＝MWY＋YRY＋AU→MWYYRYAU

　WYYR直後の母類音素群には複数の完母音素が含まれる。この場合、WYYとYAUは呼応潜顕する。後者では末尾にあるUは顕存し、YAは潜化する。これに呼応して、前者では後方にあるYは潜化し、他は顕存する。Rは、その前後のYが潜化したので、双挟潜化されずに顕存する。

→MWYy-RyaU＝MWY-RU

WYは融合する。M{WY}は「ミ乙」になる。

→M{WY}る＝ミ乙る

《語胴》 YYぬ用法。　潮干(しほひ)なば〈非奈婆〉　またモ吾(こ)れ来む［万15-3710］

「干なば」は、「干」の動詞語素PWYに、YRYと、完了助動詞「ぬ」の未然形「YYな」と「ば」が続いたもの。

干なば＝PWY＋YRY＋YYな＋ば→PWYYRYYYなば

　WYYR直後の母類音素群には複数の完母音素もYO¥もWWもない。この場合、YはRを双挟潜化する。

→PWYYrYYYなば＝PWYYYYYなば→P{WY}YYYYなば

→P{WY}yyyyなば＝P{WY}なば＝ヒ乙なば

第二編　四段動詞に続く助動詞「り」と動詞の命令形

第一部　体言を表す動詞連用形と、四段動詞に続く助動詞「り」

第13章　体言を表す動詞連用形「行き」「死に」「見」「居ゐ」「廻ミ」「恋ヒ」の遷移過程

　動詞連用形には、その動詞を体言化する用法がある。その場合の活用語足はYだと推定する。

《四段》　君が行き〈由伎〉　日ケ長くなりぬ　　　　　　［万5-867］
　　　　行き＝ゆK＋Y→ゆKY＝ゆき甲

《ナ変》　死に〈志尓〉ノ大王　　　　　　　　　　　　　［仏足石歌20］
　　　　死に＝死N＋WRW＋Y→しNWRWY
　　　　NWRWYではWはRを双挟潜化する。
　　　　→しNWrWY＝しNWWY
　　　　母音部WWYでは、WYは融合する。
　　　　→しNW{WY}→しNw{WY}＝しN{WY}
　　　　{WY}は「イ乙・い丙」を形成する。
　　　　＝しに

《上甲》　吾が見〈美〉が欲ほし国は　葛城　　　　　　　［仁徳記歌58］
　　　　見＝MY＋YRY＋Y→MYYRYY
　　　　MYYR直後の母類音素群はYYである。この場合、YはRを双挟潜化する。
　　　　→MYYrYY＝MYYYY→MyyyY＝MY＝み甲

90

《上乙》　吾家ノ方よ　雲居〈韋〉立ち来モ　　　　　　　「景行記歌32」

「雲居」の「居」は上乙段動詞「居」の連用形で、体言相当意味を表す。「雲居」の原義は"(見る角度の) 低い所に居る雲"(『古事記歌謡全解』記歌32の段参照)。

　　居＝WY＋YRY＋Y→WYYRYY

　WYYR直後の母類音素群に複数の完母音素もYO￥もWWもないのでYはRを双挟潜化する。

　　→WYYrYY＝WYYYY

　Wは父音部になり、YYYYは母音部になる。

　　→WyyyY＝WY＝ゐ

《上乙》　廻＝MWY＋YRY＋Y→MWYYRYY

　WYYR直後の母類音素群に複数の完母音素もYO￥もWWもないのでYはRを双挟潜化する。

　　→MWYYrYY→M¦WY¦YYY→M¦WY¦yyy＝M¦WY¦＝ミ乙

《上二》　近畿語では「恋ヒ乙」になる。

　　うら恋ヒ〈呉悲〉すなり　　　　　　　　　　　[万17-3973]

　　恋ヒ＝恋PW＋YRY＋Y→こPWYRYY

　WYRYYでは、YはRを双挟潜化する。WYは融合する。

　　こPWYrYY＝こPWYYY→こP¦WY¦YY

　　→こP¦WY¦yy＝こP¦WY¦＝こヒ乙

[東方]「恋ひ甲」になる。

　　吾が恋ひ甲〈古比〉を　　　　　　　　　　[万20-4366防人歌]

「こPWYYY」になるまでは近畿語と同様。その後、三連続するYはひとまず顕存し、Wは潜化する。

　　恋ひ→こPWYYY→こPwYYY→こPyyY＝こPY＝こひ甲

第14章　四段動詞に助動詞「り」が続く場合の遷移過程
Y＋AY

§1 「家」第二音素節が「へ甲」「ひ甲」「は」「へ乙」に変化する理由

【1】「家」第二音素節は「へ甲」「ひ甲」「は」「へ乙」に変化する

上代語では「家」第二音素節は四通りに変化する。近畿語では常に「へ甲」になる。東方語では「へ甲」にもなるが、「ひ甲」「は」「へ乙」にもなる。

[近畿]　いへ甲〈伊弊〉モ知らずモ　　　　　　　　[皇極3年 紀歌111]
[東方1]　いひ甲〈已比〉にして　子持ち痩すらむ　[万20-4343防人歌]
[東方2]　いは〈伊波〉ノ妹ロ　吾を偲ふらし　[万20-4427昔年防人歌]
[東方3]　いへ乙〈伊倍〉風は　日に日に吹ケト　吾妹子が　いへ乙〈伊倍〉言持ちて　来る人モ無し　　　　　　[万20-4353防人歌]

【2】「家」第二音素節が「へ甲」「は」「ひ甲」「へ乙」に変化する理由

「家」第二音素節母音部の本質音はYAYだと推定する。

[近畿]　YAYは三音素とも顕存して融合する。|YAY|は「え甲・え丙」を形成する。P|YAY|は「へ甲」になる。

　　　家＝い PYAY→い P|YAY|＝いへ甲

[東方1]　母音部YAYで、YがAを双挟潜化する。

　　　家＝い PYAY→い PYaY＝い PYY→い PyY＝い PY＝いひ甲

[東方2]　母音部YAYで、完母音素Aのみが顕存し、兼音素Yは二つとも潜化する。

　　　家＝い PYAY→い PyAy＝い PA＝いは

[東方3]　YAYは融合する。|YAY|の末尾のYは東方語では潜化することがある。

|YAy|は「エ乙・え丙」を形成する。

　　　家＝い PYAY→い P|YAY|→い P|YAy|＝いへ乙

【3】「家」が「や」になる理由
[上代]　「家」は「や」になることもよくある。

第14章

百千足る 家庭〈夜迩波〉モ見ゆ　　　　　　［応神記歌41］

「家」の第一音素節「い」はYだと推定する。

　　家＝YPYAY

YPYで、YはPを双挟潜化する。

　　→YpYAY＝YYAY

YYは父音部になり、AYは母音部になる。父音部YYでは、前のYは顕存し、後のYは潜化する。母音部AYでは、完母音素Aは顕存し、兼音素Yは潜化する。

　　→YyAy＝YA＝や

§2　四段動詞に助動詞「り」が続く場合の遷移過程

【1】四段動詞に助動詞「り」が続く場合、動詞語尾は「え甲・え丙」段・「あ」段・「エ乙」段になる

　四段動詞に続助動詞「り」が続く場合、「り」直前の音素節は、近畿語では、「咲け甲り〈佐家理〉」［万17-3976］や「降れる〈敷礼流〉」［万17-3925］のように、「え甲・え丙」段になるが、東方語では「あ」段・「エ乙」段にもなる。

［東方1］　筑紫へに　舳向かる〈牟加流〉船ノ　　［万20-4359防人歌］
　　　　　　雪かモ降らる〈布良留〉　　　　　　　　［万14-3351東歌］
［東方2］　汝が佩ケ乙る〈波気流〉　大刀になりてモ　［万20-4347防人歌］

【2】大野晋の"助動詞「り」は動詞連用形に「有り」が接続したもの"説

　「動詞＋助動詞り」の語素構成について、大野晋は「日本語の動詞の活用形の起源について」『国語と国文学』30-6の49〜50頁で、「動詞の連用形に「あり」が接続したものである」という。私は基本的には大野のこの説に賛同するが、私見は大野説と異なる点もある。「り」直前の母類音素群の配列とその遷移の仕方などについてである。

　大野は「書きあり」が「書けり」になる遷移過程を次の式で説明する（大野の用いる記号 ＞ は私の用いる → と同じ意味である）。

　　kaki＋ari＞kakeri

　また、「り」直前の母類音素群の遷移過程を次の式で説明する。

93

　　　　i＋a＞e（エ列甲類）

　"助動詞「り」直前の母音部たる「え甲」は動詞連用形末尾のiに「有り」初頭のaが下接・縮約したもの"だと大野はいうのである。

　大野の見解は近畿語「咲け甲り」などの用例を説明することはできる。だが、上代語は近畿語だけではない。東方語もある。東方語には「佩ケ乙る」の用例もあり、ここでは「り」直前の音素節は「エ乙」段である。大野のいう「i＋a」説では「エ乙」段が形成される理由を説明できない。

【3】ラ変「有り」の「あ」はAY

（1）ラ変「有り」の「あ」はAY

　大野は「有り」終止形の音素配列をariだとする。

　これに対し、私は「有り」の「あ」はAYだと考える。

（2）「有り」が「あり」になる遷移過程。

　「有り＝AYり」のAYでは、完母音素Aは顕存し、兼音素Yは潜化する（上代語母類音素潜顕遷移）。

　　　有り＝AYり→Ayり＝Aり＝あり

【4】四段動詞に助動詞「り」が続く場合の遷移過程

（1）「四段動詞＋り」では「り」直前の母音部はYAY。

　四段動詞に助動詞「り」が続く場合、動詞語尾は、近畿語で「え甲」段になる音素節が東方語で「あ」段・「エ乙」段に変化する。この変化は「家」第二音素節でも起きる変化である。そこで「四段動詞＋助動詞り」の場合、「り」直前の母音部は、「家」第二音素節の母音部と同一で、YAYだと考える。

（2）「り」直前の母音部YAYは動詞の活用語足Yに「有り」の「あ＝AY」が続いたもの。

　四段動詞に助動詞「り」が続く場合、「り」直前の母音部はYAYだが、その初頭のYは、動詞の活用語足として用いられるYと同じである。

　そして、YAYのAYは「有り」の「あ」たるAYと同一である。

　そこで四段動詞に助動詞「り」が続く場合の構成は、四段動詞語素に、活用語足Yと、「有り＝AYり」が続いたものだと考える。

（3）四段動詞に助動詞「り」が続く場合の遷移過程。

［近畿］　え甲エ乙識別行では「え甲段＋り」になり、え甲エ乙不識別行では「え丙段＋り」になる。

「咲け甲り」は、動詞語素「咲K」に、活用語足Yと、ラ変動詞「有り＝AYり」が下接・縮約したものだと考える。

　　咲けり＝咲き＋有り＝咲K＋Y＋AYり→さKYAYり

　YAYは融合する。|YAY|は、え甲エ乙識別行では、「え甲」になる。

　　→さK|YAY|り＝さけ甲り

　　降れり＝降り＋有り＝降R＋Y＋AYり→ふR|YAY|り

　|YAY|は え甲エ乙不識別行では「え丙」を形成する。

　　＝ふれり

［東方１］　向かる＝向K＋Y＋AYる→むKYAYる

　母音部YAYで、完母音素Aのみが顕存し、その前後のYが潜化する。

　　→むKyAyる＝むKAる＝むかる

［東方２］　佩ケる＝佩K＋Y＋AYる→はKYAYる

　YAYは融合する。東方語では、|YAY|の末尾のYは潜化することがある。|YAy|は「エ乙・え丙」を形成する。

　　→はK|YAY|る→はK|YAy|る＝はケ乙る

第二部　動詞命令形

第15章　動詞命令形の活用語足はYOY

§１　動詞命令形の活用語足はYOY

（１）四段動詞命令形語尾は、え甲エ乙識別行の場合、近畿語では「え甲」段だが、東方語では「エ乙」段にもなる。

［近畿］　君が来まさば　鳴け甲〈奈家〉ト言ひし　山ほトトぎす

　　　　　　　　　　　　　　　　　　　　　　　　　［万18-4050］

［東方］　くつ履ケ乙〈波気〉　吾が夫　　　　　　　［万14-3399東歌］

〔近畿語では「え甲」段になり、東方語では「エ乙」段にもなる〕という変化は、「家」第二音素節で起きる四つの変化の一部である。そこで、命令形の活用語足は「家」第二音素節の母音部 YAY に似ると考える。

（2）上甲段・上二段・カ変・サ変・下二段動詞の命令形の末尾は「オ乙」段の「ヨ」「コ」「ロ」になることもある。

《上甲》　下にモ着ヨ乙〈伎余〉ト　　　　　　　　　　［万15-3585］
《上二》　起キヨ乙〈起余〉起キヨ　吾が一夜妻　　　　［万16-3873］
《カ変》　旅にてモ　喪無くは早コ乙〈許〉ト　吾妹子が　結びし紐は
　　　　　　　　　　　　　　　　　　　　　　　　　［万15-3717］
［東方］《サ変》　何ド為ロ乙〈世呂〉トかモ　　　　　［万14-3465東歌］
［東方］《下二》　紐絶イえば　吾が手ト付ケロ乙〈都気呂〉
　　　　　　　　　　　　　　　　　　　　　　　　　［万20-4420防人歌］

そこで、命令形の活用語足は O に関係深いと考える。

（3）下二段動詞「努む」の命令形の末尾は「ヨ」にもなり、「エ乙」段の「メ」にもなる。

《下二》　心努メヨ乙〈都刀米与〉　　　　　　　　　　［万20-4466］
　　　　努メ乙〈都止米〉諸諸　　　　　　　　　　　　［仏足石歌18］

「ヨ乙」にも「エ乙」段にもなるという変化は、「良し」の「良」が「ヨ」にも「イェ」にもなるのに似る。「良」の本質音は YYO である。そこで、命令形の活用語足は YO に関係深いと考える。

（4）動詞命令形の活用語足は YOY。

以上のことから、動詞命令形の活用語足は、YAY にも、O にも、YO にも関係深いことが解る。そこで動詞命令形の活用語足は YOY だと推定する。

§2　上代語の四段・ナ変・上二段の命令形の遷移過程

動詞命令形の語素構成は、活用語胴に、命令形の活用語足 YOY が続いたものである。

【1】四段活用命令形の遷移過程

［近畿］　鳴け＝鳴 K＋YOY→な KYOY

YOY は融合する。｜YOY｜は「え甲・え丙」を形成する。

→な K |YOY| = なけ甲

［東方］　履ケ = 履 K + YOY →は KYOY →は K |YOY|

　東方語では、|YOY| 末尾の Y は潜化することがある。|YOy| は「エ乙・え丙」を形成する。

→は K |YOy| = はケ乙

【2】ナ変命令形の遷移過程

　　恋ヒ死なば　恋ヒモ死ね〈之称〉トや　　　　　　［万15-3780］

　動詞語素 SYN に、WRW と、命令形の活用語足 YOY が続く。

　　死ね = SYN + WRW + YOY → SYNWRWYOY

　NWR 直後の母類音素群の末尾に完母音素も YO¥ も WW もない。この場合、W は R を双挟潜化する。その後、YOY が融合する。

→ SYNWrWYOY → SYNWW |YOY|

　母音部 WW |YOY| では融合音 |YOY| は顕存し、WW は潜化する。

→ SYNww |YOY| = SYN |YOY| = しね

【3】上二段命令形の遷移過程

　動詞語素「起 KW」に、YRY と、YOY が続く。

　　起キヨ = 起 KW + YRY + YOY → お KWYRYYOY

　YRY に YOY が続く場合、YOY の直前で音素節が分離する。WYRY では、Y は R を双挟潜化する。

→お KWYRY-YOY → お KWYrY-YOY

　YOY では、初頭の Y が父音部になり、OY が母音部になる。OY では完母音素 O は顕存し、兼音素 Y は潜化する（上代語母類音素潜顕遷移）。

→お KWYY-YOy → お KWYY-YO

　WY は融合する。

→お K |WY| Y-YO → お K |WY| y-YO = おキ乙ヨ乙

§3　上代語上甲段命令形の遷移過程

【1】上甲段命令形の遷移過程

［上代］　上甲段動詞命令形の語素構成は、動詞語素 MY に、YRY と、命令形の活用語足 YOY が続いたもの。

97

見ヨ＝MY＋YRY＋YOY→MYYRYYOY→MYYRY-YOY
　　　→MYYrY-YOy→MyyY-YO＝MY-YO＝み甲ヨ乙

【2】「良き人ヨく見」の「見」は命令形ではなく、終止形である
（1）「良き人ヨく見」。
　「天皇ノ吉野宮に幸しし時ノ御製歌」がある。「天皇」は天武天皇だと考える。
　　良き人ノ　　良しトヨく見て　　良しト言ひし　　吉野ヨく見ヨ　　良き人ヨく
　　見〈良人四来三〉　　　　　　　　　　　　　　　　　　　　　　　　〔万1-27〕
（2）沢瀉久孝の"「ヨく見」の「見」は命令形"説。
　原文「良人四来三」は、かつては「良き人ヨく見つ」と読む説が有力であった。これに対し、沢瀉久孝は「芳野よく見よ良き人よく見」『万葉』2（1952年1月）で、"「ヨくみつ」と読んだのでは字余りになる"などの理由を挙げて「ヨく見つ」説を排した。そして「四来三」を「ヨくみ」と読み、「「見」の命令形が厳として存在してゐたのである」と断言し、"「ヨく見」の「見」は命令形"とする本居宣長の説が正しいとした。これ以後は沢瀉説が広く支持されるようになった。
　沢瀉の論拠は確実か。
　私は、「四来三」を「ヨくみ」と読むことについては本居・沢瀉の説に賛同する。だが、沢瀉の"一音節「見」という命令形がある"という説には賛同できない。同時に、"「ヨく見」の「見」は命令形である"という説には賛同できない。
　私たちは動詞活用の規則性などについて知りたいと望んでいる。〔「良き人ヨく見」の「見」が命令形であるか否か〕を知りたい。そして〔命令形の後方にある「ヨ」は後から加えられたものか否か〕を知りたい。
　ところが沢瀉は、真偽未決の命題"命令形末尾の「ヨ」は後から加えられたもの"について、「あとから加へられた」と想定する。さらに、"「ヨ」はまず上一段に付き、次に上二段・下二段に付いた"と想定する。このように想定したならば、"上代語下二段「努む」の命令形に「努メ」「努メヨ」の両形があるからには、上一段「見る」の命令形にも「見」「見ヨ」両形があって当然である"といえることになる。それで沢瀉は"一音節「見」という命

令形が存在していた"という結論を導く。

　だが、沢瀉は"「ヨ」は後から加えられた"という想定が真であることを論証していない。後から加えられたかどうかは不明であるのに、沢瀉は「あとから加へられた」ものとして、それを根拠に、「「見」の命令形が厳として存在」したという命題を導いた。この論法は論理学でいう先決問題要求の誤謬だから、是認できない。

　論理学だけではない。日本語学の面から見ても、沢瀉の論法には不備な点がある。

　沢瀉は、「ヨく見」の「見」が何形であるかを論じる際、終止形であるかどうかについて考察しない。「ヨく見」の「見」は文末にあるのだから、終止形の可能性は十分ある。だから、「ヨく見」の「見」を命令形だと論定する前に、まず、この「見」が終止形であるか否かを検討せねばならない。しかし、沢瀉はその検討をしなかった。

　〔「良き人ヨく見」の「見」は終止形である〕という命題は、何の論難も受けず、健全なままで、真偽判定を待っている。

（3）「良き人ヨく見」の「見」は終止形である。

　動詞「見」の六活用形のうち、一音節「み」であるものは、これまで論述してきたところでは、未然形・連用形・終止形の三つである。これらのうち、文末に置かれるべきものというと、終止形である。

　そして、終止形だとすれば、「良き人ヨく見」は"良い人はよく見ている"の意味になり、何の支障も生じない。よって、「良き人ヨく見」の「見」は終止形だとするのが順当である。

（4）万27の歌意。

　「良き人ヨく見」で、「見」が動詞終止形だから、その主語は「良き人」である。この文は"良い人は（今、吉野を）よく見ている"の意である。

　「良き人ヨく見」の「良き人」は、具体的には誰のことか。

　作者天武天皇の価値観では"天皇は最も良い人"であっただろう。だから、「良き人ヨく見」の「良き人」は天武天皇を含む。そして作者たる天武天皇は、この歌を詠んでいる時点において、吉野をよく見ていたであろう。よって、吉野をよく見ている「良き人」は作者天武天皇自身のことだと考える。

「吉野ヨく見ヨ」は、"諸人よ、吉野をよく見よ"の意である。"「良き人」たる私は今吉野をよく見ている。他の者も同様にせよ"という趣旨である。
　「良き人ノ良しトヨく見て良しト言ひし」の「良き人」は誰か。
　「良き人ヨく見」の「良き人」は天武天皇だから、同様に、「良し」といった「良き人」も天皇だと考える。上代の文献によれば吉野に行った天皇として、神武天皇・応神天皇・雄略天皇らがいる。これらのうち、天武天皇の胸中にあったのは神武天皇だと想像する。天武天皇が万27を詠んだ心は、"私は初代天皇たる神武天皇と同じように、吉野に来て、吉野をよく見て、「良し」と言った。神武から始まり、現在も続いている天皇の地位に、私は今いるのだ"ということだったろうと推察する。

第三編　弱母音素 ∀(ターンエイ) と動詞未然形

第一部　弱母音素 ∀

第16章　弱母音素　∀

【1】「たまふ」は「たぶ」になることがある

「賜ふ」「賜ひ」は多くの場合「たまふ」「たまひ」と読まれる。

　　鎮メたまふ〈多麻布〉ト　い取らして　斎ひたまひし〈多麻比斯〉
　　　　　　　　　　　　　　　　　　　　　　　　　　　［万5-813］

　一方、「賜ふ」「賜ひ」は、「まふ」「まひ」の部分が縮約して、「たぶ」「たび」になることもある。

　　勤メたぶ〈多扶〉∧"し　　　　　　　　　［万2-128］
　　昼は田たび〈多婢〉て　　　　　　　　　［万20-4455］

「賜ふ」の「まふ」が「ぶ」になるのはどうしてか。

【2】「あ」を形成する音素は二つある

　上代語では、「け」「へ」「め」「げ」「べ」には甲類・乙類の識別がある。その「え甲」「エ乙」および他の行の「え丙」について私は次のように考える。

　単独で「え甲」「エ乙」「え丙」を表す音素はない。「え甲」「エ乙」「え丙」は複数の母類音素が融合したものである。

　単独で「え甲」「エ乙」「え丙」を表す音素はないが、「あ」を表す音素は二つある。一つは、完母音素 A だが、A 以外にも「あ」を表す音素がある。

　「あ」を表す二つの音素や、O などの音素は、Y などと融合することにより、「え甲」「エ乙」「え丙」を形成する。

101

【3】「たまふ」の「ま」の母音部は弱母音素∀

（1）「たまふ」の「ま」の母音部が潜化すると「たぶ」になる。

　「賜ふ」が「たぶ」になるのは次のような経緯によると考える。「賜ふ」の「ま」の母音部たる音素が潜化する。このため、「ま」の父音部たるMは「ふ」の父音部たるPと接する。MPは融合して、バ行を形成する。

（2）「たまふ」の「ま」の母音部を∀(ターンエイ)と定める。

　「あ」を形成できる音素のうち、潜化しやすい方の「あ」は完母音素Aではないと考える。

　「あ」を形成できる二つの音素のうち、潜化しやすい方の音素を∀と定める。∀が潜化した場合はα(アルファ)と記す。

【4】「たまふ」が「たぶ」になる遷移過程

　「たまふ」が「たぶ」になる過程を終止形の場合で説明する。

　「賜ふ」の動詞語素は「たM∀P」だと推定する。

[上代1]「賜ふ」が「たまふ」になる。

　　賜ふ＝たM∀P＋W→たM∀PW

　∀は顕存する。音素節M∀は「ま」になる。

　　＝たまふ

[上代2]「賜ふ」が「たぶ」になる。

　　賜ぶ＝たM∀P＋W→たM∀PW

　∀の直前にあるMと、∀の直後にあるPは、融合すれば、濁音バ行を形成できる。この場合、M∀Pの∀は潜化することがある。

　　→たMαPW＝たMPW

　MPは融合する。{MP}はBになり、濁音バ行を形成する。

　　→た{MP}W→たBW＝たぶ

【5】弱母音素∀

　∀は「たまふ」の「ま」の母音部となって、「あ」を表すから母音素である。

　∀は、完母音素Aとは異なり、潜化しやすいので、完母音素には含まれない。

　∀を弱母音素(じゃくぼおんそ)に類別する。弱母音素に属する音素は∀だけである。

完母音素Ａ・Ｏ・Ｕと弱母音素∨を合わせた集合は母音素である。
母類音素と兼音素を合わせた集合は母類音素である。

第二部　動詞未然形の仮定用法・ずむ用法

第17章　動詞未然形の仮定用法・ずむ用法

§１　動詞未然形仮定用法の遷移過程

【１】動詞未然形の仮定用法・ずむ用法
　動詞未然形は二つの用法に分類できる。
　未然形仮定用法は、助詞に上接して仮定条件を表す用法である。
　未然形ずむ用法は、「ず」「む」など助動詞に上接する用法である。
【２】仮名「波」は清音「は」を表す
　橋本進吉は「奈良朝語法研究の中から」『橋本進吉博士著作集第五冊上代語の研究』150頁でいう、「万葉集に於ける文字の用法からすれば「波」は清音に用ゐるのが常であつて、唯、濁音に読まなければ意味が通じない場合に限つて濁音に読むのである。」
　この見解を参考にして、私は動詞未然形仮定用法に付く「波」は清音「は」を表すと考える。
　『古事記』『万葉集』の「婆」は濁音「ば」を表す。
【３】動詞未然形仮定用法では動詞に続く助詞は清音「は」にも濁音「ば」にもなる
　動詞未然形仮定用法の用例を挙げる。
［上代１］　語尾に続く助詞が清音「は」になる。
《四段》　都に行かは〈由加波〉　妹に会ひて来ね　　　　　　　［万15-3687］
《上二》　いかにして　恋ヒは〈古非波〉か妹　武蔵野ノ　うけらが花ノ
　　　　　色に出ずあらむ　　　　　　　　　　　［万14-3376或本。東歌］
《上乙》　潮ノ早干は〈非波〉　漁りしに　　　　　　　　　　　［万18-4034］

103

［上代2］　語尾に続く助詞が濁音「ば」になる。

《四段》　天へ行かば〈由迦婆〉　汝が随に　　　　　　［万5-800］

《上甲》　都見ば〈弥婆〉　いやしき吾が身　また若ちぬへ"し　［万5-848］

《上二》　かく恋ヒば〈古非婆〉　老いづく吾が身　ケだし堪へむかモ

［万19-4220］

《ナ変》　吾が群れ去なば〈伊那婆〉　　　　　　　　　［記上巻歌4］

【4】動詞未然形仮定用法の遷移過程

（1）動詞未然形仮定用法の活用語足は∀M

　動詞未然形仮定用法の活用語足は∀Mだと推定する。

　未然形仮定用法に付く助詞「は」はP∀だと推定する。

　未然形語尾に付く「ば」は、活用語足∀MのMと助詞「は＝P∀」が縮約したもの。MPは融合してBになる。

（2）四段・上甲段・上二段・上乙段・ナ変の未然形仮定用法の遷移過程

［上代1］　未然形直後が清音「は」になる。

《四段》　行かは＝行K＋∀M＋P∀→ゆK∀MP∀

　∀の後には父音素がM・P二連続する。この場合、先頭のMは母音素∀に付着する場合もあり、付着しない場合もある。付着した場合には、K∀MとP∀の間で音素節が分離する。

　　　　→ゆK∀M–P∀→ゆK∀m–P∀＝ゆK∀–P∀＝ゆかは

《上二》　恋ヒは＝恋PW＋YRY＋∀M＋P∀→こPWYRY∀M–P∀

　WYR直後の母類音素群がY∀の場合、YはRを双挟潜化する。

　WYは融合する。

　　　　→こPWYrY∀mは→ここP｛WY｝Y∀は→こP｛WY｝yαは

　　　　＝こP｛WY｝は＝こヒ乙は

《上乙》　干は＝PWY＋YRY＋∀M＋P∀→PWYYRY∀m–P∀

　WYYR直後の母類音素群がY∀の場合、YはRを双挟潜化する。

　WYは融合する。

　　　　→PWYYrY∀は→P｛WY｝YY∀は→P｛WY｝yyαは

　　　　＝P｛WY｝は＝ヒ乙は

［上代2］　未然形直後が濁音「ば」になる。

《四段》 行かば＝行 K＋∀M＋P∀→ゆ K∀MP∀

∀の後には父音素が M・P 二連続するが、∀は弱母音素なので M は∀に付着しないことが多い。K∀と MP の間で音素節が分離し、MP は融合する。

→ゆ K∀ |MP| ∀→ゆ K∀B ∀＝ゆかば

《上甲》 見ば＝MY＋YRY＋∀M＋P∀→MYYRY∀ |MP| ∀

MYYRY∀では、Y は R を双挟潜化する。

→MYYrY∀B ∀→MYYY∀ば

母音部 YYY∀では、三連続する Y の後に弱母音素∀がある。この場合、三連続する Y はひとまず顕存し、∀は潜化する。

→MYYYαば＝MYYYば→MyyYば＝MYば＝み甲ば

（3）ナ変の未然形仮定用法の遷移過程

《ナ変》 去なば＝YYN＋WRW＋∀M＋P∀→YYNWRW∀MP∀

NWRW∀では、W は R を双挟潜化する。MP は融合する。

→YYNWrW∀ |MP| ∀＝YYNWW∀B ∀

母音部 WW∀では、末尾にある∀は顕存し、WW は潜化する。

→YY-Nww∀ば＝YY-N∀ば＝いなば

【5】大野晋の仮定用法 am 説と私の仮定用法∀M 説との相違点

大野晋は「万葉時代の音韻」『万葉集大成第六巻』325頁で、仮定条件を表す要素を am だとする。私見はこの大野説に近いが、大きな相違点がある。大野が「あ」を表す音素は a 一つしかないと考えるのに対し、私は「あ」を表す音素は A と∀の二つがあると考え、未然形には∀が用いられると考える。

四段活用の未然形仮定用法の場合だけを考えるなら、A・∀どちらが正当であるかを判断できない。だが、上甲段や上二段などの場合を考えれば∀が正当だと判断できる。

上甲段未然形仮定用法で、活用語足が AM だったとしよう。そうすると、上甲段「見」の未然形仮定用法は、

見ば＝MY＋YRY＋AM＋P∀→MYYRYA |MP| ∀

RYA の母音部 YA では、上代語母類音素潜顕遷移により、完母音素 A は顕存し、兼音素 Y は潜化する。R は、その直後の Y が潜化したので、双挟

潜化されずに顕存する。

→MYYRyAB∀＝MYy-RAば＝みらば

で、「みらば」になる。これは文献事実に反する。

　未然形仮定用法の活用語足を∀Mだとすれば、上述のように、上甲段「見」の未然形仮定用法は「みば」になり、文献事実に合致する。

§2　動詞未然形ずむ用法の遷移過程

【1】近畿語の四段・ナ変・上甲段・上二段・上乙段の未然形ずむ用法の用例

（1）動詞未然形が否定助動詞「ず」に続く。

《四段》　為し人ノ　面てモ知らず〈始羅孺〉　　　　［皇極3年 紀歌111］

《ナ変》　早返りませ　恋ヒ死なぬ〈之奈奴〉間に　　［万15-3747］

《上甲》　いまだ見ぬ〈見奴〉　人にモ告ゲむ　　　　［万17-4000］

《上二》　恋ヒ乙ぬ〈古非奴〉日は無し　　　　　　　［万15-3670］

《上乙》　吾が泣く涙　いまだ干なくに〈飛那久尓〉　［万5-798］

（2）動詞未然形が意志助動詞「む」に続く。

《四段》　向会ヘを行かむ〈由加牟〉　　　　　　　　［允恭記歌87］

《上甲》　京師を見む〈美武〉ト　思ひつつ　　　　　［万5-886］

《上二》　かくや恋ヒむモ〈姑悲武謀〉　　　　　　　［斉明紀7年 紀歌123］

【2】近畿語の四段・ナ変・上甲・上二・上乙の未然形ずむ用法の遷移過程

（1）動詞未然形の活用語足。

　同じ未然形でも、仮定用法と ず用法では活用語足は異なる。動詞未然形ず用法の活用語足は∀だと推定する。

（2）動詞未然形に否定助動詞「ず」が続く用法。

　動詞の活用語胴に、活用語足∀と「ず」が続く。

《四段》　知らず＝知R＋∀＋ず→しR∀ず＝しらず

《ナ変》　死なぬ＝SYN＋WRW＋∀＋ぬ→SYNWRW∀ぬ

　　　　→SYNWrW∀ぬ＝SYNWW∀ぬ

　　　　→SYNww∀ぬ＝SYN∀ぬ＝しなぬ

《上甲》　見ぬ＝MY＋YRY＋∀＋ぬ→MYYRY∀ぬ

　　　YYRY∀では、YはRを双挟潜化する。

第17章

→MYYrY∀ぬ＝MYYY∀ぬ→MYYYαぬ→MyyYぬ＝み甲ぬ

《上二》 恋ヒぬ＝恋PW＋YRY＋∀＋ぬ→こPWYRY∀ぬ

　WYRY∀では、YはRを双挟潜化する。WYは融合する。

　　→こPWYrY∀ぬ→こP{WY}Y∀ぬ→こP{WY}yαぬ

　　＝こP{WY}ぬ＝こヒ乙ぬ

《上乙》 干なく＝PWY＋YRY＋∀＋なく→PWYYRY∀なく

　WYYRY∀ではYはRを双挟潜化する。WYは融合する。

　　→PWYYrY∀なく→P{WY}YY∀なく→P{WY}yyαなく

　　＝P{WY}なく＝ヒ乙なく

（3）動詞未然形に意志助動詞「む」が続く用法。

　動詞の活用語胴に、活用語足∀と、「む」が続く。

《四段》 行K＋∀＋む→ゆK∀む＝ゆかむ

《上甲》 見む＝MY＋YRY＋∀＋む→MYYRY∀む

　　→MYYrY∀む→MYYYαむ＝MyyYむ＝MYむ＝み甲

《上二》 恋ヒむ＝恋PW＋YRY＋∀＋む→こPWYRY∀む

　　→こPWYrY∀む→こP{WY}yαむ→こP{WY}む＝こヒ乙む

【3】東方語で上二段「恋ふ」が「ず」に上接する場合に語尾が「ひ甲」になる遷移過程

《上二》 筑波ノ山を　恋ひ甲ず〈古比須〉あらメかモ　［万20-4371防人歌］

　恋ひず＝恋PW＋YRY＋∀＋ず→こPWYrY∀ず＝こPWYY∀ず

　東方語では、母音部WYY∀で、二連続するYはひとまず顕存し、W・∀が潜化することがある。

　　→こPwYYαず→こPyYず＝こPYず＝こひ甲ず

107

第四編　兼音素 ¥(イェン) とサ変・カ変と動詞已然形

第一部　兼音素 ¥(イェン)

第18章　兼音素 ¥

§1　「網」第二音素節の母音部 ¥ は「い甲」を形成する

【1】「い甲」を形成する音素には潜化しやすいものがある

（1）「網」第二音素節母音部が潜化する。

　「網」は、後続語と熟合しない場合、「あみ甲」と読まれる。

　　　片淵(かたふち)に　網〈阿弥(あみ)〉張り渡し　　　［神代下紀第九段一書第一 紀歌3］

　「網」が後続語と熟合した場合、「み甲」が脱落し、後続の音素節が濁音になる。「網代＝あみ甲＋し口」なら「あじ口」になる。

　　　あじ口〈阿自呂〉人　船呼ばふ声　　　　　　　　［万7-1135］

　これは、「あみ甲」の「み」の母音部が潜化し、父音部 M が直後の「し」の父音部 S と融合して濁音「じ」の父音部 Z になったのである。

（2）「弓」第二音素節母音部が潜化する。

　「弓」は、後続語と熟合しない場合、「ゆみ甲」と読まれる。

　　　立てる　梓弓(あづさゆみ)〈由美〉　　　　　　　　　　　　　　［応神記歌51］

　「弓」が後続語と熟合した場合、「み甲」が脱落し、後続音素節が濁音になることがある。「弓束＝ゆみ甲＋つか」が「ゆづか」になるのがその事例である。

　　　愛し妹を　弓束(ゆづか)〈由豆加〉並(な)へ"置き　　　　　　［万14-3486東歌］

これは、「ゆみ甲」の「み」の母音部が潜化し、父音部 M が「つ」の父音部 T と融合して濁音「づ」の父音部 D になったのである。

【2】「網」「弓」の第二音素節母音部は￥

「網」第二音素節たる「み甲」や「弓」第二音素節たる「み甲」の母音部のように、「い甲」段音素節の母音部は、〔父音素と父音素に挟まれていて、それら二つの父音素が融合すれば濁音を形成できる〕場合には、潜化することがある。

〔「い甲・い丙」を形成できる音素であって、父音素と父音素に挟まれている場合に潜化することがある〕音素を￥(イェン)と定める。￥が潜化した場合には j と記す。

￥・j を用いて、「網代」が「あじロ」になる遷移過程緯を音素式で説明する。「代」の「し」は SY だと推定する。

　　網代＝あみ甲＋しロ＝あ M￥＋SY ロ→あ M￥SY ロ

M と S の間にある￥は潜化する。MS は融合して Z になり、ザ行を形成する。

　　→あ M j SY ロ＝あ MSY ロ→あ |MS| Y ロ→あ ZY ロ＝あじロ

§2　「寄す」第一音素節￥YO・「帯」第一音素節￥￥O

【1】「寄す」第一音素節・助詞「ヨ」は近畿語では常に「ヨ乙」だが、東方語（駿河）では「イェ」になることがある

（1）「寄す」第一音素節。

[近畿]　沖つ波　寄せ(ヨ)〈余勢〉来る玉藻　　　　　　　　[万17-3993]
[東方]　撃ちイェする〈江須流〉　駿河ノ嶺(ね)らは
[万20-4345防人歌、駿河。「撃ち寄する」が「駿河」にかかる理由は拙著『ちはやぶる・さねかづら』第1章参照]

（2）助詞「ヨ乙」。

[近畿]　吾子(あご)ヨ乙〈予〉　今だにモ　吾子ヨ乙〈予〉　[神武即位前 紀歌10]
[東方]　父母(ちちはは)イェ〈江〉　斎(いは)ひて待たね　　　　　　[万20-4340防人歌、駿河]

109

【2】「寄す」第一音素節と助詞「ヨ」が近畿語で「ヨ乙」、東方語で「イエ」になる理由

　近畿語「良」が「ヨ」にも「イエ」にもなることを参考にしよう。第２章で述べたように、「良し」第一音素節はYYOである。YYOは、YYが父音部になれば、YyOを経て、「ヨ乙」になる。Yが父音部になれば、Y|YO|すなわち「イエ」になる。

　このことから類推して、近畿語で「ヨ乙」になり、東方語では「イエ」になる「寄す」第一音素節の本質音は￥YOだと推定する。

[近畿]　￥Yが父音部になり、Oが母音部になる。父音部￥Yでは、￥は潜化し、Yは顕存する。

　　　寄す＝￥YOす→ jYOす＝YOす＝ヨ乙す

[東方]　￥が父音部になり、YOが母音部になる。父音部￥は、東方語においてのみ顕存し、ヤ行を形成する。母音部YOは融合して「エ乙・え丙」を形成する。￥|YO|は￥行（ヤ行）・エ段の「イエ」になる。

　　　寄す＝￥YOす→￥|YO|す＝イエす

　助詞「ヨ」は￥YOだと推定する。その遷移過程は「寄す」第一音素節同一なので説明は省略する。

【3】「帯」第一音素節が近畿語で「お」、東方語で「イエ」になる理由

　「帯」第一音素節は近畿語では「お」だが、東方語では「イエ」になることがある

[近畿]　大王ノ　御帯〈於寐〉ノしつ服　結び垂れ　[武烈即位前紀歌93]
[東方]　イエび〈叡比〉は解かなな

　　　　[万20-4428昔年防人歌。「解かなな」は"解かずに"の東方語]

　「帯」第一音素節の本質音は￥￥Oだと推定する。
[近畿]　近畿語では、Oの直前にある￥￥は二つとも潜化する。

　　　帯＝￥￥Oび→ jjOび＝Oび＝おび

[東方]　東方語では、￥￥のうち、前の￥は父音素性を発揮し、ヤ行を形成する。後の￥は母音素性を発揮し、直後のOと融合する。|￥O|は「エ乙・え丙」を形成する。

　　　帯＝￥￥Oび→￥|￥O|び＝イエび

【4】¥の性質

(1) ¥の、近畿語・東方語共通の性質は次のようである。

父音素に¥が続き、その直後で音素節が分離する場合、¥は「い甲・い丙」を形成する。

母音部が複数連続する¥だけである場合、通例は末尾の¥のみが顕存して他の¥は潜化するが、時代や地域によっては、複数連続する¥がすべて顕存して融合することもある。

¥とその直後の父音素が父音部になった場合、¥は潜化し、父音素は顕存する。

(2) 近畿語での¥には次の性質がある。

音素節の初頭に¥または¥¥があり、その後に完母音素が続く場合、¥・¥¥は潜化する。

(3) 東方語での¥には次の性質がある。

母音部にある¥Oは融合して「エ乙・え丙」を形成することがある。

父音部の¥は顕存して父音素性を発揮し、ヤ行を形成することがある。

【5】遊兼音素¥

¥は父音素性と母音素性を兼ね備えるから、兼音素である。

兼音素〈イェン〉¥を遊兼音素〈ゆうけんおんそ〉と呼ぶ。

第二部　否定助動詞「ず・にす」

第19章　否定助動詞「ず・にす」　N¥＋SU

§1　否定助動詞「ず・にす」の終止形は「N¥＋SU＋W」

【1】否定助動詞の終止形は「にす」にも「ず」にもなる

　　　家モ知らず〈始羅孺〉モ　　　　　　　［皇極紀3年 紀歌111］
　　　行方知らず〈不知〉モ　一云、(中略) 帰辺知らにす〈不知尓為〉
　　　　　　　　　　　　　　　　　　　　　　　　　　　　［万2-167］

万167では、本文の「知らず」に相当する部分が「一云」では「知らにす」と記される。否定助動詞終止形「ず」は「にす」にもなるのである。

【2】否定助動詞終止形「ず・にす」は「N¥＋SU＋W」

　否定助動詞「ず」の語素構成は「にす」の語素構成と同一である。以下、「にす」と「ず」をまとめて「ず・にす」とも表記する。

　「ず・にす」の助動詞語素はN¥だと推定する。

　「ず・にす」の終止形などでは、N¥の後に、活用段を「う」段にするための語素SUが続く。

　このSUのように、活用段を付加する語素を**段付加語素**と呼ぶ。

　否定助動詞の活用語足は、動詞と同じで、終止形ならWである。

【3】「知らにす」「知らず」になる**遷移過程**

［上代1］　知らにす＝知R＋∀＋N¥＋SU＋W→しR∀N¥SUW

　N¥とSUWの間で音素節が分離する。SUWの母音部UWでは、完母音素Uは顕存し、兼音素Wは潜化する（上代語母類音素潜顕遷移）。

　　→しらN¥-SUw＝しらN¥-SU＝しらにす

［上代2］　知らず＝知R＋∀＋N¥＋SU＋W→しR∀N¥SUW

　¥は潜化する。NSは融合する。|NS|はZになる。

　　→しらN j SUw→しら|NS|U＝しらZU＝しらず

§2　大野晋のani-su説と私の「∀＋N¥＋SU＋W」説との相違点

　大野晋は「万葉時代の音韻」『万葉集大成第六巻』324頁で、「反語の副詞」たるaniに着目して、否定の「ず」はani-suが縮約したものだとする。「咲かず」なら、その語素構成は「sak-ani-su」だと説明する。

　四段動詞だけについて見るなら、私見は大野説に近い。だが、上甲段動詞「見」の場合で比較すれば私見と大野説との相違が明瞭になる。

　大野は同書318頁で、「上一（見）」の連用形の「推定の古形」をmi-iだとする。そして「日本語の動詞の活用形の起源について」52頁で、「連用形はすべて語幹に i が接続して成立した」と説明する。だから、大野は「見」の「語幹」をmiだとするのである。

　大野は「咲かず」の場合はsak-ani-suだとする。この大野の見解による

なら、「見」に「ず」が続く場合はmi-ani-suになる。これが縮約すると「mia ず」になる。大野は「i＋a＞e（エ列甲類）」だとするから、miaはmeすなわち「め甲」になる。「miaず」は「めず」になる。だが、文献事実では「見ず」の「見」は常に「み甲」であって、「め甲」ではない。大野のani説は「見ず」になる経緯を説明できない。

　これに対し、私の「∀＋N￥＋SU＋W」説は「見ず」になる経緯説明できる。

　　　見ず＝MY＋YRY＋∀＋N￥＋SU＋W→MYYRY∀N￥SUW
　YYRY∀ではYはRを双挟潜化する。
　　　→MYYrY∀N ｊ SUw→MYYY∀ |NS| U
　母音部YYY∀では、三連続するYはひとまず顕存し、弱母音素∀は潜化する。
　　　→MYYYαZU→MyyYず＝MYず＝み甲ず

§3　否定助動詞連体形「ぬ・の」は「N￥＋AU」

　近畿語では否定助動詞「ず」の連体形は「ぬ」だが、東方語では「の甲」になることもある。
［近畿］　常(つね)知らぬ〈斯良奴〉　国ノ奥処(おくか)を　　　　　　　［万5-886］
［東方］　泣きし心を　忘らイェの甲かモ〈和須良延努可毛〉
　　　　　　　　　　　　　　　　　［万20-4356防人歌。＊努は広瀬本などによる］
　否定助動詞「ず」の連体形「ぬ・の」の語素構成は「N￥＋AU」だと推定する。
［近畿］　知らぬ＝知R＋∀＋N￥＋AU→しR∀-N￥AU
　母音部￥AUでは、末尾の完母音素Uは顕存し、￥Aは潜化する。
　　　→しらN ｊ aU＝しらNU＝しらぬ
［東方］　忘らイェの→忘らイェ＋N￥＋AU→忘らイェN￥AU
　母音部￥AUではAUが融合する。|AU|は「お甲」を形成する。
　　　忘らイェN￥|AU|→忘らイェN ｊ |AU|＝忘らイェN|AU|＝わすらイェの甲

§4　平安語・現代語での否定助動詞の終止形・連体形

【1】平安語・現代語で否定助動詞終止形が「ぬ」になる理由

　否定助動詞終止形は平安語（後期）・現代語では「ぬ」になることがある。
　　　知らぬと言ふたら金輪際。奈落の底から天迄知らぬ
　　　　　　　　　　　　　　　　　　　　　　　　［菅原伝授手習鑑］
　　　第三者の地位に立たねばならぬ　　　　　　　　　［草枕一］
　終止形が「ぬ」になるのは段付加語素 SU が節略されたからである。
　　　知らぬ＝知 R＋∀＋N¥＋W→し R∀N¥W
　母音部¥W では前方にある¥は潜化し、後方にある W は顕存する。
　　　→し R∀N j W＝し R∀NW＝しらぬ

【2】平安語（後期）・現代語で否定助動詞終止形が「ん」になる理由

　平安語（後期）・現代語で否定助動詞終止形が「ん」になる。
［平安］　おれがとこへばかり盃をよこしてくれちゃうらみだ。もふのめんのめん　　　　　　　　　［中洲の花美『洒落本大成15』58頁］
［現代］　呼吸ではいかん、魚の事だから潮を引き取たと云はなければならん
　　　　　　　　　　　　　　　　　　　　　［吾輩は猫である七］
　『広辞苑』の「いかん」の項には「イカヌの転」とある。だが、同じ現代語の終止形末尾の「ぬ」でも、「死ぬ」の場合には「しん」とはいわない。なぜ否定助動詞の場合には「ぬ」が「ん」に変化するのか。
　第6章で述べたように、ナ変「死ぬ」の現代語終止形は、「死 NWrWW」を経て、「死 NwwW＝しぬ」になる。「死ぬ」の語尾母音部には W のみがあって、他の母類音素はない。このため、「死ぬ」の「ぬ」は「ん」にはならない。
　これに対し、終止形「いかん」は、終止形「いかぬ」が転じたもので、その語素構成は、「行 K」に、∀と N¥と W が続いたものである（段付加語素 SU は節略される）。
　　　行かん＝行 K＋∀＋N¥＋W→い K∀N¥W
　否定助動詞終止形「ぬ・ん」の本質音は N¥W であり、母音部¥W には、W の他に¥が含まれる。平安語（後期）以後は、母音部が¥W の場合には、

¥W は潜化することがあると考える。

　→いか-Njw＝いか-N

平安語・現代語では、N は単独で音素節を形成し、「ん」になる。

　→いかん

【3】平安語（後期）・現代語で否定助動詞連体形が「ん」になる理由

否定助動詞「ず」の連体形は、平安語（後期）・現代語では「ん」になることがある。

　　何を云てもしらん顔の半兵衛さんだ　　　　　［浮世風呂二編巻之下］
　　負けん気の化物が　　　　　　　　　　　　　［吾輩は猫である七］

「しらん顔」は「知らぬ顔」が転じたもので、その語素構成は「知R」に、∀とN¥とAUと「顔」が続いたもの（段付加語素 SU は節略される）。

　　知らん顔＝知R＋∀＋N¥＋AU＋顔→しR∀N¥AU顔

N¥AU の母音部¥AU は¥を含む。この場合、平安語（後期）・現代語では、¥AU 全体が潜化することがある。

　→しらN$j$au顔＝しら-N顔＝しらん顔

第三部　「思ふ」「面」「持つ」の「モ乙」が駿河で「メ乙」になる理由

第20章　近畿語の「思ふ」「面」「持つ」の「モ乙」が駿河の言語で「メ乙」になる理由

【1】駿河の言語「思ふ」・「面」・「持つ」・「薦」・「言」・助詞「メ」と遠江の言語「遠」などの遷移過程

近畿語で「オ乙」段の音素節が、駿河国の東方語で「エ乙」段になることがある。また、近畿語で「オ乙」段の音素節が、駿河国の東方語で「え丙」段になることがある。また、近畿語で「お丙」段の音素節が、遠江国の東方語では「エ乙」段になることがある。

115

駿河国・遠江国での東方語を駿遠語(すんえん)と略記する。

駿遠語の用例を挙げ、その直後の〔　〕内に近畿語での発音を記す。

（１）近畿語で「オ乙」段の音素節が駿遠語で「エ乙」段になる用例。

[駿遠]　旅ト　おメ乙〈於米〉〔思(おも)〕ほト　　　[万20-4343防人歌、駿河]

[駿遠]　坐せ母戸主(いまははとじ)　おメ乙〈於米〉〔面(おも)〕変(か)はりせず

[万20-4342防人歌、駿河]

[駿遠]　子メ乙ち〈米知〉〔持(モ)ち〕　痩(や)すらむ　吾(み)が女(かな)愛(愛)しモ

[万20-4343防人歌、駿河]

[駿遠]　畳ケ乙メ乙〈気米〉〔薦(コモ)〕　牟良自(むらじ)が磯ノ

[万20-4338防人歌、駿河]

[駿遠]　幸(さ)くあれて　言ひしケ乙ト〈気等〉〔言(コト)〕ばぜ　忘れかねつる

[万20-4346防人歌、駿河]

[駿遠]　駿河ノ嶺(ね)らは　恋(く)ふしくメ乙〈米〉〔モ〕あるか

[万20-4345防人歌、駿河]

（２）近畿語で「オ乙」段の音素節が駿遠語では「え丙」段になる用例。

[駿遠]　幸(さ)くあれて〈天〉〔ト〕　言ひしケトばぜ〈是〉〔ゾ〕　忘れかねつる

[万20-4346防人歌、駿河]

（３）近畿語の「お丙」段音素節が、駿遠語で「エ乙」段になる用例。

[駿遠]　ト へ乙〈等倍〉〔遠(ト)〕たほみ　　　[万20-4324防人歌、遠江]

【２】近畿語の「オ乙・お丙」段音素節が駿遠語で「エ乙・え丙」段になる理由

近畿語で「オ乙・お丙」段になり、駿河の言語で「エ乙・え丙」段になる母音部の本質音は￥O￥だと推定する。

（１）近畿語の「オ乙」段音素節が駿遠語で「エ乙」段になる遷移過程。

[近畿]　思ふ＝おM￥O￥ふ

近畿語では、母音部￥O￥でOは顕存し、￥は潜化する。

→おMjOjふ＝おMOふ＝おモ乙ふ

[駿遠]　駿遠語では￥O￥は融合する。|￥O￥|の末尾の￥は潜化する。

|￥Oj|は「エ乙・え丙」を形成する。

思ふ＝おM￥O￥ふ→おM|￥O￥|ふ→おM|￥Oj|ふ＝おメ乙ふ

（２）近畿語の「オ乙」段音素節が駿遠語で「え丙」段になる遷移過程。
　引用を表す助詞「ト」の本質音はT¥O¥だと推定する。近畿語「あれト〈安礼等〉」[万17-3927]と東方語「あれて」の遷移過程を述べる。
[近畿]　有れト＝有れ＋T¥O¥→あれ$TjOj$＝あれ TO＝あれト乙
[駿遠]　有れて→あれT¥O¥→あれ T¦¥O¥¦→あれ$T¦¥Oj¦$＝あれて
　助詞「ゾ＝Z¥O¥」が近畿語で「ゾ乙」、東方語で「ぜ」になるのも同様の遷移である。

（３）近畿語の「お丙」段が駿遠語で「エ乙」段になる遷移過程。
　「遠」の本質音は「トP¥O¥」だと推定する。近畿語「遠人〈等保臂等〉」[仁徳紀歌62]の「トほ」と東方語「トへ」の遷移過程を述べる。
[近畿]　遠＝トP¥O¥→ト$PjOj$＝ト PO＝トほ丙
[駿遠]　遠＝トP¥O¥→ト P¦¥O¥¦→ト$P¦¥Oj¦$＝トへ乙

第四部　サ行変格活用動詞・カ行変格活用動詞

第21章　サ変動詞「為」の活用

【1】上代語サ変動詞「為」の用例（未然・終止・連体・命令・語胴）
　《未然》仮定用法。「せ」になる。
　　嘆き為ば〈世婆〉　人知りぬへ"み　　　　　　　　　　[万7-1383]
《未然》ずむ用法。　近畿語・九州語では「せ」になるが、東方語では「し」になる。
[近畿・九州]　手向かひモせず〈勢儒〉　　　　　[神武即位前 紀歌11]
　　船乗りせむ〈世武〉ト　月待てば　　　　　　　　　　[万1-8]
[東方]　人言繁し　汝を何かモしむ〈思武〉　　　[万14-3556東歌]
《終止》　姫遊び為〈殊〉モ　　　　　　　　　　[崇神紀10年 紀歌18]
《連体》　舞ひ為る少女　　　　　　　　　　　　[雄略記歌95]
《命令》　近畿語にはヨ用法とヨ脱落用法があり、東方語にはロ用法もある。
[近畿1]　ヨ用法。「せヨ」になる。

吾が思ふ君を　なつかしみ為ヨ〈勢余〉　　　　　　　［万17-4009］
［近畿2］　ヨ脱落用法。「せ」になる（音仮名一字で「せ」と記したものは東方語のみにある。近畿語では、「かづら為〈蘰為〉」「万10-1924」・「ヨくせ〈吉為〉」「万12-2949」の「為」が「せ」と読まれている）。
　　子ロ為〈勢〉手枕　　　　　　　　　　　　　　　［万14-3369東歌］
　　　いざ為〈西〉小床に　　　　　　　　　　　　　［万14-3484東歌］
［東方］　ロ用法。　東方語では「せロ」になることがある。
　　　何ド　為ロ乙〈世呂〉トカモ　　　　　　　　　［万14-3465東歌］
《語胴》　YYぬ用法。　完了助動詞に上接する場合には「し」になる。
　　船出は為ぬ〈之奴〉ト　親に申さね　　　　　　　［万20-4409］
《語胴》　WWら用法。「す」になる。
　　織女し　船乗り為らし〈須良之〉　　　　　　　　［万17-3900］
　　船乗り為らむ〈為良武〉媛女らが　　　　　　　　［万1-40］

【2】サ変「為」の動詞語素・活用形式付加語素
　　サ変「為」の動詞語素はSYOYだと推定する。
　　サ変動詞の活用形式付加語素は双挟音素配列YWRYだと推定する。

【3】上代語サ変「為」の遷移過程
《終止》　為＝SYOY＋YWRY＋W→SYOYYWRYW
　　YWR直後の母類音素群はYWである。この場合、双挟音素配列WRYWで、WはRYを双挟潜化する。
　　　　→SYOYYWryW＝SYOYYWW
　　母音部YOYYWWでは、末尾で二連続するWはひとまず顕存し、YOYYは潜化する。
　　　　→SyoyyWW＝SWW→SwW＝SW＝す
《連体》　為る＝SYOY＋YWRY＋AU→SYOYYWRYAU
　　YWR直後の母類音素群はYAUである。この場合、YOYYWとYAUは呼応潜顕する。YAUでは、末尾のUは顕存し、YAは潜化する。これに呼応して、YOYYWでは、末尾のWのみが顕存し、他は潜化する。
　　　　→SyoyyW-RyaU＝SW-RU＝する
《未然》　仮定用法。　SYOYに、YWRYと、未然形仮定用法の活用語足∀M

と、P∀が続く。

　　　為ば＝SYOY＋YWRY＋∀M＋P∀→SYOYYWRY∀MP∀

　YWRYの直後の母音部は∀である。この場合、YはWRを双挟潜化する。

　　　→SYOYYwrY∀ ¦MP¦ ∀→SYOYYY∀B∀

　YOYは融合する。

　　　→S¦YOY¦ YY∀B∀

　融合音¦YOY¦は顕存し、YY∀は潜化する。S¦YOY¦は「せ」になる。

　　　→S¦YOY¦ yyαば＝S¦YOY¦ば＝せば

《未然》　ずむ用法。　SYOYに、YWRYと、未然形ずむ用法の活用語足∀と、「ず」が続く。

　　　為ず＝SYOY＋YWRY＋∀＋ず→SYOYYWRY∀ず

　　　→SYOYYwrY∀ず→S¦YOY¦ YY∀ず

　　　→S¦YOY¦ yyαず＝S¦YOY¦ず＝せず

《命令》［近畿１］　ヨ用法。　動詞語素SYOYに、YWRYと、YOYが続く。

　　　為ヨ＝SYOY＋YWRY＋YOY→SYOYYWRYYOY

　YYWRYの直後がYOYである場合、近畿語では、YはWRを双挟潜化する。

　　　→SYOYYwrYYOY＝SYOYYYOY

　SYOYYYとYOYの間で音素節が分離する。S直後のYOYは融合する。

　　　→SYOYYY-YOY→S¦YOY¦ YY-YOY

　末尾の音素節YOYでは、前方にあるYは父音部になり、OYは母音部になる。母音部OYでは、完母音素Oは顕存し、Yは潜化する。

　　　→S¦YOY¦ yy-YOy＝S¦YOY¦ -YO＝せヨ乙

［近畿２］　ヨ脱落用法。　SYOYYYYOYになった後、その全体が一つの音素節になる。母音部YOYYYYOYでは、二つあるYOYのうちいずれか一方が融合する。

　　　為(せ)→SYOYYYYOY→SYOYYY¦YOY¦

　　　→Syoyyy¦YOY¦ ＝S¦YOY¦ ＝せ

［東方］　ロ用法。　為ロ＝SYOY＋YWRY＋YOY→SYOYYWRYYOY

　R直後のYYOYでは、Oは顕存し、Yは三つとも潜化する。

S 直後の YOY は融合する。

→S |YOY| YW-RyyOy→S |YOY| yw-RO＝せロ乙

《語胴》　YY ぬ用法。　為ぬ＝SYOY＋YWRY＋YY ぬ

→SYOYYWRYYY ぬ

YWR 直後の母類音素群が YYY である場合、Y は WR を双挟潜化する。

→SYOYwrYYY ぬ＝SYOYYYYY ぬ

母音部 YOYYYYY では、末尾で五連続する Y はひとまず顕存し、YO は潜化する。

→SyoYYYYY ぬ＝SYYYYY ぬ→SyyyyY ぬ＝SY ぬ＝しぬ

《語胴》　WW ら用法。　為らむ＝SYOY＋YWRY＋WW ら＋む

→SYOYYWRYWW らむ

双挟音素配列 WRYW では W は RY を双挟潜化する。

→SYOYYWryWW らむ→SYOYYWWW らむ

母音部 YOYYWWW では、末尾で三連続する W はひとまず顕存し、YOYY は潜化する。

→SyoyyWWW らむ→SwwW らむ＝SW らむ＝すらむ

第22章　カ変動詞「来」の活用

§1　上代語「来」の活用

【1】上代語カ変動詞「来」の用例（未然・終止・連体・命令・語胴）

《未然》　仮定用法。　御船泊てぬト　聞コイェ来ば〈許婆〉　　　［万5-896］

《終止》　浦潮満ち来〈久〉　いまだ飽かなくに　　　　　　　　［万15-3707］

《連体》　い伐らずソ来る〈久流〉　　　　　　　　　　　　　　［応神記歌51］

《命令》　玉小菅　刈り来〈己〉吾が夫子　　　　　　　　　　　［万14-3445東歌］

《語胴》　WW ら用法。　鐸響くモ　置目来らし〈久良斯〉モ

［顕宗記歌111］

《語胴》　WMW へ"し用法。　吾が夫子が　来へ"き〈勾倍枳〉宵なり

［允恭8年　紀歌65］

第22章

《語胴》　Yます用法。　来ませ〈伎麻世〉吾が夫子　　　［万14-3455東歌］
《語胴》　YYぬ用法
［近畿］　妹を置きて来ぬ〈伎奴〉　　　　　　　　　　［万15-3634］
［東方］　駿遠語では「け甲」になることがある。
　　　　モノ言ずけ甲にて〈儥尓弖〉　今ゾ悔やしき
　　　　　　　　　　　　　　　　　　　　　　［万20-4337防人歌、駿河］

【2】カ変動詞「来」の語素・活用形式付加語素
　カ変動詞「来」の動詞語素はK¥O¥だと推定する。
　カ変の活用形式付加語素は、サ変と同一で、双挟音素配列YWRYだと推定する。

【3】上代語カ変「来」の遷移過程
《終止》　来＝K¥O¥＋YWRY＋W→K¥O¥YWRYW
　双挟音素配列WRYWではWはRYを双挟潜化する。
　　→K¥O¥YWryW＝K¥O¥YWW
　母音部¥O¥YWWでは末尾で二連続するWはひとまず顕存し、¥O¥Yは潜化する。
　　→KjojyWW＝KWW→KwW＝KW＝く
《連体》　来る＝K¥O¥＋YWRY＋AU→K¥O¥YWRYAU
　¥O¥YWとYAUは呼応潜顕する。後者ではUは顕存し、YAは潜化する。これに呼応して、前者ではWは顕存し、他は潜化する。
　　→KjojyW-RyaU＝KW-RU＝くる
《未然》　仮定用法。　K¥O¥に、YWRYと、∀Mと、P∀が続く。
　　来ば＝K¥O¥＋YWRY＋∀M＋P∀→K¥O¥YWRY∀MP∀
　YWR直後の母類音素群がY∀の場合、YはWRを双挟潜化する。
　　→K¥O¥YwrY∀|MP|∀＝K¥O¥YY∀B∀
　母音部¥O¥YY∀では、完母音素Oは顕存し、他は潜化する。
　　→KjOjyyαば＝KOば＝コ乙ば
《命令》　K¥O¥に、YWRYと、YOYが続く。
　　来＝K¥O¥＋YWRY＋YOY→K¥O¥YWRYYOY
　YWR直後の母類音素群がYYOYの場合、近畿語ではYはWRを双挟潜化

する。
　　　→K¥O¥YwrYYOY＝K¥O¥YYYOY
　双挟音素配列 O¥YYYO では O は ¥YYY を双挟潜化する。
　　　→K¥Oｊyyy OY＝K¥OOY
　二連続する完母音素 O はひとまず顕存し、他は潜化する。
　　　→Kｊ OOy＝KOO→KoO＝KO＝コ乙
《語胴》　WW ら用法。　K¥O¥に、YWRY と、「WW ら＋し」が続く。
　　来らし＝K¥O¥＋YWRY＋WW ら＋し→K¥O¥YWRYWW らし
　　　→K¥O¥YWryWW らし＝K¥O¥YWWW らし
　　　→Kｊｏｊ yWWW らし→KwwW らし＝KW らし＝くらし
《語胴》　WMW∧"し用法。　K¥O¥に、YWRY と、「WMW∧"＋き」が続く。
　　来∧"き＝K¥O¥＋YWRY＋WMW∧"＋き→K¥O¥YWRYWMW∧"き
　WRYW では W は RY を双挟潜化する。
　　　→K¥O¥YWryWmW∧"き＝K¥O¥YWWW∧"き
　　　→Kｊｏｊ yWWW∧"き→KwwW∧"き＝KW∧"き＝く∧"き
《語胴》　Y ます用法。　K¥O¥に、YWRY と、「Y ませ」が続く。
　　来ませ＝K¥O¥＋YWRY＋Y ませ→K¥O¥YWRYY ませ
　YWR 直後の母類音素群は YY である。この場合、Y は WR を双挟潜化する。
　　　→K¥O¥YwrYY ませ＝K¥O¥YYY ませ
　母音部¥O¥YYY では、末尾で三連続する Y はひとまず顕存し、¥O¥は潜化する。
　　　→Kｊｏｊ YYY ませ→KyyY ませ＝KY ませ＝き甲ませ
《語胴》　YY ぬ用法。　K¥O¥に、YWRY と、「YY ぬ」が続く。
［近畿］　来ぬ＝K¥O¥＋YWRY＋YY ぬ→K¥O¥YWRYYY ぬ
　　　→K¥O¥YwrYYY ぬ＝K¥O¥YYYY ぬ→Kｊｏｊ YYYY ぬ
　　　→KyyyY ぬ＝KY ぬ＝き甲ぬ
［東方］　来に＝K¥O¥＋YWRY＋YY に
　　　→K¥O¥YWRYYY に→K¥O¥YwrYYY に＝K¥O¥YYYY に

第23章

駿遠語では￥O￥は融合することが多い。その場合、￥O￥の末尾の￥は潜化するのが通例だが、稀に顕存することもある（似た例として「解け甲は＝トK￥YO￥は」がある（第23章参照）。￥O￥は「え甲」を形成する。

→K￥O￥YYYYに→K￥O￥yyyyに＝K￥O￥に＝け甲に

§2 平安語命令形「来よ」の遷移過程

平安語での「来」の命令形は、「さのたまひつらん物をもてこ」[落窪物語4]のように、「こ」を用いることが多いが、「こよ」も用いられる。

「暁迎にこよ」とて返しやりつ。　　　　　　　　［宇治拾遺物語27］

来よ＝K￥O￥＋YWRY＋YOY→K￥O￥YWRYYOY

YはWRを双挟潜化する。

→K￥O￥YwrYYOY＝K￥O￥YYYOY

K￥Oと￥YYYOYの間で音素節が分離する。

→K￥O−￥YYYOY→KjO−￥YYYOY

￥YYYOYでは、￥YYYが父音部になり、OYが母音部になる。父音部￥YYYでは、まず、￥が潜化する。母音部OYでは、Oは顕存し、Yは潜化する。

→KO−jYYYOy＝KO−YYYO→KO−YyyO＝KO−YO＝コヨ

第五部　上代語の動詞已然形

第23章　動詞已然形の接続用法と　コソや用法

§1 万葉集では「等」「登」は清音を表す仮名

「世ノ人ノ　尊び願ふ　七種ノ（ななくさ）　宝モ吾れは」で始まる万5−904には清音「ト」や濁音「ド」を表す仮名「登」「等」「杼」が数多く用いられる。それらの仮名の清濁の識別について述べる。

濁音「杼」は「立てれドモ〈立礼杼毛〉」「をれドモ〈居礼杼毛〉」「たどき〈多杼伎〉」「をドり〈乎杼利〉」の4例に用いられる。

清音について。「等」は次の4例（踊り字を含む）に用いられる。「人ト〈比等〉」「助詞ト〈「比等々奈理」の踊り字〉」「神ノまにまにト〈等〉」「言ふコト〈許等〉」。

清音「登」は、全8例の内、「床〈登許〉」「共〈登母〉に」「寝ヨト〈登〉」「寝むト〈登〉」「見むト〈登〉」「手に取り〈登利〉」「飛ばしつ〈登婆之都〉」の7例は確実に清音に用いられている。

上に挙げた15例の「杼」「等」「登」では、「杼」は濁音、「等」「登」は清音であって、清音・濁音が混交されることはない。

では、残る1例にある「登」は清音「ト」か濁音「ド」か。

　　　吾れ乞ひ祷メ登。

「祷メ」の原文は「能米」であり、「米」は「メ乙」だから、「祷メ」は已然形である。このため、"動詞已然形に続くのは濁音「ド」であって、清音「ト」ではない。だから、「祷メ」に続く「登」は濁音「ド」だ"と思う人も多いだろう。『日本古典文学大系万葉集二』も沢瀉久孝『万葉集注釋巻第五』305頁もこの「登」を濁音「ど」と記す。

しかし、「登」は一般に清音「ト乙」を表す仮名である。『日本古典文学大系万葉集一』の「奈良時代の音節及び万葉仮名一覧」では、「登」は清音「ト乙」の項に記され、濁音「ド乙」の項には記されない。

してみれば、"動詞已然形に続くのは濁音「ド」"という前提が誤りなのであって、「祷メ登」の「登」は清音「ト」と読むのが正しいとも考えられる。

万904の用字法によって判定しよう。万904では、「ト」「ド」を表す仮名「等」「登」「杼」は合わせて16例あるが、そのうちの15例で清濁が正しく書き分けられている。この文献事実からすれば、残る「祷メ登」の「登」も清音「ト」だと考えるのが順当である。

動詞已然形に続く「ト」は清音のままのこともあり、濁音「ド」に変化することもあると考える。

第23章

§2 四段動詞已然形語尾の母音部は YO¥

【1】四段動詞已然形の語尾は近畿語では「エ乙・え丙」段になるが東方語では稀に「え甲」段・「お丙」段にもなる

[近畿] 近畿語では「エ乙・え丙」段になる。
　　道問へ乙ば〈斗閇婆〉　直には宣らず　　　　　　　[履中記歌77]
　　待てド〈麻氏騰〉来鳴かぬ　ほトトぎす　　　　　　[万19-4208]
　　一日モ妹を　忘れて思へ乙や〈於毛倍也〉　　　　　[万15-3604]

[東方1] 東方語では四段動詞已然形の語尾は稀に「え甲」段になる。
　　昼解け甲は〈等家波〉　解けなへ紐ノ　　　　　　　[万14-3483東歌]

[東方2] 東方語四段動詞已然形の語尾は稀に「お丙」段になる。
　　吾ロ旅は　旅卜思ほ丙卜〈於米保等〉　　　　　　　[万20-4343防人歌]

【2】四段動詞已然形語尾の母音部は YO¥

　四段動詞已然形語尾は〔近畿語では「エ乙・え丙」段になるが東方語では稀に「え甲」段になる〕と変化するが、これは四段動詞命令形語尾が〔近畿語では「え甲・え丙」段になるが東方語では稀に「エ乙」段になる〕と変化するのと対照的である。そして動詞命令形の活用語足は YOY である。そこで四段動詞已然形の母音部の本質音は YO¥ ではないかという想定が浮かぶ。
　YO¥ だとするなら、東方語の四段動詞已然形語尾が「お丙」段になる経緯も説明できる。

[東方2] 思ほト＝思P＋YO¥ト→おメPYO¥ト

　東方語では、母音部YO¥で、完母音素Oのみが顕存し、Y・¥は潜化することがある。
　→おメPyOjト＝おメPOト＝おメほト
　そこで四段動詞已然形語尾の母音部はYO¥だと推定する。
　近畿語「問へば」「待てド」と東方語「解けは」の遷移過程を説明する。

[近畿] 問へば＝問P＋YO¥ば→とPYO¥ば
　YO¥は融合する。近畿語では|YO¥|の¥は潜化する。|YOj|は「エ乙・え丙」を形成する。
　→とP|YO¥|ば→とP|YOj|ば＝とへ乙ば

　　　　　待てド＝待T＋YO¥ド→まT|YO¥|ド→まT|YOⱼ|ド＝まてド
[東方1]　　解けは＝解K＋YO¥は→トK|YO¥|は
　　　東方語では|YO¥|の¥は顕存することがある。|YO¥|は「え甲・え丙」
を形成する。
　　　　　＝トけ甲は

§3　動詞已然形の接続用法と コソや用法

【1】動詞已然形の接続用法と コソや用法
　　四段動詞已然形語尾の母音部についてはこれを YO¥ とすることで説明できる。残る問題は、語尾直後の音素節の清濁についてである。
　　已然形語尾直後の助詞が「は」「ト」である場合には、清音のままのこともあり、濁音「ば」「ド」になることもある。他方、直後の助詞が「コソ」である場合は、その「コ」が濁音になることはない。この相違はどうして生じるのか。
　　これを説明するためには動詞已然形を二類に分ける必要がある。
　　動詞已然形が助詞「は」「ト」「トモ」「ば」「ド」「ドモ」に上接する用法を**動詞已然形接続用法**と呼ぶ。
　　動詞已然形が助詞「や」に上接して反語を表す用法と、助詞「コソ」に上接して理由を強調する用法と、助詞「コソ」を結ぶ用法をまとめて**已然形コソや用法**と呼ぶ。

【2】四段動詞已然形接続用法の用例とその**遷移過程**。
（1）四段動詞已然形接続用法の用例。
[上代1]　已然形接続用法に続く助詞の初頭音素節が濁音である用例。
《四段》　海処行ケば〈由気婆〉　腰難む　　　　　　　　[景行記歌36]
　　　　時待つト　吾れは思ヘド〈於毛倍杼〉　　　　　　[万15-3679]
　　　　人は言ヘドモ〈易陪廼毛〉　手向かひモせず　[神武紀即位前 紀歌11]
[上代2]　已然形接続用法に続く助詞の初頭音素節が清音である用例。
《四段》　折りかざしつつ　遊ヘ"トモ〈阿蘇倍等母〉　いやめづらしき　梅ノ
花かモ　　　　　　　　　　　　　　　　　　　　　　　　[万5-828]
（2）動詞已然形接続用法の活用語足と四段動詞已然形の遷移過程。

動詞已然形接続用法の活用語足はYO¥Mだと推定する。
［上代１］　接続用法に続く助詞の初頭音素節が濁音になる遷移過程。
《四段》　行ケば＝行K＋YO¥M＋P∀→ゆKYO¥MP∀
　　已然形直後が濁音「ば」になるのはMPが融合するからである。
　　　　→ゆK|YO¥|-|MP|∀→ゆK|YOj|-B∀＝ゆケ乙ば
《四段》　思ヘド＝思P＋YO¥M＋TO→おモPYO¥MTO　已然形直後が濁音「ド」になるのはMTが融合するからである。
　　　　→おモP|YO¥|-|MT|O＝おモP|YOj|-DO＝おモヘ乙ド
［上代２］　接続用法に続く助詞の初頭音素節が清音になる遷移過程。
《四段》　遊ヘ゛トモ＝遊B＋YO¥M＋TO＋モ→あそBYO¥MTOモ
　　MとTOの間で音素節が分離する。音素節末尾のMは潜化する。
　　　　→あそB|YO¥|M-TOモ→あそB|YOj|m-トモ
　　　　＝あそヘ゛乙トモ

【３】四段動詞已然形コソや用法の用例とその遷移過程
（１）四段動詞動詞已然形コソや用法の用例。
①　已然形が助詞「や」に上接して反語を表す用法。
《四段》　常しへに　君モ逢へヤモ〈阿閇椰毛〉　　　［允恭紀11年 紀歌68］
②　已然形が助詞「コソ」に上接して理由を強調する用法。
《四段》　後モ逢はむト　思へコソ〈於毛倍許曽〉　今ノ現かモ　うるはしみすれ　　　　　　　　　　　　　　　　　　　　　　　　　　　　　［万18-4088］
③　已然形が係助詞「コソ」を結ぶ用法。
《四段》　うへ゛しコソ　問ひたまへ乙〈多麻閇〉　真コソに　問ひたまへ乙〈多麻閇〉　　　　　　　　　　　　　　　　　　　　　　　　　　　　　　　　［仁徳記歌72］
（２）動詞已然形コソや用法の活用語足と四段動詞已然形の遷移過程。
　　動詞已然形コソや用法の活用語足はYO¥だと推定する。
①　逢へや＝逢P＋YO¥＋YA→あPYO¥-YA
　　　→あP|YO¥|や→あP|YOj|や＝あへ乙や
②　思へコソ＝思P＋YO¥＋コソ→おモP|YO¥|コソ
　　　→おモP|YOj|コソ＝おモへ乙コソ
③　賜へ＝賜P＋YO¥→たまP|YO¥|→たまP|YOj|＝たまへ乙

§4　上甲段・上二段の已然形の遷移過程

【1】 上甲段・上二段の已然形接続用法の遷移過程

［上代1］　接続用法に続く助詞の初頭音素節が濁音になる遷移過程。

《上甲》　葛野を見れば〈美礼婆〉　百千足る　屋庭モ見ゆ　［応神記歌41］

《上甲》　見れば＝MY＋YRY＋YO￥M＋P∀→MYYRYYO￥MP∀

　　　音素配列 YRYYO￥では、YO￥は融合する。|YO￥|の￥は潜化する。

　　　　→MYYRY|YO￥|−|MP|∀→MYYRY|YO j|ば

　　　Y|YO j|では、融合音|YO j|は顕存し、その直前のYは潜化する。

　　　　→MYYRy|YO j|ば

　　　YYでは後のYは顕存し、前のYは潜化する。

　　　Rは、その直後のYが潜化したので、双挟潜化されずに顕存する。

　　　　→MyY−Ry|YO j|ば→MY−R|YO j|ば＝み甲れば

《上二》　旅にして　妹に恋ふれば〈古布礼婆〉　　　［万15−3783］

　　　　恋ふれば＝恋 PW＋YRY＋YO￥M＋P∀→こ PWYRYYO￥MP∀

　　WYとYYO￥は呼応潜顕する。後者ではまずYO￥が融合する。|YO￥|末尾の￥は潜化する。

　　　　→こ PWYRY|YO￥|　|MP|∀→こ PWYRY|YO j|ば

　　　Y|YO j|では、融合音|YO j|は顕存し、その直前のYは潜化する。これに呼応して、WYでは、後方にあるYは潜化し、Wは顕存する。

　　　　→こ PWy−Ry|YO j|ば→こ PW−R|YO j|ば＝こふれば

［上代2］　接続用法に続く助詞の初頭音素節が清音になる遷移過程。

《上甲》　立山に　降りおける雪を　常夏に　見れトモ〈見礼等母〉飽かず

　　　　　　　　　　　　　　　　　　　　　　　　　　　　［万17−4001］

　　この他、「見礼跡」［万1−36］・「見礼常」［万1−65］も「みれト」だと考える。

　　　　見れト＝MY＋YRY＋YO￥M＋TO→MYYRYYO￥MTO

　　　　→MYYRY|YO j|M−TO→MyY−Ry|YO j|mト

　　　　＝MY−R|YO j|ト＝み甲れト

【2】上二段の已然形コソや用法の遷移過程

《上二》　恋ふれコソ〈恋礼許曽〉　吾が髪結ひノ　漬ちてぬれけれ
[万2-118]

恋ふれコソ＝恋 PW＋YRY＋YO￥＋コソ→こ PWYRYYO￥コソ

→こ PWYRY|YO￥|コソ→こ PWy-Ry|YO j|コソ

＝こ PW-R|YO j|コソ＝こふれコソ

§5　サ変・カ変の已然形の遷移過程

【1】サ変の已然形接続用法の遷移過程

[上代1]　接続用法に続く助詞の初頭音素節が濁音になる遷移過程。

《サ変》　枕かむトは　吾れは為れド〈須礼杼〉　[景行記歌27]

動詞語素 SYOY に、YWRY と、活用語足 YO￥M と、TO が続く。

為れド＝SYOY＋YWRY＋YO￥M＋TO

→SYOYYWRY|YO j|-|MT|O

YOYYW と Y|YO j|は呼応潜顕する。後者では、|YO j|は顕存し、その直前のYは潜化する。これに呼応して、前者では、Wは顕存し、他は潜化する。

→SyoyyW-Ry|YO j|ド＝SW-R|YO j|ド＝すれド

【2】カ変の已然形コソや用法の遷移過程

《カ変》　汝が言へせコソ　うち渡す　矢河枝如す　来入り参来れ〈久礼〉
　　　　[仁徳記歌63。歌意は『古事記歌謡全解』記歌63の段参照]

動詞語素 K￥O￥ に、YWRY と、活用語足 YO￥ が続く。

来れ＝K￥O￥＋YWRY＋YO￥→K￥O￥YWRY|YO j|

￥O￥YW と Y|YO j|は呼応潜顕する。後者では、|YO j|は顕存し、その直前のYは潜化する。これに呼応して、前者ではWは顕存し、他は潜化する。

→K j o j yW-Ry|YO j|＝KW-R|YO j|＝くれ

§6 「人をヨく見ば猿にかモ似る」の「見」は已然形

【1】「人をヨく見ば猿にかモ似る」の「み」は已然形
(1)「人をヨく見者 猿にかモ似る」の「見者」は「未然形＋ば」ではなく「已然形＋ば」。

あな醜 賢しら食すト 酒飲まぬ 人をヨく見ば〈見者〉 猿にかモ似る　　　　　　　　　　　　　　　　　　　　　　　　　［万3-344］

原文「見者猿二鴨似」の読みと解釈について、沢瀉久孝は『万葉集注釋巻第三』311頁で次のようにいう。「ミバ……ニムと訓む説とミレバ……ニルと訓む説と両説行はれてゐるが、「かも」の助詞は（中略）係詞として中間にある場合は「独可毛将宿」（ヒトリカモネム）（中略）などの如く、いづれも疑問の意を含むもののみであるから、（中略）「よく見ば……似む」とあるべきである。よく見たならば猿にも似てゐるようか、といふのである。」沢瀉は「見者」を未然形だとするのである。

沢瀉はこの結論を導く際に、疑問の意を含む「かモ」の用例として万3-298は挙げたが、「足引キノ（あしひき） 山鳥ノ尾ノ 下垂り尾ノ（しだ） 長永し夜を（よ） 一人かモ寝む」［万11-2802或本］は挙げなかった。この点に沢瀉説の不備がある。万2802或本の「かモ」は詠嘆のみを表し、疑問の意を含まない。

万2802或本の技法と歌意については『ちはやぶる・さねかづら』第14章で詳述したので本書では簡略に説明する。この歌には、「山」「鳥」「尾」「長」の四語がある。これら四語をこの順に含む記事が雄略紀五年条にある。「天皇、葛城山に狡猟す。霊鳥たちまちに来たる。（中略）尾長くして地に曳く。かつ鳴きつつ曰く、「ゆメゆメ〈努力努力〉」と。」

万2802或本歌の「山」「鳥」「尾」「長」の四語を聞いた上代人なら、雄略紀五年条の記事により、「ゆメ」の語を想いおこす。「ゆメ」は肯定文では"きっと""本当に"の意味になる。「小鈴 落ちにきト 宮人響む（トヨ） 里人モ ゆメ〈由米〉」［允恭記歌81］なら、"天皇位後継者の地位が不安定になったと、宮人たちは戦乱を起こした。このようなことをしていると、きっと民衆も（武器をもって暴動を起こすだろう）"の意である。

それで、「山鳥ノ尾ノ下垂り尾ノ長」と聞いた上代人は、「ゆメ＝きっと」

を思いつつ、その直後の「永し夜を一人かモ寝む」を解釈する。「永し夜を寝む」は"永眠するだろう"の意である。

　よって万2802或本の大意は"きっと誰にも見送ってもらえず、一人で永眠することになるだろう"である。翌日の処刑執行を覚悟した人の辞世の歌である。この歌の「かモ」は、"悲しいことだ、理不尽なことだ"という詠嘆のみを表すのであって、疑問の意は含まない。

　このように、「かモ」には詠嘆のみを表す用例もあるから、万344の「猿にかモ似る」は、既に見た事実についての詠嘆を表す語だとしてよい。したがって、「見者」は、順接確定条件を表す已然形だとしてよい。

　大意。ああ醜い！ 酒を飲まない人をよく見て思ったよ、猿に似ているなあ。

（2）「人をヨく見れば」では字余りになる。

　『日本古典文学大系万葉集一』万344の段では、「人乎熟見者」を「人をよく見れば」と読んだ上で、頭注では「よくよく見ると」と訳す。これは、「見れば」を「已然形みれ＋ば」と解し、順接確定条件を表すとしたのである。この解釈そのものは妥当である。しかし、字数が適合しない。第二句だから七音節でなくてはならないのに、「見者」を「みれば」と読めば、ひとをよくみれば」で字余りの八音節になる。

（3）「見」已然形が「み」になる遷移過程。

　「見者」をどう読めばよいのか。

　従来、「見」の已然形は「みれ」しかないと考えられている。だが、「見」の六活用形についての従来説は正しいとは限らない。序章で述べたように、従来は確実だとされていた終止形「みる」は誤りで、正しくは「み」である。「見」の未然・連用・終止は一音節「み」である。このことからすれば、已然形にも一音節の「み」が存在した可能性がある。

　私は「見」の已然形は「み」と「みれ」、二つあると考える。「み」になる遷移過程を述べよう。「已然形み＋ば」の語素構成は「已然形みれ＋ば」と同一である。

　　　見ば＝MY＋YRY＋YO￥M＋P∀→MYYRYYO￥MP∀

　YYRYYでは、Rは、Yによって二重に双挟されている。このような音素

配列なら、YがRを双挟潜化することがあってよい。

　　→MYYrYYO¥−|MP| ∀ = MYYYYO¥−B∀

　　母音部YYYYO¥では、四連続するYはひとまず顕存し、O¥は潜化する。

　　→MYYYYo j ば＝MYYYY ば→MyyyY ば＝MY ば＝み甲ば

　このように、「見」の已然形は「み」になりうる。そうすると、万344の「見者」の「見」を已然形として"人をよく見ると"解しつつ、「人乎熟見者」を「ヒトヲヨクみば」と七音節で読むことができる。歌意に違和感はなく、字数に字余りはない。

§7　完了助動詞「ぬ」の已然形接続用法「ぬれ」の遷移過程

【1】完了助動詞「ぬ」の已然形接続用法「ぬれ」の遷移過程

[上代1]　已然形「ぬれ」直後の「ト」が濁音になる用例とその遷移過程。

　　妹が袖　別れて久に　成りぬれド〈奈里奴礼杼〉　　　　[万15-3604]

　「成R」に、完了助動詞語素YYNと、WRWと、已然形接続用法の活用語足YO¥Mと、「ト」が続く。

　　成りぬれド＝成R＋YYN＋WRW＋YO¥M＋TO

　　→な RYYNWRWYO¥−|MT| O

　YO¥は融合する。|YO¥|の¥は潜化する。

　　→な RyYNWRW|YO j|−DO

　W|YO j|では、融合音|YO j|は顕存し、Wは潜化する。

　　→な RY−NW−Rw|YO j|ド＝なりぬR|YO j|ド＝なりぬれド

[上代2]　已然形「ぬれ」直後の「ト」が清音のままになる用例とその遷移過程。

　　奈良ノ都は　古りぬれト〈布里奴礼登〉　　　　　　　[万17-3919]

　　古りぬれト→古りN＋WRW＋YO¥M＋TO

　　→ふりYNWRW|YO¥|M−TO→ふり NW−Rw|YO j|m ト

　　＝ふりぬR|YO j|ト＝ふりぬれト

【2】完了助動詞「ぬ」の語胴形WWら用法

　　花にか君が　移ロひぬらむ〈移奴良武〉　　　　　　　[万7-1360]

　「移ロP」に、YYNと、WRWと、「WWRA＋む」が続く。

移ロひぬらむ＝移ロ P＋YYN＋WRW＋WWR*A*＋む
　→うつロ PYYNWRWWWR*A* む
　WRWWWR では R が WWW を双挟潜化する。
　→うつロ PyYNWRwwwR*A* む＝うつロ PYNWRR*A* む
　→うつロひぬ Rr*A* む＝うつロひぬらむ

§8　助動詞「ず・にす」の已然形接続用法「ね」の遷移過程

［上代1］　助動詞「ず・にす」の已然形「ね」が濁音「ド」に上接する場合の遷移過程。

　　天ノ川　いと川波は　立たねドモ〈多多祢杼母〉　　　［万8-1524］

「ねドモ」は、「ず・にす」の助動詞語素 N¥ に、已然形接続用法の活用語足 YO¥M と、「トモ」が続いたもの。

　　立たねドモ＝立 T＋∀＋N¥＋YO¥M＋T*O* モ
　　→た T∀N¥ |YO *j*|−|MT| *O* モ
　　→たた N *j* |YO *j*|−*DO* モ＝たたねドモ

［上代2］　助動詞「ず・にす」の已然形「ね」が清音「ト」に上接する場合の遷移過程。

　　梅ノ花　何時(いつ)は折らじト　厭(いと)はねト〈伊登波祢登〉　咲きノ盛りは　惜しきモノなり　　　　　　　　　　　　　　［万17-3904］

　　厭はねト＝い卜 P＋∀＋N¥＋YO¥M＋T*O*
　　→いト P∀N¥ |YO *j*| M−TO→いトは N *j* |YO *j*| m ト
　　＝いトは N |YO *j*| ト＝いとはねト

133

第五編　兼音素 Ω（オメガ）と下二段動詞

第一部　兼音素 Ω

第24章　兼音素 Ω

§1　「わ」にも「あ」にもなる「吾」の父音部は Ω（オメガ）

【1】「若し」「忘る」の第一音素節 WA は「わ」になるが、「あ」にはならない

　ワ行音素節の父音部になる音素は二つある。
　一つは、〔「あ」に変化しない「わ」〕の父音部たる音素である。
　もう一つは〔「あ」に変化することもある「わ」〕の父音部たる音素である。
　「若（わか）し」「忘（わす）る」第一音素節は常に「わ」であり、「あ」にはならない。〔「あ」に変化しない「わ」〕の父音部たる音素を W と定める。

【2】「わ」にも「あ」にもなる「吾」の父音部は Ω（オメガ）

　一人称代名詞「吾」「吾れ」の第一音素節は「わ」にも「あ」にもなる。

[上代1]　わ〈和〉が着（き）せる　襲（おすひ）ノ裾に　　　［景行記歌28］
　　　　われ〈和礼〉は忘れじ　　　　　　　　　　　　　　［神武記歌12］
[上代2]　あ〈阿〉はモヨ　女（め）にしあれば　　　　　　　［記上巻歌5］
　　　　あれ〈阿礼〉コソは　齢（よ）ノ長人　　　　　　　［仁徳記歌71］

　〔「あ」に変化しない「わ」〕の父音部になる音素を W と定めたから、〔「わ」にも「あ」にもなる「吾」〕の父音部を W とすることはできない。
　従来、ワ行を形成する音素は W（あるいは w）だけしかないとされている。だがそれでは〔「わ」にも「あ」にもなる「吾」〕を、音素記号で表記で

134

第24章

きない。そこで従来認識されていなかった音素を提起する。

「吾」の父音部たる音素は、顕存して父音素性を発揮した場合にはAに上接して「わ」を形成できるが、潜化した場合には「わ」を形成しない。この音素をΩ(オメガ)と表記する。

Ωが潜化した場合はω(オメガ)と表記する。

本質音がΩAである音素節は、Ωが顕存した場合にはΩ行（ワ行）・あ段の現象音「ΩA＝わ」になり、Ωが潜化した場合には、現象音は「ωA＝A＝あ」になる。

父音部たるΩはAに上接する場合のみ顕存してワ行を形成できる。

§2　「思ひ」の第一音素節はΩ

【1】「下思ひ」で「お」が脱落して「したモひ」になる理由

（1）「思ふ」が「下」に続くと「お」は脱落する。

「思ふ」は、直前の語と熟合しない場合には「おモふ」と読まれる。

　　うるはしみ　おモふ〈意母布〉　　　　　　　　　　［応神記歌46］

「思ふ」が「下」に下接・熟合すると「お」は脱落する。

　　下思ひ〈之多毛比〉に　嘆かふ吾が兄　　　　　　　［万17-3973］

仮に「思ひ」の「お」がOだったとしよう。「下」は「しTA」だと考えられるので、

　　下思ひ＝しTA＋Oモひ→しTAOモひ

母音部AOでは、完母音素が二連続するので、近畿語完母潜顕法則により、前方にある完母音素Aは潜化し、後方にある完母音素Oは顕存する。

　　→しTaOモひ＝しTOモひ＝しトモひ

で、「しトモひ」になる。だがこれは文献事実に反する。

仮に「下」が「しT∀」だったとしても、「しT∀Oモひ」では、弱母音素∀は潜化し、完母音素Oは顕存するから、「しトモひ」になる。これも文献事実に反する。

よって、「思ひ」の「お」はOではないと判断できる。

Ωの性質について、次のとおり考える。Ωは兼音素であり、父音素性を発揮した場合には「わ」の父音部になることができるが、母音素性を発揮し

135

た場合には「オ乙・お丙」を形成する。Ωが単独で音素節を形成すればア行の「お」になる。「思ひ」第一音素節の「お」はΩである。

下思ひ＝しTA＋Ωモひ→しTAΩモひ

母音部AΩでは、完母音素Aは顕存し、兼音素Ωは潜化する（上代語母類音素潜顕遷移）。

→しTAωモひ＝しTAモひ＝したモひ

【2】惑兼音素Ω

兼音素Ω（オメガ）を惑兼音素（わくけんおんそ）と呼ぶ。

【3】母類音素の数は8

（1）母音素は、完母音素A・O・Uと、弱母音素∀の四つである。
（2）兼音素はW・Y・Ω・¥の四つである。
（3）母類音素はA・O・U・∀・W・Y・Ω・¥の八つである。

第二部　助動詞「む」

第25章　意志助動詞「む」の助動詞語素はMΩ

§1　意志助動詞終止形・連体形が近畿語で「む」、東方語で「も」になる理由

【1】意志助動詞終止形・連体形が近畿語で「む」、東方語で「も」になる用例
（1）意志助動詞終止形は近畿語では「む」、東方語では「も」になる。

『万葉集』では「も甲」「モ乙」は識別されないが、東方語の意志助動詞終止形・連体形の「も」は「も甲」だと推定する。

[近畿]　いや先立（だ）てる　姉をし婚（ま）かむ〈麻加牟〉　　　　[神武記歌16]
　　　妹があたり見む〈見武〉　　　　　　　　　　　　　　　[万1-83]
[東方]　たなびく雲を　見つつ偲（しの）はも〈思努波毛〉　　　[万14-3516東歌]
（2）意志助動詞連体形は近畿語では「む」、東方語では「も」になる。
[近畿]　ほトトぎす　鳴かむ〈奈可牟〉五月は　寂（さぶ）しけむかモ

第25章

[万17-3996]

[東方]　　吾が面(モ)てノ忘れも〈和須例母(しだ)〉時は　　[万20-4367防人歌]

【2】意志助動詞「む」の助動詞語素は MΩ

意志助動詞「む」の助動詞語素は MΩ だと推定する。

意志助動詞「む」の活用語足は動詞と同じで、終止形は W、連体形は AU、已然形は YO￥ だと推定する。

【3】終止形が近畿語で「行かむ」「見む」、東方語で「偲はも」になる遷移過程

[近畿]　「行か＋終止形む」の語素構成は、「行 K」に、活用語足∀と、助動詞語素 MΩ と、終止形の活用語足 W が続いたもの。

　　　行かむ＝行 K＋∀＋MΩ＋W→ゆ K∀MΩW

近畿語では、母音部 ΩW で、Ω は潜化し、W は顕存する。

　　　→ゆ K∀MωW＝ゆ K∀MW＝ゆかむ

「見＋終止形む」は、MY に、YRY と、∀と、MΩ と、W が続いたもの。

　　　見む＝MY＋YRY＋∀＋MΩ＋W→MYYRY∀MΩW

　　　→MYYrY∀MωW＝MYYY∀MW→MYYYαMW

　　　→MyyYMW＝MYMW＝み甲む

[東方]　東方語では Ω は顕存する力が強いことがあると考える。それで東方語の「む」終止形母音部 ΩW では、Ω は潜化せず、W と融合することがある。|ΩW| は「お甲」を形成する。

　　　偲はも＝偲 P＋∀＋MΩ＋W→しの P∀M |ΩW|＝しのはも甲

【4】連体形が近畿語「鳴かむ」、東方語「忘れも」になる遷移過程

[近畿]　「鳴か＋連体形む」の語素構成は、「鳴 K」に、∀と、助動詞語素 MΩ と、連体形の活用語足 AU が続いたもの。

　　　鳴かむ＝鳴 K＋∀＋MΩ＋AU→な K∀MΩAU

母音部 ΩAU では、末尾の完母音素 U は顕存し、他は潜化する。

　　　→な K∀MωaU＝な K∀MU＝なかむ

[東方]　「忘れも」は、未然形「忘れ」に MΩ と AU が続いたもの。

　　　忘れも→忘れ＋MΩ＋AU→わすれ MΩAU

東方語では AU は融合しやすい。それで母音部 ΩAU では AU が融合する

ことがある。融合音 |AU| は顕存し、Ω は潜化する。

→わすれ MΩ |AU| →わすれ Mω |AU| =わすれ M |AU| =わすれも甲

【5】「む」の已然形が近畿語で「メ乙」、東方語で「め甲」になる理由

意志助動詞已然形は近畿語では「メ乙」だが、東方語では「め甲」になることがある。

[近畿]　君トし見てば　吾れ恋ヒメやモ〈古非米夜母〉　　　[万17-3970]
[東方]　忘ら来ばこソ　汝を懸けなはめ甲〈可家奈波売〉

[万14-3394東歌]

[近畿]　恋ヒメや＝恋 PW＋YRY＋∀＋MΩ＋YO￥＋や
　　→こ PWYRY∀MΩYO￥や→こ PWYrY∀MΩ|YO￥|や
　近畿語では |YO￥| の￥は潜化する。
　　→こ P|WY|Y∀Mω|YO j|や→こ P|WY|yαM|YO j|や
　　＝こヒ乙メ乙や
[東方]　懸けなはめ＝懸けなは＋MΩ＋YO￥→かけなは MΩ|YO￥|
　東方語では |YO￥| の￥が顕存することがある。|YO￥| は「え甲・え丙」を形成する。
　　→かけなは Mω|YO￥|＝かけなは M|YO￥|＝かけなはめ甲

【6】大野晋の amu 説と私の「∀＋MΩ＋W」説との相違点

大野晋は「万葉時代の音韻」『万葉集大成第六巻』325頁で、「amu といふ形全体が推量を表はす助動詞」と述べ、「咲かむ」なら、語素構成は「sak-amu」だという。

大野説と私見との大きな相違点は次の二つである。

第一。大野説では、「見」に「む」が続いた場合に「みむ」になることを説明できない。大野は「見」の「語幹」を mi だとするから、「見む」は「mi＋amu→miamu」になる。大野は ia は「e＝え甲」になるとするから、miamu は「memu＝め甲む」になる。これは事実に合致しない。

第二。私は助動詞「む」の助動詞語素を MΩ だと考えるので、助動詞「む」の終止形が東方語で「も」になる理由を説明できる。これに対し、大野は「む」を amu だとするから、東方語で「も」になる理由を説明できない。

§2　サ変・カ変に助動詞「む」が続く場合の遷移過程

【1】近畿語でサ変・カ変に「む」が続く場合の遷移過程
《サ変》　立ち走り為む〈勢武〉　　　　　　　　［万5-896］
　　為む＝SYOY＋YWRY＋∀＋MΩ＋W→SYOYYWRY∀MωW
　YWRY∀では、YはWRを双挟潜化する。
　　→SYOYYwrY∀−MW→S{YOY}YY∀む
　　→S{YOY}yyα む＝S{YOY}む＝せむ
《カ変》　吾が相方に来む〈許牟〉　　　　　　　［応神記歌50］
　　来む＝K¥O¥＋YWRY＋∀＋MΩ＋W→K¥O¥YWRY∀MωW
　　→K¥O¥YwrY∀む＝K¥O¥YY∀む
　母音部¥O¥YY∀では完母音素Oは顕存し、他は潜化する。
　　→KϳOϳyyα む＝KOむ＝コ乙む

【2】東方語でサ変に「む」が続く場合の遷移過程
　人言繁し　汝を何かしむ〈思武〉　　　　　　［万14-3556東歌］
　　為む＝SYOY＋YWRY＋∀＋MΩ＋W→SYOYYwrY∀−MωW
　　＝SYOYYY∀む
　上代東方語の場合、SYOYでは、直後のYYが双挟潜化を促すのでYはOを双挟潜化することがある。
　　→SYoYYY∀む→SYYYYα む＝SyyyYむ＝SYむ＝しむ

第26章　平安語「あはん」と現代語「ません」「ましょう」

§1　平安語の撥音便「あはん」の遷移過程

　上代語の意志助動詞の終止形「む」・連体形「む」は平安語では撥音便「ん」になることがある。
《終止》　うつろふ秋に　あはんとや見し　　　　［古今和歌集5-271］
《連体》　袖はかはかじ　あはん日までに　　　　［古今和歌集8-401］
　終止形「あはん」・連体形「あはん」の遷移過程は次のようである。

《終止》　逢はん＝逢P＋∀＋MΩ＋W→あP∀MΩW→あP∀-MΩW

　　平安語では、Ωを含む母音部ΩWは潜化することがある。Mは単独で「ん」になる。

　　　　→あは-Mωw＝あは-M→あはん

《連体》　逢はん＝逢P＋∀＋MΩ＋AU→あP∀MΩAU

　　平安語では、Ωを含む母音部ΩAUは潜化することがある。

　　　　→あは-Mωau＝あは-M＝あはん

§2　上代語「まさず」と現代語「ません」の遷移過程

　助動詞「ます」に否定助動詞終止形が続く場合、上代語では「まさず」になり、現代語では「ません」になる。両者の遷移過程を述べる。

【1】上代語「まさず」の遷移過程

　　　人ノ植うる　田は植ゑまさず〈麻佐受〉　今更に　国別れして　吾(あ)れは如何(いか)にせむ　　　　　　　　　　［万15-3746。「ず」は連用形］

　動詞「います」の語素と助動詞「ます」の詞語素は同一で、YM∨S¥だと推定する。

　上代語動詞終止形「います」〈伊摩周〉［万5-800］の遷移過程は次のとおりである。

《終止》　坐す＝YM∨S¥＋W→Y-M∨S¥W＝いまS¥W

　　母音部¥Wでは、¥は潜化し、Wは顕存する。

　　　　→いまSjW＝いまSW＝います

　上代語「まさず」(「ず」は終止形)の遷移過程は次のようである。

《未然》　ずむ用法。　植ゑ坐さず＝植ゑ＋YM∨S¥＋∨＋N¥＋SU＋W

　　　　→うゑyM∨-S¥∨-NjSUw→うゑま-S¥∨-|NS|U

　　上代語では、母音部¥∨で、¥は潜化し、∨は顕存する。

　　　　→うゑまSj∨ZU＝うゑままS∨ず＝うゑままさず

【2】現代語「ません」の遷移過程

《未然》　ずむ用法。　現代語「ません」では段付加語素SUは用いられない。

　　　植えません＝植え＋YM∨S¥＋∨＋N¥＋W→うえyM∨-S¥∨-N¥W

　　¥Wは潜化する。Nは単独で「ん」になる。

140

→うえま-S¥∀-Njw＝うえま-S¥∀-N＝うえまS¥∀ん

S¥∀ではSが父音部になり、¥∀が母音部になる。

¥∀は融合する。|¥∀|は「エ」を形成する。

→うえまS|¥∀|ん→うえません

§3 平安語ウ音便「ませう」・現代語拗音便「ましょう」の遷移過程

【1】平安語「ませう」の遷移過程

平安語（後期）では、助動詞「ます」に、意志助動詞終止形「む」が続く場合、「ます」の語尾は「せ」になり、「む」は「う」に変化することがある。

まづ起こしてみませう　　　　　　　　　　［狂言記2－9 茶壺］

見ませう＝MY＋YRY＋YM∀S¥＋∀＋MΩ＋W

→MYYrYY-M∀-S¥∀MΩW→MyyyYまS¥∀MΩW

→みまS¥∀-MΩW

兼音素Ωは父音素性を発揮する。MΩWでは、MΩが父音部になり、Wが母音部になる。MΩでは、Mが潜化し、Ωが顕存する。

→みまS¥∀-mΩW＝みまS¥∀-ΩW

父音部Ωは、母音部がAの場合のみ顕存する。ΩWではΩは潜化するが、母音部Wが顕存するので「う」になる。

→みまS¥∀-ωW＝みまS¥∀う

S¥∀の母音部¥∀は融合する。|¥∀|は「エ」を形成する。

→みまS|¥∀|う→みませう

【2】現代語「ましょう」の遷移過程

現代語「ましょう」の語素構成は平安語「みませう」と同一である。「みまS¥∀-ΩW」になるまでは平安語と同じ遷移である。その後、S¥∀とΩWは、あらためて熟合する。

見ましょう→みまS¥∀-ΩW→みまS¥∀ΩW

現代語では、S¥は融合して拗音「しゅ・しょ」の父音部になる。これをShと表記する。

→みま|S¥|∀ΩW→みまSh∀ΩW

∀ΩWは融合して長音「おー」になる。Sh|∀ΩW|は「しょー」になる。

「しょー」現代仮名遣では「しょう」と表記される。
　→みま Sh |∀ΩW| →みましょー＝みましょう

第三部　単音節下二段活用と
　　　エ乙型複音節下二段活用

第27章　単音節下二段とエ乙型複音節下二段の遷移過程

§1　単音節下二段動詞と複音節下二段動詞

　下二段動詞には単音節下二段動詞と複音節下二段動詞がある。
　下二段動詞（下二段活用する補助動詞・助動詞を含む）を単音節下二段動詞と複音節下二段動詞に分ける。
　単音節下二段動詞は、上代語・平安語を通じて、未然形・連用形・終止形が一音節の下二段動詞である。「得」「寝」「経」がこれに該当する。完了助動詞「つ」もこれに含める。
　複音節下二段動詞は、単音節下二段動詞以外の下二段動詞である。上代語「明く」「掛く」「越ゆ」「捨つ」「数ふ」などがこれに該当する。上代語で連用形が「くゑ」になる「蹴う」と、平安語で未然形などが二音節「消え」になる「消」も複音節下二段動詞である。補助動詞として用いられることの多い「敢ふ」と、"不可能"を表す「かぬ」、使役を表す助動詞「しむ」も複音節下二段動詞に含める。

§2　単音節下二段の遷移過程

【1】単音節下二段の用例（連用形を除く）
《未然》　ずむ用法。「エ乙・え丙」段になる。
　　御調宝は　数へ得ず〈衣受〉　　　　　　　［万18-4094］
　　まコトあり得む〈衣牟〉や　　　　　　　　［万15-3735］
《終止》「う」段になる。

第27章

　　夜渡る月を　幾夜経〈布〉ト　　　　　　　　　　［万18-4072］
《連体》　近畿語では「う段＋る」になる。
　　幾代経る〈布流〉まで　斎ひ来にけむ　　　　　　［万15-3637］
《已然》　接続用法。「う段＋れ」になる。
　　年が来経れ〈布礼〉ば　　　　　　　　　　　　　［景行記歌28］

【2】単音節下二段の語素構成

　単音節下二段の語素構成は、動詞語素に、下二段の活用形式付加語素と、動詞の活用語足が続いたものである。

　単音節下二段動詞の動詞語素は一つの音素節であり、その母音部は¥Ω¥だと推定する。「得」の動詞語素は¥Ω¥であり「寝」の動詞語素はN¥Ω¥であり、「経」の動詞語素はP¥Ω¥であり、完了助動詞「つ」の助動詞語素はT¥Ω¥だと推定する。

　下二段の活用形式付加語素は双挟音素配列WRWだと推定する。

【3】単音節下二段の遷移過程

《未然》　ずむ用法。「得ず」の構成は、動詞語素¥Ω¥に、下二段の活用形式付加語素WRWと、活用語足∨と、「ず」が続いたもの。

　　　　得ず＝¥Ω¥＋WRW＋∨＋ず→¥Ω¥WRW∨ず

　¥Ω¥WR直後の母類音素群に、複数の完母音素もYO¥もYOY もない場合、WはRを双挟潜化する。

　　　　→¥Ω¥WrW∨ず＝¥Ω¥WW∨ず

　¥Ω¥WW∨では、¥Ω¥が融合する。|¥Ω¥|では末尾の¥は潜化する。|¥Ωj|は、単独の場合はア行の「え」になり、父類音素に続く場合は「エ乙・え丙」を形成する。

　　　　→|¥Ω¥|WW∨ず→|¥Ωj|WW∨ず

　融合音|¥Ωj|は顕存し、WW∨は潜化する。

　　　　→|¥Ωj|wwαず＝|¥Ωj|ず＝えず

《終止》　経＝P¥Ω¥＋WRW＋W→P¥Ω¥WRWW
　　　　→P¥Ω¥WrWW＝P¥Ω¥WWW

　上代語では、¥Ω¥の直後に三つ以上連続するWが続く場合、連続するWはひとまず顕存し、¥Ω¥は潜化する。

→P𝑗ω𝑗WWW＝PWWW→PwwW＝PW＝ふ

《連体》　経る＝P￥Ω￥＋WRW＋AU→P￥Ω￥WRWAU

￥Ω￥WとWAUは呼応潜顕する。後者では末尾の完母音素Uは顕存し、WAは潜化する。R直後のWが潜化したことに呼応して、前者ではWは顕存し、他は潜化する。

Rは、直後のWが潜化したので、双挟潜化されずに顕存する。

→P𝑗ω𝑗W–RwaU＝PW–RU＝ふる

《已然》　経れば＝P￥Ω￥＋WRW＋YO￥M＋P∀

→P￥Ω￥WRWYO￥|MP|∀

YO￥は融合する。|YO￥|の￥は潜化する。

→P￥Ω￥WRW|YO￥|ば→P￥Ω￥WRW|YO𝑗|ば

￥Ω￥WとW|YO𝑗|は呼応潜顕する。後者では融合音|YO𝑗|は顕存し、Wは潜化する。R直後のWが潜化したことに呼応して、前者では、Wは顕存し他は潜化する。

Rは、直後のWが潜化したので、双挟潜化されずに顕存する。

→P𝑗ω𝑗W–Rw|YO𝑗|ば＝PW–R|YO𝑗|ば＝ふれば

§3　エ乙型複音節下二段の遷移過程

【1】複音節下二段動詞には￥Ω￥を含むものとYAYを含むものとがある

　すべての複音節下二段動詞は段付加語素を含む。複音節下二段は、その段付加語素の音素配列により、二つの型に分けられる。

　一つ型は段付加語素が￥Ω￥であるもの。近畿語の下二段はすべてこの型に属し、東方語の下二段の一部もこの型に属する。この型の複音節下二段活用をエ乙型複音節下二段活用と呼ぶ。

　もう一つの型は、段付加語素がYAYであるもの。東方語の下二段の一部がこれに属する。この型の複音節下二段活用を、え甲型複音節下二段活用と呼ぶ。え甲型複音節下二段の用例・遷移過程については後述する。

【2】エ乙型複音節下二段の用例（連用形を除く）

《未然》　仮定用法。　　一人寝る夜は　明ケば〈安気婆〉明ケぬトモ

[万15-3662]

第27章

《未然》 ずむ用法。　置く露霜に　堪へず〈安倍受〉して　　　［万15-3699］
《終止》 ほトトぎす　鳴くト人告ぐ〈都具〉　　　　　　　　　［万17-3918］
《連体》 金鋤モ〈かなすき〉　五百ちモがモ〈いほ〉　鋤き撥ぬる〈すき〉〈波奴流〉モノ　［雄略記歌98］
《已然》 接続用法。　二人越ゆれば〈古喩例麼〉　安蓆かモ〈やすむしろ〉
　　　　　　　　　　　　　　　　　　　　　　　　　　　［仁徳紀40年　紀歌61］
《已然》 コソや用法。君は忘らす　吾れ忘るれや〈和須流礼夜〉
　　　　　　　　　　　　　　　　　　　　　　　　　　　［万14-3498東歌］
《命令》 近畿語にはヨ用法とヨ脱落用法があり、東方語にはロ用法がある。
［近畿1］　ヨ用法。「努メヨ〈つと〉」などの用法。
［近畿2］　ヨ脱落用法。　語尾が、ヨ用法の「ヨ」が脱落した形になる。「努〈つと〉
メ」がその用例。
［東方］　ロ用法。　語尾が「エ乙段＋ロ乙」になる。「付ケロ」など。
《語胴》 Yます用法。　田は植ゑまさず〈宇恵麻佐受〉　［万15-3746］
《語胴》 YYぬ用法。　時モ過ギ　月モ経ぬれば〈倍奴礼婆〉［万15-3688］
《語胴》 WWら用法。　腐し捨つらむ〈須都良牟〉　絁綿〈きぬ〉らはモ
　　　　　　　　　　　　　　　　　　　　　　　　　　　［万5-900］

【3】エ乙型複音節下二段動詞の語素構成

　複音節下二段動詞の動詞語素の末尾には父類音素がある。
　エ乙型複音節下二段動詞の語素構成は、動詞語素に、段付加語素¥Ω¥と、下二段の活用形式付加語素WRWと、動詞の活用語足が続いたもの。

【4】エ乙型複音節下二段活用の遷移過程（連用形を除く）

（1）「顕ろ〈あらは〉」「離ゆ〈か〉」「離るる〈か〉」以外の活用形の遷移過程。

《未然》 仮定用法。　明ケば＝明 K＋¥Ω¥＋WRW＋∀M＋P∀
　　　　→あ K¥Ω¥WRW∀｜MP｜∀→あ K¥Ω¥WrW∀ば
　　　　→あ K｜¥Ω¥｜WW∀ば→あ K｜¥Ω¥j｜wwαば＝あケ乙ば
《未然》 ずむ用法。　堪へず＝堪 P＋¥Ω¥＋WRW＋∀＋ず
　　　　→あ P¥Ω¥WRW∀ず→あ P¥Ω¥WrW∀ず
　　　　→あ P｜¥Ω¥｜WW∀ず→あ P｜¥Ω¥j｜wwαず＝あへ乙ず
《終止》 告ぐ＝告 G＋¥Ω¥＋WRW＋W→つ G¥Ω¥WRWW
　　　　→つ G¥Ω¥WrWW＝つ G¥Ω¥WWW

→つ Gjωj WWW＝つ GWWW→つ GwwW＝つ GW＝つぐ

《連体》　撥ぬる＝撥 N＋¥Ω¥＋WRW＋AU→は N¥Ω¥WRWAU

¥Ω¥W と WAU は呼応潜顕する。後者では U は顕存し、他は潜化する。これに呼応して、前者¥Ω¥W では W は顕存し、他は潜化する。

→は Njωj W-RwaU＝は NW-RU＝はぬる

《已然》　接続用法。　越ゆれば＝越 Y＋¥Ω¥＋WRW＋YO¥M＋P∀

→こ Y¥Ω¥WRWYO¥|MP| ∀

YO¥ は融合する。

→こ Y¥Ω¥WRW|YO¥|B∀→こ Y¥Ω¥WRW|YOj|ば

母音部¥Ω¥W と W|YOj| は呼応潜顕する。後者では|YOj|は顕存し、W は潜化する。これに呼応して、前者では、W は顕存し、他は潜化する。

→こ Yjωj W-Rw|YOj|ば＝こ YW-R|YOj|ば＝こゆれば

《已然》　コソや用法。　忘るれや→忘 R＋¥Ω¥＋WRW＋YO¥＋や

→忘 R¥Ω¥WRWYO¥や→忘 R¥Ω¥WRW|YOj|や

R¥Ω¥W と W|YOj|は呼応潜顕する。後者では|YOj|は顕存し、W は潜化する。これに呼応して、前者では W は顕存し、他は潜化する。

→忘 Rjωj W-Rw|YOj|や＝忘 RW-R|YOj|や＝わするれや

《命令》［近畿 1］　ヨ用法。　努メヨ＝努 M＋¥Ω¥＋WRW＋YOY

→つと M¥Ω¥WRWYOY

¥Ω¥WRWYOY の場合、近畿語では W は R を双挟潜化する。

→つと M¥Ω¥WrWYOY＝つと M¥Ω¥WWYOY

ヨ用法の場合、YOY の直前で音素節が分離する。

→つと M|¥Ω¥| WW-YOY→つと M|¥Ωj|ww-YOY

YOY では、初頭の Y が父音部になり、OY は母音部になる。母音部 OY では、完母音素 O は顕存し、兼音素 Y は潜化する。

→つと M|¥Ωj|-YOy＝つとメ$_乙$ヨ$_乙$

［近畿 2］　ヨ脱落用法。　「つト M¥Ω¥WWYOY」になるまでは［近畿 1］と同様である。その後、M¥Ω¥WWYOY は一つの音素節になる。

努メ→ツト M¥Ω¥WRWYOY→ツト M|¥Ωj|WWYOY

融合音|¥Ωj|は顕存し、WWYOY は潜化する。

第27章

　　　→つト M¦¥Ωj¦ wwyoy＝つト M¦¥Ωj¦＝つトメ乙
［東方］　ロ用法。　付ケロ＝付 K＋¥Ω¥＋WRW＋YOY
　　　→つ K¥Ω¥WRWYOY
　東方語では母音部 WYOY で、完母音素 O だけが顕存することがある。
　　　→つ K¥Ω¥WRwyOy→つ K¦¥Ω¥¦W-RO
　　　→つ K¦¥Ωj¦ w-RO＝つケ乙ロ乙
《語胴》　WW ら用法。　WRW の後に、助動詞「WW らむ」が続く。
　　捨つらむ＝捨 T＋¥Ω¥＋WRW＋WW ら＋む
　　　→す T¥Ω¥WrWWW らむ
　　　→す Tjωj WWWW らむ→す TwwwW らむ＝す TW らむ＝すつらむ
《語胴》　Y ます用法。　WRW に「Y まさず」が続く。
　　植ゑまさず＝植 W＋¥Ω¥＋WRW＋Y まさず→う W¥Ω¥WrWY まさず
　　　→う W¦¥Ω¥¦ WWY まさず→う W¦¥Ωj¦ wwy まさず
　　　＝う W¦¥Ωj¦ まさず＝うゑまさず
《語胴》　YY ぬ用法。　WRW の後に、ナ変完了助動詞「YY ぬ」が続く。
［近畿］　絶イぬれ＝絶 Y＋¥Ω¥＋WRW＋YY ぬれ
　　　→た Y¥Ω¥WrWYY ぬれ→た Y¦¥Ω¥¦ WWYY ぬれ
　　　→た Y¦¥Ωj¦ wwyy ぬれ＝た Y¦¥Ω¥¦ ぬれ＝たイぬれ

（２）東方語連体形「顕ろまで」の遷移過程。
　東方語では下二段動詞連体形の語尾が「お甲」段になることがある。
《連体》　立つ虹ノ　顕ろ〈安良波路〉までモ　　　　　　［万14-3414東歌］
　　顕ろ＝顕 R＋¥Ω¥＋WRW＋AU→あら R¥Ω¥WRWAU
　双挟音素配列 R¥Ω¥WR では、R は¥Ω¥W を双挟潜化する。
　　　→あら Rjωj wRWAU→あら RrWAU→あら RW¦AU¦
　　　→あら Rw¦AU¦＝あら R¦AU¦＝あはろ甲

（３）終止形「離ゆ」・連体形「離るる」の遷移過程。
　上代語下二段「離ゆ」の語尾は終止形ではヤ行「ゆ」になり、連体形では「るる」になる。
《終止》　率寝てむ後は　人は離ゆ〈加由〉トモ　　　　　［允恭記歌79］
《連体》　妹が手本を　離るる〈加流類〉此ノ頃　　　　　［万11-2668］

「離ゆ」の動詞語素は KAYWR だと推定する。

《終止》　離ゆ＝KAYWR＋￥Ω￥＋WRW＋W→KAYWR￥Ω￥WRWW

WR￥Ω￥WRWW では、Rが￥Ω￥Wを双挟し、そのR￥Ω￥WRをWが双挟する。

この場合まずRが￥Ω￥Wを双挟潜化し、続いてWがRRを双挟潜化する。

　　→KAYWrrWW→KA-YWWW

音素節 YWWW では、Yは父音部になり、WWW は母音部になる。

　　→KA-YwwW＝KA-YW＝かゆ

《連体》　離るる＝KAYWR＋￥Ω￥＋WRW＋AU

熟合した後、音素節が三つに分れる。

　　→KAYWR￥Ω￥WRWAU→KAYW-R￥Ω￥W-RWAU

KAYW の母音部 AYW では、完母音素Aのみが顕存する。

母音部￥Ω￥Wと母音部 WAU は呼応潜顕し、共に「う」段になる。後者 WAU ではUは顕存し WA は潜化する。これに呼応して、前者￥Ω￥Wでは Wは顕存し、￥Ω￥は潜化する。

　　→KAyw-R $j\omega j$ W-RwaU＝KA-RW-RU＝かるる

第四部　東方語下二段「忘ら」「明け甲ぬ」

第28章　東方語下二段の語尾が「あ」段・「え甲」段にもなる理由　YAY

【1】東方語の複音節下二段動詞の語尾が「あ」段・「え甲」段になる用例

近畿語では下二段動詞の語尾はすべて「エ乙・え丙」段である。他方、東方語では複音節下二段動詞の語尾が「あ」段・「え甲」段になることがよくある。

（1）東方語複音節下二段の語尾が「あ」段になる用例。

《連用》　忘ら〈和須良〉来ばソ　汝を懸けなはめ　　［万14-3394東歌］

第28章

（2）東方語下二段の語尾が「え甲」段になる用例。
《未然》 汝を懸け甲なは〈可家奈波〉め　　　　　［万14-3394東歌］
　　　拒へなへ甲ぬ〈奈弁奴〉 御言にあれば
　　　　　［万20-4432昔年防人歌。「なへぬ」は「に＋堪へ＋ぬ」の縮約。］
《連用》 吾が恋ひを　記して付け甲〈都祁弖〉　　　［万20-43666防人歌］
　　　並べ甲て〈那良敝弖〉見れば　　　　　　　　［万14-3450］
　　　仕へ甲〈都加敝〉まつりて　　　　　　　　　［万20-4359防人歌］
　　　拒へ甲〈佐弁〉堪へぬ　御言にあれば　　　　［万20-4432昔年防人歌］
《語胴》 YYぬ用法。　明け甲〈安家奴〉時来る　　　［万14-3461東歌］

【2】東方語の複音節下二段動詞の語尾が「あ」段・「え甲」段になる理由
　近畿語では複音節下二段動詞の段付加語素は￥Ω￥だが、￥Ω￥にはAも∀も含まれないから、「あ」を形成できない。そこで東方語の下二段動詞には、近畿語とは異なる段付加語素が用いられることがあると考える。
　〔東方語で「あ」段にも「え甲」段にもなる〕という遷移は「家」第二音素節と共通する。「家」第二音素節母音部はYAYである。そこで東方語では、複音節下二段の段付加語素として、YAYが用いられることがあると考える。これが、え甲型複音節下二段活用である。

【3】東方語の下二段動詞の語尾が「あ」段・「え甲」段になる遷移過程
（1）東方語下二段の語尾が「あ」段になる遷移過程。
　連用形「忘ら」の語素構成は「忘R」に、段付加語素YAYと、活用形式付加語素WRWと、活用語足￥￥が続いたもの（活用語足￥￥については後述する）。

　　　忘ら来ば＝忘R＋YAY＋WRW＋￥￥＋KO　ば
　　　　忘RYAYWRW￥￥KO　ば→わすRYAYWrW￥￥KO　ば
￥KOの直前で音素節が分離する。￥Kでは￥は潜化する。
　　　→わすRYAYWW￥-￥KO　ば
母音部YAYWW￥では、完母音素Aは顕存し、他は潜化する。
　　　→わすRyAyww$j$-jKO　ば＝わすRAコば＝わすらコば
（2）東方語の下二段動詞の語尾が「え甲」段になる遷移過程。
《未然》 懸けなは＝懸K＋YAY＋WRW＋∀＋なは→かKYAYWRW∀なは

149

→か KYAYWrW∀なは→か K¦YAY¦ WW∀なは
→か K¦YAY¦ wwα なは＝か K¦YAY¦ なは＝かけ甲なは

《連用》　付けて＝付 K＋YAY＋WRW＋¥¥＋て
→つ KYAYWrW¥−¥て＝つ K¦YAY¦ WW¥−jて
→つ K¦YAY¦ ww jて＝つ K¦YAY¦ て＝つけ甲て
拒へ＝拒 P＋YAY＋WRW＋Y→さ PYAYWrWY
→さ P¦YAY¦ wwy＝さ P¦YA¦ ＝さへ甲

《語胴》　YYぬ用法。　明けぬ＝明 K＋YAY＋WRW＋YY ぬ
→あ KYAYWrWYYぬ→あ K¦YAY¦ WWYYぬ
→あ K¦YAY¦ wwyyぬ＝あ K¦YAY¦ ぬ＝あけ甲ぬ

第五部　可得動詞「焼ケ」「見ゆ」と可得助動詞「ゆ・らゆ・る」

第29章　可得動詞　──焼ケむ柴垣・見ゆ・引ケ鳥

§1　「焼ケむ柴垣」の「焼ケ」は可得動詞

【1】四段動詞が下二段活用に転じて可得動詞になることがある
（1）「焼く」は下二段「焼ケむ」の用例では自発・受動の意味を持つ。

　橋本進吉は『橋本進吉博士著作集第七冊国文法体系論』332頁で、「四段が他動で、下二段が自動（自然）又は受身のやうな意味になつてゐるのもある」と指摘し、その用例の一つとして「焼ケむ柴垣」を挙げる。

　　大王ノ　御子ノ柴垣　八節標まり　標まり廻し　切れむ〈岐礼牟〉柴垣
　　焼ケむ〈夜気牟〉柴垣　　　　　　　　　　　　　　[清寧記歌109]

　橋本のいうとおり、古事記歌109の「焼ケむ」、そして「切れむ」は自発・受動の意味を表す。古事記歌109は、志毘臣が袁祁命（顕宗天皇）に対して詠んだものである。「柴垣」は、須佐之男命の歌詞「妻籠メに八重垣作る」を踏まえた語で、"后妃を住まわせる宮"のことである。この歌の「焼ケ」「切

れ」は、"自分（志毘）が何もしなくても、切ることになる、焼くことになる"という自発の意味、あるいは、"袁祁命によって切られる、焼かれる"という受動の意味を表す。

（2）可得動詞未然形「焼ケ」。

　自発・受動・可能の意味を持たない動詞が、下二段活用して自発・受動・可能の意味を持つようになる場合、元の動詞を基幹動詞と呼び、自発・受動・可能の意味を持つ下二段動詞を**可得動詞**(かとく)と呼ぶ。

　四段動詞「焼く」には自発・受動・可能の意味はないが、「焼けむ」の「焼ケ」には自発・受動の意味を持つから、下二段「焼ケ」は可得動詞である。

（3）可能の意味を持つ可得動詞未然形「佩ケ」。

　　一つ松　人にありせば　大刀佩(は)ケましを〈波気麻斯袁〉

　　　　　　　　　　　　　　　　　　　　　　　　［景行記歌29］

「佩ケましを」の「佩ケ」は可得動詞「佩く」の未然形であり、可能の意味を持つ。"人だったなら、大刀を佩くことができたのに"の意である。

【2】可得動詞「焼ケ」の語素構成と遷移過程

　可得動詞たる下二段「焼ケ」の動詞語素は、四段「焼く」と同一で、「焼K」である。

　「焼ケむ」の語素構成は、「焼K」に、¥Ω¥と、WRWと、活用語足∀と、「MΩ＋AU」が続いたもの。

　　焼ケむ＝焼K＋¥Ω¥＋WRW＋∀＋MΩ＋AU→やK¥Ω¥WrW∀む
　　→やK¦¥Ωj¦wwαむ＝やK¦¥Ωj¦む＝やケ乙む

§2　可得動詞「見ゆ」

（1）「見ゆ」は可得動詞。

《未然》　ずむ用法。　山ノ峡(かひ)　其処(ソコ)トモ　見イェず〈見延受〉　［万17-3924］
《連用》　影さへ見イェて〈美曳弖〉　(かご)　　　　　　　　［万20-4322防人歌］
《終止》　味優(あぢまさ)ノ　島モ見ゆ〈美由〉　放ケつ島見ゆ〈美由〉　［仁徳記歌53］
《連体》　磯影(いそかげ)ノ　見ゆる〈美由流〉池水　　　　　　　　　　［万20-4513］

　これらの「見イェ」「見ゆ」「見ゆる」は可能の意味を持つ。ヤ行で下二段活用する「見ゆ」は可得動詞である。

（2）可得動詞「見ゆ」の遷移過程。

可得動詞「見ゆ」の語素構成は、「MY＋YRY」に、¥Ω¥と、WRWと、活用語足が続いたもの。

《終止》　見ゆ＝MY＋YRY＋¥Ω¥＋WRW＋W
→MYYRY¥Ω¥WrWW＝MYYRY¥Ω¥WWW
YYRY¥Ω¥W では、Y は R を双挟潜化する。
→YYrY¥Ω¥WWW→MYY-Y¥Ω¥WWW→MyY-Y$j\omega j$WWW
＝MY-YWWW→MY-YwwW＝MY-YW＝み甲ゆ

《連体》　見ゆる＝MY＋YRY＋¥Ω¥＋WRW＋AU
→MYYRY¥Ω¥WRWAU→MYYrY¥Ω¥WRWAU
＝MYYY¥Ω¥WRWAU→MYY-Y¥Ω¥WRWAU

¥Ω¥W と WAU は呼応潜顕する。後者では U は顕存し、WA は潜化する。これに呼応して、前者では W だけが顕存する。

→MyY-Y$j\omega j$W-RwaU＝MY-YW-RU＝み甲ゆる

§3　可得動詞は動詞の活用語胴に下二段「得う」が続いたもの

可得動詞「焼ケ＝焼K＋¥Ω¥＋WRW＋∀」で活用語胴（四段動詞語素）「焼K」に続く「¥Ω¥＋WRW」の部分は、下二段「得う」の活用語胴と同一である。また、可得動詞「見ゆ＝MY＋YRY＋¥Ω¥＋WRW＋W」で「見」の活用語胴「MY＋YRY」に続く「¥Ω¥＋WRW」の部分は下二段「得」の活用語胴と同一である。そこで次のとおり考える。

可得動詞は、基幹動詞の活用語胴に下二段動詞「得う」が続いたものである。
「得え」は"得る"の意なので、可得動詞は"……することを得る"が原義で、自発・受動・可能の意味を持つ。

§4　「引ケ去いなば」の他動詞「引ケ」と「引ケ鳥」「引ケ田」の可得動詞「引ケ」

【1】「引ケ去なば」の「引ケ」は"整列させて引率する"意の下二段動詞であって、可得動詞ではない

（1）四段動詞「引く」。

四段動詞が下二段に転じても可得動詞になるとは限らない。
「引く」には四段活用のものと下二段活用のものとがある。
四段の「引く」は"引きずる"などの意味を持つ。自発・受動・可能の意味はない。

　　　赤裳裾引き〈毘伎〉　　　　　　　　　［万5-804或有此句云］
（２）"整列させて引率する"意の下二段他動詞「引く」。
では、次に挙げる下二段「引ケ」はどのような意味か。
　　　吾が引ケ〈比気〉去なば　泣かじト汝は言ふトモ
　　　　　　　　　　　　　　　　　［記上巻歌４。作者は大国主神］
橋本進吉は『橋本進吉博士著作集第七冊国文法体系論』332頁で「引ケ去なば」の「引ケ」を「自動（自然）又は受身」の意味を持つとする。仮にそう解釈するなら、作者大国主神は誰かに引かれて去ったことになる。だが、大国主神は一国の主だから、自分の意志で主体的に行動する。他人に引かれて去ったとは考えられない。

「引ケ去なば」の「引ケ」は、下二段活用ではあるが、受動の意味を持たない。この「引ケ」は可得動詞ではない。『古事記歌謡全解』記歌４の段で述べたように、この「引ケ」の原義は"緩んだ糸の両端を引き、直線状に張る"であり、転じて"整列させて引率する"の意になる。「吾が引ケ去なば」の意味は"私が（臣下たちを）整列させ引率して去ってしまうと"である。

"整列させて引率する"意の下二段他動詞「引く」は四段他動詞「引く」から派生した動詞であり、その活用語胴は、「引K＋￥Ω￥＋WRW」である。
【２】「引ケ鳥」「引ケ田」の「引ケ」は可得動詞で、"整列された""整然と配置された"の意
①　引ケ〈比気〉鳥ノ　吾が引ケ去なば　　　　　［記上巻歌４］
「引ケ鳥」は"整然と引率されて飛ぶ鳥"の意で、一列に、あるいはΛ字形に並んで飛ぶ"雁"のことである。「引ケ鳥」の「引ケ」は受動の意味を持つから可得動詞である。
②　引ケ〈比気〉田ノ　若栗栖原　　　　　　　　［雄略記歌92］
「引ケ田」は"縦横が整然と区画された田"の意である。「引ケ田」の「引ケ」は受動の意味を持つから可得動詞である。

【3】「裾引く」の「引く」と「引ケ去なば」の「引ケ」と「引ケ鳥」「引ケ田」の「引ケ」は活用語胴が異なる

(1)「裾引く」の「引く」の活用語胴は「引K」。

　三者のうち最も単純なものは「裾引く」の「引く」の活用語胴で、「引K」である。

(2)「引ケ去なば」の「引ケ」の活用語胴は「引K＋¥Ω¥＋WRW」。

　次に単純なものは「引ケ去なば」の「引ケ」の活用語胴で、「引K＋¥Ω¥＋WRW」である。

(3)「引ケ鳥」「引ケ田」の「引ケ」の活用語胴は「引K＋¥Ω¥＋¥Ω¥＋WRW」。

　最も複雑なものは「引ケ鳥」「引ケ田」の「引ケ」である。この「引ケ」の活用語胴は、"整列させて引率する"意の下二段「引く」の主要部たる「引K＋¥Ω¥」を基幹とし、その後に、自発・受動・可能の意味を添える「得(う)」の活用語胴「¥Ω¥＋WRW」が続いたもの。すなわち、「引K＋¥Ω¥＋¥Ω¥＋WRW」である。

(4) 可得動詞の連体形の活用語足はY。

　動詞が後続語を修飾する場合、活用語足は通例AUが用いられる。だが、Yが用いられることもある。

　　立ち〈多知〉ソば　　　　　　　　　　　[神武記歌9]
　　渡り〈和多理〉瀬に　　　　　　　　　　[応神記歌51]
　　竹ノ　い組み〈矩美〉竹　　　　　　　　[継体紀7年 紀歌97]

これらの「立ち」「渡り」「組み」の語尾の母音部は皆Yである。可得動詞が後続語を修飾する場合も語尾の母音部はYになる。

(5)「引ケ鳥」の遷移過程。

　　引ケ鳥＝引K＋¥Ω¥＋¥Ω¥＋WRW＋Y＋鳥
　　　→ひK¥Ω¥¥Ω¥WrWY鳥→ひK¦¥Ω¥¦¥Ω¥WWY鳥
　　　→ひK¦¥Ωj¦jωjwwy鳥＝ひK¦¥Ωj¦鳥＝ひケ乙トリ

§5　現代語の可得動詞「見える」「聞ける」の遷移過程

(1) 現代語の可得動詞「見える」の遷移過程。

終止形「見える」の語素構成は上代語「見ゆ」と同一である。

　　見える＝MY＋YRY＋￥Ω￥＋WRW＋W→MYYRY￥Ω￥WRWW

　　→MYYRY￥Ω￥W-RwW→MYYrY￥Ω￥W-RW

　　→MYY-Y￥Ω￥Wる→MyY-Y|￥Ω￥|Wる

　　→MY-Y|￥Ω j|wる＝み-Y|￥Ω j|る

現代語ではY|￥Ω j|の父音部Yは潜化する。

　　→み-y|￥Ω j|る＝みえる

（２）現代語可得動詞「聞ける」の遷移過程。

　終止形「聞ける」は、動詞語素「聞K」に、下一段「得る」が続いたもの。下一段「得る」の語素構成は上代語下二段「得」と同一である。

　　聞ける＝聞K＋得る＝聞K＋￥Ω￥＋WRW＋W→きK￥Ω￥WRWW

　　→きK|￥Ω￥|W-RwW→きK|￥Ω j|w-RW＝きケる

第六編　動詞連用形とラ変動詞

第一部　動詞連用形の体言用法・つてに用法

第30章　動詞連用形体言用法・つてに用法

§1　動詞連用形体言用法

【1】動詞連用形体言用法の活用語足は Y

　第4章で述べたように、「籠モリ水」では四段動詞の連用形「籠モリ」は後続の名詞「水」を修飾するが、その活用語足は Y である。このことを一般化して、動詞連用形が後続の体言を修飾する場合、その活用語足は Y だと考える。

　この他、動詞連用形が体言の意味になる用法の活用語足も Y だと推定する。

　動詞連用形の活用語足が Y である用法を動詞の**連用形体言用法**と呼ぶ。

【2】下二段動詞の連用形体言用法「挙ゲ」の遷移過程

　　　言挙ゲ〈安気〉せずトモ　年は栄iえむ　　　　　　　［万18-4124］
　　　挙ゲ＝挙 G＋￥Ω￥＋WRW＋Y→あ G￥Ω￥WrWY
　　　→あ G｜￥Ω￥｜WWY→あ G｜￥Ω j｜wwy＝あ G｜￥Ω j｜＝あゲ乙

§2　「吹き」に「上ゲ」が続いて「ふきあゲ」になる理由

【1】動詞連用形に動詞「上ゲ」が続いて「吹きあゲ」になる理由

　第14章で述べたように、四段動詞連用形「浮き」に「あり」が続くと「浮けり」になる。ところが、四段動詞連用形「吹き」に「上ゲ」が続くと、「吹

けゲ」にはならず、「吹きあゲ」になる。

　　大和辺に　西風吹き上ゲて〈布岐阿宜弖〉　　　　　[仁徳記歌55]

「摘みあゲ〈都美安気〉」[万20-4408]・「取りあゲ〈等利安宜〉」[万18-4129]も同様である。

「浮き」に「あり」が続いた場合には「浮きあり」になることは皆無なのに、「吹き」「摘み」「取り」に「上ゲ」が続いた場合には「吹きあゲ」「摘みあゲ」「取りあゲ」になるのはどうしてか。

「浮けり」では、「浮K」に活用語足Yが続き、その後に「有り＝AYり」が続くので、YAYが融合して「え甲・え丙」を形成する。

これに対し、「吹きあゲ」の場合は「吹き」の活用語足は¥¥だと推定する。

「吹きあゲ」の語素構成は、「吹K」に、活用語足¥¥と、「上ゲ＝Aゲ」が続いたものだと考える。

　　吹き上ゲ＝吹K＋¥¥＋Aゲ→ふK¥¥Aゲ

K¥¥Aでは、前の¥は母音素性を発揮して音素節K¥を形成する。

後の¥は父音素性を発揮して音素節¥Aを形成する。K¥と¥Aの間で音素節が分離する。このように、¥が父音素性を発揮して¥で始まる音素節を形成する遷移を¥の後方編入と呼ぶ。

　　→ふK¥-¥Aゲ

K¥は「き甲」になる。¥Aでは、¥が父音部になるが、近畿語では父音部の¥は潜化する。jAは「あ」になる。

　　→ふK¥-jAゲ＝ふき甲あゲ

【2】「広り坐す」が「広ります」にならずに「広りいます」になる理由

第2章で述べたように、四段動詞に尊敬助動詞「Yます」が続くと、通例、「隠ります」のように、動詞語尾は「い」段になり、その直後にア行の「い」は現れない。これは、尊敬助動詞たる「Yます」が四段活用動詞語素「隠R」に直結するからである（語胴形Yます用法）。

これに対し、動詞たる「坐す＝Yます」が四段動詞に続く場合には、四段動詞語尾の直後に「い」が現れることがある。

　　広りいます〈比呂理伊麻須〉　　　　　　　　　[仁徳記歌57]

「広ります」でなく「広りいます」になるのは、動詞語素「広R」に、活用語足￥￥が続き、その後に「Yます」が続くからである。

　　広りいます＝広R＋￥￥＋Yます→ひロR￥￥Yます
　　後の￥は父音素性を発揮して音素節￥Yを形成する。
　　　→ひロR￥-￥Y-ます
　　￥Yの￥は父音部になるが、近畿語では父音部初頭の￥は潜化する。jYは「い」になる。
　　　→ひロR￥-jY-ます＝ひロりいます

§3　連用形つてに用法の遷移過程

【1】連用形つてに用法

　動詞連用形のうち、以下に列挙する用法を**連用形つてに用法**と呼ぶ。
(イ)　連用形が他の動詞に上接するが、縮約しない。
　§2で述べた「吹き上ゲ」などの用例である。
(ロ)　連用形が補助動詞「まつる」「かぬ」などに上接する。
《下二》　畏みて　仕ヘまつらむ〈菟伽陪摩都羅武〉［推古紀20年 紀歌102］
《下二》　恋ヒ繁み　慰メかねて〈奈具左米可祢弖〉　　　　　［万15-3620］
(ハ)　連用中止法。
《四段》　音に聞き〈吉岐〉　目にはまだ見ず　　　　　　　　［万5-883］
《上二》　奈良を過ギ〈須疑〉　雄墳　やまトを過ギ〈須疑〉　［仁徳記歌58］
《上乙》　二人並び居〈為〉　語らひし　　　　　　　　　　　［万5-794］
　　　　　潮干〈悲〉潮満ち〈美知〉　　　　　　　　　　　　［万17-3891］
《サ変》　栲ノ袴を　七重を為〈綿〉　庭に立たして　［雄略即位前 紀歌74］
《下二》　池ノ白波　磯に寄せ〈与世〉　　　　　　　　　　　［万20-4503］
(ニ)　動詞連用形が完了助動詞「つ」「たり」に上接する（「たり」は「つ」の連用形「て」に「あり」が下接・縮約した語）。
《四段》　大宮人に　語り継ぎてむ〈都芸氐牟〉　　　　　　　［万18-4040］
　　　　　偲ひつる〈思努比都流〉かモ
　　　　　　　　［万3-465。「思努比」は京都大学本による。比は清音ひ］
《上甲》　行きてし見てば〈見弖婆〉　　　　　　　　　　　　［万18-4040］

《上二》 良き人ノ 坐す国には 吾れモ参ゐてむ〈麻胃弓牟〉

[仏足石歌 8]

《四段》 咲きたる〈佐吉多流〉園ノ 青柳は [万 5 -817]

(ホ) 連用形が接続助詞「て」に上接する。

《四段》 菅畳 いや清敷きて〈斯岐弖〉 [神武記歌19]

《上甲》 目には見て〈見而〉 手には取らエぬ 月ノ内ノ [万 4 -632]

《上二》 新治 筑波を過ギて〈須疑弖〉 幾夜か寝つる [景行記歌25]

《上乙》 向会ひ居て〈為弖〉 一日モおちず [万15-3756]

《サ変》 足方取り 対取り為て〈絁底〉 枕取り 妻娶り為て〈絁底〉

[継体紀 7 年 紀歌96]

《カ変》 早く来て〈伎弖〉 見むト思ひて [万15-3627]

《下二》 船泊メて〈等米弖〉 浮き寝をしつつ [万15-3627]

《ナ変助動詞》 なづさひ来にて〈伎尓弖〉 [万15-3691]

(ヘ) 連用形が助詞「に」に上接して目的や累加を表す。

《四段》 野蒜摘みに〈都美迩〉 蒜摘みに〈都美迩〉 [応神記歌43]

《上甲》 継ぎて見に〈民仁〉 来む 清き浜辺を [万17-3994]

《サ変》 東を指して 適得為に〈布佐倍之尓〉 行かむト思ヘト

[万18-4131]

「適得」は「適ふ」の語素「ふさP」に「得」の連用形体言用法が下接・縮約した語。"自分にふさわしい配偶者を得に"の意。

《下二》 妻籠メに〈菟磨語昧尓〉 八重垣作る

[神代上紀八段本文或云 紀歌 1]

(ト) 連用形が「コソ」に上接して希求を表す。

《下二》 酒に浮かへ"コソ〈于可倍許曽〉 [万 5 -852]

【2】連用形つてに用法の活用語足は￥￥

　動詞が他の動詞に上接する用法は連用形つてに用法であり、この場合の活用語足が￥￥であることは§2で述べた。この用法以外の連用形つてに用法の活用語足も￥￥だと推定する。

【3】近畿語での連用形つてに用法の通例の遷移過程

(ホ) 連用形つてに用法が助詞「て」に上接する遷移過程。

接続助詞「て」は、後続語と熟合して縮約した場合以外には、他の音節に変化しない。『上代特殊仮名の本質音』第118章で述べたように、「エ乙・え丙」以外の母音部にはならない音素配列は¥∨¥である。そこで接続助詞たる「て」の本質音はT¥∨¥だと推定する。¥∨¥は融合し、末尾の¥は潜化する。|¥∨ j|は「エ乙・え丙」を形成する。

《四段》　敷きて＝敷K＋¥¥＋T¥∨¥→しK¥¥T¥∨¥

K¥T¥∨¥では、最前の¥は母音素性を発揮して音素節K¥を形成する。次の¥は父音素性を発揮して音素節¥T¥∨¥を形成する。その父音部¥Tでは、遊兼音素¥は潜化し、父音素Tは顕存する。

　　　→しK¥-¥T¥∨¥→しK¥-jT|¥∨ j|＝しき甲て

《上甲》　見て＝MY＋YRY＋¥¥＋T¥∨¥→MYYRY¥-¥T¥∨¥

　YYRY¥では、YはRを双挟潜化する。

　　　→MYYrY¥-jT|¥∨ j|→MYYY¥-て

母音部YYY¥では、三連続するYはひとまず顕存し、¥は潜化する。

　　　→MYYYj-て→MyyYて＝MYて＝み甲て

《上乙》　居て＝WY＋YRY＋¥¥＋T¥∨¥→WYYRY¥-¥T¥∨¥

　WYYRY¥では、YはRを双挟潜化する。

　　　→WYYrY¥て→WYYYjて→WyyYて＝WYて＝ゐて

《上二》　過ギて＝過GW＋YRY＋¥¥＋T¥∨¥→すGWYRY¥て

　WYRY¥では、YはRを双挟潜化する。

　　　→すGWYrY¥て→すGWYYjて→すG|WY|Y¥て

　　　→すG|WY|yて＝すG|WY|て＝すぎ乙て

《サ変》　為て＝SYOY＋YWRY＋¥¥＋T¥∨¥

　　　→SYOYYwrY¥-jT|¥∨ j|→SYOYYY¥-て

母音部YOYYY¥では、その後部に、「い甲・い丙」を形成するY・¥が四つ続く。それでYYY¥はひとまず顕存し、YOは潜化する。

　　　→SyoYYY¥て→SYYYjて→SyyYて＝SYて＝して

《カ変》　来て＝K¥O¥＋YWRY＋¥¥＋T¥∨¥

　　　→K¥O¥YwrY¥-jT|¥∨ j|→K¥O¥YY¥-て

母音部¥O¥YY¥では、その後部に、「い甲・い丙」を形成するY・¥が

四つ続く。それで¥YY¥はひとまず顕存し、¥Oは潜化する。
　　　→K j o¥YY¥て＝K¥YY¥て
　母音部¥YY¥では二連続するYはひとまず顕存し、¥は二つとも潜化する。
　　　→K j YY j て＝KYYて
　　　→KyYて＝KYて＝き甲て
《下二》　泊メて＝泊M＋¥Ω¥＋WRW＋¥¥＋T¥∀¥
　　　→トM¥Ω¥WrW¥－j T|¥∀ j|→トM|¥Ω¥|WW¥-て
　　　→トM|¥Ω j|ww j て＝トM|¥Ω j|て＝トメ乙て
《ナ変》　来にて＝K¥O＋YWRY＋YYN＋WRW＋¥¥＋T¥∀¥
　　　→K¥O¥YwrYYY-NWrW¥－j T|¥∀ j|
　　　＝K¥O¥YYYY-NWW¥て
　¥O¥YYYYでは、後方で四連続するYは顕存し、¥O¥は潜化する。
　NWW¥の母音部WW¥では、W¥は融合する。
　|W¥|は「イ乙・い丙」を形成すると考える。
　　　→K j o j YYYY-NW|W¥|て→KyyyY-Nw|W¥|て
　　　＝KY-N|W¥|て＝き甲にて
(ハ)　《四段》　摘みに＝摘M＋¥¥＋N I→つM¥¥N I
　M¥¥では、後の¥は父音素性を発揮して音素節¥N I を形成する。父音部¥Nでは、¥は潜化し、Nは顕存する。
　　　→つM¥-¥N I→つM¥-j N I ＝つみ甲に
《サ変》　為に＝SYOY＋YWRY＋¥¥＋N I
　　　→SYOYYwrY¥－j N I ＝SYOYYY¥に
　母音部YOYYY¥では、YYY¥がひとまず顕存し、YOは潜化する。
　　　→SyoYYY¥に→SYYY j に→SyyYに＝SYに＝しに
《下二》　籠メに＝籠M＋¥Ω¥＋WRW＋¥¥＋N I
　　　→ゴM¥Ω¥WrW¥－j N I→ゴM|¥Ω¥|WW¥に
　　　→ゴM|¥Ω j|ww j に＝ゴM|¥Ω j|に＝ゴメ乙に
(ニ)　動詞が完了助動詞「つ」に上接する場合の遷移過程
《四段》　継ぎてむ＝継G＋¥¥＋T¥Ω¥＋WRW＋∀＋む

→つ G¥-¥T¥Ω¥WrW∨む→つ G¥-jT|¥Ω¥|WW∨む

→つ G¥-T|¥Ωj|wwαむ＝つ G¥-T|¥Ωj|む＝つぎ甲てむ

《上二》「参う」は連用形で二音節なのでワ行で活用する上二段活用なので、動詞語素は MAWW だと推定する。

参ゐてむ＝MAWW＋YRY＋¥¥＋T¥Ω¥＋WRW＋∨＋む

→MAWWYrY¥-¥T|¥Ω¥|WrW∨む

→MA-WWYY¥-jT|¥Ωj|wwαむ＝ま WWYY¥てむ

WWYY¥では、WW が父音部になり、YY¥が母音部になる。父音部 WW では後の W は潜化する。母音部 YY¥では、まず末尾の¥が潜化する。

→ま WwYYjてむ＝ま WYYてむ→ま WyYてむ＝ま WYてむ

＝まゐてむ

(ハ) 連用中止法の遷移過程。

《四段》 聞き＝聞 K＋¥¥→き K¥¥→き Kj¥＝き K¥＝きき甲

《上二》 過ギ＝過 GW＋YRY＋¥¥→す GWYrY¥¥

→す G|WY|Y¥¥→す G|WY|yjj＝す G|WY|＝すぎ乙

《上乙》 居＝WY＋YRY＋¥¥→WYYrY¥¥＝WYYY¥¥

母音部 YYY¥¥では三連続する Y はひとまず顕存し、¥¥は潜化する。

→WYYYjj＝WYYY→WyyY＝WY＝ゐ

《上乙》 干＝PWY＋YRY＋¥¥→PWYYrY¥¥→P|WY|YY¥¥

→P|WY|yyjj＝P|WY|＝ヒ乙

《サ変》 為＝SYOY＋YWRY＋¥¥→SYOYYwrY¥¥

→SyoYYY¥¥→SYYYjj→SyyY＝SY＝し

《下二》 寄せ＝寄 S＋¥Ω¥＋WRW＋¥¥→ヨ S¥Ω¥WrW¥¥

→ヨ S|¥Ω¥|WW¥¥→ヨ S|¥Ωj|wwjj＝ヨせ乙

(ロ) 連用形が補助動詞「まつる」「かぬ」に上接する。

《下二》 仕へまつらむ＝仕 P＋¥Ω¥＋WRW＋¥¥＋MA つらむ

→仕 P¥Ω¥WrW¥-jMA つらむ→仕 P|¥Ω¥|WW¥まつらむ

→つか P|¥Ωj|wwjまつらむ＝つかへ乙まつらむ

《下二》 慰メかね＝慰 M＋¥Ω¥＋WRW＋¥¥＋KAね

→慰 M¥Ω¥WrW¥-jKAね→慰 M|¥Ω¥|WW¥かね

→慰M¦¥Ωj¦wwjかね＝慰M¦¥Ωj¦かね＝なぐさメ乙かね

【4】東方語つて用法の稀少用例「捧ゴ乙て」の遷移過程

(ホ) 下二段の連用形が助詞「て」に上接する場合、東方語では語尾が「オ乙」段になることがある。

  捧ゴて〈佐佐己弖〉行かむ　　　　　　　［万20-4325防人歌］
  越ヨて〈古与弖〉来のかむ　　　　　　　［万20-4403防人歌］
  捧ゴて＝捧G＋¥Ω¥＋WRW＋¥¥＋T¥∀¥
  →ささG¥Ω¥WrW¥¥T¦¥∀¥¦

二連続する¥は共に母音素性を発揮する。¥¥の直後で音素節が分離する。

  →ささG¥Ω¥WW¥¥-T¦¥∀j¦＝ささG¥Ω¥WW¥¥て

¥WW¥では、直後の¥が双挟潜化を促すので¥はWWを双挟潜化する。

  →ささG¥Ω¥ww¥¥て＝ささG¥Ω¥¥¥て

東方語ではΩは顕存する力が強いことがある。¥Ω¥¥¥ではΩは顕存し、¥は潜化する。

  →ささGjΩjjjて＝ささGΩて＝ささゴ乙て

【5】同一兼音素融合遷移

連用形つて用法には、他にも稀少例があるが、それらを説明するためには、兼音素が連続した場合の遷移を述べておく必要がある。

 兼音素のうちY・¥・Ωが、同一音素で連続する場合、次に述べる遷移が起きる。

 〔父音素の直後で兼音素Y・¥・Ωが同一音素で連続し、その直後で音素節が分離する〕場合、上代語では、多くの場合、末尾の兼音素のみが顕存し、他は潜化する。だが、連続する同一兼音素がすべて顕存して融合することもある。

 複数のYが融合すれば「イ乙・い丙」を形成する。
 複数の¥が融合すれば「イ乙・い丙」を形成する。
 複数のΩが融合すれば「お甲・お丙」を形成する。

 〔父音素の後にWが連続し、その直後で音素節が分離する〕場合、末尾のWは顕存し、他は潜化する。複数のWが融合することはない。

 これを**同一兼音素融合遷移**と呼ぶ。

【6】東方語つてに用法の稀少用例「告ぎ甲コソ」「斎ヒ乙て」「捕りかにて」「恋ひ甲」の遷移過程

(ト) 下二段の連用形が助詞「コソ」に上接する場合、語尾が「い甲」段になることがある。

　　吾れは漕ぎぬト　妹に告ぎ甲コソ〈都岐許曽〉　　［万20-4365防人歌］

　　告ぎコソ＝告 G＋￥Ω￥＋WRW＋￥￥＋KO ソ

　　→つ G￥Ω￥WrW￥￥KO ソ＝つ G￥Ω￥WW￥￥KO ソ

　二連続する￥は共に母音素性を発揮し、G￥Ω￥WW￥￥が音素節を形成する。￥WW￥では、直後の￥が双挟潜化を促すので￥は WW を双挟潜化する。

　　→つ G￥Ω￥ww￥￥-KO ソ＝つ G￥Ω￥￥￥コソ

　￥Ω￥では直後の￥￥が双挟潜化を促すので￥は Ω を双挟潜化する。

　　→つ G￥ω￥￥￥コソ＝つ G￥￥￥￥コソ

　￥￥￥￥では、末尾の￥は顕存し、他は潜化する。

　　→つ G￥jjj￥コソ＝つ G￥コソ＝つぎ甲コソ

(ニ) 四段動詞連用形が完了助動詞「つ」に上接する場合に語尾が「イ乙」段になる遷移過程。

　　斎ヒ乙て〈伊波非弖〉しかモ　　　　　　［万20-4347防人歌。上総］

　　稲は運ビ乙てき〈波古非天伎〉

［正倉院仮名文書（甲）。この文書の筆録者は、上総など東方語圏出身だと推察する。『上代特殊仮名の本質音』第136章参照］

　　斎ヒてしか＝斎 P＋￥￥＋て＋しか→いは P￥￥てしか

　二連続する￥は共に母音素性を発揮し、融合する。|￥￥|は「イ乙」を形成する（同一兼音素融合遷移）。

　　→いは P|￥￥|てしか＝いはヒ乙てしか

(ロ) 下二段活用する補助動詞「かぬ」が助詞「て」に上接する場合、東方語では語尾が「い丙」段になることがある。

　　赤駒を　山野にはがし　捕りかにて〈刀里加尓弖〉

　　　　　　　　　　　　　　　　　　　　　　［万20-4417防人歌］

　　捕りかにて＝捕り＋か N＋￥Ω￥＋WRW＋￥￥＋て

164

→とりかN¥Ω¥WrW¥¥て＝とりかN¥Ω¥WW¥¥て

　二連続する¥は共に母音素性を発揮する。¥WW¥では直後の¥が双挟潜化を促すので¥はWWを双挟潜化する。

　　→とりかN¥Ω¥ww¥¥て＝とりかN¥Ω¥¥¥て

　　→とりかN¥ω¥¥¥て＝とりかN¥¥¥¥て

　この後、二通りの遷移が考えられる。¥¥¥¥が潜顕する場合と、融合する場合である。どちらも「かにて」になる。

　　→とりかN¥*j j j*¥て＝とりかN¥て＝とりかにて

　　→とりかN¦¥¥¥¥¦て＝とりかにて

(ハ)　上二段の連用中止法の場合、東方語では語尾が「い甲・い丙」段になることがある。

　　妹を恋ひ甲〈古比〉　妻ト言はばや　　　　　　［常陸国風土記茨城郡条］

　　恋ひ＝恋PW＋YRY＋¥¥→こPWYrY¥¥＝こPWYY¥¥

　母音部WYY¥¥では、二連続するYはひとまず顕存し、他は潜化する。

　　→こPwYY*j j*＝こPYY→こPyY＝こPY＝こひ甲

【7】近畿語の下二段の連用形つてに用法の稀少用例

　近畿語では、下二段動詞の連用形つてに用法の語尾が「イ乙」段・「い丙」段になることがある。助詞「に」に上接する場合や、補助動詞「まつる」「かぬ」に上接する場合や、連用中止法の場合である。

(ヘ)　妻籠ミ乙に〈都麻碁微尓〉　八重垣作る　　　　　　　［記上巻歌1］

　　網張り渡し　目ロ寄しに〈予嗣尓〉寄し

　　　　［神代下紀第九段一書第一　紀歌3。"（左右の黒）目を寄せに寄せ"］

(ロ)　歌付キ乙まつる〈豆紀摩都流〉　　　　　　　［推古紀20年　紀歌102］

　　世ノ事なれば　留ミ乙〈等登尾〉かねつモ　　　　　　　　［万5-805］

(ハ)　目ロ寄しに寄し〈予嗣〉　寄り来ね

［神代下紀第九段一書第一　紀歌2。"（左右の黒）目を、（眼のすぐ前のものを見る時のように）寄せに寄せ、（そうなるほど近くに）寄ってきて（私の兄を見て）ください"の意］

【8】「籠メに」「籠ミ乙に」についての従来説

　橋本進吉は「上代の文献に存する特殊の仮名遣と当時の語法」『橋本進吉

博士著作集第三冊文字及び仮名遣の研究』187頁で、「連用形にキヒミの乙類の仮名のあるものは上二段である。(中略)「都麻碁微尓」の「コミ」は、ミが乙類の仮名である故、コミ、コム、コムル、コムレと上二段に活用したもの」という。これ以後、上二段活用だとするのが定説になった。だが、私は橋本の説には従えない。

　橋本は、「連用形にキヒミの乙類の仮名のあるものは上二段である」と断言したが、その根拠は示されていない。逆に、〔連用形語尾に「ミ乙」があっても上二段とはいえない〕事例がある。「廻」の連用形は、「島廻〈之麻未〉」[万3991]の用例から解るように、「ミ乙」である。そうすると、橋本の見解によるならば、「廻」は上二段であり、連体形は「むる」だということになる。だが、文献事実たる「うち廻る〈微流〉島ノ崎崎」[記上巻歌5]によれば、「廻」の連体形は「ミ乙る」である。

　別の角度から述べよう。仮に、連用形で助詞「に」に上接する「籠ミ乙」や、補助動詞に上接する「付キ乙」や、連用中止法「寄し」が上二段連用形だったとしよう。それなら、助動詞「き」「けり」「ぬ」などに上接する連用形においても、「籠ミ乙き」や「付キ乙けり」や、「寄しぬ」のような用例が現れそうなものである。だが実際にはそのような用例はない。

　連用形だけではない。未然形においても、「籠ミ乙む」や「付キ乙ず」や、仮定用法「寄しば」のような用例が現れそうなものである。だが、現実にはそのような用例はない。

　下二段活用・上二段活用の両方にまたがるかのような用例は、連用形つてに用法においてのみ現れる。この事実を重視する私は橋本説に従えない。

【9】近畿語の下二段の連用形つてに用法の稀少用例の遷移過程

　私は次のとおり考える。「籠メ」の本質音と「籠ミ」の本質音は同一であって、ただ遷移過程が異なるために二通りの現象音が現れた。「付キまつる」「留ミかねつ」「寄し」なども同様である。これらの遷移過程を述べる。

(ヘ)　「籠ミに」の遷移過程。「籠ミに」の語素構成は「籠メに」と同一で、「籠M+¥Ω¥+WRW+¥¥+NI」である。

　　　籠ミに→ゴ M¥Ω¥WrW¥¥NI ＝ ゴ M¥Ω¥WW¥¥NI

　二連続する¥は共に母音素性を発揮し、音素節 M¥Ω¥WW¥¥ を形成す

る。￥WW￥では直後の￥が双挟潜化を促すので￥は WW を双挟潜化する。

　　→ゴ M￥Ω￥ww￥￥に＝ゴ M￥Ω￥￥￥に

￥Ω￥では、直後の￥￥が双挟潜化を促すので￥は Ω を双挟潜化する。

　　→ゴ M￥ω￥￥￥に＝ゴ M￥￥￥￥に

￥￥￥￥は融合する。|￥￥￥￥| は「イ乙・い丙」を形成する（同一兼音素融合遷移）。

　　→ゴ M|￥￥￥￥|に→ゴミ乙に

(ロ)　付キまつる＝付 K＋￥Ω￥＋WRW＋￥￥＋MA つる

　　→づ K￥Ω￥WrW￥￥−MA つる→づ K￥Ω￥ww￥￥まつる

　　→づ K￥ω￥￥￥まつる→づ K|￥￥￥￥|まつる＝づキ乙まつる

　　留ミかね＝留 M＋￥Ω￥＋WRW＋￥￥＋かね

　　→トド M￥Ω￥WrW￥￥かね→トド M￥Ω￥ww￥￥かね

　　→トド M￥ω￥￥￥かね→トド M|￥￥￥￥|か）ね＝トドミ乙かね

(ハ)　寄し→ヨ S￥Ω￥WRW￥￥→ヨ S￥Ω￥WrW￥￥

　　→ヨ S￥Ω￥ww￥￥→ヨ S￥ω￥￥￥→ヨ S|￥￥￥￥|＝ヨし

§4　東方語カ変「来」の連用形が「キ乙」になる理由

[東方]　東方語では、カ変「来」が完了助動詞「ぬ」に上接する場合、「キ乙」になることがある。

　　百隈ノ道は　キ乙にし〈紀尓志〉を　　　　　[万20-4349防人歌。上総]

「来にし」は、K￥O￥に、YWRY と、完了助動詞語素 YYN と、WRW と、活用語足 Y と、過去助動詞連体形「し」が続いたもの。

　　来にし＝K￥O￥＋YWRY＋YYN＋WRW＋Y＋し

　　→K￥O￥YwrYYYNWrWY し＝K￥O￥YYYYNWWY し

母音部￥O￥YYYY では、四連続する Y は融合する。|YYYY| は「イ乙」を形成する（同一兼音素融合遷移）。

母音部 WWY では WY が融合する。

　　→K￥O￥ |YYYY| NW |WY| し

融合音は顕存し、他は潜化する。

　　→K $j o j$ |YYYY| Nw |WY| し＝K |YYYY| N |WY| し

＝キ乙にし

§5　否定助動詞「ず」の連用形つてに用法「に」「ず」

　動詞に否定助動詞「ず・にす」の連用形つてに用法が続く遷移過程を述べる。
（1）連用中止法「知らに」の遷移過程。
　　　延へけく知らに〈斯良迩〉　　　　　　　　　　［応神記歌44］
　連用中止法「知らに」は、「知R」に、活用語足∀と、助動詞語素N￥とその連用形つてに用法の活用語足￥￥が続いたもの。
　　　知らに＝知R＋∀＋N￥＋￥￥→しR∀N￥￥￥→しR∀N𝑗𝑗￥
　　　＝しR∀N￥＝しらに
（2）連用中止法「行かず」の遷移過程。
　　　腰難む　空は行かず〈由賀受〉　足よ行くな　　［景行記歌35］
　連用中止法「行かず」は、「行K」に、∀と、N￥と、段付加語素SUと、活用語足￥￥が続いたもの。
　　　行かず＝行K＋∀＋N￥＋SU＋￥￥→ゆK∀N￥SU￥￥
　母音部U￥￥では、完母音素Uは顕存し、兼音素￥は二つとも潜化する。
　　　→ゆK∀N𝑗SU𝑗𝑗→ゆK∀{NS}U→ゆK∀ZU＝ゆかず
（3）「見ずて」の遷移過程。
　　　玉島を　見ずて〈美受弓〉や吾れは　恋ヒつつをらむ　［万5-862］
　　　見ずて＝MY＋YRY＋∀＋N￥＋SU＋￥￥＋T￥∀￥
　　　→MYYrY∀N𝑗SU￥-𝑗T{￥∀𝑗}→MYYYαNSU𝑗て
　　　→MyyY{NS}Uて＝MYZUて＝み甲ずて

第二部　四段動詞の連用形い音便

第31章　四段動詞連用形の促音便・い音便

§1　現代語の促音便「持って」「取って」の遷移過程

【1】上代語で「持ちて」が「モて」になる理由

四段動詞「持つ」に助詞「て」が続く場合、「モちて」になることもあり、「モて」になることもある。

　　　まそ鏡　手に取り持ちて〈毛知弖〉　　　　　　　[万5-904]
　　　片思ひを　馬にふつまに負ほせ持て〈母天〉　　　[万18-4081]

「持ちて」と「持て」は同一の語素構成である。「持つ」第一音素節は、第20章で述べたように、M￥O￥である。

　　　持ちて＝M￥O￥T＋￥￥＋T￥∨￥→M￥O￥T￥￥T￥∨￥
　　　→MjOj-T￥-jT|￥∨j|＝MOちて＝モ乙ちて
　　　持て→M￥O￥T￥￥T￥∨￥

上代語では￥O￥と￥￥が呼応潜顕することがある。￥O￥では、Oは顕存し、￥は二つとも潜化する。これに呼応して、￥￥は二音素とも潜化する。

　　　→MjOjT$j$$j$T|￥∨$j$|→MOTT|￥∨$j$|

父音部TTでは前のTは顕存し、後のTは潜化する。

　　　→MO-Tt|￥∨j|＝MO-T|￥∨j|＝モ乙て

【2】現代語で「持ちて」が促音便「もって」になる理由

現代語「持って」の語素構成は上代語「持ちて」「持て」と同一である。

　　　持って＝M￥O￥T＋￥￥＋T￥∨￥→M￥O￥T￥￥T￥∨￥

現代語では、￥￥と￥∨￥が呼応潜顕することがある。￥￥は融合し、|￥∨￥|の末尾の￥は潜化する。これに呼応して、￥￥は二音素とも潜化する。

　　　→M￥O￥T￥￥T|￥∨￥|→M￥O￥T$j$$j$T|￥∨$j$|

M￥O￥では、￥は二つとも潜化する。

→MjOjTT{¥∨j}＝MOTT{¥∨j}

　現代語では、父音部TTで、前のTが潜化し、後のTは顕存する。これによって促音便が形成される。

　促音の「っ」に当たるところを ´(ダッシュ) と記す。その直後に潜化した父音素を小文字で表示する。

→MO´tT{¥∨j}＝モ´tて＝もって

【3】現代語で「取りて」が促音便「とって」になる理由

　「持つ」以外の四段動詞が促音便になる遷移過程は「持って」とほぼ同様である。

取って→とR＋¥¥＋T¥∨¥→とR¥¥T{¥∨¥}

→とRjjT{¥∨j}＝とRT{¥∨j}

　RTでは、前方にある父音素Rが潜化し、後方にあるTは顕存する。これによって促音便が形成される。

→と´rT{¥∨j}＝と´rて＝とって

§2　動詞連用形がい音便を起こす理由

【1】従来の"活用行子音脱落"説では「次ぎて」が「ついで」になることを説明できない

　大野晋は「万葉時代の音韻」(『万葉集大成第六巻』318頁でいう。「カ行四活の連用形は平安時代に入ってから音便を起こす。sakite→saite(咲いて)。」

　また、『広辞苑』「い-おんびん」の項には概略次のようにある。"「き」「ぎ」「し」「り」のk・g・s・rが脱落してi音となる現象。「聞きて」が「聞いて」に、「次ぎて」が「次いで」になる類。"

　"い音便は活用行の子音が脱落したもの"だというのである。しかし、この従来説では、活用行が濁音の場合には説明がつかない。「次ぎて」の事例でいえば次のようになろう。

　「次ぎて＝tugite」のgが脱落するから、「tuite＝ついて」になる。

　末尾は清音「て」である。現実には末尾音節は濁音「で」であるのに、従来説では清音「て」になる。このことは大野説でも同様である。

【2】平安語の　い音便「往いて」の遷移過程
（1）「往きて（行きて）」が「ゆいて」になる遷移過程。
　馬淵和夫の『国語音韻論』84頁によれば、い音便の用例として、「往いて」〔西大寺蔵大毘盧遮那経長保二年点〕がある。
　私は、「往いて」の語素構成は「往きて（行きて）」と同一だと考える。「行く」第一音素節は、第3章で述べたように、YUYである。
　　　　往いて＝YUYK＋￥￥＋T￥∀￥→YUYK￥￥T￥∀￥
　三つの母音部 UY・￥・￥∀￥は呼応潜顕する。￥￥は潜化する。￥∀￥では、融合した後、末尾の￥が潜化する。これに呼応して、UY は二音素とも顕存して母音素性を発揮する。YU と Y の間で音素節が分離する。
　　　　→YU–YK𝑗𝑗T{￥∀𝑗}→YU–YKT{￥∀𝑗}
　YKT では、母音素性を発揮する Y の直後で、父音素が K・T 二つ続く。それでその先頭の K は Y に付着して音素節 YK を形成する。
　　　　→YU–YK–T{￥∀𝑗}
　音素節 YK では、音素節末尾にある父音素 K は潜化する（末尾父音素潜化）。Y は単独で「い」になる。
　　　　→ゆ–Yk–て＝ゆ–Y–て＝ゆいて
「往いて」の事例を一般化して次のように考える。
　い音便を起こす動詞は、その動詞語素の末部に、A・O・U・Y のずれかがあり、その後に Y があり、その後に父音素がある。
　「次ぐ」の動詞語素は TUYG であり、「咲く」の動詞語素は SAYK だと推定する。
（2）「次ぎて」が「ついで」になる遷移過程。
　　　　次いで＝TUYG＋￥￥＋T￥∀￥→TUYG𝑗𝑗T{￥∀𝑗}
　UY は二音素とも顕存して母音素性を発揮する。
　Y と GT の間で音素節が分離する。Y は単独で音素節を形成し、「い」になる。GT は融合して、ダ行を形成する。
　　　　→TU–Y–GT{￥∀𝑗}→つい–{GT}{￥∀𝑗}
　　　　→つい–D{￥∀𝑗}＝ついで
（3）「敷きて」が「敷いて」になる遷移過程。

四段「敷く」の動詞語素は SYYK だと推定する。終止形なら、「SYYK＋W」は「SyYKW＝しく」になる。

　　敷いて＝SYYK＋￥￥＋T￥∨￥→SYYKｊｊT¦￥∨ｊ¦

　YY は二音素とも母音素性を発揮する。SY と YK の間で音素節が分離する。

　　→SY−YK−T¦￥∨ｊ¦→し−Yk−て＝し−Y−て＝しいて

【3】サ行で活用する四段活用「押す」の語素は OYS だと推定する

（1）い音便「下（くだ）いて」の遷移過程。

　サ行で活用する四段動詞は現代語では　い音便を起こさないが、平安語では、馬淵和夫が『国語音韻論』84頁で紹介するように、「下して」が「くだいて」になる用例や、「覚（おぼ）したる」が「おぼいたる」になる用例がある。

　「下（くだ）いて」になる遷移過程を記す。

　　下いて＝く DAYS＋￥￥＋T￥∨￥→く DA−YSｊｊT¦￥∨ｊ¦

　　→く DA−YS−T¦￥∨ｊ¦→く DA−Ys−T¦￥∨ｊ¦＝くだいて

（2）「押す」の動詞語素は OYS。

　「下す」と同様にサ行で活用する四段動詞「押す」の動詞語素は OYS だと推定する。

第三部　ラ行変格活用動詞

第32章　ラ変動詞「有り」の活用

§1　ラ変動詞「有り」

【1】上代語ラ変動詞「有り」の用例

《未然》　仮定用法。　　国に有らば〈阿良婆〉　父取り見まし　　［万5−886］
《未然》　ずむ用法。　　妹ト登れは　嶮しくモあらず〈阿良受〉

　　　　　　　　　　　　　　　　　　　　　　　　　　　［仁徳記歌70］
　　今コソば　吾鳥（わどり）にあらメ〈阿良米〉　後は　汝鳥（なドり）にあらむ〈阿良牟〉を

　　　　　　　　　　　　　　　　　　　　　　　　　　　［記上巻歌3ａ］

第32章

《連用》 体言用法。　布肩衣(ぬのかたぎぬ)　有り〈安里〉ノコトゴト　　　　[万5-892]
《連用》 つてに用法。　年に有りて〈安里弖〉　一夜妹(ひとよ)に逢ふ
　　　　　　　　　　　　　　　　　　　　　　　　　　　　　　　[万15-3657]
《終止》 賢(さか)し女(め)を　有り〈阿理〉ト聞かして　　　　　　[記上巻歌2]
《連体》 近畿語では「ある」になる。東方語では「あろ」になることもある。
[近畿]　腹に有る〈阿流〉　肝向合ふ　心をだにか　　　　　　　　[仁徳記歌60]
[東方]　子ロが襲着(おそき)ノ　有ろ甲〈安路〉コソ良(え)しモ　[万14-3509東歌]
《已然》 接続用法。　妹トありし　時は有れドモ〈安礼杼毛〉
　　　　　　　　　　　　　　　　　　　　　　　　　　　　　　　[万15-3591]
　　　　旅にはあれトモ〈安礼十方〉　　　　　　　　　　　　　　[万6-928]
《已然》 コソや用法。　内ノ朝臣が　腹内(はらぬち)　石(いさご)あれや〈阿例椰〉
　　　　　　　　　　　　　　　　　　　　　　　　　　　　　[神功元年 紀歌28]
《命令》 旅行く君を　幸(さき)く有れ〈安礼〉ト　斎(いは)ひ瓮(へ)据ゑつ　[万17-3927]

【2】ラ変「有り」の動詞語素

（1）ラ変「有り」の終止形は「あR￥￥W」。

「で＋有り」の語素構成の場合、平安語（後期）では、「り」が脱落することがある。『天草版伊曽保物語』「陣頭の貝吹の事」に「cotodea」（事である）とある。この用例では、「であり」の「り」が脱落して「であ」になっている。

これは、「あり」の語尾「り」の母音部がまず潜化し、ついで父音部Rが潜化して、「り」全体が脱落したものと考える。

これに似たことは、否定助動詞終止形語尾でも起きる。第19章で述べたように、平安語・現代語での否定助動詞終止形「ぬ＝N￥W」は、その母音部￥Wが潜化して「N＝ん」になる。平安語では母音部￥Wは潜化しやすいのである。そこで終止形「あり」の語尾「り」の母音部は￥Wに似ると考える。

仮に、「有り」の終止形が「あR￥W」だったしよう。第26章で述べたように、上代語ではS￥Wは、「SｊW＝SW＝す」になる。それなら、「あR￥W」は、上代語では、「あRｊW＝あRW＝ある」になるだろう。これは事実に反する。「有り」終止形を「あR￥W」とすることはできない。

173

そこで「有り」終止形の「り」はR¥¥Wだと推定する。
「有り」の「あ」は、第14章で述べたように、AYだから、「有り」終止形はAYR¥¥Wだと推定できる。
(2)「有り」終止形が時代によって「あり」「あ」「ある」になる遷移過程。
[上代・平安] 母音部¥¥Wでは、二連続する¥はひとまず顕存し、Wは潜化する。
　　　　有り＝AYR¥¥W→AY-R¥¥w→Ay-R¥¥
　　¥¥では、後の¥は顕存し、前の¥は潜化する。
　　　　→A-Rj¥＝A-R¥＝あり
[平安語後期] R¥¥Wの母音部¥¥Wが潜化する。
　　　　有→AYR¥¥W→AYR$j$$j$w＝AYR
　　音素節AYR末尾の父音素Rは潜化する（末尾父音素潜化）。
　　　　→AYr＝AY
　　完母音素Aは顕存し、兼音素Yは潜化する。
　　　　→Ay＝A＝あ
[現代] 現代語の四段動詞連用形で促音便・い音便が起きる主因は、¥¥が潜化することにある。現代語では¥¥潜化しやすいといえる。そこで、現代語では、母音部¥¥Wでは¥¥は潜化し、Wは顕存すると考える。
[現代] 有る→AYR¥¥W→Ay-R$j$$j$W＝A-RW＝ある
(3)「有り」の動詞語素はAYR¥¥。
　　終止形「有り＝AYR¥¥W」の末尾にあるWは終止形の活用語足である。よって、AYR¥¥Wから活用語足Wを除去した部分がラ変「有り」の動詞語素である。ラ変「有り」の動詞語素はAYR¥¥だと推定できる。
【3】上代語でのラ変「有り」の未然・連用・連体・已然・命令の遷移過程
《未然》 仮定用法。　有らば＝AYR¥¥＋∀M＋P∀→AYR¥¥∀MP∀
　　母音部¥¥∀では、末尾にある∀は顕存し、¥¥は潜化する。
　　　　→AyR$j$$j$∀｜MP｜∀＝AR∀$B$∀ば＝あらば
《未然》 ずむ用法。　有らず＝AYR¥¥＋∀＋N¥＋SU＋W
　　　　→AyR$j$$j$∀N$j$SUw→AR∀｜NS｜U＝あらZU＝あらず
《連用》 体言用法。　有りノ＝AYR¥¥＋Y＋ノ→AyR¥¥Yノ

第32章

母音部￥￥Yでは、末尾の通兼音素Yは顕存し、￥￥は潜化する。

→ARjjYノ＝ARYノ＝ありノ

《連用》つてに用法。　有りて＝AYR￥￥＋￥￥＋T￥∨￥

→AyR￥￥￥-T|￥∨￥|→ARjj-jT|￥∨j|＝あR￥て＝ありて

《連体》[近畿]　有る＝AYR￥￥＋AU→AYR￥￥AU

母音部￥￥AUでは、末尾の完母音素Uは顕存し、他は潜化する。

→AyRjjaU＝ARU＝ある

[東方]　有ろ＝あR￥￥＋AU→あR￥￥AU

AUは融合する。融合音|AU|は顕存し、￥￥は潜化する。

→あR￥￥|AU|→あRjj|AU|＝あR|AU|＝あろ甲

《已然》接続用法。　有れドモ＝AYR￥￥＋YO￥M＋TOモ

→AyR￥￥|YO￥||MT|Oモ→ARjj|YOj|ドモ

→あR|YOj|ドモ＝あれドモ

《已然》コソや用法。　有れや＝AYR￥￥＋YO￥＋YA

→AyR￥￥|YO￥|-YA→ARjj|YOj|や

＝あR|YOj|や＝あれや

《命令》　有れ＝AYR￥￥＋YOY→AyR￥￥YOY

→AR￥￥|YOY|→あRjj|YOY|＝あR|YOY|＝あれ

【4】ラ変動詞の直結形

「有り」の語素AYR￥￥が直後の名詞を修飾する場合がある。これは「有り」の直結形である。

吾が逃ゲ登りし　有り嶺（を）〈阿理袁〉ノ　榛ノ木ノ枝
[雄略記歌97]

有り衣〈阿理岐奴〉ノ　三重ノ子が　　　　　[雄略記歌99]

有り嶺＝AYR￥￥＋WO→AYR￥￥WO

￥￥WOでは、後の￥は父音素性を発揮して音素節￥WOを形成する（￥の後方編入）。その父音部￥Wでは、￥は潜化し、Wは顕存する。

→AyR￥-￥WO＝AR￥-jWO→AR￥-WO＝ありを

有り衣＝AYR￥￥＋KYぬ→AyR￥￥-￥KYぬ→AR￥-jKYぬ

＝ありKYぬ＝ありきぬ

§2 ラ変動詞「をり」

　ラ変の動詞には、「有り」の他に、「をり」がある。
《終止》　大王し　良しト聞コさば　一人居り〈袁理〉トモ　［仁徳記歌65］
《連用》　体言用法。　潮瀬ノ　魚居り〈袁理〉を見れば　［清寧記歌108。「魚居り」は"魚が多数いるところ"。『古事記歌謡全解』記歌108の段参照］
《連体》　向合ひ居る〈袁流〉かモ　い添ひ居る〈袁流〉かモ

　　　　　　　　　　　　　　　　　　　　　　　　　［応神記歌42］

　ラ変「をり」の動詞語素は WOR¥¥ だと推定する。
《終止》　居り = WOR¥¥ + W → WOR¥¥W
　　→ WOR¥¥w → WORj¥ = WOR¥ = をり
《連用》　体言用法。　魚居り = 魚 + WOR¥¥ + Y → 魚 WOR¥¥Y
　　→ 魚を R$j$$j$Y = 魚を RY = なをり
《連体》　居る = WOR¥¥ + AU → を R¥¥AU → を R$j$$j$aU = を RU = をる

§3 完了存続助動詞「たり」の語素構成

　安見児得たり〈衣多利〉　　　　　　　　　　　　　［万2-95］

　「たり」は、動詞連用形つてに用法に続く。
　「たり」の語素構成は、完了助動詞「つ」の語素 T¥Ω¥ に、ラ変「有り」の動詞語素 AYR¥¥ と、動詞の活用語足が続いたもの。

　　得たり = ¥Ω¥ + WRW + ¥¥ + T¥Ω¥ + AYR¥¥ + W
　　　→ ¥Ω¥WrW¥ − ¥T¥Ω¥AY-R¥¥w
　　　→ |¥Ω¥|WW¥ − jT¥Ω¥AY-Rj¥
　　母音部 ¥Ω¥AY では、完母音素 A は顕存し、他は潜化する。
　　　→ |¥Ωj|ww$j$-TjωjAy-R¥ → |¥Ωj|-TA り = えたり

§4 ラ変「あり」の語胴形 WW ら用法・語胴形 WMW へ"し用法

　ラ変「あり」に助動詞「らし」「へ"し」が続く場合の遷移過程を述べる。
（1）ラ変動詞の語胴形 WW ら用法。「あるらし」または「あらし」になる。
［上代1］　鴬ノ　鳴かむ春へは　明日にし有るらし〈安流良之〉

第32章

　　　　　　　　　　　　　　　　　　　　　　　　　[万20-4488]
[上代2]　吾が旅は　久しく有(あ)らし〈安良思〉　　　[万15-3667]
　「あるらし」と「あらし」の語素構成は同一で、動詞語素AYR¥¥に、「WWRA＋し」が続いたもの。
[上代1]　有るらし＝AYR¥¥＋WWRA＋し→AyR¥¥WWRA し
　R¥¥WW と RA の間で音素節が分離する。
　　　→AR¥¥WW-RA し
　¥¥WW では、末尾で二連続するWW がひとまず顕存し、¥¥は潜化する。
　　　→AR j j WW-らし→あ RwW-らし＝あ RW らし＝あるらし
[上代2]　有らし＝AYR¥¥＋WWRA し→AyR¥¥WWRA し
　双挟音素配列 R¥¥WWR で、R は¥¥WW を双挟潜化する。
　　　→AR j j wwRA し＝あ RRA し→あ RrA し＝あ RA し＝あらし
（2）ラ変動詞の語胴形WMW∧"し用法。
　　今日(けふ)ノ間は　楽しく有る∧"し〈阿流倍斯〉　[万5-832]
　動詞語素AYR¥¥に、「WMW∧"＋し」が続く。
　WはMを双挟潜化する。
　　有る∧"し＝AYR¥¥＋WMW∧"＋し→AyR¥¥WmW∧"し
　　→AR j j WW∧"し→あ RwW∧"し＝あ RW∧"し＝ある∧"し

§5　山口佳紀の"「有り」の終止形は上代語より一段階前には「ある」だった"説

　動詞が「らし」「∧"し」に上接する場合の遷移過程を述べたので、それを踏まえて山口佳紀の動詞活用論について述べる。

【1】"上代語より一段階前には「見る」の終止形は「み」だった"とする山口説

　山口は『古代日本語文法の成立の研究』343～344頁で上代語の動詞活用についていう。「今、ミル（見）に例をとれば、これは、　ミ・ミ・ミル・ミル・ミレ・ミ（ヨ）　と活用した。しかし、すでに言われているとおり、終止形は、かつて連用形と同形のミであったらしいことが、助動詞ラム・ラシ・

ベシおよび助詞トモに接続する時の形から言えそうである。それ故、ミルの活用は、一段階前には、　ミ・ミ・ミ・ミル・ミレ・ミ（ヨ）　であったと思われる。」

　要約すれば次のようである。"上代語での「見」終止形は「み」ではなく、「みる」である"ということを前提とし、"上代語より「一段階前」の日本語では「見」の終止形は「み」だった。"

　山口の論拠は次の二点である。
①　動詞が助動詞「らし」「らむ」「へ"し」に上接する時の形。
②　動詞が助詞「トモ」に上接する時の形。

【2】山口説には三つの不備がある

（1）山口は、上代語「見」の終止形を「ミル」だとするが、そのように主張するなら、その用例を挙げ、それが終止形だという理由を述べる必要がある。だが山口はその用例・理由を明示しない。

（2）「あるらし」「あるらむ」の用例があってもそれは"「有り」の終止形は上代語より一段階前には「ある」だった"ということの論拠にはならない。

　山口は、"上代語より一段階前には「見」の終止形は「み」だった"と論証しようとして、「有り」の終止形について論じ、「有り」の終止形は上代語より古い段階では「ある」だった"と主張する。山口は同書340頁でいう。「ラ変の終止形も、古くはアリでなくて、アルだったのではないかと思われるふしがある。というのは、一般に終止形接続を行なう、ラム・ラシ・ベシなど推量系助動詞が、ラ変に限って、終止形アリでなく、連体形アルから接続しているという事実があるからである。これは、もともとアリの終止形はアルであったために、ラムなどの助動詞がつく場合に、古い終止形アルが残ったものと解釈すべきであろう。」

　だが、"上代語動詞は、ラムなどの助動詞がつく場合、「古い終止形」になる"という想定は、正しいと証明されたものではない。逆に、正しくないという論拠はある。

　仮に、山口のいうように、「もともとアリの終止形はアルであった」とするならば、"動詞「有り」の終止形は、もともとは「ある」だったが、上代語・平安語では「あり」になり、現代語では「ある」に戻った"ということ

になる。このような戻り惑う変化が起きたとは考えがたい。

　そしてもう一点。「あり」が「らし」に上接すると「あらし」[万15-3667]にもなる。そうすると、"ラムなどの助動詞がつく場合には古い終止形"になる"という山口説によるならば、"「あり」の終止形はもともとは「あ」だった"ということにもなる。もともとの終止形が「ある」と「あ」、二つあったことになるが、これは事実とは考えがたい。

　私見によれば、「あり」が「らし」に上接する場合に「ある」にも「あ」にもなるのは、「あり」の動詞語素「あR¥¥」に「WWRA し」が下接・縮約するからである。その遷移過程が二通りあるために、「あるらし」「あらし」の両形が現れる。「あるらし」「あらし」は"上代語より「一段階前」の終止形"とは無関係である。

（3）"助詞「トモ」に上接する時の形によって、上代語より一段階前の「見」の終止形は「み」だと解る"という山口説について。

　山口は「見」のもともとの終止形を推定する際には、「トモ」に上接する場合の形「みトモ」に依拠して「み」だとする。だが、山口が「見」についてこの方法を用いるなら、「あり」についてもこの方法を用いなければならない。そうすると、「ありトモ〈安里等母〉」[万5-811]により、"ラ変「有り」のもともとの終止形は「あり」だった"とせねばならない。これは山口の提示した結論"「有り」のもともとの終止形は「有る」"に矛盾する。

　あらためて私見を述べる。上代語では動詞は終止形で「トモ」に上接する。そして、上代語動詞「見」は、「みトモ」[万18-4037など]のように、「み」で「トモ」に上接する。よって、上代語動詞「見」の終止形は「み」である。

第七編　助動詞「す」「ふ」「ゆ・らゆ・る」「なふ」、および助詞「う」

第一部　尊敬助動詞「す」・継続助動詞「ふ」・可得助動詞「ゆ・らゆ・る」「る・らる」

第33章　尊敬助動詞「す」・継続助動詞「ふ」　OAYS・OAYP

§1　尊敬助動詞「す」　OAYS

【1】四段動詞に尊敬助動詞「す」が続く場合、動詞語尾は「あ」段になることが多いが「オ乙・お丙」段・「え甲」段になることもある

[上代1]　四段動詞語尾が「あ」段になる用例。
《未然》　仮定用法。　子並みが　肴乞はさば〈許波佐婆〉　　[神武記歌9]
《連用》　つてに用法。　吾が孫ノ知らさむ食す国天下ト、寄さし〈与佐斯〉奉りしまにまに　　　　　　　　　　　　　[続紀神亀元年宣命5]
　　　知らし〈之良志〉めしける　すめロぎノ　　　　　[万18-4094]
《終止》　正出子吾妹　国へ下らす〈玖陀良須〉　　　　　[仁徳記歌52]
　　　魚釣らす〈都良須〉ト　　　　　　　　　　　　　　[万5-869]
[上代2]　四段動詞語幹の末尾音素節が「オ乙・お丙」段の場合、動詞語尾は「オ乙・お丙」段になることがある。
　　　女鳥ノ吾が王ノ　織ロす〈於呂須〉布　　　　　　　[仁徳記歌66]
　　　旅ノ翁ト　おモほして〈於母保之天〉　　　　　　　[万18-4128]

180

［上代3］　四段動詞語幹の末尾音素節が「い甲・い丙」段の場合にも動詞語尾は「オ乙・お丙」段になることがある。

　　賢し女を　有りト聞かして　くはし女を　有りト聞コして〈伎許志弖〉
　　　　　　　　　　　　　　　　　　　　　　　　　　　　［記上巻歌2］
　　安国ト平ケく所知食　古語云はく、しロしめす〈志呂志女須〉
　　　　　　　　　　　　　　　　　　　　　　　［延喜式祝詞大殿祭］

［上代4］　四段動詞「言ふ」が尊敬助動詞「す」の已然形コソや用法「せ」に上接する場合、動詞語尾が「え甲」段になる。

　　汝が言へ甲せ〈伊幣斉〉コソ　うち渡す　矢河枝如す　来入り参来れ
　　　　　　　　　　　　　　　　　　　　　［仁徳紀30年　紀歌57］

【2】尊敬助動詞「す」の本質音はOAYS

　大野晋は「万葉時代の音韻」『万葉集大成第六巻』325頁で、「尊敬のス」をasuだとする。だがasuには「お」を表す音素がないから、「思ほし」「聞コし」になる理由を説明できない。

　私は尊敬助動詞「す」の本質音はOAYSだと推定する。

　OAYSは動詞語素の直後に続く。

　尊敬助動詞「す」の活用語足は動詞の活用語足と同じである。

【3】四段動詞に「す」が続く場合の遷移過程

（1）四段動詞語幹末尾音素節の母音部と助動詞に含まれるOAYが呼応潜顕しなければ四段動詞語尾は「あ」段になる。

　四段動詞語幹末尾音素節の母音部がA・Uの場合、これらはOAYと呼応潜顕しない。この場合、OAYのAは顕存し、O・Yは潜化する。

［上代1］　「下らす」「釣らす」の遷移過程。

　「くだる」の「だ」の母音部はA、「釣る」の「つ」の母音部はUだと推定する。

　　　下らす＝く DAR＋OAYS＋W→く DAROAYSW

　呼応潜顕は起きない。OAYでは後方にある完母音素Aが顕存し、他は潜化する。

　　　→く DARoAy す＝くだ RA す＝くだらす
　　　釣らす＝TUR＋OAYS＋W→TUROAYSW

呼応潜顕は起きない。OAYではO・Yが潜化する。

　　→TURoAyす＝つRAす＝つらす

（2）四段動詞語幹末尾音素節の母音部がO・Y・W・YY・¥O¥の場合、これらはOAYと呼応潜顕することがある。呼応潜顕した場合には、OAYで、Oは顕存し、AYは潜化する。

「織る」の動詞語素はORだと推定する。「思ふ」第二音素節の母音部は¥O¥である。

[上代2]　織ロす＝OR＋OAYS＋AU→OROAYSAU

　　初頭のOとOAYは呼応潜顕し、共にOになる。

　　　　→OROaySaU＝OROSU＝オロ乙す

　　　　思ほして＝おM¥O¥P＋OAYS＋¥¥＋T¥∀¥

　　　　→おM¥O¥POAY-S¥-ʝ｛T¥∀ʝ｝

　　¥O¥とOAYは呼応潜顕し、共にOになることがある。

　　　　→おMʝOʝPOayして＝おMOPOして＝おモ乙ほして

（3）いオ呼応潜顕。

　山田孝雄は、「思ふ」「織る」に「す」が続いた場合に「思ほす」「織ロす」になる理由を、「は」「ら」が「おも」「お」の感化によりて「ほ」「ろ」となれる」と説明する（『奈良朝文法史』234頁）。だが、「聞かす」「知らす」が「聞コす」「知ロす」になる理由については、「かく音の転じたる確なる理由を知らず」という（同書235頁）。山田説は"「オ」段音節に「あ」段音節が続いた場合、「あ」段音節は、「感化」によって、直前音節と同じ「オ」段音節に転じる"というものだから、「きコす」「しロす」のように「い甲・い丙」段直後の音節が「オ乙」段に転じる理由を説明できない。

　私の呼応潜顕説は音素単位で音韻転化の遷移過程を論じるものだから、「きコす」「しロす」になる遷移過程を以下のように説明できる。

　Yを含む母音部とOを含む母音部は次のように呼応潜顕する。

　〔Yを含む母音部があり、その後の音素節にOを含む母音部がある〕場合、前者ではYが一つだけ顕存し、後者ではOが一つだけ顕存することがある。

　これを、いオ呼応潜顕と呼ぶ。

（4）「聞コして」「しロしめす」になる遷移過程。

第33章

「聞く」は、現代語で い音便になるから、その本質音は KYYK だと推定する。

　聞コして＝KYYK＋OAYS＋￥￥＋T￥∀￥
　→KYY-KOAY-S￥-ｊT｛￥∀ｊ｝

YY と OAY は呼応潜顕する。前者では前の Y は潜化し、後の Y は顕存する。後者では、O は顕存し、他は潜化する（いオ呼応潜顕）。

　→KyY-KOay して＝KY-KO して＝き甲コ乙して

「知る」の本質音は SYR だと推定する。

　知ロしめす＝SYR＋OAYS＋￥￥＋めす→SYROAYS￥￥めす

SY の Y と OAY は呼応潜顕する。前者では Y のみが顕存する。後者では O のみが顕存する。

　→SYROayS￥-ｊめす＝SYRO しめす＝しロ乙しめす

（5）「言へせ」の遷移過程。

「言へせ」は動詞語素 YYP に、尊敬助動詞「す＝OAYS」と、その已然形コソや用法の活用語足 YO￥ が続いたもの。

　言へせ＝YYP＋OAYS＋YO￥→YYPOAYSYO￥

OAY と YO￥ は呼応潜顕し、前者は「え甲」段に、後者は「エ乙・え丙」段になる。

　→いP｛OAY｝S｛YO ｊ｝コソ＝いへ甲せコソ

｛OAY｝が「え甲」になることについては類似例がある。「長押」（柱と柱の間に水平に据え付けられた木材）の読みである。

　長押八枝
　［『大日本古文書』5巻150頁。天平宝字六年三月二十五日所載「山作所
　　告朔解」］

「長押」の読みは『源氏物語』帚木などにより、「なげし」だと解る。

形容詞語幹「長」は「な GA」だと推定する。「押す」の動詞語素は、第31章で述べたように、OYS だと推定する。

　長押＝長＋押し＝な GA＋OYS＋Y→な GAOY し

AOY は融合し、「え」を形成する。G｛AOY｝は「げ」になる。

　→な G｛AOY｝し→なげし

183

このように、平安語では |AOY| は「え」になる。これは上代語で |OAY| が「え甲」を形成するのに類似する。

【4】下二段・サ変・上二段動詞に「す」が続く場合の遷移過程

《下二》「寝(ね)」に「す」が続くと「なす」になる。

媛女(をとめ)ノ　寝(な)す〈那須〉や板戸を　　　　　　　　　　［記上巻歌2］

「寝す」は、動詞語素N¥Ω¥にOAYSとAUが続いたもの。活用形式付加語素は節略される。

　　　寝す＝N¥Ω¥＋OAYS＋AU→N¥Ω¥OAYSAU

母音部¥Ω¥OAYでは後方にある完母音素Aのみが顕存し、他は潜化する。

　　　→N j ω j oAySaU＝NASU＝なす

《サ変》「為(す)」に助動詞「す」が続くと「せす」になる。

神ながら　神さびせす〈世須〉ト　　　　　　　　　　［万1-38］

「為す」は、動詞語素SYOYに、OAYSと、Wが続いたもの。活用形式付加語素は節略される。

　　　為す＝SYOY＋OAYS＋W→SYOYOAY-SW

母音部YOYOAYではYOYが融合する。

　　　→S|YOY| OAYす→S|YOY| oayす＝S|YOY|す＝せす

《上二》「臥(こ)ゆ」に「す」が続くと「コやす」になる。

飯に飢(あ)て　臥(こ)やせる〈許夜勢屡〉其ノ旅人　　［推古21年　紀歌104］

動詞語素「臥YW」に、OAYSと、Yと、「AYる」が続く。活用形式付加語素は節略される。

　　　臥やせる＝臥YW＋OAYS＋Y＋AYる→コ YWOAYSYAYる

YWOAYでは、Yが父音部になり、WOAYが母音部になる。母音部では、後方にある完母音素Aのみが顕存し、他は潜化する。

　　　→コ YwoAy-S|YAY|る＝コ YAせる＝コやせる

【5】上甲段動詞に「す」が続く場合の遷移過程

上甲段動詞は尊敬助動詞「す」に上接すると「え甲」段になる。「見」は「め甲」になる。

《連用》つてに用法。　さかゆる時ト　め甲し〈売之〉たまひ

第33章

[万20-4360]

《補助動詞》「見+す」は尊敬を添える補助動詞としても用いられる。

　　桜花　今盛りなり　難波ノ海　押し照る宮に　聞コしめす〈売須〉なへ
「めす」「けす」の遷移過程を述べる。

《連用》つてに用法。「めしたまひ」は、MYに、OAYSと、活用語足¥
¥と、「たまひ」が続いたもの。活用形式付加語素は節略される。

　　見したまひ＝MY＋OAYS＋¥¥＋たまひ

　　→MYOAYS¥-jたまひ＝MYOAYしたまひ

母音部YOAYは融合する。|YOAY|は、|YOY|や|YAY|や|OAY|と同様に、
「え甲」を形成する。

　　→M|YOAY|したまひ＝め甲したまひ

【6】継体紀七年条の「吾が見せば」の「見せ」は使役の意を持つ他動詞で
　　あって、尊敬の意を持たない

継体紀七年条には、勾大兄皇子（後の安閑天皇）は春日皇女に求婚した
際に、春日皇女が詠んだ歌がある。

　　みモロが上に　登り立ち　吾が見せば〈弥細麼〉　（中略）　誰れやし人
　　モ　上に出て　嘆く

　　[継体紀7年 紀歌97。みモロの意味については『古事記歌謡全解』記歌
　　60の段参照]

土橋寛は『古代歌謡全注釈日本書紀編』301頁でいう。「ミセという形は、
見せる意の下二段他動詞ミスの未然形があるが、それではここに適合しない
から、見るの敬語動詞とみるほかあるまい。」

私は土橋の論定には従えない。勾大兄皇子が求婚したことに対して春日皇
女は"誰もが嘆いている"と答えたのである。このことからすれば、歌意は
おおよそ次のようだと考えられる。

　（貴方は国民の心情を解っていない。だから貴方を連れて）皇居の上層階
に登り、長い間そこに立ち、私が（貴方に）（人々の反応ぶりを）見せたと
したら、誰もが皆、心情を露わにして、（"勾大兄皇子が春日皇女と結婚した
ら仁徳天皇から続く皇統はもう復活できない"と）嘆く（のを見るでしょう）。

　このように考えるなら、「見せば」の「みせ」は使役の意味を持つ下二段

他動詞「見す」の未然形だとするのが順当である。

そして、この「みせ」を使役の動詞だとするなら、上甲段「見」は尊敬助動詞「す」に上接するすべての用例で「め甲」になり、例外がなくなる。

§2 継続助動詞「ふ」 OAYP

【1】四段動詞に継続助動詞「ふ」が続く場合、動詞語尾は「あ」段にもなり、「オ乙・お丙」段にもなる

［上代1］ 四段動詞に「ふ」が続く場合、動詞語尾は「あ」段になることが多い。

角鹿ノ蟹　横去(さ)らふ〈佐良布〉何処(いづく)に至る　　　［応神記歌42］
い行(ゆ)き目(ま)守(も)らひ〈麻毛良比〉　　　　　　　　　［神武記歌14］
鄙(ひな)に五年(いつとせ)　住まひ〈周麻比〉つつ　　　　　　　　　［万5-880］
モみち葉(ば)ノ　散らふ〈知良布〉山辺(やまへ)ゆ　　　　　　　　［万15-3704］

［上代2］ 四段動詞語幹の末尾音素節が「う」段・「い丙」段の場合、動詞語尾は「オ乙・お丙」段になることがある。

常モ無(つね)く　移(うつ)ロふ〈宇都呂布〉見れば　　　　　　　　［万19-4160］
堅塩を　取りつづしロひ〈取都豆之呂比〉　　　　　　　　　［万5-892］

【2】継続助動詞「ふ」の本質音は OAYP

継続助動詞「ふ」の本質音は OAYP だと推定する。

四段動詞に「ふ」が続く場合、動詞語素に OAYP と活用語足が続く。

「ふ」の活用語足は動詞と同じである。

【3】四段動詞に「ふ」が続く場合の遷移過程

［上代1］「去(さ)らふ」「住まふ」「散らふ」の遷移過程。

「去る」の「さ」の母音部は A だと推定する。

　　　去らふ＝SAR＋OAYP＋W→SAROAYPW

呼応潜顕は起きない。OAY では後方にある A が顕存し、他は潜化する。

　　　→SARoAyPW＝SARAPW＝さらふ

「住む」の「す」の母音部は U だと推定する。

　　　住まひ＝SUM＋OAYひ→SUMoAy ひ＝SUMA ひ＝すまひ

「散らふ」の「ち」の母音部は Y だと推定する。

散らふ＝TYR＋OAY ふ→TYROAY ふ

　YとOAYは呼応潜顕することもあるが、しないこともある（いオ呼応潜顕）。「散らふ」の場合は呼応潜顕は起きない。OAYでは、Aのみが顕存する。

　　→TYRoAy ふ＝TYRA ふちらふ
[上代2]「移ロふ」「つづしロひ」の遷移過程。

「移る」の「うつ」は、「うつしおみ〈宇都志意美〉」[雄略記]の母音部と同一で、Wだと推定する。

　　移ロふ＝うTWR＋OAYP＋AU→うTWROAYPAU

　WとOAYは呼応潜顕する。前者は顕存する。後者ではOは顕存し、AYは潜化する。

　　→うTWROayPaU→うTWROPU＝うつロ乙ふ

「つづしロひ」の「し」の母音部はYだと推定する。

　　つづしロひ＝つづSYR＋OAYP＋¥¥→つづSYROAY–P¥¥

　YとOAYは呼応潜顕する。前者ではYは顕存する。後者ではOは顕存し、AYは潜化する（いオ呼応潜顕）。

　　→つづSYROay–P j ¥＝つづSYRO–P¥＝つづしロ乙ひ甲

第34章　可得助動詞「ゆ・らゆ・る」「る・らる」　OAYRY

§1　上代語の可得助動詞「ゆ・らゆ・る」

　自発・受動・可能の意を表す下二段活用の助動詞を**可得助動詞**と呼ぶ。

　上代語の可得助動詞は、その終止形の現象音によるなら、「ゆ」「らゆ」「る」の三種類に分けられる。

【1】可得助動詞「ゆ」「らゆ」「る」の用例

（1）可得助動詞「ゆ」。ヤ行で下二段活用する。

　「ゆ」に上接する四段動詞は、語尾が「あ」段になる場合と、「オ」段になる場合がある。

[上代1]「ゆ」に上接する四段動詞の語尾は「あ」段になることが多い。

《終止》 思ひわづらひ 哭ノミし泣かゆ〈奈可由〉　　　［万5-897］
《連用》 つてに用法。 此く行ケば 人に憎まイェ〈迩久麻延〉［万5-804］
［上代2］ 四段動詞語幹の末尾音素節が「オ乙」段・「い甲」である場合、動詞語尾は「オ乙・お丙」段になることがある。
《連体》 心モしのに おモ乙ほゆる〈於母保由流〉かモ　　［万17-3979］
　　　遙遙に 言ソ聞コゆる〈梽挙喩屢〉　　［皇極紀3年 紀歌109］
《終止》 楫ノ音聞コゆ〈伎許由〉　　　　　　　　　　　［万15-3664］
（2）可得助動詞「らゆ」。ラ行で下二段活用する。下二段「寝」に続く。
《未然》 ずむ用法。 妹を恋ヒ 眠ノ寝らイェぬ〈祢良延奴〉に
　　　　　　　　　　　　　　　　　　　　　　　　　　　［万15-3665］
（3）可得助動詞「る」。ラ行で下二段活用する。
《未然》 ずむ用法。 影さへ見イェて ヨに忘られず〈和須良礼受〉
　　　　　　　　　　　　　　　　　　　　　　　［万20-4322防人歌］
《連用》 つてに用法。 遠き境に 遣はされ〈都加播佐礼〉［万5-894］
《連体》 子らは愛しく 思はるる〈於毛波流留〉かモ　［万14-3372東歌］
［東方］ 連体形が「る」になる。
　　　　一寝ロに 言はる〈伊波流〉モノから 青嶺ロに いさよふ雲ノ 寄居り妻はモ　　　　　　　　　　　　　　　　　　　　［万14-3512東歌］

【2】可得助動詞「ゆ・らゆ・る」の語素構成

（1）「ゆ」「らゆ」「る」をまとめて可得助動詞「ゆ・らゆ・る」と呼ぶ。
　「ゆ」「らゆ」「る」は共に下二段活用であり、"……することを得る"のような意味である。そこで「ゆ」「らゆ」「る」の語素構成は同一だと考える。これらをまとめて可得助動詞「ゆ・らゆ・る」と呼ぶ。
（2）可得助動詞「ゆ・らゆ・る」の助動詞語素の本質音は OAYRY
　可得助動詞「ゆ・らゆ・る」に上接する動詞の語尾は「あ」段になることが多いが、「思ふ」「聞く」に続く場合には「オ」段になることがある。この状況は、四段動詞に尊敬助動詞「す」が続く場合に似る。その「す」の助動詞語素は OAYS である。そこで可得助動詞「ゆ・らゆ・る」の語素の初頭には OAY があると考える。
　可得助動詞「ゆ・らゆ・る」はヤ行（Y行）で活用することが多いが、ラ

第34章

行（R行）で活用することもある。そこで「ゆ・らゆ・る」の語素の末尾には双挟音素配列 YRY があると考える。

以上のことから可得助動詞「ゆ・らゆ・る」の助動詞語素の本質音はOAYRY だと推定する。

「ゆ・らゆ・る」は下二段活用するから、助動詞語素 OAYRY の後に、下二段の段付加語素 ¥Ω¥ と、下二段の活用形式付加語素 WRW が続く。

「ゆ・らゆ・る」の活用語足は動詞の活用語足と同じである。

「ゆ・らゆ・る」は動詞の活用語胴に続く。動詞の活用語胴に「ゆ・らゆ・る」が続く用法を**語胴形可得用法**と呼ぶ。

【3】語胴形可得用法の遷移過程

（1）語胴形可得用法の遷移の仕方は大きく二通りに分けられる。

語胴形可得用法の場合、OAYRY で二通りの遷移が起きる。

第一。まず、Y が R を双挟潜化する。その後、OAY で潜顕が起きる。この場合は「ゆ」あるいは「らゆ」になる。

第二。まず、OAY で潜顕が起きて、Y が潜化する。R は双挟潜化されずに顕存する。この場合は「る」になる。

（2）「ゆ・らゆ・る」が四段動詞に続いて「ゆ」になる遷移過程。

［上代1］　四段動詞の語尾が「あ」段になる。

《終止》　泣かゆ＝泣 K＋OAYRY＋¥Ω¥＋WRW＋W

　　→泣 KOAYRY¥Ω¥WRWW

　　Y は R を双挟潜化する。¥Ω¥WRWW では、W は R を双挟潜化する。

　　→な KOAYrY¥Ω¥WrWW＝な KOAYY¥Ω¥WWW

　　KOA と YY の間で音素節が分離する。YY¥Ω¥WWW では YY が父音部になる。

　　→な KOA–YY¥Ω¥WWW→な KoA–Yy¥Ω¥WWW

　　→な KA–Y$j\omega j$ WWW→なか YwwW＝なか YW＝なかゆ

［上代2］　「思ほゆる」「聞コゆ」の遷移過程。

《連体》　思ほゆる＝お M¥O¥P＋OAYRY＋¥Ω¥＋WRW＋AU

　　→お M¥O¥POAYRY¥Ω¥WRWAU

　　POA の前後で音素節が分離する。YRY では Y が R を双挟潜化する。

189

　　　　→お M￥O￥-POA-YrY￥Ω￥WRWAU

　￥O￥と OA は呼応潜顕し、双方とも O になる。

　　　　→お M j O j -POa-YY￥Ω￥WRWAU

　YY￥Ω￥W では YY が父音部になり、￥Ω￥W が母音部になる。

　母音部￥Ω￥W と WAU は呼応潜顕する。WAU では U は顕存し、WA は潜化する。これに呼応して、￥Ω￥W では W は顕存し、他は潜化する。

　　　　→お MO-PO-YY j ω j W-RwaU→おモほ YYW-RU

　　　　→おモほ YyW る＝おモほ YW る＝おモほゆる

《終止》　聞コゆ＝KYYK＋OAYRY＋￥Ω￥＋WRW＋W

　熟合した後、Y は R を双挟潜化する。W は R を双挟潜化する。

　　　　→KYYKOAYrY￥Ω￥WrWW＝KYYKOAYY￥Ω￥WWW

　KOA の前後で音素節が分離する。

　　　　→KYY-KOA-YY￥Ω￥WWW

　KYY の YY と KOA の OA は呼応潜顕する。前者では前の Y が潜化する。後者では O は顕存し、A は潜化する（いオ呼応潜顕）。

　　　　→KyY-KOa-Yy￥Ω￥WWW→KY-KO-Y j ω j WWW

　　　　→KY-KO-YwwW＝KY-KO-YW＝き甲コ乙ゆ

（3）「ゆ・らゆ・る」が下二段動詞に続いて「らゆ」になる遷移過程。

　「寝らイぬ」の語素構成は、「寝」の動詞語素 N￥Ω￥に、WRW と、可得助動詞の語素 OAYRY と￥Ω￥と WRW と、「∀＋ぬ」が続いたもの。

　　　　寝らイぬ＝N￥Ω￥＋WRW＋OAYRY＋￥Ω￥＋WRW＋∀＋ぬ

　熟合した後、Y は R を双挟潜化する。また WRW∀では W は R を双狭潜化する。

　　　　→N￥Ω￥WRWOAYrY￥Ω￥WrW∀ぬ

　RWOA の前後で音素節が分離する。二つある￥Ω￥は共に融合する。

　　　　→N¦￥Ω￥¦W-RWOA-YY¦￥Ω￥¦WW∀ぬ

　　　　→N¦￥Ω j ¦w-RwoA-YY¦￥Ω j ¦wwα ぬ

　　　　→N¦￥Ω j ¦-RA-Yy¦￥Ω j ¦ぬ＝ねらイぬ

（4）「ゆ・らゆ・る」が四段動詞に続いて「る」になる遷移過程。

《連用》　つてに用法。　遣はされ＝遣は S＋OAYRY＋￥Ω￥＋WRW＋￥￥

→つかは SoAy-RY￥Ω￥WrW￥￥

→つかは SA-RY｛￥Ω￥｜WW￥￥→つかはさ-Ry｜￥Ωj｜ww jj

→つかはさ-R｜￥Ωj｜=つかはされ

[東方]《連体》 言はる=言 P+OAYRY+￥Ω￥+WRW+AU

→い POAY-RY￥Ω￥WRWAU

双挟音素配列 RY￥Ω￥WR では、R が Y￥Ω￥W を双挟潜化する。

→い PoAy-Ry jωj wRWAU→い PA-RRwaU

→いは RrU=いは RU=いはる

§2　平安語の可得助動詞「る・らる」の遷移過程

【1】平安語の可得助動詞「る・らる」の語素構成は上代語の「ゆ・らゆ・る」と同一

　平安語では、自発・受動・可能・尊敬を表す「る」「らる」がある。それらの助動詞語素は上代語の「ゆ・らゆ・る」と同一で、OAYRY である。

　平安語の「る」「らる」をまとめて可得助動詞「る・らる」と呼ぶ。

　「る・らる」は動詞の活用語胴に続く。

　「る・らる」は、四段動詞などに下接すれば「る」になり、下二段動詞などに下接すれば「らる」になる。

【2】四段動詞に続く「る・らる」が「る」になる遷移過程

《連体》 物に襲はるるやうにて、あひ戦はむ心もなかりけり。［竹取物語］

　　　襲はるる=襲 P+OAYRY+￥Ω￥+WRW+AU

　　　→襲 POAYRY￥Ω￥WRWAU

　平安語では OAY と RY の間で音素節が分離する。

　　　→襲 POAY-RY￥Ω￥W-RWAU

　Y￥Ω￥W と WAU は呼応潜顕する。Y￥Ω￥W では W のみが顕存する

　　　→襲 PoAy-Ry jωj W-RwaU=襲 PA-RW-RU=おそはるる

【3】下二段・サ変に続く「る・らる」が「らる」になる遷移過程

《下二》 舅(しうと)にほめらるる婿(むこ)。　　　　　　　　［枕草子72段］

　　　誉めらるる=誉 M+￥Ω￥+WRW+OAYRY+￥Ω￥+WRW+AU

　　　→ほ M￥Ω￥W-RWOAY-RY￥Ω￥W-RWAU

→ほ M ｜¥Ω¥｜ W–RwaAy–Ry $j\omega j$ W–RwaU

　　　→ほ M ｜¥Ω j｜ w–RA–RW–RU＝ほメらるる

《サ変》　秋のよの　ねさめせらるる　おりにしもふく

[玉葉和歌集4-540]

　　為らるる＝SYOY＋YWRY＋OAYRY＋¥Ω¥＋WRW＋AU

　　　→SYOYYW–RYOAY–RY¥Ω¥W–RWAU

　　　→S｜YOY｜YW–RyoAy–Ry $j\omega j$ W–RwaU

　　平安語・現代語では｜YOY｜の末尾にある Y は潜化すると考える。

　　　→S｜YOy｜yw–RA–RW–RU＝S｜YOy｜らるる＝せらるる

§3　現代語の可得助動詞「れる」「られる」の遷移過程

【1】現代語の可得動詞「れる」「られる」の語素構成は上代語「ゆ・らゆ・る」・平安語「る・らる」と同一

　現代語では、自発・受動・可能・尊敬を表す「れる」「られる」がある。それらの助動詞語素は上代語「ゆ・らゆ・る」・平安語「る・らる」と同一で、OAYRY である。

　現代語の「れる」「られる」をまとめて可得助動詞「れる・られる」と呼ぶ。

　「れる・られる」は動詞の活用語胴に続く。

【2】終止形「泣かれる」、連体形「誉められる」の遷移過程

《終止》　現代語「泣かれる」の語素構成は上代語「泣かゆ」と同一である。

　　　泣かれる＝泣 K＋OAYRY＋¥Ω¥＋WRW＋W

　　　→な KOAY–RY¥Ω¥W–RWW→な KoAy–RY｜¥Ω¥｜W–RwW

　　　＝な KA–Ry｜¥Ω j｜w–RW＝なか R｜¥Ω j｜る＝なかれる

《連体》　現代語連体形「誉められる」の語素構成は平安語「ほめらるる」と同一である。

　　　誉められる＝誉 M＋¥Ω¥＋WRW＋OAYRY＋¥Ω¥＋WRW＋AU

　　　→ほ M ｜¥Ω¥｜ W–RwoAy–RY｜¥Ω¥｜W–RwaU

　　　→ほ M ｜¥Ω j｜ w–RA–Ry｜¥Ω j｜w–RU＝ほメられる

【3】詞終止形「見られる」の遷移過程
《終止》 見られる＝MY＋YRY＋OAYRY＋￥Ω￥＋WRW＋W
　　→MYY-RYOAY-RY￥Ω￥W-RWW
　　→MyY-RYoAy-Ry｛￥Ω￥｝W-RwW
　　→MY-RA-Ry｛￥Ωj｝w-RW＝みらR｛￥Ωj｝る＝みられる
【4】「聞かれる」と「聞こえる」の遷移過程
　現代語には、受動を表す「聞かれる」と可能を表す「聞コえる」があるが、これらの語素構成は共に上代語「聞コゆ」と同一である。
《受動》 聞かれる＝KYYK＋OAYRY＋￥Ω￥＋WRW＋W
　　→KYY-KOAY-RY￥Ω￥W-RWW
　　→KyY-KoAy-Ry｛￥Ωj｝w-RwW
　　→KY-KA-R｛￥Ωj｝-RW＝きかれる
《可能》 聞こえる→KYY-KOAYRY￥Ω￥W-RWW
　Yは R を双挟潜化する。
　　→KYY-KOAYrY￥Ω￥W-RwW→KYY-KOAY-Y￥Ω￥W る
　YY と OAY は呼応潜顕する。前者では前の Y が潜化する。後者では O のみが顕存する（いオ呼応潜顕）。
　　→KyY-KOay-Y｛￥Ωj｝w る→KY-KO-y｛￥Ωj｝る＝きコえる
【5】終止形「来られる」「される」の遷移過程
《終止》 来られる＝K￥O￥＋YWRY＋OAYRY＋￥Ω￥＋WRW＋W
　　→K￥O￥YW-RYOAY-RY｛￥Ω￥｝W-RWW
　　→K j O j yw-RyoAy-Ry｛￥Ωj｝w-RwW
　　＝KO-RA-R｛￥Ωj｝る＝コられる
《終止》 為れる＝SYOY＋YWRY＋OAYRY＋￥Ω￥＋WRW＋W
　　→SYOYYWRYOAY-RY｛￥Ω￥｝W-RWW
　YWRY では、Y は WR を双挟潜化する。
　　→SYOYYwrYOAY-Ry｛￥Ωj｝w-RwW
　　→SYOYYYOAY-R｛￥Ωj｝-RW
　母音部 YOYYYOAY では後方にある完母音素 A は顕存し、他は潜化する。
　　→SyoyyyoAy れる＝SA れる＝される

第二部　助詞「う」と"時"を表す「う」

第35章　助詞「う」と動詞の語素形う用法　WΩW

§1　近畿語「過ぐす」が東方語で「過ごす」になる理由

（1）上二段動詞「過ぐ」。
　　新治(にひばり)　筑波(つくは)を過ギ〈須疑〉て　［景行記歌25］
　動詞「過ぐ」は上二段だから、その動詞語素は「すGW」である。
（2）四段動詞は近畿語で「過ぐす」、東方語で「過ごす」、平安語・現代語で「過ゴす」になる（平安語・現代語では「ご」には甲類・乙類の識別はないが「すゴす」の「ゴ」は「ゴ乙」相当だと考える）。
［近畿］　思ひ過ぐさず〈須具佐受〉　行く水ノ音モさやケく　［万17-4003］
［東方］　愛しけ子ロを　思ひ過ご甲さむ〈須吾左牟〉　　［万14-3564東歌］
［平安・現代］　平安時代には、「おほとのごもりすぐして」［源氏物語桐壺］のように「過ぐす」もあるが、「過ゴす」の用例が現れる。
　　　　いままで　すごし侍りつるなり　　　　　　　　　［竹取物語］
　現代語では「過ゴす」が用いられる。
（3）上代近畿語「過ぐす」が上代東方語で「過ご甲す」に、平安語・現代語で「過ゴす」になる遷移過程。
　近畿語「過ぐす」・東方語「過ごす」・平安語・現代語「過ゴす」の活用語胴は同一で、上二段「過ぐ」の動詞語素「過GW」に、活用形式転換語素ΩWSが続いたものだと推定する。
［近畿］　過ぐさず＝過GW＋ΩWS＋∀＋ず→すGWΩWS∀ず
　近畿語では、父音素にWΩWが続く場合、通例はWがΩを双挟潜化する（呼応潜顕が起きた場合にはΩが顕存してWが二つとも潜化する）。
　　→すGWωWさず＝すGWWさず→すGwWさず＝すGWさず＝すぐさず

［東方］　過ごさむ＝過 GW＋ΩWS＋∀＋む→す GWΩWS∀む
　　東方語では、母音部の WΩW は融合して「お甲」を形成することがある。
　　　→す G |WΩW| S∀む＝すご甲さむ
［平安・現代］　過ゴす＝過 GW＋ΩWS＋W→す GWΩWSW
　　平安語・現代語では、WΩW で、Ω は顕存し、W は二つとも潜化する。
　　　→す GwΩwSW＝す GΩSW＝すゴす

§2　助詞「う」および動詞の語素形う用法「行くさ」「来さ」

【1】「来さ」は動詞語素 K￥O￥ に助詞「う＝WΩW」と「さ」が続いたもの
　「行くさ」「来さ」という語句がある。"行く際""来る場合"の意味である。
　　青海原　風波なびき　行くさ〈由久左〉来さ〈久佐〉つつむ事無く
　　船は速けむ　　　　　　　　　　　　　　　　　　　［万20-4514］
　「行くさ」「来さ」の「行く」「来」は表層の形だけを見るなら、終止形である。しかし、終止形の本質は文を終止することだから、接尾語「さ」を修飾するとは考えられない。「行くさ」「来さ」の「行く」「来」は、本質的には終止形ではないと考える。
　「行くさ」「来さ」の語素構成は動詞語素に助詞「う」と接尾語「さ」が続いたものであり、助詞「う」には"……の"の意味があるので"行く際""来る場合"の意味になると考える。

【2】「行くさ」「来さ」の遷移過程
　助詞「う」の本質音は WΩW だと推定する。
　　　行くさ＝行 K＋WΩW＋さ→ゆ KWΩW さ
　W は Ω を双挟潜化する。
　　　→ゆ KWωW さ→ゆ KwW さ＝ゆ KW さ＝ゆくさ
　　　来さ＝K￥O￥＋WΩW＋さ→K￥O￥WωW さ＝K￥O￥WW さ
　母音部￥O￥WW では、末尾で二連続する W はひとまず顕存し、￥O￥は潜化する。
　　　→K j o j WW さ＝KWW さ→KwW さ＝KW さ＝くさ
　動詞語素に、助詞「う」が続いて後続語を修飾する用法を動詞の**語素形う用法**と呼ぶ。

§3　近畿語「来るまで」と東方語「来まで」

【1】近畿語では「来るまで」、東方語では「来まで」
（1）近畿語では動詞は連体形で助詞「まで」に上接する。
　　　い泊(は)つるまで〈伊波都流麻泥〉に　　　　　　　　［万18-4122］
　　　日ノ暮るるまで〈久流留麻弖〉　　　　　　　　　　［万4 -485］
　カ変動詞の場合はどうか。近畿語では、「来」が「まで」に上接する場合、連体形「来る」になる。
　　　吾が来(わく)るまで〈久流麻埿〉に　　　　　　　　　［万20-4408］
（2）東方語では、「来」が「まで」に上接すると「くまで」になる。
　東方語では、「来」が「まで」に上接する場合、連体形は用いられず、すべて「くまで」になる［万20-4339・4340・4350・4372・4404］。
　　　帰(かひ)り来(く)〈久〉までに　　　　　　　　　　　　　［万20-4339防人歌］
　どうして東方語では、「まで」に上接する「来」は「く」になるのか。

【2】東方語での「来まで」の語素構成・遷移過程
　東方語「来(く)まで」の「く」の語素構成は、近畿語「来(く)さ」の「く」と同一で、「K￥O￥＋WΩW」だと考える。
［東方］　来まで＝K￥O￥＋WΩW＋まで→K￥O￥WωWまで
　　　　　＝K￥O￥WWまで→K joj WWまで→KwWまで＝KWまで＝くまで
　近畿語では、「来」が「さ」に上接する場合には「K￥O￥＋WΩW」を用いるが、東方語では「来」が「まで」に上接する場合に「K￥O￥＋WΩW」を用いるのである。

第36章　"時"を表す「う」と「何時(いつ)」「いづれ」の語素構成

§1　"時"を表す「う」

　"時"に関する単語の中には、末尾音素節が「う」段のものがある。「何時(いつ)」「明日(あす)」「昼(ひる)」「夜(よる)」である。

第36章

　　か黒き髪に　何時〈伊都〉ノ間か　霜ノ降りけむ　　　［万5-804］
　　君が目を　今日か明日〈安須〉かト　斎ひて待たむ　　［万15-3587］
　　昼〈比流〉は物思ひ　ぬば玉ノ　夜〈欲流〉はすがらに　［万15-3732］
「何時」「明日」「昼」「夜」の末尾には、"時"の意味を表す語素「う」があると考える。"時"を表す「う」の本質音はUだと推定する。「う＝U」は、直前の語素と熟合・縮約するので、単独の「う」として現れることはない。

§2 「昼」「夜」の語素構成・遷移過程

（1）「昼＝ひる」の語素構成。

　「昼」の語素構成は、"太陽"の意味の「日」に、助詞「ロ・ら＝R∀Ω」と、「時＝U」が下接・縮約したもの。"太陽の時"の意である。

　　　昼＝日＋R∀Ω＋U→ひR∀ΩU→ひRαωU＝ひRU＝ひる

（2）「夜＝よる」の語素構成。

　古事記歌3bでは「夜」が「よ」と読まれるが、この場合の「夜」の意味は"月"だと考える。

　　　青山に　日が隠らば　ぬば玉ノ　夜〈用〉は出でなむ

　　　　　　　　　　　　　　　　　　　　　　　　［記上巻歌3b］

　趣意は、"太陽が山に隠れたら、自然の原理として、「夜＝月」が出る"である（『古事記歌謡全解』記歌3bの段参照）。

　「よる（夜）」の語素構成は、「よ（月）」に、助詞「ロ・ら」と、「時＝U」が下接・縮約したもの。"月の時"の意である。

　　　夜＝月＋R∀Ω＋U→よR∀ΩU→よRαωU→よRU＝よる

§3 "何時"の意味の「いつ」の語素構成・遷移過程

【1】上代語の疑問詞「いつ」と「いづれ」「いづく」「いづへ」「いづち」「いづら」「いづゆ」

（1）第二音素節が清音の上代語疑問詞「いつ」。

　上代語に、"特定はしないが、ある時に"や"何時"を意味する「いつ」がある。

　　　吾妹子は　何時〈伊都〉トか吾れを　斎ひ待つらむ　　［万15-3659］

197

行く吾れを　何時〈何時〉来まさむト　問ひし子らはモ［万17-3897］
（2）第二音素節が濁音の上代語疑問詞「いづれ」「いづく」「いづへ」「いづち」「いづら」「いづゆ」。

　上代語の疑問詞には「いづ」で始まるものが多い。「いづれ〈伊豆礼〉」［万15-3742］・「いづく〈伊豆久〉」［応神記歌42］・「いづへ〈伊頭敝〉」［万19-4195］・「いづち〈伊豆知〉」［万5-887］・「いづら〈伊豆良〉」［万15-3689］・「いづゆ〈伊豆由〉」［万14-3549東歌］である。

【2】「いつ」および「いづれ」「いづく」等の語頭には"何"を意味する語素￥￥TDがある

　「いつ」は"何"の意味を含み、「いづれ」「いづく」等も"何"の意味を含む。そこでこれらの疑問詞の初頭には、"何"を意味する語素が共通して存在すると考える。"何"を意味する語素の本質音は￥￥TDだと推定する。

【3】"何時"を意味する「いつ」の語素構成は「￥￥TD＋U」

　"何時"を意味する「いつ」の語素構成は、"何"を意味する￥￥TDに、"時"を意味するUが下接・縮約したものだと考える。

　　何時＝￥￥TD＋U→￥￥TDU

　￥￥は音素節を形成する。初頭の￥は父音部になるが、近畿語ではヤ行を形成できずに潜化する。後の￥は母音素性を発揮し、「い」を形成する。

　　j￥は「い」になる。

　母音素性を発揮する￥の後では父音素がT・D二連続する。TDの直後には完母音素Uがある場合には、Tは￥に付着せず、音素節TDUを形成する。

　　→￥￥-TDU→j￥-TDU＝いTDU

　父音部TDでは、前のTは顕存し、後のDは潜化する。

　　→いTdU＝いTU＝いつ

§4　上代語「いづれ」の語素構成・遷移過程と現代語「ドレ」の遷移過程

【1】上代語「いづれ」の語素構成・遷移過程

　「いづれ」の語素構成は"何"を意味する￥￥TDに、助詞「う＝WΩW」と、"物"を意味する接尾語「れ」が下接・縮約したもの。

198

何れ＝¥¥TD＋WΩW＋れ→¥¥TDWΩWれ

¥¥では初頭の¥は父音部になるが、ヤ行を形成できずに潜化する。後の¥は母音素性を発揮する。

母音素性を発揮する¥の直後では父音素がT・D二連続する。TDの直後にWがある場合には、Tは直前の¥に付着して音素節¥¥Tを形成する。

→¥¥T-DWΩWれ→¥¥t-DWΩWれ

母音部WΩWでは、WはΩを双挟潜化する。

→¥¥-DWωWれ→¥¥-DwWれ→ j¥-DWれ＝いづれ

【2】上代語の「いづれ」が現代語で「ドレ」になる遷移過程

現代語「ドレ」の語素構成は上代語「いづれ」と同一である。

何れ＝¥¥TD＋WΩW＋れ→¥¥TDWΩWれ

¥¥とWΩWは呼応潜顕する。後者ではΩは顕存し、Wは二つとも潜化する。これに呼応して、¥¥は二つとも潜化するのだが、そのために、¥¥は二つとも父音素性を発揮する。

→¥¥TDwΩwれ＝¥¥TDΩれ

父音部¥¥TDでは、父音素性を発揮する音素が四連続する。母音部がΩの場合には末尾のDが顕存し、¥¥Tは潜化する。

→ j jtDΩれ＝DΩれ＝ドれ

惑兼音素Ωを含む音素群と遊兼音素¥を含む音素群が呼応潜顕することを惑遊呼応潜顕と呼ぶ。

第37章 「射ゆ猪(しし)」の語素構成

【1】「射ゆ猪」の用例

射ゆ〈伊喩〉猪を 繋(つな)ぐ川傍(かは へ)ノ 若草ノ 若くありきト 吾(あ)が思(モ)はなくに　　　　　　　　　　　　　　　　［斉明紀4年 紀歌117］

射ゆ猪〈所射鹿〉を 繋(つな)ぐ川傍(かは へ)ノ 和草(にこぐさ)ノ 身ノ若か へに さ寝し子らはモ　　　　　　　　　　　　　　　　　　　　　［万16-3874］

【2】「射ゆ猪」についての従来説

受動を表す「所射」という表記および紀歌117の歌意からすると、「射ゆ猪」

は"（弓矢で）射られた猪"であり、「射ゆ」は受動の意味を含む。受動の意味を含む「射ゆ」の語素構成はどのようであるか。

濱田敦は「助動詞」『万葉集大成第六巻』88頁で「射ゆ猪」の「ゆ」について、「もと四段形式であつたものが（中略）下二段形式に移行したもので、「射ゆ」はその四段形式の名残りである」という。

濱田は"「射ゆ猪」の「射ゆ」は元来は四段活用である"というが、四段活用の動詞は受動の意味を持たない。よって私は濱田敦節には従えない。

『時代別国語大辞典上代編』は「いゆ」の項で、「射ゆ」を「動下二」とし、「射られる」の意味だとし、「イユは動詞射ル（上一段）に受身の助動詞ユが結びついて成立した語であろう。（中略）イユシシは直接体言に続く例かと考えられる」と説明する。

だが、「射」に受動を表す助動詞「ゆ」が続いたものならば、体言「猪ししし」を修飾するのだから、連体形「射ゆる」になるのが当然である。

どうして終止形の形の「射ゆ」が「猪」を修飾できるのか。

同書は「イユシシは直接体言に続く例かと考えられる」という。だが、「イユシシは直接体言に続く」というのは私たちが疑問としている文献事実そのものであって、解決案ではない。

【3】「射ゆ猪」の語素構成・遷移過程

「射ゆ猪」は、表面的には、動詞終止形が後続の体言を修飾する形である。同様の形として「出づ水み」（泉）・「垂る水み」がある。「出づ水」・「垂る水」の語素構成は、『上代特殊仮名の本質音』第88章で述べたように、動詞語素「出D」「垂R」に助詞「う＝WΩW」と体言「水」が続いたものである。

そこで、「射ゆ猪」の語素構成は、「出づ水」・「垂る水」と同様、動詞語素に助詞「う＝WΩW」と体言が続いたものだと考える。

上甲段「射」の動詞語素は、上甲段「見」「着」の動詞語素がMY・KYであることから類推して、YYだと推定する。

　　　射ゆ猪＝YY＋WΩW＋猪→YYWΩW猪→YYWωW猪＝YYWW猪

YとYWWの間で音素節が分離する。

YWWではYが父音部になり、WWが母音部になる。

　　　→Y–YWW猪→い–YwW猪＝い–YW猪＝いゆしし

【4】「動詞語素＋WΩW＋体言」用法の動詞には自発・受動の意味を持つものがある

　「出づ水＝出 D＋WΩW＋水」は"人が出す水"ではなく、"自然に出てくる水"である。また、「垂る水＝垂 R＋WΩW＋水」は"人が垂れおとす水"ではなく、"自然に垂れおちる水"である。よって、「動詞語素＋WΩW＋体言」用法の動詞は自発の意味を持つといえる。

　自発の意味を添える語には助動詞「ゆ・らゆ・る」があるが、「ゆ・らゆ・る」は受動の意味も持つ。このことから推定して、自発の意味を持つ「動詞語素＋WΩW＋体言」用法の動詞は受動の意味も持つと考える。「射ゆ猪」の「射ゆ」は「動詞語素＋WΩW＋体言」用法だから受動の意味を持つとしてよい。「射ゆ猪」は"射られた猪"の意味である。

第三部　東方語否定助動詞「なふ」と、東方語「来なに」「付かなな」

第38章　東方語否定助動詞「なふ」　N¥＋AOP

【1】東方語否定助動詞「なふ」の用例

　東方語では否定助動詞として、近畿語と同じ「ず」も用いられるが、「なふ」も用いられる。
《終止》　なふ。
　　去にし宵より　夫ロに逢はなふ〈安波奈布〉ヨ　　　［万14-3375東歌］
《未然》　仮定用法。「なは」。
　　逢はなはば〈安波奈波婆〉　偲ひにせもト　　　　　［万14-3426東歌］
《未然》　ずむ用法。「なは」。
　　然からばか　隣ノ衣を　借りて着なはも〈伎奈波毛〉
　　　　　　　　［万14-3472東歌。「も」は意志助動詞「む」連体形の東方語形］
《連体》　「なへ」「ノへ」両形がある。
［東方1］　小さ小さモ　寝なへ〈祢奈敝〉子ゆゑに　母に嘖ロはイェ

［万14-3529東歌。「小さ小さモ」は"少しも（……ない）""まったく（……ない）"の意］

　　　　昼解けは　解けなへ〈等家奈敝〉紐ノ　　　　　　［万14-3483東歌］
［東方2］　逢ほ時モ　逢はノへ〈安波乃敝〉時モ　　　　［万14-3478東歌］
《已然》　接続用法。　「なへ」「ノへ」両形がある。
［東方1］　寝なヘドモ〈宿奈敝杼母〉　子ロが襲着ノ　有ろコソ良しモ
　　　　　　　　　　　　　　　　　　　　　　　　　　　［万14-3509東歌］
［東方2］　恋ふしかるなモ　流なへ行けド　吾ぬ行かノへは〈由賀乃敝波〉
　　　　　　　　　　　　　　　　　　　　　　　　　　　［万14-3476或本。東歌］

【2】「なふ」の助動詞語素・段付加語素・活用語足

　東方語否定助動詞「なふ」の助動詞語素は、近畿語否定助動詞「ず・にす」の語素と同一で、N￥だと推定する。

　「なふ」の段付加語素はAOPだと推定する。第27章・第28章で述べたように、東方語には、下二段活用の段付加語素￥Ω￥とYAY、二つある。これと同様、否定助動詞N￥の段付加語素も、東方語ではSUとAOPの二つが用いられる。

　動詞に「なふ」が続く場合、その構成は次のようである。動詞の活用語胴に、動詞未然形ずむ用法の活用語足∀と、「なふ」の助動詞語素N￥と、その段付加語素AOPと、活用語足が続く。

【3】「なふ」の終止・未然・連体・已然の遷移過程

《終止》　終止形の活用語足はWだと推定する。

　　　逢はなふ＝逢P＋∀＋N￥＋AOP＋W→あP∀N￥AOPW

　　　母音部￥AOでは多くの場合、完母音素Aは顕存し、￥・Oは潜化する。

　　　　→あはN j AoPW＝あはNAPW＝あはなふ

《未然》　仮定用法。　活用語足は∀Mだと推定する。

　　　逢はなはば＝逢P＋∀＋N￥＋AOP＋∀M＋P∀

　　　　→あP∀N j AoP∀ |MP| ∀＝あはNAはば＝あはなはば

《未然》　ずむ用法。　未然形ずむ用法の活用語足は∀だと推定する。

　　　着なはも＝KY＋YRY＋∀＋N￥＋AOP＋∀＋も

　　　　→KYYrY∀N j AoP∀も→KYYYαNAはも

→KyyYなはも＝KYなはも＝き甲なはも

《連体》「なふ」の連体形は「なへ」と「ノへ」の二つあるが、その第二音素節は「へ甲」以外にはならない。『上代特殊仮名の本質音』117章で述べたように、「え甲」以外に変化しない母音部は¥∀Yである。そこで「なふ」連体形の活用語足は¥∀Yだと推定する。

［東方１］　寝なへ＝N¥Ω¥＋WRW＋∀＋N¥＋AOP＋¥∀Y

　　　　　→N¥Ω¥WrW∀N j AoP¦¥∀Y¦→N¦¥Ω j¦wwαNAへ甲

　　　　　＝N¦¥Ω j¦なへ甲＝ねなへ甲

［東方２］　逢はノへ＝逢P＋∀＋N¥＋AOP＋¥∀Y

　　　　　→あP∀N¥AOP¦¥∀Y¦

　　母音部¥AOでは、Oが顕存し、¥Aが潜化することもある。

　　　　　→あはN j aOへ甲＝あはNOへ甲＝あはノ乙へ甲

《已然》「なふ」の已然形接続用法は「なへ」と「ノへ」の二つあるが、その第二音素節は「へ甲」以外にはならない。そこで已然形接続用法の活用語足は¥∀YMだと推定する。

［東方１］　寝なへドモ＝N¥Ω¥＋WRW＋∀＋N¥＋AOP＋¥∀YM＋TOモ

　　　　　→N¥Ω¥WrW∀N j AoP¦¥∀Y¦¦MT¦Oモ

　　　　　→N¦¥Ω j¦wwαNAへ甲ドモ＝ねなへ甲ドモ

［東方２］　行かノへは＝行K＋∀＋N¥＋AOP＋¥∀YM＋P∀

　　　　　→ゆK∀N j aOP¦¥∀Y¦ m–P∀＝ゆかNOP¦¥∀Y¦は

　　　　　＝ゆかノ乙へ甲は

第39章　東方語「来なに」「付かなな」

§1　東方語で「な」「の」に変化する助詞「に」の本質音

【1】近畿語で「しもつ枝」が「しづ枝」になる理由。

　雄略記歌99では「下つ枝〈斯毛都延〉」が「しづ枝〈斯豆延〉」とも記される。「しもつ」の「も甲つ」が「づ」になる遷移過程を述べる。

　「お甲」を形成する本質音は種々あるが、「しも甲」第二音素節はM∀W∀

203

だと推定する。∀W∀は三音素とも潜化することがあると考える。
[上代1]　下つ＝しM∀W∀＋TU→M{∨W∀}つ＝しも甲つ
[上代2]　下づ→しM∀W∀TU→しMαwαTU
　　　　→し{MT}U＝しDU＝しづ

【2】助詞「に」が「に」「な」「の」になる遷移過程。

　助詞「に」は、近畿語では「に」(「青山に〈迩〉[記上巻歌3ｂ])だが、東方語では「な」「の甲」に変化する。

[東方1]　安努な〈奈〉行かむト　墾りし道　阿努は行かずて
　　　　　　　　　　　　　　　　　　　　　　　　[万14-3447東歌]
　　　宵な〈奈〉は来なに　明けぬ時来る　　　　　　[万14-3461]
[東方2]　吾の〈努〉　取りつきて　言ひし子なはモ　[万20-4358東歌]

「な」「の甲」に転じる助詞「に」の本質音はN∀W∀¥だと推定する。

　∀W∀の部分は「下」第二音素節「も甲」の母音部と同一であり、融合すれば「お甲」になるが、三音素とも潜化することもある。

[近畿]　母音部∀W∀¥で∀W∀が潜化する。
　　　に＝N∀W∀¥→NNαwα¥＝N¥＝に
[東方1]　母音部∀W∀¥で、∀がWを双挟潜化する。
　　　な＝N∀W∀¥→N∀w∀¥＝N∀∨¥
　　　二連続する∀はひとまず顕存し、¥は潜化する。
　　　→N∨∀ j＝N∀∀→Nα∀＝N∀＝な
[東方2]　母音部∀W∀¥で∀W∀が融合する。
　　　の＝N∀W∀¥→N{∨W∀}¥→N{∨W∀} j＝N{∀W∀}＝の甲

「に」「な」「の甲」に変化する助詞を助詞「に・な・の」とも表記する。

§2　東方語「来なに」「付かなな」の遷移過程

【1】近畿語「寝ずに」の「ずに」の語素構成

　動詞未然形に「ずに」が続く用例がある。
　　　眠モ寝ずに〈祢受尓〉　　　　　　　　　　　[万17-3969]

「寝ずに」の「寝」は未然形。「ず」は否定助動詞であり、助詞「に」に上接するから連用形つてに用法である。

第39章

否定助動詞「ず」の連用形つてに用法の活用語足は¥¥だと推定する。
[近畿] 寝ずに＝N¥Ω¥＋WRW＋∀＋N¥＋SU＋¥¥＋N∨W∨¥
　　→N¥Ω¥WRW∨-N¥SU¥-¥N∨W∨¥
　　→N¦¥Ω¥¦WrW∨-N ｊ SU¥- ｊ Nαwα¥
　　→N¦¥Ω ｊ ¦wwα-¦NS¦U ｊ -N¥
　　＝N¦¥Ω ｊ ¦-ZU-N¥＝ねずに

【２】東方語「来なに」の遷移過程
　　　宵(よひ)なは来なに〈許奈尓〉 明けぬ時来(し)る　　　　　［万14-3461］
「来なに」は、「来」の未然形「コ」に、東方語の否定助動詞「なふ」の連用形つてに用法「な」と、助詞「に」が続いたもの。
　連用形つてに用法「な」の語素構成・遷移過程について述べる。
　東方語否定助動詞「なふ」の終止・未然・連体・已然では、段付加語素 AOP が用いられる。だが、連用形で段付加語素が用いられるとは限らない。近畿語でも、否定助動詞「ず」の連体形「ぬ」・已然形「ね」では段付加語素 SU は用いられない。そして近畿語の連用形つてに用法「知らに」[応神記歌44] の「に」においては段付加語素 SU は用いられない。これと同様、東方語否定助動詞の連用形つてに用法「な」においても段付加語素は用いられず、助動詞語素 N¥に活用語足が続く。
　連用形つてに用法「な」の活用語足は A だと推定する。
《連用》つてに用法。　来なに＝K¥O¥＋YWRY＋∀＋N¥＋A＋に
　　→K¥O¥YwrY∨N¥Aに→K¥O¥YY∨-N ｊ Aに
　　→K ｊ O ｊ yyα-NAに＝KO なに＝コ乙なに

【３】東方語「付かなな」「為(せ)なな」の遷移過程
（１）「付かなな」の遷移過程。
　　　寝には付かなな〈都可奈那〉　吾(わ)に寄(ヨツ)居り　　　　　［万14-3408］
「付かなな」の「なな」の品詞分解について、沢瀉久孝は『万葉集注釋巻第十四』95頁で、「上の「な」は否定の助動詞の未然形であり、下の「な」は（中略）「与比奈波許奈尓(ヨヒナハコナニ)」（三四六一）の「に」と同じく、東国語特有の助詞と見るべき」だという。
　この沢瀉説については同意できる点とできない点がある。

「付かなな」の末尾にある「な」は、「来なに」と対比すれば解るように、助詞「に・な・の＝N∀W∀¥」である。この「な」は、「東国語特有の助詞」ではなく、近畿語「に」の音韻転化したものである。

「付かな」の「な」については、これを東方語の否定助動詞だとする点では沢瀉に従うが、未然形だとする点には賛同できない。東方語の否定助動詞の未然形は「なは」であって、「な」ではない。「付かな」の「な」は、助詞「に・な・の」に上接するから、否定助動詞「なふ」の連用形つてに用法である。

《連用》 つてに用法。　付かなな＝付K＋∀＋N¥＋A＋N∀W∀¥
　　→つK∀N¥AN∀W∀¥→つかN¥A-N∀W∀¥

¥Aと∀W∀¥は呼応潜顕し、共に「あ」になる。∀W∀¥では、まず、∀がWを双挟潜化する。

　　　　→つかN j AN∀w∀¥→つかNAN∀∀ j →つかNANα∀＝つかなな

なお、「吾れさへに　君に付きなな〈都吉奈那〉」[万14-3514東歌]の「付きなな」は、福田良輔が「東歌の語法」『万葉集大成6言語編』255頁でいうように、「付く」に、完了助動詞「ぬ」の未然形と、願望を表す「な」が続いたものである。

（2）「為なな」の遷移過程。
　　　　末枯れ為なな〈勢奈那〉　常葉にモがモ　　　　　[万14-3436東歌]

「せなな」の「せ」はサ変動詞の未然形ずむ用法。その直後の「な」は否定助動詞「なふ」の連用形つてに用法。末尾の「な」は助詞「に・な・の」である。

　　　為なな＝SYOY＋YWRY＋∀＋N¥＋A＋N∀W∀¥
　　→SYOYYwrY∀-N j A-N∀w∀¥
　　→S|YOY|yyα-NA-N∀∀ j →S|YOY|なNα∀＝せなな

第八編　動詞・助動詞の語素形 Y 用法と、助動詞「き」「り」「ませ・まし」

第40章　なソ用法での動詞は語素形 Y 用法

【1】なソ用法での動詞は語素形 Y 用法

（1）なソ用法の用例。

「な＋動詞＋ソ」の形で禁止を表す用法（ソは略されることもある）を**なソ用法**と呼ぶ。

なソ用法では、サ変・カ変は未然形の形になり、サ変・カ変以外は連用形の形になる。

《サ変》　いざ子ドモ　たはわざな為ソ〈奈世曽〉　　　　　　［万20-4487］

《カ変》　（平安語）　なこそといふ　事をば君か　ことくさを　関の名ぞとも思ひける哉　　［金葉和歌集　補遺歌698『新日本古典文学大系9』210頁］

《四段》　命は　な死せ賜ひソ〈那志勢多麻比曽〉　　　　　　［記上巻歌 3 a］

《上二》　な恋ヒソ〈奈孤悲曽〉ヨトソ　夢に告ゲつる　　　　［万17-4011］

《下二》　吾を言な絶ユ〈奈多延〉　　　　　　　　　　　　　［万14-3501東歌］

（2）なソ用法での動詞の語素構成。

なソ用法での動詞の語素構成は、［動詞の活用語胴から活用形式付加語素を除去したもの］に活用語足 Y を付加したものである。

この語素構成の活用形を動詞の**語素形 Y 用法**と呼ぶ。

【2】なソ用法での動詞の遷移過程

《サ変》　為ソ＝SYOY＋Y＋ソ＝SYOYY ソ→S¦YOY¦ Y ソ
　　　　→S¦YOY¦ y ソ＝S¦YOY¦ y ソ＝せソ

《カ変》　来ソ＝K¥O¥＋Y＋ソ→K¥O¥Y ソ

母音部¥O¥Yでは、完母音素 O は顕存し、他は潜化する。

$$\rightarrow K j O j y \mathrm{ソ} = KO \mathrm{ソ} = コ_乙 \mathrm{ソ}$$

《四段》 賜ひソ＝賜 P＋Y＋ソ→たま PY ソ＝たまひ甲ソ

《上二》 恋ヒソ＝恋 PW＋Y＋ソ→こ PWY ソ→こ P{WY}ソ＝こヒ乙ソ

《下二》 な絶ｴソ＝な＋絶 Y＋¥Ω¥＋Y→なた Y¥Ω¥Y

$\rightarrow$ なた Y{¥Ω¥}Y→なた Y{¥Ωj}y＝なた Y{¥Ωj}＝なたｴ

第41章 助動詞「り」がカ変・サ変・上甲段・下二段・上二段の動詞に続く遷移過程

§1 助動詞「り」がカ変・サ変・上甲段・下二段・上二段に続く遷移過程

【1】完了存続助動詞「り」は四段・サ変・カ変・上甲段・下二段・上二段の動詞に続く

　濱田敦は「助動詞」『万葉集大成第六巻』95～96頁の〔り〕の項で、完了存続助動詞「り」を「あり」が「四段形式動詞の語幹に接してそれに融合し」たものだとし、四段「浮けり〈宇家里〉」[万15-3627]・カ変「使ひノ来れ(け)ば〈家礼婆〉嬉しみト」[万17-3957]・サ変「廬り為(い)るらむ〈西留良武〉」[万10-1918]・上甲「此ノ吾が着る(あけ)〈家流(ころも)〉妹が衣ノ」[万15-3667]・下二段「仲定(さ)める〈佐陀売流〉思ひ妻」[允恭記歌88]などの用例を挙げる。

　濱田は上二段動詞に続く「り」を完了存続助動詞とは認定しない。"動詞語尾が「え甲・え丙」段になって「り」に上接する"ものだけを完了存続助動詞と考えたからである。だが、"り"は「え甲・え丙」段の語尾のみに続く"と限定する理由はどこにもない。動詞に「り」が続いて完了・存続を表すなら、その「り」を完了存続助動詞と認めるべきである。上二段動詞に「り」が続く「臥(こ)やる」「臥(こ)やり」がその用例で、軽太子が軽大郎女(おほいらつめ)を思って詠んだ歌の中にある。

　　仲定める　思ひ妻　あはれ　槻弓(つくゆみ)ノ　臥やる〈許夜流〉臥やり〈許夜理〉
　　モ　梓弓　立てり〈多弓理〉立てり〈多弓理〉モ　後モ取り見る(ノコ)　思ひ
　　妻　あはれ　　　　　　　　　　　　　　　　　　　[允恭記歌88]

第41章

「槻弓ノ　臥やる臥やりモ」は「梓弓立てり立てりモ」と対句になる。その「立てり」は動詞に完了存続助動詞「り」が続いたものである。よって「臥やる」「臥やり」も、動詞に完了存続助動詞「り」が続いたものと認めるのが順当である。

『時代別国語大辞典上代編』の「にやる」の項は、この語を「臥し横たわっている」と訳す。これは「臥ゆ＋完了存続助動詞り」の訳と同じである。意味から考えても「臥やり」の「り」は完了存続助動詞と認めるべきである。

允恭記歌88の歌意について。土橋寛は『古代歌謡全注釈古事記編』315頁で、「臥やる臥やりモ」について、「「槻弓」の述語で、弓が横に置かれている状態をいう」といい、「立てり立てりモ」について「「梓弓」の述語。（中略）弓が立てて置いてある状態。」という。

私見は土橋説とは異なる。「梓弓」と「立てり立てりモ」は、主語・述語の関係ではない。軽太子の時代の人なら、「梓弓」と聞けば、宇遅ノ和紀郎子の歌に「梓弓」があったことを想いおこし、その直前に「立てる」とあったことを想いおこす。「渡り瀬に立てる梓弓」[応神記歌51]である。軽太子の「梓弓」は、既存の歌詞を用いて「立てる」「立てり」を呼びおこす想起詞である。「梓弓」は歌意の根幹にはあずからない。

「立てり」の「り」は完了存続助動詞の連用形の形で、体言を表す。「立てり」は"立ち上がり、そのまま立ち続ける状況"であり、転じて"活動している状況""起きている場合"の意を表す。「立てり立てり」の主語は作者軽太子である。

「槻弓ノ臥やる臥やりモ」は「梓弓立てり立てり」と同様の構文である。「槻弓ノ」は「臥やる」「臥やり」を呼びおこす想起詞であり、歌意の根幹にはあずからない（「槻弓ノ」が「臥やる」を想起させる理由については『古事記歌謡全解』記歌88の段参照）。

「臥やり」は"横になり、そのまま仰臥し続ける状況"であり、転じて"寝床で横になっている状況""寝ている場合"の意を表す。「臥やる臥やり」の主語は軽太子である。

「槻弓ノ臥やる臥やりモ梓弓立てり立てりモ後モ取り見る思ひ妻」の意味は、"（私が）寝ている時も起きている時も、そして死後もずっと、妻にえら

び取り、見つめ続ける愛妻だよ、(あなたは)"である。

【2】動詞に助動詞「り」が続く際の遷移過程

完了存続助動詞「り」は、動詞・助動詞の語素形Y用法に続く。

《カ変》 来(け)れば＝K￥O￥＋Y＋AYれば→K￥O￥YAYれば
→K￥O￥|YAY|れば→K j o j |YAY|れば＝K|YAY|れば＝け甲れば

《サ変》 為(せ)るらむ＝SYOY＋Y＋AYR￥￥＋WWら＋む
→SYOYYAYR￥￥WWらむ→SYOYYAYR j j WWらむ

母音部YOYYAYではYAYが融合する。

→SYOY|YAY|RwWらむ→Syoy|YAY|RWらむ
＝S|YAY|るらむ＝せるらむ

《上甲》 着(け)る＝KY＋Y＋AYる→KYYAYる
→KY|YAY|る→Ky|YAY|る＝K|YAY|る＝け甲る

《上二》「臥ゆ」は、「臥い伏し〈許伊布之〉」[万17-3962]の用例があるから、ヤ行で活用する上二段活用である。「臥ゆ」の動詞語素は「臥YW」だと推定できる。

臥(こ)やり＝臥YW＋Y＋AYり→コYWYAYり

YWYではYはWを双挟潜化する。

→コYwYAYり＝コYYAYり

YYAYでは、YYが父音部になり、AYが母音部になる。父音部YYでは前のYは顕存し、後のYは潜化する。

→コYyAyり＝コYAり＝コやり

《下二》 定める＝定M＋￥Ω￥＋Y＋AYる→さだM￥Ω￥YAYる

￥Ω￥YAYでは、YAYが融合する。

→さだM￥Ω￥|YAY|る→さだM j ω j |YAY|る
＝さだM|YAY|る＝さだめ甲る

§2 東方語「勝ちめり」の語素構成・遷移過程

並(なら)べて見れば 乎(を)具(ぐ)佐(さ)勝ちめり〈可知馬利〉 [万14-3450]

動詞連用形に続く「めり」は、北条忠雄が『上代東国方言の研究』114頁でいうように、「見疋＋有り」が縮約した語で、"……のように見える"の意

を添える語である。
　「勝ち」は動詞語素「勝T」に連用形つてに用法の活用語足¥¥が続いたもの。「めり」は、「見」の動詞語素MYに、下二段「得」の動詞語素¥Ω¥と、語素形Y用法の活用語足Yと、ラ変「有り」が続いたもの。

　　　　勝ちめり＝勝T＋¥¥＋MY＋¥Ω¥＋Y＋AY り
　　　　→かT¥-¥MY¥Ω¥YAY り
　母音部Y¥Ω¥YAYではYAYが融合する。
　　　　→かち-jMY¥Ω¥|YAY|り→かちMyjωj|YAY|り
　　　　＝かちM|YAY|り＝かちめ甲り

第42章　過去助動詞「き」　SYK

§1　過去助動詞「き」の遷移過程

【1】継続助動詞「ふ」および動詞に過去助動詞「き」が続く用例
（1）継続助動詞「ふ」に過去助動詞「き」の終止形「き」が続く用例。
　　　神遣らひ　遣らひき〈夜良比岐〉　　　　　　［古事記上巻］
（2）動詞に過去助動詞「き」が続く用例。
　　助動詞「き」は、カ変・サ変以外の動詞には、その連用形の形に続く。
　　助動詞「き」がカ変・サ変に続く場合には次のように接続する。
　　助動詞「き」の未然形ずむ用法「け」はカ変の連用形の形に続く。「き」の連体形「し」・已然形「しか」はサ変・カ変の未然形の形に続く。
① 動詞に「き」の連体形「し」が続く。
《四段》　問ひし〈斗比斯〉君はモ　　　　　　　　［景行記歌24］
《ナ変》　立ち別れ　去にし〈伊尓之〉宵より　　　［万14-3375東歌］
《上甲》　此くモがト　吾が見し〈美斯〉子に　　　［応神記歌42］
《上二》　見まく欲り　吾が待ち恋ヒし〈恋之〉　秋萩は　　［万10-2124］
《下二》　菅畳　いや清敷きて　吾が二人寝し〈泥斯〉　　　［神武記歌19］
《カ変》　出でて来し〈許之〉　吾れを送るト　　　［万17-3957］
《サ変》　吾れを引き入れ　為し〈制始〉人ノ　　　［皇極3年 紀歌111］

② 動詞に「き」の未然形仮定用法「せ」が続く。
《四段》 たぢひ野に 寝むト知りせば〈斯理勢婆〉 立つ薦モ 持ちて来ま
しモノ 寝むト知りせば〈斯理勢婆〉　　　　　　　　　　[履中記歌75]
③ 動詞に「き」の未然形ずむ用法「け」が続く。
　「けむ」については、これを一つの単語と見る説もあるが、『時代別国語大辞典上代編』の「けむ」の項にある考見「ケムは、過去の助動詞キの未然形ケに推量の助動詞ムの接したものかと考えられている」に従って論を進める。
《四段》 天に飛び上がり 雪ト降りけむ〈敷里家牟〉　　　[万17-3906]
《カ変》 何しか来けむ〈来計武〉 君モあらなくに　　　　[万2-163]
④ 動詞に「き」の已然形接続用法「しか」が続く。
《四段》 人来至れりト 言ひしかば〈伊比之可婆〉　　　　[万15-3772]
⑤ 動詞に「き」の已然形コソや用法「しか」が続く。
《サ変》 昨日コソ 船出は為しか〈勢之可〉　　　　　　　[万17-3893]
《カ変》 妹にコソ 相ひ見に来しか〈許思可〉　　　　　　[万14-3531東歌]

【2】過去助動詞「き」の助動詞語素は SYK
　過去助動詞「き」の助動詞語素は SYK だと推定する。
【3】過去助動詞「き」に上接する動詞・助動詞の活用形は語素形 Y 用法
　過去助動詞「き」に上接する動詞・助動詞の活用形は語素形 Y 用法である。
【4】「動詞＋継続助動詞ふ」に過去助動詞終止形「き」が続く遷移過程
　過去助動詞「き」の終止形の活用語足は ¥ だと推定する。
　　　　　遣らひき＝遣 R＋OAYP＋Y＋SYK＋¥→や RoAyPYSYK¥
　YSYK¥ では、Y は S を双挟潜化する。
　　　　　→や RAPYsY–K¥→やら PyY–K¥＝やら PY–K¥＝やらひ甲き甲
【5】連体形「し」の遷移過程と YSYKY 呼応潜顕
　過去助動詞「き」の連体形の活用語足は Y だと推定する。
（1）「四段動詞＋連体形し」の遷移過程と YSYKY 呼応潜顕。
　「問ひし」は、動詞語素「問 P」に、語素形 Y 用法の活用語足 Y と、SYK と、その連体形の活用語足 Y が続いたもの。
《四段》 問ひし＝問 P＋Y＋SYK＋Y→と PYSYKY

PYSYKY では YSYKY の直前に S はない。この場合、次のように遷移する。

〔YSYKY の直後で音素節が分離する〕場合、および〔YSYKY の直後の母類音素群に完母音素がない〕場合には、S と K は呼応潜顕する。

K は Y に双挟潜化される。これに呼応して、S は双挟潜化されずに顕存する。

この遷移を YSYKY 呼応潜顕と呼ぶ。

→と PYSYkY→と PY–SYY→と PY–SyY＝とひ甲し

（2）ナ変・下二段・サ変・カ変に連体形「し」が続く遷移過程。

《ナ変》「去ぬ」の動詞語素 YYN に、活用語足 Y と、SYK と、その連体形の活用語足 Y が続く。語素形 Y 用法なので、動詞の活用形式付加語素は用いられない。

去にし＝YYN＋Y＋SYK＋Y→い NYSYKY

→い NYSYkY→い NY–SyY＝いに SY＝いにし

《上甲》　見し＝MY＋Y＋SYK＋Y→MYYSYKY

→MYYSYkY→MyY–SyY＝MY–SY＝み甲し

《上二》　恋ヒし＝恋 PW＋Y＋SYK＋Y→こ PWYSYKY

→こ PWY–SYkY→こ P｛WY｝–SyY＝こヒ乙し

《下二》　寝し＝N￥Ω￥＋Y＋SYK＋Y→N￥Ω￥YSYkY

→N｛￥Ω￥｝Y–SyY→N｛￥Ωj｝y–SY＝ねし

《サ変》　動詞語素 SYOY に、活用語足 Y と、SYK と、その連体形の活用語足 Y が続く。

為し＝SYOY＋Y＋SYK＋Y→S｛YOY｝YSYkY

→S｛YOY｝y–SyY＝S｛YOY｝–SY＝せし

《カ変》　来し＝K￥O￥＋Y＋SYK＋Y→K￥O￥YSYkY

母音部￥O￥Y では、完母音素 O は顕存し、他は潜化する。

→Kj O j y–SyY→KO–SY＝コ乙し

【6】未然形「せ」の遷移過程

（1）未然形仮定用法。

助動詞「き」の未然形仮定用法の活用語足は Y∀YM だと推定する。

《四段》　知りせば＝知 R＋Y＋SYK＋Y∀YM＋P∀

213

→し RYSYKY∀YMP∀

　YSYKY 直後の母類音素群に完母音素はないので、Sは顕存し、KはYに双挟潜化される（YSYKY 呼応潜顕）。Y∀Yは融合する。

　　　→し RY-SYkY∀Y|MP|∀→しり SYY∀Yば

　　　→しり SY|Y∀Y|ば→しり Sy|Y∀Y|ば＝しりせば

（2）未然形ずむ用法。

　助動詞「き」の未然形ずむ用法の活用語足は YOY だと推定する。

《四段》　降りけむ＝降 R＋Y＋SYK＋YOY＋MΩ＋AU

　　　→ふ RYSYKYOY-MωaU

　YSYKY 直後の母類音素群に OY がある。この場合、Kは顕存し、SはYに双挟潜化される。YOY は融合する。

　　　→ふ RYsY-K|YOY|む→ふ RyY-K|YOY|む＝ふりけ甲む

《カ変》　来けむ＝K¥O¥＋Y＋SYK＋YOY＋MΩ＋AU

　　　→K¥O¥YSYKYOY-MωaU

　YSYKY 直後に OY があるので、SはYに双挟潜化される。

　　　→K¥O¥YsY-K|YOY|む＝K¥O¥YY-K|YOY|む

　母音部¥O¥YY では、末尾で二連続する YY はひとまず顕存し、¥O¥は潜化する。

　　　→K*joj*YY-K|YOY|む＝KyY け甲む＝き甲け甲む

【7】已然形「しか」の遷移過程

（1）已然形接続用法。

　助動詞「き」の已然形接続用法の活用語足は¥AYM だと推定する。

《四段》　言ひしかば＝言 P＋Y＋SYK＋¥AYM＋P∀

　　　→い PYSYK¥AY|MP|∀

　父音素に YSYK¥AY が続く場合、SYの前後で音素節が分離する。¥AY では、呼応潜顕しない場合、Aは顕存し、¥・Yは潜化する。

　　　→い PY-SY-K*j*Ay ば→いひ甲し KA ば＝いひ甲しかば

（2）已然形コソや用法。

　助動詞「き」の已然形コソや用法の活用語足は¥AY だと推定する。

《サ変》　為しか＝SYOY＋Y＋SYK＋¥AY

→SYOYY-SY-K¥AY→S|YOY|YしKjAy

→S|YOY|yしKA=せしか

《カ変》 来しか=K¥O¥+Y+SYK+¥AY

→K¥O¥Y-SY-K¥AY→KjOjyしKjAy

=KOしKA=コ乙しか

§2 否定助動詞「ず」に「き」が続く遷移過程

（1）否定助動詞「ず」に終止形「き」が続くと「ずき」になる。

吾れは思はずき〈不念寸〉　　　　　　　　　［万4-601］

「思はずき」は、「思P」に、∀と、N¥とその段付加語素SUと活用語足Y、そしてSYKとその終止形の活用語足¥が続いたもの。

思はずき＝思P+∀+N¥+SU+Y+SYK+¥

→思P∀NjSUYSYK¥→思は|NS|UYSYK¥

YはSを双挟潜化する。

→思はZUYsY-K¥→思はZUYY-K¥

母音部UYYでは、完母音素Uは顕存し、YYは潜化する。

→思はZUyy-K¥＝おモはずき甲

（2）「ず」に、「き」の已然形接続用法「け」が続くと「ずけ」になる。

白腕　枕かずけば〈麻迦受祁婆〉コソ　知らずトモ　言はメ
<small>しろただむき　ま</small>

［仁徳記歌61。仁徳紀30年 紀歌58にも「まかずけば〈摩箇儒鶏麼〉」とある。「枕かずけば」の「け」が過去助動詞「き」の已然形である理由については『古事記歌謡全解』記歌61の段参照］

枕かずけば＝枕K+∀+N¥+SU+Y+SYK+¥AYM+P∀

→まK∀NjSUYSYK¥AY|MP|∀

→まか|NS|UYsY-K¥AYば→まかZUYY-K¥AYば

UYYとK¥AYは呼応潜顕する。前者では完母音素Uは顕存し、YYは潜化する。これに呼応して、¥AYは三音素とも顕存して融合する。

→まかZUyy-K|¥AY|ば

|¥AY|は「え甲」を形成する。

=まかずけ甲ば

§3 東方語「固メトし」の遷移過程

［東方］　下二段活用の完了助動詞「つ」が過去助動詞「き」に上接する場合、東方語では「て」にならずに「卜乙」になることがある。

　　　　固メトし〈加多米等之〉　妹が心は〈きり〉　　　　　　［万20-4390防人歌］
　　　　固メトレ＝固 M＋¥Ω¥＋WRW＋¥¥＋T¥Ω¥＋Y＋SYK＋Y
　　　　→固 M¥Ω¥WrW¥-¥T¥Ω¥YSYkY
　　　　→固 M¦¥Ωj¦wwj-jT¥Ω¥YSYY

　東方語では母音部¥Ω¥Yと母音部YYが呼応潜顕することがある。後者では前方のYが潜化する。これに呼応して前者では二つの¥とYは潜化し、Ωは顕存する。

　　　　→固 M¦¥Ωj¦-TjΩjySyY→固 M¦¥Ωj¦-TΩSY＝かたメ乙ト乙し

第43章　反実仮想助動詞「ませ・まし」　MAS

【1】反実仮想を表す助動詞「ませ・まし」の用例

　　　悔やしかモ　かく知らませば〈斯良摩世婆〉　青丹ヨし〈あをに〉　国内コトゴト〈くぬち〉
　　　見せましモノを〈美世摩斯母乃乎〉　　　　　　　　［万5-797］
　　　思ふにし　死にするモノに　あらませは〈有麻世波〉　千遍ソ吾れは〈ちたび〉
　　　死に返らまし〈変益〉〈かへ〉　　　　　　　　　　　　　［万4-603］

「ませば」が用いられずに「まし」だけが用いられることもある。

　　　世ノ中は　恋ヒ繁しゑや〈しゲ〉　かくしあらば　梅ノ花にモ　ならまし〈奈良
　　　麻之〉モノを　　　　　　　　　　　　　　　　　［万5-819］
　　　一つ松　人にありせば　衣着せまし〈岐勢摩之〉〈きぬ〉を
　　　　　　　　　　　　　　　　　　　　　　　　　［景行紀40年 紀歌27］
　　　家に有らば　母取り見まし〈美麻志〉　　　　　　　［万5-886］

【2】「ませば……まし」の「まし」は連体形

「ませ」「まし」の活用形について、『時代別国語大辞典上代編』は「未然形マセ・終止形マシ・連体形マシが認められる」という。私はこの見解に同意できない。

第43章

　「知らませば」の「ませ」は未然形であり、「見せましモノ」の「まし」が連体形であることについては同意する。だが、「死に返らまし」「母取り見まし」の「まし」は終止形ではないと考える。
　連体形には、文末にあって詠嘆を添える用法があり、連体止めと呼ばれる。動詞の連体止めの用例は、「浜ノ白波いたづらにココに寄せ来る〈久流〉見る人無しに」[万9-1673]、「ほトトぎす　いトねたけくは橘ノ花散る時に来鳴き響むる〈登余牟流〉」[万18-4092]、「宵なは来なに　明けぬ時来る〈久流〉」[万14-3461]にあり、過去助動詞「き」の用例は「いや清敷きて吾が二人寝し〈泥斯〉」[神武記歌19] 19]にある。
　「ませば……まし」は反実仮想を表す構文だから、作者は"……だったら……したのに。残念だ"というような感情を抱いている。してみれば、文末の「まし」には詠嘆の意が込められていて当然である。よって、文末の「まし」は連体形であり、詠嘆を表す連体止めだと考える。
　このように考えると、「ませ・まし」の用例には、未然形「ませ」と連体形「まし」の用例だけがあって、終止形の用例はないといえる。

【3】「ませ」「まし」の語尾「せ」「し」は助動詞「き」の未然形・連体形
（1）未然形「ませ」の語尾「せ」は過去助動詞「き」の未然形そのもの。
　反実仮想の前提部分を表すには、「ませ」の他に、「知りせば」「ありせば」のように、「動詞連用形＋せ＋ば」の形が用いられることもある。この「せ」は過去助動詞「き」の未然形仮定用法である。反実仮想の前提部分を表すには"過去"の意味を持つ語が用いられるのである。
　そこで反実仮想の前提部分を表す「ませ」にも過去の意味を持つ語が含まれると考える。
　「ませ」の「せ」は、過去助動詞「き」の未然形「せ」と同一音節である。そこで反実仮想助動詞の未然形だとされている「ませ」の第二音素節「せ」は、本質的には過去助動詞「き」の未然形そのものだと分析する。
（2）連体形「まし」の語尾「し」は助動詞「き」の連体形そのもの。
　反実仮想の帰結部分を表す連体形「まし」の「し」は、過去助動詞「き」の連体形「し」と同一音節である。そこで反実仮想助動詞の連体形だとされている「まし」の第二音素節「し」は、本質的には過去助動詞「き」の連体

形「し」そのものだと分析する。

【4】「ませ」「まし」の語素構成

反実仮想助動詞「ませ・まし」の初頭にある助動詞語素は MAS だと推定する。

「ませ・まし」の語素構成は、MAS に、語素形 Y 用法の活用語足 Y と、過去助動詞「き」の助動詞語素 SYK と、その活用語足が続いたものだと考える。

【5】「ませば」「ましモノ」「まし」の遷移過程

（1）「知らませば」の遷移過程。

「知らませば」の語素構成は、「知 R」に、未然形ずむ用法の活用語足 ∀ と、反実仮想の助動詞語素 MAS と、語素形 Y 用法の活用語足 Y と、過去助動詞語素 SYK と、その未然形仮定用法の活用語足 Y∀YM と、助詞 P∀ が続いたもの。

　　　　知らませば＝知 R＋∀＋MAS＋Y＋SYK＋Y∀YM＋P∀

　　　→し R∀–MA–SYSYKY∀Y |MP| ∀＝しらま SYSYKY∀Y ば

SYSYKY∀Y では、YSYKY の直前に S があり、後に完母音素はない。この場合には、S は Y を双挟潜化し、Y は K を双挟潜化する。

　　　→しらま SySYkY∀Y ば＝しらま SSYY∀Y ば

　　　→しらま SsY |Y∀Y| ば→しらま Sy |Y∀Y| ば＝しらませば

（2）「成らまし」の遷移過程。

「成らまし」の語素構成は、「成 R」に、∀ と MAS と Y と SYK とその連体形の活用語足 Y が続いたもの。

　　　　成らまし＝成 R＋∀＋MAS＋Y＋SYK＋Y＝な R∀MASYSYKY

SYSYKY では、YSYKY の直前に S があり、直後で音素節が分離する。この場合、S は Y を双挟潜化し、Y は K を双挟潜化する。

　　　→ならま SySYkY＝ならま SSYY→ならま SSyY

　　　→ならま SsY＝ならま SY＝ならまし

（3）「見まし」の遷移過程。

「見まし」の語素構成は、MY に、YRY と、∀ と、「MAS＋Y」と、SYK と、その連体形の活用語足 Y が続いたもの。

第43章

見まし ＝ MY ＋ YRY ＋ ∀ ＋ MAS ＋ Y ＋ SYK ＋ Y
→MYYrY∀−MA−SYSYKY→MYYY∀ ま SySYkY
→MYYYα ま SSyY→MyyY ま SsY ＝ MY ま SY ＝ み甲まし

第九編　上代九州語および続日本紀・延喜式以後の日本語

第一部　上代九州語で上代特殊仮名「迷」甲乙両用問題と「いさちる・いさつる」問題を解く

第44章　日本書紀の「迷」は「メ乙」「め甲」両用なのか

§1　日本書紀の「迷」はすべて「メ乙」である

【1】上代特殊仮名「迷」は「メ乙」「め甲」両用だとされている

　上代特殊仮名の甲類・乙類の書き分けについて、『日本古典文学大系万葉集一』55頁の「校注の覚え書」は、「完全に言い分け聞き分け、従って文字の上でも書き分けていたことが分ったのである。」という。だが、このように断言するためには、解決せねばならない問題が一つある。

　上代語では「伎」はすべて「き甲」を表し、「キ乙」を表すことはない。「寄」はすべて「キ乙」を表し、「き甲」を表すことはない。「伎」「寄」については"完全に書き分けられている"といってよい。

　では、「迷」はどうか。同書には「奈良時代の音節及び万葉仮名一覧」があるが、その表（34頁）では、『日本書紀』の「迷」は、「め　më（乙）」の欄に載せられると共に、「め　me（甲）」の欄にも載せられている。この表によれば「迷」は「メ乙」「め甲」に両用されているから、"『日本書紀』では「め甲」「メ乙」は書き分けられていなかった"ということになる。

　他の書物も同様である。大野晋は『上代仮名遣の研究』280頁で、「め（乙）

第44章

の項に「迷」を載せ、「め（甲）」の項にも「迷」を載せる。また、『時代別国語大辞典上代編』の「主要万葉仮名一覧表」においても、『日本書紀』の「迷」は「メ乙」ともされ、「め甲」ともされる。

【2】日本書紀には仮名としての「迷」は三例ある

『日本書紀』で「迷」が仮名として用いられる用例は三例ある。

　　　親無しに　汝れ成りけ迷や〈奈理鶏迷夜〉　　　［推古紀21年 紀歌104］

「け迷や」の「迷」は助動詞「む」の已然形であり、それは「メ乙」だから、この用例の「迷」は「メ乙」である。

神日本磐余彦尊（神武天皇）の言葉にある「迷」はどうか。

　　　天皇、大きに喜ビて、（中略）諸ノ神を祭る。（中略）時に、道臣命
　　に勅りたまひしく、「（中略）水ノ名を厳罔象女ト為。《罔象女、此を、
　　みつはノ迷ト云ふ》。　糧ノ名を厳稲魂女トす《稲魂女、此を、うかノ
　　迷ト云ふ》。」　　　　　　　［神武紀即位前戊午年。《　》内は割注］

この記事によれば、神武天皇は「罔象女」を「みつはノ迷」、「稲魂女」を「うかノ迷」と発音した。

そこで問題は、これらの「迷」の読みは「め甲」か「メ乙」かということである。

大野晋は『上代仮名遣の研究』222頁・322頁で、これら二例の「迷」を「め甲」だとする。その根拠は何か。大野は同書268頁の「め（甲）」の部の「謎（女）」の項で、「cf　アマのサグメ、ウカのメ、シコメ、ナクメ、ヒナツメ、フナメ、ミツハのメ、ヤマシロめ、よろシメ」と記す。

その趣旨を私なりに説明すれば次のようである。

"「阿麻能左愚謎」［神代下紀第九段本文「天探女」注］・「志許売」［神代上紀第五段一書第七「醜女」注］・「儺倶謎」［仁賢紀6年「哭女」注］・「避奈菟謎」［神代下紀第九段一書第一 紀歌3］・「浮儺謎」［仁賢紀6年「鯽魚女」注］・「挪摩之呂謎」「夜莽之呂謎」［仁徳紀30年 紀歌57・58］・「与慮志謎」［継体紀7年 紀歌96］によれば、"女"の意味の「め」は、「謎」すなわち「め甲」である。よって、「罔象女＝みつはノ迷」および「稲魂女＝うかノ迷」の「迷」は「め甲」だとすべきである。"

大野のこの論証には不備がある。「女」が「め甲」と読まれる用例だけを

221

掲げ、他の用例を掲げないことである。

【3】「女」は「み甲」「メ乙」とも読まれる

東方語では「女」は「み甲」と読まれることがある。
［東方］　子持ち痩すらむ　吾が女〈美〉愛しモ　　　　［万20-4343防人歌］

また、推古時代の近畿語でも「女」は「み甲」と読まれる。

推古天皇の名は『古事記』では「豊御食炊屋比売命（トヨミケカシキヤヒメノミコト）」と記され、『日本書紀』では「豊御食炊屋姫尊（トヨミケカシキヤヒメノミコト）」と記される。これによれば「姫」の読みは「ひめ甲〈比売〉」である。一方、七世紀前半に成立した「天寿国繡帳銘」では「姫」第二音素節は「み甲〈弥〉」と記される。
　　等已弥居加斯支移比弥乃弥己等（トヨミケカシキヤヒミノミコト）　　　　　　　　［天寿国繡帳銘］

神功皇后は『日本書紀』では「気長足姫尊（オキナガタラシヒメノミコト）」と表記されるが、『万葉集』では「息長足日女命」［万5-813］と表記される。これにより、「姫」の原義は「日女」だと考える。

その「姫＝日女」は「比弥＝ひみ甲」とも記されるから、「女」は「み甲」とも読まれたと解る。

上代の九州で詠まれた歌の中では、「姫」を「ひメ乙」と記した用例がある。肥前国松浦郡の伝承を踏まえて詠んだ歌の中である。
　　松浦（まつら）さよひメ乙〈佐用比米〉　　　　　　　　　　［万5-871］

「姫＝日女」の読みが「ひメ乙」だとされているから、九州語では"女"は「メ乙」と発音されたことが解る。

【4】神武天皇の言葉には九州語が含まれて当然

『古事記』『日本書紀』双方に明記されているように、神武天皇は元来九州の人であり、九州を出発して、大和に向かった。そして『日本書紀』によれば、神武天皇が「罔象女」「稲魂女」という語を発音した時はまだ大和を平定していなかった。したがって、この時点での神武天皇の言語は九州語である。よって、神武天皇の言葉にある「女」の読みは、九州語での発音「メ乙」であって当然である。

神武天皇の言葉にある「罔象女＝みつはノ迷」の「迷」および「稲魂女＝うかノ迷」の「迷」は"女"の意味であり、九州育ちの神武天皇はこれらの

"女"を九州語によって「メ乙」と発音したと考えられる。神武天皇の言葉にある「迷」は「メ乙」である。

　神武天皇の言葉にある「迷」を「メ乙」だとするなら、『日本書紀』の上代特殊仮名「迷」はすべて「メ乙」になる。上代語では「迷」が「め甲」「メ乙」に両用されることはなかったといえる。

§2　上代九州語「いさちる」

【1】伊邪那伎命の言葉にある連体形「いさちる」は平安語では「いさつる」になる

（1）上代語の動詞「いさつ」の用例。
　上代語には、連用形「いさち」、連体形「いさちる」になる動詞がある。
《連用》　啼(な)きいさちき〈伊佐知伎〉。　　　　　　　　［古事記上巻］
《連体》　伊邪那伎(いざなぎ)命の言葉と、その言葉を引用した須佐之男命の言葉に「いさちる」とある。

　　伊邪那岐(いざなぎ)大御神、速須佐(はやすさ)之男(ノ)命に詔(の)りたまひしく、「何ノ由(ゆゑ)にか、汝は事依(ま)さしし国を治メずて、哭(な)きいさちる〈伊佐知流〉。」(中略)速須佐之男命答ヘて白(まを)ししく、「(中略)大御神ノ命(みこと)モちて、僕ノ哭(わ)きいさちる〈伊佐知流〉事を問ひ賜ひし故(ゆゑ)に(下略)。」

「いさちる」は補助動詞で、直前の動詞を受けて、"人目かまわずに……する"の意を添える。国を治める者は人に涙を見せるものではないのに須佐之男命は人目かまわずに泣くので詰問されたのである。

（2）平安語の連体形「いさつる」。
　上代語連体形「いさちる」は平安語では「いさつる」になる。
　　哭泣　なきいさつる〈奈岐以左津留〉
　　　　　　　　　　［日本書紀私記乙本神代上『新訂増補国史大系8』58頁］
　　哭　ナキイサツル　古語。　　　　　　　［図書寮本類聚名義抄37頁］
　上代語「いさちる」と平安語「いさつる」とでは、第三音素節に相違がある。この相違はどう考えればよいか。

【2】「いさちる」「いさつる」についての従来説
　山口佳紀は『古代日本語史論究』319頁で平安語の連体形「いさつる」の

用例として、「憂泣　イサツルコト」［前田本日本書紀雄略天皇章院政期点］などを挙げた後、320頁で次のとおりいう。「上一段とされているイサチルの場合、上一段動詞は一音節であるという原則に合致しないから、問題は依然として残る。この難関をどう打開するかだが、イサツは一貫して上二段であったと考えてみる。（中略）「哭伊佐知流」の二例は、「イサチ＋イル（入）」の約と考えてはどうか。村山七郎「原始日本語の数詞イタ『１』について」（国語学八六集、一九七一・九）は、「イサチ＋ヰル（居）」の転と考えたが、ワ行のヰ［wi］では、脱落の可能性がまずない。一方、ア行のイ［i］であれば、「チ」の母音と重なって一つになることが、十分考えられる。」

　「いさちる」を「イサチ＋イル（入）」だとする山口説には従えない。山口は「その場合のイル（入）の意味を「ある状態にひたり切る」という補助動詞的な使い方である」と説明する。仮にそうだとすれば、「上二段連用形いさち＋いる→いさちる」と同様の用例が、他の上二段動詞にもあって当然である。「いる」が「ある状態にひたり切る」という意味なら、「恋ヒ＋いる→恋ヒる」という用例が頻出しそうなものである。だが、実際には「恋ヒる」という用例はない。

【3】伊邪那伎の話す言葉にある「いさちる」は九州語

　連体形「いさちる」は『古事記』上巻に二度現れるが、それは伊邪那伎命が須佐之男命にいった言葉の中と、須佐之男命が伊邪那伎命の言葉を引用した言葉の中である。

　上代語には、近畿語・東方語・九州語がある。「いさちる・いさつる」問題を考えるには、まず、伊邪那伎命の話す言葉が近畿語なのか九州語なのか東方語なのかを検討する必要がある。

　『古事記』上巻によれば、伊邪那伎命は、黄泉つ国から脱出した後、「竺紫ノ日向ノ橘ノ小門ノ阿波岐原」で禊祓をした時に、天照大御神や須佐之男命を生んだ。そして竺紫から移転することなく、天照大御神や須佐之男（命に国を治めるよう命じた。天照大御神らが誕生してから国を治めるほどの年齢に達するまで、二十年程度の年数を要したことであろう。その後、伊邪那伎命は「いさちる」という言葉を話した。伊邪那伎命の言葉にある「いさちる」は、当然、九州語である。また、須佐之男命は伊邪那伎命の言葉を引用して

第44章

「いさちる」といったのだから、この「いさちる」も九州語である。

【4】伊邪那伎命の九州語では「いさちる」になり、平安語では「いさつる」
　　になる理由

　伊邪那伎命の言葉にある上代九州語の連体形「いさちる」の本質音と平安語の上二段連体形「いさつる」の本質音は同一で、「いさ TW + YRY + AU」だと考える。遷移の仕方が異なるので、現象音は異なるものになる。

［上代九州語］　いさちる＝いさ TW + YRY + AU→いさ TWYRYAU

　上代九州語では、母音部 WY で、W は潜化し、Y は顕存する。YAU では、YA は潜化し、U は顕存する。

　　→いさ TwY-RyaU＝いさ TY-RU＝いさちる

［平安］　いさつる＝いさ TW + YRY + AU→いさ TWYRYAU

　平安語「いさつる」では上代近畿語の上二段と同様の遷移が起きる。

　　→いさ TWy-RyaU＝いさ TW-RU＝いさつる

§3　ク活用形容詞「醜女き」は九州語で「しコメ乙き」

【1】「醜女」と「しコメき」

　『古事記』『日本書紀』にク活用形容詞「しコメき」がある。『古事記』には概略次のようにある。

　伊邪那岐命は伊邪那美命に会うために黄泉つ国（死者の国）へ行った。黄泉つ国から脱出する際、伊邪那伎命は予母都志許売に追いかけられた。黄泉つ国から脱出した伊邪那伎命はいった。

「吾は、いなしコメしコメき〈志許米岐〉穢き国に到りてありけり」

　　　　　　　　　　　　　　　　　　　　　　　　［古事記上巻］

この記事には「志許売」と「志許米岐」が現れるが、「売」は「め甲」であり、「米」は「メ乙」である。

『日本書紀』には次のようにある。

　伊弉冉尊、恨みて曰はく、「何ゾ要りし言を用ゐずして、吾に恥辱みせつ」といひて、すなはち泉津醜女八人を遣はして（中略）追ひて留む。（中略）伊弉諾尊既に還りて　すなはち追ひて悔いて曰はく、「吾れ先に不須也凶目き汚穢き処に到る。」　　　　　　［神代上紀第五段一書第六］

225

不須也凶目汚穢、此を、いなしコメききたなき〈伊儺之居梅枳枳多儺枳〉ト云ふ。醜女、此を、しコめ〈志許売〉ト云ふ。

[神代上紀第五段一書第七]

この記事には「醜女〈志許売〉」と「凶目き〈之居梅枳〉」があるが、「売」は「め甲」であり、「目」「梅」は「メ乙」である。

【2】従来説では「しコメき」の「しコメ」は「醜女」ではないとされる

「しコメき」の「しコメ」は、「醜女」と同一語でその音韻転化したものか、それとも別の語か。

本居宣長は『古事記伝』六之巻でいう。"「志許米」は「志許売」とは別の語である。古事記では「女」を表す仮名には「売」と書き、「米」とは書かない。"

倉野憲司は『古事記全註釈』第二巻83〜284頁で、「志許売」を「醜女」とし、「志許米岐」を形容詞「醜目し」の連体形だとする。

山口佳紀は『古代日本語文法の成立の研究』255頁で、ク活用形容詞「しコメき」の語幹を「シコ（醜）＋マ＋i」だとする。

このように、従来は"「しコメき」の「しコメ」は「醜女」とは別の語だ"とされている。

【3】「しコメzき」の「メz」は九州語の"女"

「しコメき」の「しコメ」と「醜女」について考えるにあたって私は三つのことに留意したい。

第一。九州語には"女"を表す語は「メz」と読まれる（「佐用比米（ルメ）」）。

第二。九州育ちの神武天皇は"女"を表すのに九州語「メz〈迷〉」を用いる（「稲魂女」など）。

第三。伊邪那伎命は九州で天照大御神らを生んで国を治めさせた。

九州で天照大御神らを生んで国を治めさせた伊邪那伎命なら、九州育ちの神武天皇と同じく、"女"の読みとして九州語「メz」を用いる可能性は十分ある。

伊邪那伎命は黄泉つ国で八人の醜女たちに追いかけられた。伊邪那伎命の心は醜女に対する嫌悪感で満ちていたことであろう。その伊邪那伎命なら、

黄泉の国を「醜女き」所と表現するのは当然である。
　上記のことから、伊邪那伎命の言葉にある「しコメ乙き」は「醜女き」の意だと考える。近畿語では「醜女」の「女」は「め甲」と読まれるが、伊邪那伎命は九州語を話すので、「醜女」の「女」を「メ乙」と発音したのである。
　ク活用形容詞「しコメき」は「醜女＋き」であり、"醜い女で満ちている"の意である。

第二部　広瀬本万葉集東歌で"心"が「吉々里(きき り)」と読まれる理由

第45章　"心"が広瀬本万葉集東歌で「吉々里(きき り)」、古事記で「紀理(キリ)」、古今集甲斐歌で「けけれ」と読まれる理由

§1　広瀬本万葉集東歌で"心"が「吉々里(きき り)」と読まれる理由

【1】「心」が上代近畿語で「ココロ」「キリ」「ききり」と読まれる用例
（1）「コ乙コ乙ロ乙」。
　　女(め)にしあれば　吾(わ)がコ乙コ乙ロ乙〈許許呂〉　浦洲(うらす)ノ鳥ゾ

[記上巻歌3a]

（2）キリ。天照大神が素戔嗚尊の剣を嚙んで産んだ三女神の中の一人の名は、神代上紀第六段本文・一書第一・一書第二によれば、「田心姫」である。一方、一書第三によればこの女神の名は「田霧姫」と表記され、『古事記』上巻では「多紀理毘売」と表記される。
　これらを比較すれば、「田心」は「多紀理」「田霧」に相当することが解る。「多紀理」は「たキ乙り」である。
　「霧」は「紀利(キり)」［万5-799］だから、「田霧」は「たキ乙り」と読める。田心姫が霧に関係深いことは、神代上紀第六段本文に「吹き棄つる気噴(いぶ)きノ

227

狭霧(さぎり)に生まるる神を号ケて田心姫トいふ」とあり、『古事記』上巻に「気吹(いふ)きノ狭霧(さぎり)に成る神ノ御名(みな)は多紀理毘売命」とあることからも推察できる。

そこで「田心」の読みは、「多紀理(たきり)」「田霧(たぎり)」、すなわち「たキ乙り」だと解る。「田心」の「心」の読みは「紀理」「霧」と同じで、「キ乙り」だと解る。

【2】広瀬本万葉集では東方語での「心」の読みは「吉々里」と表記される

　　　固メトし　妹が心〈吉々里〉は
　　　　　　　　　　［万20-4390防人歌、下総。『校本万葉集別冊三』699頁］

広瀬本以外の諸本には「去々里」とあり、「ココり」あるいは「ココロ」と読まれていた。だが広瀬本に「吉々里」とある。広瀬本の文献的価値の高さはよく知られている。万4390の原形は「吉々里」だったとするのが順当である。

【3】広瀬本の下総防人歌「吉々里」の読みは「き甲き甲り」

広瀬本「吉々里」の「吉」は推古朝遺文・『記』・『紀』・『万葉集』を通じて「き甲」である。よって、「吉々里」の「吉」は「き甲」と読まねばならない。「吉々」すなわち「吉吉」は「き甲き甲」である。

「里」の読みについて。『万葉集』ではほとんどの「里」は、問題なく「り」と読める。よって、「吉々里」の「里」も「り」と読むのが順当である。東方語では「心」は「ききり」と読まれたのである。

【4】東方語「夜之里」の読み

（1）東方語「夜之里」の読みは「やしり」。

「吉々里」の読みに関連して検討したいのは下総防人歌の「夜之里」の読みである。

　　　国々ノ　夜之里ノ神に　幣帛(ぬさまつ)奉り
［万20-4391防人歌、下総。＊里は広瀬本・元暦校本による。西本願寺本では呂］

歌意からすると「夜之里」の意味は"社"である。では、その読みは何か。大野晋は『仮名遣と上代語』226頁で、「夜之里」について二つの見解を提起する。

一つは、西本願寺本の表記「夜之呂」を排し、元暦校本の「夜之里」を原

第45章

形だとすることである。私はこの点については大野説に賛同する。広瀬本の表記も「夜之里」だからである。

　大野のもう一つの見解は「夜之里」を「やしロ」と読むことである。

　大野は同書225頁で下総防人歌での用字法には、「アには「阿」のみ、イには「以」のみ、レには「例」のみ、モには「母」のみを用い、「枳キ」を頻用するなど」の特徴があると指摘する。

　そして同書226頁で、下総防人歌での仮名「理」「里」について、「リの仮名四例にはすべて「理」を用いて「里」を用いない。「里」はここに問題にしている、社ヤシロと心ココロとに用いられているのみである。(中略)以上のことを考えるとき「里」はリならぬロを表現したのではないか。」という。

　大野のこの論法は、論理学の面に不備がある。私たちは〔「吉々里」「夜之里」の「里」の読みが「り」なのか、「ロ」なのか〕を問題にしている。にもかかわらず、大野は初めから"下総防人歌の用字法では、「り」の仮名には「「里」を用いない」"と宣言し、この宣言を論拠にして、"「吉々里」「夜之里」の「里」は「ロ」を表現した"と結論する。この論法は循環論法であり、是認できない。

　あらためて私見を述べる。『万葉集』では、仮名「里」は、「吉々里」「夜之里」を別にすれば、問題なく「り」と読める。よって、「吉々里」「夜之里」の「里」も「り」と読むのが順当である。

　この私見による場合、『万葉集』の仮名「里」はすべて「り」を表す。この状況は表音文字たる仮名として理想的なものである。

(2) 下総防人歌で仮名「里」が「吉々里」「夜之里」のみに用いられ、「吉」が「吉々里」のみに用いられる理由。

　大野が指摘したように、下総防人歌では、「り」を表す仮名としては「理」が4度用いられるが、「吉々里」「夜之里」だけは「里」が用いられる。

　また、大野が指摘したように、下総防人歌では、「き」を表す仮名としては「枳」が頻用されるのに、「吉々里」だけは「吉」が用いられる。

　筆録者がこのように書き分けた理由を説明しよう。

　下総防人歌で仮名「理」が用いられるのは、"普通の「り」"を表す場合である。他方、「吉々里」「夜之里」で「里」が用いられるのは、"これは普通

229

の「り」ではない。東方語では「り」だが、近畿語では他の音節（ロ乙）になる「り」である"と注意するためである。

　下総防人歌で仮名「枳」「吉」の書き分けも同様である。「枳」は"普通の「き」"を表す。他方、「吉々里」で「吉」が用いられるのは、"これは普通の「き」ではない。東方語では「き」だが、近畿語では他の音節（コ乙）になる「き」である"と注意するためである。

【5】「心」が古今集の甲斐歌(かひうた)で「けゝれ」になる遷移過程

　　かひがねを　さやにも見しか　けゝれなく　よこほりふせる　さやのな
　　か山　　　　　　　　　　　　　　　　　　　　　　［古今和歌集20-1097］

「けゝれなく」は『万葉集』の「心(ココロ)なく」［万14-3463］に相当する語句である。

　「心＝コ乙コ乙ロ乙」が甲斐国の言語で「けゝれ」になる理由を述べよう。

　甲斐歌の「けゝれ」の「け」は「ケ乙」相当の音素節だと考える。近畿語の「コ乙コ乙ロ乙」が甲斐の言語では「ケ乙ケ乙れ」になるのである。

　甲斐は駿河に隣接するから、甲斐語は駿河語に似ると推察できる。駿河語では、近畿語の「オ乙」が「エ乙」になることがよくある。これは、母音部が￥O￥であって、近畿語では￥が潜化するが、駿河語では￥O￥が融合するからである。

　「心」の本質音はK￥O￥K￥O￥R￥O￥だと推定する。

　K￥O￥K￥O￥R￥O￥は近畿語・甲斐語では次のように遷移する。

［近畿］　心＝K￥O￥K￥O￥R￥O￥→KjOjKjOjRjOj
　　　＝KOKORO＝コ乙コ乙ロ乙

［甲斐］　心→K¦￥O￥¦K¦￥O￥¦R¦￥O￥¦
　　　→K¦￥Oj¦K¦￥Oj¦R¦￥Oj¦＝ケケれ

【6】「心」が下総防人歌で「き甲き甲り」になる遷移過程

　万4390下総防人歌で「心」が「き甲き甲り」になるのは、母音部￥O￥で、￥がOを双挟潜化するからである。

［下総］　心＝K￥O￥K￥O￥R￥O￥→K￥o￥K￥o￥R￥o￥
　　　＝K￥￥K￥￥R￥￥→Kj￥Kj￥Rj￥＝K￥K￥R￥＝き甲き甲り

「社」が「やしり」になるのも同様である。「やしR￥O￥」で、￥がOを

双挟潜化する。
[下総]　社＝やし R¥O¥→やし R¥o¥→やし Rj¥＝やしり

【7】「心」が古事記上巻・神代上紀で「キ乙リ」になる遷移過程

　¥O¥で、¥がOを双挟潜化する。
　　心→K¥o¥K¥o¥R¥o¥＝K¥¥K¥¥R¥¥
　¥K¥では、その前後の¥が双挟潜化を促すので¥はKを双挟潜化する。
　　→K¥¥k¥¥R¥¥＝K¥¥¥¥R¥¥
　四連続する¥は融合する。¥¥も融合する。
　|¥¥¥¥|・|¥¥|は共に「イ乙・い丙」を形成する。
　　→K|¥¥¥¥|R|¥¥|→き乙り

§2 「寝床」の「床」が「ド乙コ乙」とも「ど甲」とも読まれる理由

「寝床」などの「床」は「ト乙コ乙」「ド乙コ乙」と読まれることもあり、「ど甲」と読まれることもある。

[上代1]　「トコ」「ドコ」になる。
　　媛女(をとめ)ノ　床〈登許〉ノ辺(べ)に　吾(あ)が置きし　剣ノ大刀　　［景行記歌33］
　　いざ為小床〈乎騰許(せをドコ)〉に　　　　　　　　　　　　　　　　［万14-3484東歌］
　　さ寝床〈佐袮耐拠(ねドコ)〉モ　与(あた)はぬかモヨ
　　　　　　　　　　　　　　　　　　　　　　　　［神代下紀九段一書第六書紀歌4］

[上代2]　「ど甲」になる。
　　妹ロを立てて　さ寝床〈左袮度〉払ふモ　　　　　［万14-3489東歌］
　　組み床〈久美度(ど)〉に興(おこ)して生む子

[古事記上巻。「組み床」は"（男女が手を）組みあう床"の意で、「さ寝床」とほぼ同義]

　「床」の本質音はTDΩKΩだと推定する。

[上代1]　さ寝床＝小＋寝＋TDΩKΩ→さね TDΩKΩ→さね T-DΩKΩ
　　→さね t-DΩ-KΩ＝さねド乙コ乙

[上代2]　ΩKΩで、ΩはKを双挟潜化する。
　　さ寝床→さね TDΩKΩ→さね T-DΩkΩ→さね t-DΩΩ
　　ΩΩは融合する。|ΩΩ|は「お甲」を形成する。

→さね-D |ΩΩ| =さねど甲

第三部 続日本紀の「賜ヘ乙る」「荒ビ乙る」と『延喜式』の「荒び甲る」

第46章 上代近畿語の「賜ヘ甲る」が続日本紀で「賜ヘ乙る」になるのはどうしてか

§1 続日本紀宣命の「荒ビ乙る」と延喜式祝詞の「荒び甲る」

【1】「荒ぶる」「荒びる」「荒びる」の用例

「荒ぶ」の連体形は、『古事記』では「荒ぶる」だが、平安語初期の文献たる『続日本紀』には「荒ビ乙る」とあり、『延喜式』には「荒び甲る」とある。

[上代] 荒ぶる〈荒夫琉〉神　　　　　　　　　　　　　　[神武記]
[平安語初期1] 荒ビ乙る〈荒備流〉蝦夷　　　　　[続紀延暦八年宣命62]
[平安語初期2] 心荒び甲る〈荒比留〉は水神　　　[延喜式祝詞鎮火祭]

【2】「荒ビ乙る」「荒び甲る」についての従来説

（1）橋本進吉の見解。

橋本進吉は「上代における波行上一段活用に就いて」『橋本進吉博士著作集第五冊上代語の研究』201～202頁で、上代語で上二段に活用した「荒ぶ」が『続日本紀』の宣命で「荒びる」になることについて次のとおりいう。「ハ行上一段の動詞は上代には上二段で、ヒ、ヒ、フ、フル、フレと活用したと考へられるのであるが、これらは、平安朝に於ては上一段であつた事は当代の諸文献によつて明かである。これは、上二段が上一段に変化したのであるが、さやうな傾向が他の上二段の動詞にも既に平安朝初期からあらはれてゐたことは、奈良朝に於てハ行上二段に活用した「荒ぶ」が続日本紀巻四十、延暦八年九月戊午年の宣命に「陸奥国荒備流　蝦夷等乎」となつてゐるによつても明かである。」

この橋本説には納得できない点が五つある。

第46章

　第一。橋本は「ハ行上一段の動詞は上代には上二段で、ヒ、ヒ、フ、フル、フレと活用した」という。だが、第12章で述べたように、「干（乾）」の已然形は「ふれ」ではなく、不明である。

　第二。橋本は「平安朝に於ては上一段であつた事は当代の諸文献によつて明かである。これは、上二段が上一段に変化したのである」というが、「上二段が上一段に変化した」のではない。上代語「干」は上乙段活用だから、上代語の上乙段活用が平安語で上一段活用に変化したのである。

　第三。橋本は"上二段が上一段に変化したという傾向は、上代語で上二段活用の「荒ぶ」が、宣命62に「荒ビ乙る蝦夷等」となっていることによって明きらかだ"という。

　仮に、橋本のいうように、"上代語の上二段が平安語で上一段に変化した"なら、それは日本語の歴史における巨大な変化だから、そのことを示す用例が多々現れて当然である。だが、上代語に見える上二段連体形「恋ふる」は平安語でも「恋ふる」のままであり、「恋ひる」の用例は見いだせない。

　第四。「荒ビ乙る」の他に、「荒び甲る」があり、両者の第三音素節は甲類・乙類が異なる。橋本はこのことについて説明しない。

　第五。橋本は「いさちる」について論じない。『古事記』上巻には連体形「いさちる〈伊佐知流〉」が二度現れる。「いさちる」は平安時代の文献では「いさつる」と記される。そうすると、橋本の論法にならえば、"上代語の上一段活用は平安語では上二段活用に変化した"ということになろう。これは橋本のいう「上二段が上一段に変化した」とは逆の内容である。

（2）山口佳紀の見解。

　山口佳紀は『古代日本語文法の成立の研究』351頁および『古代日本語史論究』319頁で「荒ビ乙る」「荒び甲る」について述べる。後者の文を引用する。

　山口はいう。「アラビルのビの甲乙は、宣命（備＝乙）と祝詞（比＝甲）とで食い違っているいるが、文献の成立年代から見て、前者を優先させ、乙類であったと考えるべきである。」

　山口は「成立年代から見て、前者を優先」というが、それは適切な視点ではない。成立年代から見るならば、『古事記』の「荒ぶる」だけを採ればよ

233

いということになろう。だが、それでは、〔動詞活用は時代とともにどのように変遷するか〕を探る手がかりを放棄することになる。私たちは「荒ビ乙る」「荒び甲る」を同等に尊重して、上代近畿語の上二段連体形「荒ぶる」が平安語初期に二つの形に変化する理由を考察せねばならない。

さて、山口は宣命の「荒ビ乙る」に焦点を当てて次のとおりいう。「アラビルは、「アラ（荒）＋ミル（廻）」の転と解すべきであろう。（中略）マ行音がバ行音化するのはよくあること」。

山口は「マ行音がバ行音化するのはよくある」というが、"すべてのマ行音素節がバ行音素節に転じてよい"というわけではない。本質音にMMが含まれるなど、特定の音素配列の場合にのみ、マ行音素節がバ行音素節に転じる。"天飛ぶ"に相当する語句は、上代語では「天トぶ〈阿麻等夫〉」[万5-876] とも、「天だむ〈阿麻陀牟〉」[允恭記歌82] とも表記される。これは、『上代特殊仮名の本質音』第61章で述べたように、「飛ぶ」「飛む」双方の本質音が同一で、MMが含まれるからである。二つのMが共に顕存して融合すればバ行が現れ、前のMが潜化すればマ行が現れるのである。

山口は「アラビルは、「廻る」が「びる」に転じた」というが、「廻る」「廻」第一音素節が「ミ乙」と表記される用例は、「うち廻る〈宇知微流〉」[記上巻歌5]・「磯廻〈伊蘇未〉」[万17-3954] など多数あるが、それが「ビ乙」になった用例はない。「「荒ビる」を「アラ（荒）＋ミル（廻）」の転」と解する山口説には従えない。

（３）川端善明の見解。

川端善明は「荒ビ乙る」「荒び甲る」の成立過程について、『活用の研究Ⅱ』157頁で次のとおりいう。「アラビルというその語形態を、上二段アラブの連用形に対してその一種の再動詞化とし、四段活用に到達する可能性をもった形と見ることもできる筈である。言わば語幹はアラでなく、アラビであり、語幹内部なるビは、（中略）乙類であらざるを得ないが、広義に、そして再動詞化なるものを、（中略）類比的に把握するならば、むしろ甲類であることを適切とするであろう」。

私なりに川端説を要約しよう。"「荒ビ乙る」は、上二段「荒ぶ」を基にして、四段活用として再動詞化したものである。その語幹は上二段「荒ぶ」の

連用形たる「荒ビ乙」であり、語尾は「る」である。"
　川端の仮説を検証するために、動詞「ヨロコぶ」(喜ぶ・良ロコぶ)に着目しよう。「ヨロコぶ」は再動詞化して、上二段動詞から四段動詞に転じたからである。
[平安語初期]　上二段活用。
《連用》　つてに用法。　悦コビ〈悦己備〉嘉しみ　　[祝詞遣唐使時奉幣]
《未然》　ヨロこびざるトコロ〈与呂古比左流止古呂〉
[日本書紀私記(乙本)神代上紀第四段本文「淡路洲為胞意所不快」の「不快」の注。新訂増補国史大系8。55頁]
[平安語前期(平安時代後期)]　四段活用。
《連体》　ヨロコブココロ　　[日本書紀前田本仁徳即位前条「驪心」傍訓]
　これらの事例により、次のことが解る。上二段動詞が再動詞化して四段動詞に転じる場合、語幹は変化しない。活用行も変化しない。上二段活用でバ行で活用するなら、四段活用に転じても、バ行で活用する。
　したがって、上二段動詞「荒ぶ」が再動詞化して四段動詞に転じたならば、連体形は「荒ぶ」になるのであって、「荒ビる」や「荒びる」になることはない。よって、私は川端説には賛同できない。

【3】「荒ビ乙る」「荒び甲る」についての私見

(1)「荒ビ乙る」「荒び甲る」の本質音は上代語「荒ぶる」と同一。
　上代語「荒ぶる」と平安語初期の「荒ビ乙る」「荒び甲る」の語素構成は同一で、「荒BW＋YRY＋AU」である。
[上代]　荒ぶる＝荒BW＋YRY＋AU→あらBWYRYAU
　　WYでは、Yは潜化し、Wは顕存する。
　　　→あらBWy-RyaU→あらBW-RU＝あらぶる
[平安語初期1]　WYでは、WYが融合する。
　　荒ビる→あらBWYRYAU→あらB{WY}-RyaU＝あらビ乙る
[平安語初期2]　WYでは、Wは潜化し、Yは顕存する。
　　荒びる→荒BwYRYAU→あらBY-RyaU＝あらび甲る
(2)八世紀半ば頃から10世紀前半頃の平安語初期は上代語から平安語に移行する過渡期である。

上代語と平安語との間には大きな段差がある。上代語にあった上代特殊仮名の識別は平安語では消滅する。上代語では上甲段活用した「見」「着」は平安語では上一段活用になる。上代語では上乙段活用した「干」「居」は平安語では上一段活用になる。上代語では下二段活用した「蹴ゑ」（連用形）は平安語では下一段活用になる。このような大きな変化は旦夕に完了するものではなく、数十年あるいはそれ以上の過渡期を経て移行したであろう。その過渡期においては、上代語とは異なり、平安語の通例とも異なる試行形が現れて当然である。宣命・祝詞に見える連体形「荒ビ乙る」「荒び甲る」は平安語初期という過渡期に現れた試行形だと考える。

§2　上代近畿語の「賜へ甲る」が続日本紀で「賜ヘ乙る」になるのはどうしてか

【1】上代近畿語の「賜へ甲る」が続日本紀で「賜ヘ乙る」になるのはどうしてか

　上代近畿語では、「賜ふ」が完了存続助動詞「り」に上接すると、「賜へ甲る〈多麻敝流〉」［万18-4098］になる。他方、平安語初期の文献『続日本紀』には「賜ヘ乙る」という用例が見える。
　　　立て賜ひ敷き賜ヘ乙る〈賜閉魯〉法ノ随に
　　　　　　　　　　　　　　　　　　　　［続紀神亀元年（西暦724年）宣命5］
（1）続日本紀宣命第5詔の「賜ヘ乙る」の遷移過程。
　平安語初期の「賜ヘ乙る」の語素構成は上代近畿語の「賜へ甲る」の語素構成と同一である。
［上代］　賜へる＝賜 P＋Y＋AY る→たま P |YAY| る＝たまへ甲る
［平安語初期］　賜ヘる→賜 PYAY る→たま P |YAY| る
　　|YAY| では、後の Y は潜化する。|YAy| は「エ乙・え丙」を形成する。
　　　→たま P |YAy| る→たまヘ乙る
（2）「たまヘ乙る」は試行形ではなく、平安語そのもの。
　『続日本紀』宣命62の「荒ビ乙る」と『延喜式』の「荒び甲る」についてはこれらを平安語初期に現れた試行形だとした。それは、「荒ビ乙る」「荒び甲る」という連体形が一般の上代語にも一般の平安語にも合致しないからであ

る。
　これに対し、「たま∧乙る」は平安語「たまへる」と合致し得る。
　　おもひしづまり給へるを。　　　　　　　　［源氏物語帚木］
　平安語の「たまへる」の「へ」が「へ甲」であるか「∧乙」であるかは不明だったが、これを「∧乙」相当だと考える。そうすると宣命5の「賜∧乙る」の「∧乙」は平安語の「たまへる」の「へ」に合致する。
　そこで、このことを一般化して次のとおり考える。
　平安語の「え」段音節は上代語の「エ乙」段音節と同じ音韻である。

【2】上代特殊仮名「え甲・エ乙」の識別は、「え甲」が「エ乙」に転じることによって消滅した
　上代特殊仮名「え甲・エ乙」の識別の消滅について次のように考える。
　上代語で「え甲」相当の音素節を形成していた|YAY|・|YOY|・|Y∀Y|などの末尾にあるYは、平安語では潜化する。|YAy|・|YOy|・|Y∀y|などは「エ乙」を形成するから、上代語で「え甲」段相当であった音素節は平安語ではすべて「エ乙」段相当の音素節に転じる。
　上代語で「エ乙」段相当であった音素節は平安語でもそのまま「エ乙」段相当のままである。
　それで平安語ではすべての「え」段音素節は「エ乙」段相当の音素節に統一される。
　この経緯によって「え甲」「エ乙」の識別は消滅した。

§3　平安語四段活用・現代語五段活用の命令形

【1】平安語四段活用命令形の遷移過程
　　もろ共に　哀とおもへ　山桜　　　　　　　［金葉和歌集9-557］
　平安語の命令形「おもへ」の語素構成は、上代語の四段動詞命令形と同様である。
［平安］　思へ＝思P＋YOY→おもPYOY→おもP|YOY|
　平安語では|YOY|の末尾のYは潜化する。P|YOy|は「∧乙」相当の音韻になる。
　　→おもP|YOy|＝おも∧

【2】現代語五段活用命令形の遷移過程

　現代語の命令形「履け」の「け」の本質音・現象音は上代東方語命令形「履ケ」の「ケ」と同一である。

　　　履け＝履K＋YOY→はK¦YOY¦

　　¦YOY¦の末尾のYは潜化する。

　　　→は¦KYOy¦→はケ

第四部　下二段「消(く)」「蹴(く)ゑ」の活用の遷移過程

第47章　自動詞「消(く)」の活用が上代語ではカ行下二段、平安語ではヤ行下二段に変化する理由

§1　平安語下二段活用の一般的な遷移過程

　平安語の下二段活用動詞の一般的な遷移過程を述べる。

《未然》　ずむ用法。　女はかくもとめむ　　　　　　［源氏物語夕霧］

　　求めむ＝求M＋￥Ω￥＋WRW＋∀＋む→もとM¦￥Ω￥¦WrW∀む

　　→もとM¦￥Ωj¦wwαむ＝もとM¦￥Ωj¦む＝もとメむ

《連用》　体言用法。　はじめよりわれはと思ひあがり給へる

　　　　　　　　　　　　　　　　　　　　　　　　　［源氏物語桐壺］

　　初め＝初M＋￥Ω￥＋WRW＋Y→はじM¦￥Ω￥¦WrWY

　　→はじM¦￥Ωj¦wwy＝はじM¦￥Ωj¦＝はじメ

《終止》　いとひがてらにもとむなれど　　　　　　　［源氏物語胡蝶］

　　求む＝求M＋￥Ω￥＋WRW＋W→もとM￥Ω￥WrWW

　　→もとMjωjWWW→もとMwwW＝もとMW＝もとむ

《連体》　きずをもとむる世に　　　　　　　　　　　［源氏物語紅葉賀］

　　求むる＝求M＋￥Ω￥＋WRW＋AU→求M￥Ω￥WRWAU

　￥Ω￥WとWAUは呼応潜顕する。後者ではWAが潜化する。これに呼応して、前者ではWは顕存し、￥Ω￥は潜化する。

→もと M*j*ω*j* W–RwaU＝もと MW–RU＝もとむる
《已然》接続用法。　空蝉の　からは木ごとに　とどむれど
[古今和歌集10-448]

留むれど＝留 M＋¥Ω¥＋WRW＋YO¥M＋T*O*
→とど M¥Ω¥WRW¦YO*j*¦ど

¥Ω¥W と W¦YO*j*¦ は呼応潜顕する。後者では¦YO*j*¦は顕存し、W は潜化する。これに呼応して、前者では W は顕存し、他は潜化する。
→とど M*j*ω*j* W–Rw¦YO*j*¦ド＝とど MW–R¦YO*j*¦ド
　＝とどむれド
《命令》浪にもとめよ　舟みえずとも　　　　[後撰和歌集19-1345]

求めよ＝求 M＋¥Ω¥＋WRW＋YOY→もと M¥Ω¥WrWYOY
→もと M¦¥Ω*j*¦ww–YOy＝もと M¦¥Ω*j*¦-YO＝もとメヨ

§2　自動詞「消」が上代語ではカ行下二段、平安語ではヤ行下二段、現代語でア行下一段になる理由

【1】自動詞「消」の上代語・平安語・現代語での活用
（1）上代語での用例。
　自動詞「消」は、上代語では一字一仮名表記の用例ではカ行下二段活用する（上代語でも一字一仮名表記でなければヤ行下二段の「消ゆト言ふ〈消等言〉」[万2-217]がある）。
《未然》ずむ用法。「ケ」になる。
　　降り置ける雪ノ　常夏に　消ず〈気受〉てわたるは　　[万17-4004]
《語胴》YYぬ用法。「ケ」になる。
　　早くな散りソ　雪は消ぬ〈気奴〉トモ　　　　　　　[万5-849]
《語胴》WWら用法。「く」になる。
　　立山ノ　雪し消らし〈久良之〉モ　　　　　　　　　[万17-4024]
（2）平安語での用例。
　ヤ行で下二段活用する。
《連用》つてに用法。　ふるしらゆきの　したきえに　きえて物思ふ　ころにもあるかな　　　　　　　　　　　　　　　　[古今和歌集12-566]

239

《連体》　春たては　きゆる氷の　のこりなく　　　［古今和歌集11-542］
（3）現代語ではア行で下一段活用する。六活用形は次のようである。用例は略す。

　　きえ　　きえ　　きえる　　きえる　　きえれ　きえろ

【2】「消」の動詞語素
　「消」の動詞語素は KYY だと推定する。
　「消」の活用語胴は「KYY＋¥Ω¥＋WRW」である。
【3】上代語カ行下二段活用「消」の遷移過程
《未然》　ずむ用法。　消ず＝KYY＋¥Ω¥＋WRW＋∀＋ず
　　→KYY¦¥Ω¥¦WrW∀ず→KYY¦¥Ω*j*¦WW∀ず
　　母音部 YY¦¥Ω*j*¦WW∀ では融合音¦¥Ω*j*¦は顕存し、他は潜化する。
　　→Kyy¦¥Ω*j*¦wwαず＝K¦¥Ω*j*¦ず＝ケ乙ず
《語胴》　YY ぬ用法。　消ぬ＝KYY＋¥Ω¥＋WRW＋YY ぬ
　　→KYY¦¥Ω¥¦WrWYY ぬ→KYY¦¥Ω*j*¦WWYY ぬ
　　→Kyy¦¥Ω*j*¦wwyy ぬ＝K¦¥Ω*j*¦ぬ＝ケ乙ぬ
《語胴》　WW ら用法。　消らし＝KYY＋¥Ω¥＋WRW＋WW ら＋し
　　→KYY¥Ω¥WrWWW らし＝KYY¥Ω¥WWWW らし
　　母音部 YY¥Ω¥WWWW では、末尾で四連続する W はひとまず顕存し、YY¥Ω¥は潜化する。
　　→Kyy*jωj*WWWW らし→KwwwW らし＝KW らし＝くらし
【4】平安語ヤ行下二段活用「消ゆ」の遷移過程
　平安語「消ゆ」の活用語胴・活用語足は上代語「消」と同一である。
《連用》　つてに用法。　消えて＝KYY＋¥Ω¥＋WRW＋¥¥＋て
　　→KYY¥Ω¥WRW¥－¥て
　KY の直後で音素節が分離する。W は R を双挟潜化する。¥Ω¥は融合する。
　　→KY-Y¥Ω¥WrW¥－*j*て→き Y¦¥Ω¥¦WW¥-て
　　→き Y¦¥Ω*j*¦ww*j*-て＝き Y¦¥Ω*j*¦て
　平安語・現代語では Y¦¥Ω*j*¦の父音部 Y は潜化する。
　　→き y¦¥Ω*j*¦て＝きえて

《連体》 消ゆる ＝ KYY ＋ ¥Ω¥ ＋ WRW ＋ AU → KYY¥Ω¥WRWAU
　　　→ KY-Y¥Ω¥WRWAU

　¥Ω¥W と WAU は呼応潜顕する。後者では U は顕存し、WA は潜化する。これに呼応して、前者では W は顕存し、¥Ω¥ は潜化する。
　　　→ き Y jωj W-RwaU ＝ き YW-RU ＝ きゆる

【5】現代語ア行下一段活用「消える」の遷移過程

　現代語「消える」の活用語胴・活用語足は上代語「消」・平安語「消ゆ」と同一である。

《連体》 消える → KYY¥Ω¥WRWAU → KY-Y¥Ω¥WRWAU

　¥Ω¥ が融合する。WAU では、WA が潜化する。
　　　→ き-Y¦¥Ω¥¦W-RwaU → き-Y¦¥Ωj¦w-RU
　　　→ き-y¦¥Ωj¦る ＝ きえる

第48章　「蹴ゑ」の活用が下二段から下一段・五段へと変化する理由

§1　「蹴ゑ」は上代語ではワ行下二段活用し、平安語前期の辞書類では終止形が「くゑる」「くぇる」「くゆ」「く」になる

【1】上代語ワ行下二段連用形「蹴ゑ」

［上代］『日本書紀』神代上紀第六段本文の「蹴散」の注に「くゑはららかす〈倶穢簸邏邏箇須〉」とある。連用形が「くゑ」だから、ワ行下二段活用である。

【2】平安語前期の辞書類に「くゑる」「くぇる」「くゆ」「く」の用例がある

　濱田敦は「「蹴る」と「越ゆ」」『日本語の史的研究』193頁で、平安語の辞書『類聚名義抄』『字鏡（岩崎本）』などに見える「蹴」およびその類義語を捜羅して掲げる。それらのうち、終止形「クエル」「化ル（「化」は合拗音「くぇ」）」「クユ」「ク」は「蹴ゑ」と同一の語だとし、「コユ」「フム」「ツマヅク」などは別の語だとする。濱田のこの説に従って論を進める。

241

【3】「蹴ゑ」の動詞語素

「蹴ゑ」の動詞語素は KWWY だと推定する。

「蹴ゑ」の活用語胴は「KWWY＋¥Ω¥＋WRW」である。

【4】上代語連用形「蹴ゑ」の遷移過程

［上代］「蹴ゑ」は動詞「はららかす」に上接するから連用形つてに用法であり、活用語足は¥¥である。

　　　蹴ゑ散かす→KWWY＋¥Ω¥＋WRW＋¥¥＋PA ららかす

　　　→KWWY¥Ω¥WrW¥–¥PA ららかす

K直後のWWのうち、前のWは母音素性を発揮して、音素節KWを形成する。後のWは父音素性を発揮してワ行を形成する。

　　　→KW-WY¥Ω¥WW¥–jPA ららかす

　　　→KW-WY|¥Ω¥|WW¥–PA ららかす

　　　→KW-Wy|¥Ωj|ww$j$はららかす＝く W|¥Ωj|はららかす

　　　＝くゑはららかす

この遷移では、Kの直後で二連続するWは二つとも顕存している。

【5】平安語前期の辞書類に見える「くゑる」「くぇる」「くゆ」「く」の遷移過程

［平安1（前期）］　蹴ゑる＝KWWY＋¥Ω¥＋WRW＋W

　　　→KWWY¥Ω¥WRWW→KW-WY¥Ω¥W-RWW

　　　→く-WY|¥Ω¥|W-RwW→く-Wy|¥Ωj|w-RW

　　　＝く-W|¥Ωj|る＝くゑる

この遷移では、K直後のWWは二つとも顕存している。

［平安2（前期）］　蹴る→KWWY¥Ω¥W-RWW

　　　→KWWY|¥Ω¥|W-RwW→KWWY|¥Ωj|W-る

KWWY|¥Ωj|Wでは、KWが父音部になり、WY|¥Ωj|Wが母音部になる。KWは合拗音「くぇ」の父音部になる。

母音部WY|¥Ωj|Wでは、融合音|¥Ωj|は顕存し、他は潜化する。

　　　→KWwy|¥Ωj|w る＝KW|¥Ωj|る＝くぇる

この遷移では、K直後のWWのうち、前のWのみが顕存する。

［平安3（前期）］　蹴ゆ→KWWY¥Ω¥WRWW

WRW では、直後の W が双挟潜化を促すので W は R を双挟潜化する。
　　→KWWY￥Ω￥WrWW＝KWWY￥Ω￥WWW
KWW の直後で音素節が分離する。Y￥Ω￥WWW では Y が父音部になる。
　　→KWW-Y￥Ω￥WWW→KwW-Y$j\omega j$WWW
　　→KW-YWWW→く YwwW→く YW＝くゆ
この遷移では、K 直後の WW のうち、後にある W のみが顕存する。
［平安4（前期）］　蹴る→KWWY￥Ω￥WrWW
　　→KWWY￥Ω￥WWW
WY￥Ω￥W では、直前の W と直後の WW が双挟潜化を促すので W は Y￥Ω￥を双挟潜化する。
　　→KWWy$j\omega j$WWW＝KWWWWW→KwwwwW＝KW＝く
この遷移では、K 直後の WW は二つとも潜化する。

§2　平安語の物語で下一段活用する「蹴る」の遷移過程

【1】平安語の物語に現れる下一段「蹴る」の用例

［平安5］　物語に見える平安語では、「蹴」は語幹が「ケ」の下一段活用になる。
《終止》　太政大臣のしりはけるとも　　　　　　　　　　［落窪物語2］
《未然》　尻けんとする相撲［宇治拾遺物語31。「けん」は「蹴む」の音便］
《連用》　つてに用法。　尻をふたとけたりければ　　　［宇治拾遺物語176］
《命令》　尻けよといはるる相撲は　　　　　　　　　　　［宇治拾遺物語31］

【2】「蹴」が平安語でカ行下一段活用する理由
　平安語下一段「蹴る」の活用語胴の語素構成は、上代語下二段連用形「くゑ」の活用語胴や平安語前期の終止形「くゑる」「くゆ」「く」などの活用語胴と同一である。
《終止》　蹴る→KWWY￥Ω￥WRWW
　　母音部 WWY￥Ω￥W では￥Ω￥が融合する。
　　　→KWWY¦￥Ω￥¦WRWW→Kwwy¦￥Ωj¦w-RWW
　　　＝K¦￥Ωj¦-RwW＝ケる
《未然》　蹴ん→KWWY＋￥Ω￥＋WRW＋∨＋MΩ＋W

243

→KWWY￥Ω￥WrW∀-Mωw→KWWY|￥Ω￥|WW∀-M

→Kwwy|￥Ωj|wwαん=K|￥Ωj|ん=ケン

《連用》 つてに用法。 蹴たり=KWWY+￥Ω￥+WRW+￥￥+たり

→KWWY￥Ω￥WrW￥-￥たり→KWWY|￥Ω￥|WW￥-jたり

→Kwwy|￥Ωj|wwj-たり=K|￥Ωj|w-たり=ケたり

《命令》 蹴よ=KWWY+￥Ω￥+WRW+YOY

→KWWY￥Ω￥WrW-YOY→Kwwy|￥Ωj|ww-YOy

=K|￥Ωj|-YO=ケヨ

平安語で下一段活用する場合にはK直後のWWは二つとも潜化する。

§3 現代語五段活用「蹴る」の遷移過程

[現代] 現代語では、「蹴る」の活用語胴「KWWY+￥Ω￥+WRW」で次の遷移が起きる。

「蹴る」の活用語胴=KWWY+￥Ω￥+WRW→KWWY￥Ω￥WRW

→KWWY|￥Ω￥|WRW→KWWY|￥Ωj|WRW

K直後のWWY|￥Ωj|WとR直後のWは呼応潜顕する。前者では、|￥Ωj|は顕存し、W・Yは潜化する。これに呼応して、後者Wは潜化する。

→Kwwy|￥Ωj|w-Rw=K|￥Ωj|-R=ケR

この「ケR」に活用語足∀・Y・W・AUなどが続くから五段活用になる。

未然形と命令形の遷移過程を述べる。

《未然》 動詞が「ない」に続く場合の活用語足は∀である。

蹴らない→KWWY￥Ω￥WRW+∀+ない→ケR∀ない=ケらない

《命令》 蹴れ=KWWY￥Ω￥WRW+YOY→ケR|YOy|=ケれ

§4 平安語W潜化遷移・現代語W潜化遷移

動詞連用形「蹴ゑ」の動詞語素KWWYにある二つのWは、上代語では共に顕存するが、平安語(初期の辞書類を除く)では共に潜化する。このことを一般化して次のとおり考える。

平安語以後では、父音素にWが続き、その直後に兼音素が続く場合、父音素直後のWは潜化することがある。

「父音素＋W＋兼音素」でのWの潜化については次の規則性があると考える。

（1）平安語W潜化遷移。

平安語では、父音素にWが続き、その直後に兼音素が続く場合、Wは潜化する。但し、次の二つの場合を除く。

そのWの直後にYRYWが続く場合。

そのWを含む母類音素群が近隣の母類音素群と呼応潜顕する場合。

この遷移を**平安語W潜化遷移**と呼ぶ。

（2）現代語W潜化遷移。

現代語では、父音素にWが続き、その直後に兼音素が続く場合、Wは潜化する

この遷移を**現代語W潜化遷移**と呼ぶ。

§5 上二段動詞「ヨロコぶ」が再動詞化して四段動詞「ヨロコぶ」になる経緯

第46章で述べたように、上二段動詞「ヨロコぶ」は再動詞化して四段動詞「ヨロコぶ」になる。

（1）上二段動詞「ヨロコぶ」の遷移過程。

上二段「ヨロコぶ」は、動詞語素「ヨロコBW」に、活用形式付加語素YRYと、活用語足が続いたものである。

《未然》　喜ビざる＝ヨロコBW＋YRY＋∀＋ざる→喜BWYrY∀ざる

　　→喜B¦WY¦Y∀ざる→ヨロコB¦WY¦yαざる＝ヨロコビざる

《連用》　つてに用法。　喜ビ＝喜BW＋YRY＋¥¥→喜BWYrY¥¥

　　→喜B¦WY¦Y¥¥→喜B¦WY¦yjj＝喜B¦WY¦＝ヨロコビ

（2）四段動詞「ヨロコぶ」の遷移過程。

平安語前期に、上二段「ヨロコぶ」の動詞語素「ヨロコBW」では、四つの母音部が呼応潜顕する。

　「喜ぶ」の上二段活用動詞語素＝ヨロコBW

「オ乙」段相当の音素節「ヨ」「ロ」「コ」の母音部は顕存する。これに呼応して、Wは潜化する。

→ヨロコBw＝ヨロコB

　動詞語素末尾が父音素になったので、上二段の活用形式付加語素YRYを用いることができなくなる。それで、六活用形では「ヨロコB」の直後に活用語足が続く。

《連体》　良ロコぶ心→ヨロコBw＋AU＋心→ヨロコBAU心

　　　→ヨロコBaU心＝ヨロコBU心＝ヨロコぶ心

第五部　平安語・現代語の動詞活用

第49章　平安語「見る」「居る」の終止形・連体形・已然形の遷移過程

§1　平安語「見る」の終止形・連体形・已然形の遷移過程

《終止》　平安語終止形「見る」の語素構成は上代語終止形「見」と同一である。

　　見る＝MY＋YRY＋W→MYYRYW

　平安語では、父音素にYYRYWが続く場合、まず、母音部YWで、後方にあるWは顕存し、R直後のYは潜化する。

　Rは、直後のYが潜化したので、双挟潜化されずに顕存する。

　　→MYY-RyW

　母音部YYでは、後のYは顕存し、前のYは潜化する。

　　→MyY-RW＝MY-RW＝みる

《連体》　奥山の　いはかきもみぢ　ちりぬべし　てる日の光　みる時なくて

　　　　　　　　　　　　　　　　　　　　　　　［古今和歌集5-282］

　　見る＝MY＋YRY＋AU→MYYRYAU→MyY-RyaU

　　　　＝MY-RU＝みる

《已然》　月みれば　ちぢに　ものこそ　かなしけれ　［古今和歌集4-193］

　　見れば＝MY＋YRY＋YO￥M＋P∀→MYYRY｛YO￥｝ば

→MyY-Ry |YO j| ば→MY-R |YO j| ば＝みれば

§2　平安語「居る」の終止形・連体形・已然形の遷移過程

《終止》　たてばたつ　ゐればまたゐる　ふく風と　波とは思ふ　どちにやあ
るらむ　　　　　　　　　　　　　　　　　　　　　　　［土佐日記1月15日］
　　　　居る＝WY＋YRY＋W→WYYRYW
　平安語では、WYYRYW の遷移過程では、初頭の W はあたかも父音素であるかのように見なされ、末尾で母音素性を発揮する W とは異なる音素のように扱われる。それで、WYYRYW は、平安語終止形「見る＝MYYRYW」同じように遷移する。
　　　　→WyY-RyW＝WY-RW＝ゐる
《連体》　居る＝WY＋YRY＋AU→WYYRYAU
　平安語の WYY では、W はあたかも父音素であるかのように見なされる。それで、WYYRYW は、平安語連体形「見る＝MYYRYAU」と同じように遷移する。
　　　　→WyY-RyaU＝WY-RU＝ゐる
《已然》　居れば＝WY＋YRY＋YO¥M＋P∨→WYYRYYO¥ば
　　　　→WYYRY|YO¥|ば→WyY-Ry|YO j|ば
　　　　→WY-R|YO j|ば＝ゐれば

第50章　「い甲」「イ乙」の識別が平安語で消滅する理由

§1　平安語上二段活用の遷移過程

【1】平安語上二段動詞の終止形・連体形・已然形の遷移過程
《終止》　おもふとも　こふともあはん　物なれや　　［古今和歌集11-507］
　　　　恋ふ＝恋 PW＋YRY＋W→こ PWYRYW→こ PWYrYW
　　　　→こ PWyyW→こ PwW＝こ PW＝こふ
《連体》　つまこふる　しかぞなくなる　女郎花(をみなへし)　　［古今和歌集4-233］
　　　　恋ふる＝恋 PW＋YRY＋AU→こ PWYRYAU

247

Wは顕存し、WYとYAUは呼応潜顕する（平安語W潜化遷移）。後者ではYAが潜化する。これに呼応して、前者ではYは潜化する。

→こ PWy–RyaU＝こ PW–RU＝こふる

《已然》 接続用法。　よそにして　こふればくるし　［古今和歌集11-541］

恋ふれば＝恋 PW＋YRY＋YO¥M＋P∀→こ PWYRY|YO j|ば

Wは顕存し、WYとY|YO j|は呼応潜顕する（平安語W潜化遷移）。

Y|YO j|では、|YO j|は顕存し、その直前のYは潜化する。これに呼応して、WYでは、Yは潜化する。

→こ PWy–Ry|YO j|ば→こ PW–R|YO j|ば＝こふれば

【2】平安語上二段動詞の未然形・連用形・命令形の遷移過程

《未然》 かけてのみやは　こひんと思ひし　　　　　［古今和歌集15-786］

恋ひん＝恋 PW＋YRY＋∀＋MΩ＋W→こ PWYRY∀-MΩW

PWYではWは潜化する（平安語W潜化遷移）。

→こ PwYRY∀-Mωw→こ PYrY∀-M→こ PYYα ん

→こ PyY ん＝こ PY ん＝こひん

《連用》 つてに用法。　こひこひて　あふよはこよひ

　　　　　　　　　　　　　　　　　　　　　　　［古今和歌集4-176］

恋ひて＝恋 PW＋YRY＋¥¥＋T¥∀¥→こ PWYRY¥-j て

→こ PwYRY¥-て→こ PYrY¥-て＝こ PYY¥-て

母音部YY¥では、YYはひとまず顕存し、¥は潜化する。

→こ PYY j-て→こ PyY-て＝→こ PY-て＝こひて

《命令》 たへがたからんおりは、うりてすぎよ　　　［宇治拾遺物語8］

過ぎよ＝過 GW＋YRY＋YOY→す GWYRY-YOY

GWYではWは潜化する（平安語W潜化遷移）。

→す GwYRY-YOy→す GYrY-YO→す GyY ヨ＝すぎヨ

§2　平安語上一段活用「嚏る」の終止形・連体形の遷移過程

平安語の終止形「嚏る」（「ひるとぞ」）と連体形「嚏る」（「ひる事」）の用例を挙げる。

鼻ひる事は、人に、うへいはるる時、ひるとぞいへる

第50章

［俊頼随脳『日本古典文学全集歌論集』147頁］

《終止》　終止形「嘆る」の語素構成は動詞語素 PWY に、YRY と W が続いたもの。

嘆る＝PWY＋YRY＋W→PWYYRYW

PWYY では W が潜化する（平安語 W 潜化遷移）。

→PwYYRYW→PyY–RyW＝PY–RW＝ひる

《連体》　嘆る＝PWY＋YRY＋AU→PWYYRYAU

→PwYYRYAU＝PYYRYAU→PyY–RyaU＝PY–RU＝ひる

§3　「い甲」「イ乙」の識別が平安語で消滅する理由

「イ乙」を形成する本質音のうち、主たるものは WY である。上代語では、母音部 WY は、「|WY|＝イ乙」を形成することはあっても「wY＝い甲」を形成することはない。だが、平安語になると、母音部 WY は「wY＝い甲」を形成することはあっても「|WY|＝い乙」を形成することはない。上代語で「イ乙」段を形成した音素節のほぼすべては、平安語では「い甲」段相当の音素節に転じるのである。

一方、上代語で「い甲」を形成する母音部 Y と母音部 ¥ は平安語になっても「い甲」相当の母音部を形成する。

それで平安語のほぼすべての「い」段音素節は「い甲」段相当の音素節になる。

この経緯によって「い甲」「イ乙」の識別は消滅した。

「お甲」「オ乙」の識別が消滅した理由については『上代特殊仮名の本質音』第137章・第138章を参照されたい。

第51章　現代語の動詞活用の遷移過程

§1　上一段・サ変・カ変および五段（上代語ではナ変）の終止形の遷移過程

【1】現代語 RYW 潜顕遷移

　現代語では、動詞終止形本質音の末尾三音素が RYW であれば、RYW 直前で音素節が分離し、その Y が潜化して、終止形語尾は「る」になる。

　　これを 現代語 RYW 潜顕遷移 と呼ぶ。

【2】現代語上一段・下二段・サ変・カ変の終止形の遷移過程

（1）終止形本質音の末尾が YRYW である動詞の遷移過程。

《上一（上代語では上甲段）》　見る＝MY＋YRY＋W→MYYRYW

　　RYW の直前で音素節が分離する（現代語 RYW 潜顕遷移）。

　　　→MYY-RYW

　　母音部 YY では、後の Y は顕存し、前の Y は潜化する。

　　母音部 YW では、後方にある W は顕存し、前方にある Y は潜化する。

　　　→MyY-RyW＝MY-RW＝みる

《上一（上代語では上乙段）》　居る＝WY＋YRY＋W→WYYRYW

　　　→WYY-RYW→WyY-RyW＝WY-RW

　　現代語では、音素節 WY では W はワ行を形成できずに潜化する。

　　　→wY る＝いる

《上一（上代語では上二段）》　起きる＝起 KW＋YRY＋W→お KWYRYW

　　KWY では W が潜化する（現代語 W 潜化遷移）。

　　　→お KwY-RYW→お KY-RyW＝お KY-RW＝おきる

（2）終止形本質音の末尾が YWRYW である動詞終止形の遷移過程。

《サ変》　為る＝SYOY＋YWRY＋W→SYOYYWRYW

　　二つの母音部 YOYYW と YW は呼応潜顕する。後者では後方にある W は顕存し、前方にある Y は潜化する。これに呼応して、前者では W のみが顕存し、他は潜化する。

250

→SyoyyW−RyW＝SW−RW＝する

《カ変》 来る＝K¥O¥＋YWRY＋W→K¥O¥YWRYW

　二つの母音部¥O¥YWとYWは呼応潜顕する。後者では後方にあるWは顕存し、前方にあるYは潜化する。これに呼応して、前者ではWのみが顕存し、他は潜化する。

→K*j*o*j*yW−RyW＝KW−RW＝くる

§2　上一段・サ変・カ変の命令形の遷移過程

《上一（上代語では上甲段）》　見ろ＝MY＋YRY＋YOY

　　→MYYRYYOY→MyY−RyyOy→MY−RO＝みロ

《上一（上代語では上二段）》　起きろ＝起KW＋YRY＋YOY

　　→起KWYRYYOY

　KWYでは、Wは潜化する（現代語W潜化遷移）。

　　→おKwYRYYOY→おKY−RyyOy＝おき−RO＝おきロ

《サ変》　為ろ＝SOY＋YWRY＋YOY→SOYYWRYYOY

　YOYYWとYYOYは呼応潜顕する。後者ではOは顕存して他は潜化する。これに呼応して、前者では後部にあるYは顕存し、他は顕存する（いオ呼応潜顕）。

　　→SyoyYw−RyyOy＝SY−RO＝しロ

《カ変》　来い＝K¥O¥＋YWRY＋YOY→K¥O¥YWRYYOY

　O¥YWRYYOでは、WRはYに双挟され、¥YWRYYはOに双挟されている。この場合、まず、YがWRを双挟潜化する。

　　→K¥O¥YwrYYOY→K¥O¥YYYOY

　O¥YYYOでは、Oは¥YYYを双挟潜化する。

　　→K¥O*j*yyyOY＝K¥OOY

　K¥OOとYの間で音素節が分離する。

　　→K¥OO−Y→K*j*OO−Y→KoO−Y＝KO−Y＝コい

§3 意志形「行こう」「見よう」「起きよう」「居よう」「為よう」「来よう」の遷移過程

【1】現代語五段活用動詞の意志形

　動詞に意志助動詞「む」が続くと、現代語では動詞語尾が「お」段になり、「む」は「う」に変化する。現代語のこの活用を**意志形**と呼ぶ。

　上代語の四段活用動詞は、現代語では、意志形が付加されて、五段に活用する。

【2】意志形「行こう」「見よう」「起きよう」「居よう」「為よう」「来よう」の遷移過程

《五段》　現代語「行こう」の語素構成は上代語「行かむ」と同一である。

　　　行こう＝行K＋∀＋MΩ＋W→いK∀MΩW

K∀とMΩWの間で音素節が分離する。MΩWでは、MΩが父音部になり、Wが母音部になる。父音部MΩでは、父音素Mは潜化し、兼音素Ωが顕存する。

　　　→いK∀-MΩW→いK∀-mΩW＝いK∀-ΩW

K∀とΩWはあらためて熟合し、一つの音素節になる。∀ΩWは融合する。|∀ΩW|は長音「おー」になる。現代語の仮名遣では「こー」は「こう」と表記される。

　　　→いK∀ΩW→いK|∀ΩW|＝いこー＝いこう

《上一（上代語の上甲段）》「見よう」の語素構成は上代語「見む」と同一である。

　　　見よう→MYYRY∀MΩW→MYYrY∀-MΩW

父音部MΩでは、Mは潜化し、Ωは顕存する。

　　　→MYYY∀-mΩW＝MYYY∀-ΩW

MYYY∀とΩWはあらためて熟合する。∀ΩWは融合する。MYYとY|∀ΩW|の間で音素節が分離する。

　　　→MYYY∀ΩW→MYY-Y|∀ΩW|→MyY-Y|∀ΩW|

　　　＝MY-Y|∀ΩW|＝みよー＝みよう

《上一（上代語の上二段）》　起きよう＝起KW＋YRY＋∀＋MΩ＋W

→お KWYRY∀MΩW

KWY では W は潜化する（現代語 W 潜化遷移）。

→お KwYRY∀-MΩW→お KYrY∀-mΩW＝お KYY∀-ΩW

KYY∀ と ΩW はあらためて熟合し、∀ΩW は融合する。

KY の直後で音素節が分離する。

→お KYY{∀ΩW}→お KY-Y{∀ΩW}＝おきよー＝おきよう

《上一（上代語の上乙段）》 居よう＝WY＋YRY＋∀＋MΩ＋W

→WYYRY∀MΩW→WYYrY∀-mΩW→WYYY∀-ΩW

→WYYY∀ΩW→WYY-Y{∀ΩW}→wYY-Y{∀ΩW}＝いよー

＝いよう

《サ変》 為よう＝SYOY＋YWRY＋∀＋MΩ＋W

→SYOYYWRY∀MΩW

現代語では、YWR 直後の母類音素群が Y∀・YY・Y¥・Y¥¥のいずれかである場合、Y は WR を双挟潜化する。

→SYOYYwrY∀-MΩW→SYOYYY∀-mΩW

現代語の SYOYYY∀ では、上代東方語のサ変「しむ」の場合と同様、次の遷移が起きる。

YOY では直後の YY が双挟潜化を促すので Y は O を双挟潜化する。

→SYoYYY∀-ΩW→SYYYY∀ΩW→SYYY-Y{∀ΩW}

→SyyY-Y{∀ΩW}＝しよー＝しよう

《カ変》 来よう＝K¥O¥＋YWRY＋∀＋MΩ＋W

→K¥O¥YWRY∀-MΩW→K¥O¥YwrY∀-mΩW

→K¥O¥YY∀ΩW→K j O-¥YY{∀ΩW}→KO-j YY{∀ΩW}

→KO-Yy{∀ΩW}＝コよー＝コよう

§4 現代語下一段動詞の遷移過程

【1】現代語の下一段活用では ¥Ω が融合する

平安語の下二段活用は現代語では下一段活用に転じる。これは、その活用語胴に含まれる ¥Ω が、六活用形のすべてにおいて融合するからである。{¥Ω} は「エ」段を形成する。

253

【2】下一段活用意志形「寝よう」の遷移過程
　　寝よう＝N¥Ω¥＋WRW＋∀＋MΩ＋W→N¥Ω¥WRW∀MΩW
　　　→N¥Ω¥WrW∀-mΩW→N¥Ω¥WW∀ΩW
　　¥Ωは融合する。N|¥Ω|と¥WW∀ΩWの間で音素節が分離する。
　　　→N|¥Ω|¥WW∀ΩW→N|¥Ω|-¥WW∀ΩW
　　　＝ね-¥WW∀ΩW
　音素節¥WW∀ΩWでは、¥が父音部になる。¥は、上代東方語の¥と同様、父音素性を発揮してヤ行を形成する。
　　母音部WW∀ΩWでは、∀ΩWが融合する。|∀ΩW|は顕存し、WWは潜化する。
　　　→ね-¥WW|∀ΩW|→ね-¥ww|∀ΩW|＝ね-¥|∀ΩW|
　　　＝ねよー＝ねよう
【3】下一段動詞の終止・連体・仮定・命令の遷移過程
《終止》　寝る＝N¥Ω¥＋WRW＋W→N|¥Ω|¥WRWW
　　母音部|¥Ω|¥Wでは、融合音|¥Ω|は顕存し、¥Wは潜化する。
　　Rは直前のWが潜化したので、双挟潜化されずに顕存する。
　　　→N|¥Ω|ｊw-RWW→N|¥Ω|-RwW＝ねる
《連体》　寝る＝N¥Ω¥＋WRW＋AU→N|¥Ω|¥WRWAU
　　　→N|¥Ω|ｊw-RWAU→N|¥Ω|-RwaU＝ねる
《仮定》　寝れば＝N¥Ω¥＋WRW＋YO¥M＋P∀
　　　→N|¥Ω|¥WRW|YO¥|ば→N|¥Ω|ｊw-Rw|YOｊ|ば
　　　＝N|¥Ω|-R|YOｊ|ば＝ねれば
《命令》　寝ろ＝N¥Ω¥＋WRW＋YOY→N|¥Ω|¥WRWYOY
　　　→N|¥Ω|ｊw-RWYOY
　　母音部WYOYでは、完母音素Oは顕存し、他は潜化する。
　　　→N|¥Ω|-RwyOy→ねRO＝ねロ

§5　上一段（上代語の上甲段・上二段）と五段（上代語ではナ変）
　　の連体形・仮定形

【1】上一段の連体形・仮定形の遷移過程
（1）上一段（上代語の上甲段）の連体形・仮定形の遷移過程。
《連体》　見る＝MY＋YRY＋AU→MYYRYAU→MyY-RyaU
　　　＝MY-RU＝みる
《仮定》　現代語仮定形「見れば」の語素構成は上代語已然形接続用法「見れば」と同様だと推定する。
　　　見れば＝＝MY＋YRY＋YO￥M＋P∀→MYYRYYO￥ば
　　　→MYYRY{YO￥}ば→MyY-Ry{YO j}ば
　　　＝MY-R{YO j}ば＝みれば
（2）上一段（上代語の上二段）の連体形・仮定形の遷移過程。
《連体》　過ぎる＝過GW＋YRY＋AU→すGWYRYAU
　　GWYではWは潜化する（現代語W潜化遷移）。
　　　→すGwYRYAU→すGY-RyaU＝すGY-RU＝すぎる
《仮定》　過ぎれば＝過GW＋YRY＋YO￥M＋P∀→すGWYRYYO￥ば
　　GWYではWは潜化する（現代語W潜化遷移）。
　　　→すGwYRY{YO￥}ば→すGY-Ry{YO j}ば＝すぎれば
（3）上一段（上代語の上乙段）の連体形・仮定形の遷移過程。
《連体》　居る＝WY＋YRY＋AU→WYYRYAU→WyY-RyaU
　　　＝WY-RU
　　現代語では、音素節WYでは、父音部のWは潜化する。
　　　→wY-RU＝いる
《仮定》　居れば＝WY＋YRY＋YO￥M＋P∀→WYYRYYO￥ば
　　　→WYYRY{YO￥}ば→WyY-Ry{YO j}ば
　　　→WY-R{YO j}ば→wYれば＝いれば
【2】五段（上代語ではナ変）の連体形・仮定形の遷移過程
《連体》　死ぬ＝SYN＋WRW＋AU→SYNWRWAU
　　現代語では、音素配列YNWRWAUでは、NとRは呼応潜顕する。Nは顕

存する。これに呼応して、WはRを双挟潜化する。

→SYNWrWAU＝SYNWWAU→SYNwwaU＝SYNU＝しぬ

《仮定》 死ねば＝SYN＋WRW＋YO￥M＋P∀

→SYNWRWYO￥|MP|∀

YNWRWYO￥では、NとRは呼応潜顕する。Nは顕存する。これに呼応して、WはRを双挟潜化する。

→SYNWrWYO￥ば→SYNWW|YO￥|ば

→SYNww|YO j|ば→SYN|YO j|ば＝しねば

§6 上一段（上代語の上二段）・サ変の未然形の遷移過程

《上一（上代語の上二段）》 起きない＝起KW＋YRY＋∀＋ない

→おKWYRY∀ない→おKwYRY∀ない→おKYrY∀ない

→おKYYαない→おKyYない＝おKYない＝おきない

《サ変》 為ない＝SYOY＋YWRY＋∀＋ない→SYOYYWRY∀ない

YWRY直後の母類音素群が∀である。この場合、YはWRを双挟潜化する。

→SYOYYwrY∀ない＝SYOYYY∀ない→SYoYYY∀ない

→SYYYYαない→SyyyYない＝SYない＝しない

第52章 大野晋の動詞古形説と私の動詞本質音説の相違点・共通点

§1 上代特殊仮名の音素配列についての大野晋説と私見との相違点・共通点

私は日本語の単語を語素に分解し、語素の本質音を音素配列で表示し、それらの音素がどのように潜顕・融合して現象音になるかを論じる。この方法には先行説がある。大野晋が「日本語の動詞の活用形の起源について」『国語と国文学』30-6・「万葉時代の音韻」『万葉集大成第六巻』・『日本語の文法を考える』などで述べた説である。私見は大野説と共通する点もあるが、

第52章

相違点も多い。

§1では、上代特殊仮名の本質音について、私見と大野説がどう異なるかを述べる。

【1】「え甲」の音素配列

《大野》 大野は『日本語の文法を考える』198頁で、「エ列甲類eは古形iaから転じた合成母音」だという。

《坂田》 私は、「え甲」は「母音」たるiやaだけからでは合成できないと考える。「え甲」を形成する現象音は|YAY|・|YOY|・|Y∀Y|・|OAY|・|YOAY|・|YO¥|など種々ある。これらには兼音素Yや¥が含まれる。「え甲」を形成する現象音は、三つ（稀に四つ）の母類音素が融合したもので、その末尾には顕存したYまたは¥がある。「え甲」を形成するにはヤ行を形成する兼音素Y・¥が必要である。

〔「え甲」は複数の音素が融合したもの〕という点については私は大野説に従う。

【2】「エ乙」の音素配列

《大野》 大野は同書198頁で「エ列乙類ëは古形aiから転じた合成音」だという。

《坂田》 私は、「エ乙」は「母音」だけからでは合成できないと考える。「エ乙」を形成する現象音は、|YOj|・|¥∀j|・|¥Ωj|・|YAy|など種々ある。これらにはYまたは¥が含まれる。そしてj（潜化した¥）が含まれることも多い。

〔「エ乙」は複数の音素が融合したもの〕という点については私は大野説に従う。

【3】「イ乙」の音素配列

《大野》 大野は同書198頁で「イ列乙類ïは古形öiまたはuiから転じた合成母音」だという。

《坂田》 私は、「イ乙」を形成する現象音は|WY|と|W¥|の二つだと考える。これらの現象音を形成するのは母音素ではなく、兼音素である。

〔「イ乙」は複数の音素が融合したもの〕という点については私は大野説に従う。

257

【4】「お甲」の音素配列
《大野》 大野は同書199頁で「オ列甲類 o には ua→o という変化を経たもの」があるという。
《坂田》 私は、「お甲」を形成する現象音として、二つの完母音素が融合した |AU| もあり、兼音素を含む |OWO| もあり、他にも種々の融合音があると考える。
　〔「お甲」には複数の母音素（大野説では「母音」）が融合したものがある〕という点については私は大野説に従う。

【5】「あ」「い甲」「う」「オ乙」の音素配列
《大野》 大野は同書199頁で「a・i・u・ö の四つはもっとも古くからあった母音」だという。
《坂田》 私は次のとおり考える。「あ」を表す音素は完母音素 A と弱母音素 ∀ の二つである。「い甲」を表す音素は兼音素 Y と兼音素 ¥ の二つである。「う」を表す音素は完母音素 U と兼音素 W の二つである。「オ乙」を表す音素は完母音素 O と兼音素 Ω である。「い甲」「イ乙」「い丙」を形成する完母音素は存在しない。
　〔A・U・O は母音素である〕という私見は、大野説のうちの〔a・u・ö は母音である〕という部分に近い。

§2　動詞語素についての大野説と私見との相違点

【1】四段動詞の語素
《大野》 大野は『日本語の文法を考える』200頁以下で、動詞の種類を四段・上一段・上二段・下二段・カ変・サ変・ナ変・ラ変、合わせて八種類の段活用に分ける。そして「ラ変・四段・サ変・カ変の語は子音終止であったと仮定する」といい、四段動詞「咲」の「語」を sak だとする。
《坂田》 私は、ほとんどの四段動詞の語素の末尾は父音素だが、「坐す（います）」「欲る（ほる）」の語素の末尾は兼音素 ¥ だと考える。

【2】サ変動詞・カ変動詞の語素
《大野》 大野はサ変の語根を s だとし、カ変の語根を k だとする。しかし、s・k は単一の「子音」だから発音してもほとんど聞こえない。単一の「子

音」を語素とするのは現実的でない。

《坂田》　私はサ変動詞の語素をSYOY、カ変動詞の語素をK¥O¥だと推定する。SYOYは「S¦YOY¦＝せ」を形成でき、K¥O¥は、「K𝑗O𝑗＝コ」を形成できる。

【3】ラ変動詞の語素

《大野》　大野はラ変「有り」の語根をarだとする。その末尾は「子音」である。

《坂田》　私はラ変「有り」の語素はAYR¥¥だと推定する。その末尾は兼音素¥である。

【4】上甲段動詞の語素

《大野》　大野は「着」の語根をkiだとする。

《坂田》　私は「着」の語素はKYだと推定する。Yはヤ行を形成する兼音素であり、「母音」たるiとは異なる。

【5】上乙段動詞

《坂田》　私は終止形「干(ふ)」や連体形「廻(み)る」などは上乙段動詞だと考え、「干」の動詞語素はPWY、「廻」の動詞語素はMWYだと推定する。

《大野》　大野は上乙段動詞の存在を認識していない。

【6】上二段動詞の語素

《大野》　大野は上二段動詞「起く」の語根をököだとし、「尽く」の語根をtukuだとする。

《坂田》　私は「起く」の動詞語素は「おKW」、「尽く」の動詞語素は「つKW」だと推定する。これら上二段動詞語素の末尾は兼音素Wであって、「母音」たるö・uとは異なる。

【7】下二段動詞の語素・活用語胴

《大野》　大野は下二段「明く」の語根をakaだとする。その末尾は「母音」である。

《坂田》　私は「明く」の動詞語素を「あK」だと推定する。その末尾は父音素である。そして、「明く」など多くの下二段動詞では、動詞語素に、段付加語素¥Ω¥（東方語ではYAYも用いられる）と、活用形式付加語素WRWと、活用語足が続くと考える。

大野は下二段の段付加語素￥Ω￥・YAYと活用形式付加語素WRWを認識していない。

§3 連用形・終止形の活用語足についての大野説と私見との相違点

【1】動詞連用形末尾の母音部についての大野説と私見

《大野》 大野は「日本語の動詞の活用形の起源について」で、「連用形はすべて語幹にiが接続して成立した」という。

だが、大野説では、「吹き上ゲ」などの用例を説明できない。大野説によるなら「吹き上げ」は「吹k+i+aゲ→吹kiaゲ」になるが、大野説ではiaは「e＝え甲」だから、「吹kiaゲ」は「吹keゲ＝吹けゲ」になるはずである。しかし、実際には「吹きあゲ」であって、「吹けゲ」にはならない。

《坂田》 私は連用形つてに用法の活用語足は￥￥だと考えるから、「吹K+￥￥+Aゲ」は「吹K￥-jAゲ＝ふきあげ」になって、文献事実に合致する。

【2】動詞終止形の活用語足についての大野説と私見

《大野》 大野は同論文で、動詞終止形について、「ラ変がiで終るに対して他がすべてuで終る」という。そして"ラ変以外の終止形では、「居」の終止形たるuが「連用形の後に接続」した"とする。

この大野説によれば、上代語「見」終止形は「みる」になるという。しかし、文献事実によれば、上代語「見」終止形は「みる」ではなく「み」だから、大野説では文献事実に違背する。

《坂田》 私は動詞終止形の活用語足はWだと考える。上代語「見」終止形の場合には、動詞語素MYに、活用形式付加語素YRYと、終止形の活用語足Wが続く。これらが熟合すると、RやWは潜化し、最終的には「MY＝み甲」になる。これは文献事実に合致する。

第十編　助詞「ノ・な」「ロ・ら」「あ」

第一部　助詞「ノ・な」「ロ・ら」「あ」

第53章　助詞「ノ・な」　N∀Ω

§1　助詞「ノ」「な」の意味・用法

助詞「ノ乙」「な」には種々の意味があるが、その一部を記す。

【1】助詞「ノ」の意味・用法
(イ)　体言に続いて後続語を修飾する。
　　島ノ〈能〉崎崎^{さきざき}　　　　　　　　　　　　［記上巻歌5］
(ロ)　直前の語が主語であることを表す。
　　雪ノ〈能〉降れるは　　　　　　　　　　　　［万17-3925］
(ハ)　直前の語が目的語であることを表す。
　　思ひやる　為方^{すべ}ノ〈乃〉知らねば　　　　　　　　　［万4-707］
(ニ)　形容詞の語幹に続いて、後続の体言を修飾する。
　　遠^{とほ}ノ〈等保乃〉朝廷^{みかど}ト　　　　　　　　　　　　［万5-794］
(ホ)　親愛感を表す。
　　志斐^{しひ}ノ〈能〉が強ヒ語り　　　　　　　　　　　　［万3-236］
(ヘ)　同格を表す。固有名詞と「神」の間にあって、その固有名詞が神の名であることを表す。
　　阿治志貴多迦比古泥^{あぢしきたかひこね}ノ〈能〉神　　　　　　　　　　　　［記上巻歌6］
(ト)　譬喩を表す。……のように。
　　朝日ノ〈能〉笑^ゑみさかイエ来て　　　　　　　　　　　　［記上巻歌3b］

261

(チ) "……から想起されるものは"の意を表して、枕詞の末尾に置かれる。
　　　足引キノ〈安思比奇能〉　山松陰に　ひぐらし鳴きぬ　　　[万15-3655]
(リ)　再述代名詞。先に述べた名詞を再度述べる場合に、その名詞に代わるものとする。…のそれ。
　　　薬師は　常ノ〈乃〉モあれド　　　[仏足石歌15。「ノ」は薬師を表す]

【2】助詞「な」の意味・用法
(イ)　体言に続いて後続語を連体修飾する。
[近畿]　目な交ひ〈麻奈迦比〉に　モトな懸かりて　　　　　[万5-802]
　「目な交ひ」は「目＋助詞ノ・な＋交ひ」であり、"(左右の) 目 (の視線) の交わり"が原義で、転じて"左右両眼の視線が交わる所"、"目の前"の意味になる。
　　　手な端〈多那須衛〉。　　　　　　　　　　　[神代上紀第七段一書第二]
[九州]　蝦夷を一人　百な〈那〉人
[神武即位前 紀歌11。「百な人」は"百の人"の意。九州育ちの神武天皇が大和を平定する前に詠んだ歌]
(ロ)　前の語が主語であることを表す。
[東方]　日な〈奈〉曇り　うすひノ坂を　　　　　[万20-4407防人歌]
　「日な曇り」は枕詞。"太陽が曇っているので"の意で、"薄い日の光"から、峠の名「うすひ」にかかる。
(ホ)　親愛感を表す。
[東方]　吾が夫な〈世奈〉を　筑紫　[へ遣りて　万20-4422防人歌]

§2　助詞「ノ・な」の本質音はN∀Ω

【1】助詞「ノ」と助詞「な」は同一語
　助詞「ノ」と助詞「な」は、共にナ行の一音節であり、その意味・用法には共通するものがある。そこで助詞「な」は助詞「ノ」と同一語で、その音韻転化したものだと考える。助詞「ノ」「な」をまとめて助詞「ノ・な」と表記する。

【2】助詞「ノ・な」の本質音はN∀Ω。
　助詞「ノ・な」の本質音はN∀Ωだと推定する。

父音素に∀Ωが続く場合、近畿語では、呼応潜顕が起きなければ、∀は潜化し、Ωは顕存する。

　　　ノ＝N∀Ω→NαΩ＝NΩ＝ノ乙

【3】「目な交ひ」「手端」の遷移過程

「まなかひ」「たなすゑ」の「な」は助詞N∀Ωだと考える。

「目」の本質音はM∀￥だと推定する。∀￥は融合すると「エ乙・え丙」を形成する。

　　　目＝M∀￥→M{∀￥}→メ乙

　　　目な交ひ＝M∀￥＋N∀Ω＋かひ→M∀￥N∀Ωかひ

￥は父音素性を発揮して音素節￥N∀Ωを形成する（￥の後方編入）。∀と∀Ωは呼応潜顕し、共に∀になる。

　　　→M∀-￥N∀Ωかひ→M∀-￥N∀ωかひ

父音部￥Nでは、￥は潜化し、父音素Nは顕存する。

　　　→M∀-ｊN∀かひ＝まなかひ

「手」の本質音はT∀￥だと推定する。

　　　手＝T∀￥→T{∀￥}＝て

　　　手端＝T∀￥＋N∀Ω＋すゑ→T∀-￥N∀Ωすゑ→T∀-ｊN∀Ωすゑ

　　　→T∀-N∀ωすゑ＝T∀-N∀すゑ＝たなすゑ

【4】東方語「夫な」「日な曇り」と九州語「百な人」の遷移過程

東方語・九州語では、母音部∀Ωで、∀が顕存し、Ωが潜化することがよくある。

　　　夫な＝せ＋N∀Ω→せN∀ω＝せN∀＝せな

　　　日な曇り＝日＋N∀Ω＋曇り→ひN∀ω曇り＝ひなくもり

［九州］　百な人＝百＋N∀Ω＋人→ももN∀ωひト＝ももなひト

第54章　助詞「ロ・ら」　R∀Ω

【1】助詞「ロ」の意味・用法

助詞「ロ乙」「ら」には種々の意味があるが、その一部を述べる。

（イ）体言に続いて後続語を連体修飾する。

　　　　吾ロ〈呂〉旅は　　　　　　　　　　　［万20-4343防人歌。"私の旅は"］
（ハ）　直前の語が直後の動詞の目的語であることを表す。
　　　　網張り渡し　目ロ〈慮〉寄しに寄し
　　　　［神代下紀第九段一書第一　紀歌3。"網を張り渡して（魚を捕らえ、網を引き、網の）目を寄せるが、（近くの物を見る時に左右の黒目を寄せる。）そのように、（皆様の左右の）黒目を、寄せに寄せて（すぐ近くで私の兄を見てください）"］
（ホ）　親愛感を表す。
　　　　妹ロ〈呂〉を立てて　さ寝床払ふモ　　　　　　［万14-3489東歌］
　　　　衣に益せる　子ロ〈侶〉が肌はモ　　　　　　　［万20-4431昔年防人歌］
（ト）　譬喩を表す。……のようだ。
　　　　木幡ノ道に　遇はしし媛女　後方は　雄墳ロ〈袁陀弓呂〉かモ
　　　　　　　　　　　　　　　　　　　　　　　　　　　　　　　　［応神記歌42］
「雄墳」は前方後円墳のこと。「うしロでは雄墳ロかモ」は、"後から見た姿は前方後円墳（のふくらみ・くびれ）のようだなあ"の意。矢河枝比売命の体型を讃えた句である。詳細は『古事記歌謡全解』応神記歌42の段参照。
　　　　猪串ロ〈慮〉　うま眠寝し間に　　　　　　　　［継体紀7年　紀歌96］
「鹿串」＝"串にさして焼いた鹿肉・猪肉"といえば想いおこすのは「うま（美味・完熟）」だがその「うま」で始まる、ということで、「鹿串ロ」は「うま眠」（熟睡）にかかる枕詞になる。
（リ）　再述代名詞。
　　　　織ロす布　誰が種ロ〈呂〉かモ　　　　　　　　［仁徳記歌66］
「ロ」は「布」を受ける。"あなたが織っていらっしゃる布は誰れの（衣服の）素材になる布なのかね。"
　　　　さ夜床を　並へ"む君は　畏きロ〈呂〉かモ　　［仁徳紀22年　紀歌47］
「ロ」は「君」を受ける。"愛の寝床を（三人分）並べようとする君はおそるべき君だなあ。"
　　　　身ノ盛り人　トモしきロ〈呂〉かモ　　　　　　［雄略記歌94］
「ロ」は「人」を受ける。"身分も若さも全盛期の人（たる大后）はうらやましい人だなあ。"

第54章

　　二つの石を　（中略）奇し御玉　今ノ現に尊きロ〈呂〉かむ
　　　　　　　　　　　　　　　　　　　　　　　　　　［万5-813］
「ロ」は「石」を受ける。"二つの石、希有貴重な宝、今現実にあるとは、尊い石だなあ。"

(ヌ)　直前語の周囲・近隣を含む広い地域を表す。…のあたり。
　　吾が家ロ〈呂〉に　行かも人モが　　　　　　［万20-4406防人歌］

【2】助詞「ら」の意味・用法
(ニ)　形容詞の語幹に続いて後続の体言を修飾する。
［近畿］　薄ら〈良〉氷ノ　薄き心を　　　　　　　［万20-4478］
［近畿］　あから〈阿加良〉媛女　　　　　　　　　［応神記歌43］
(ホ)　親愛感を表す。
［東方］　駿河ノ嶺ら〈祢良〉は　恋ふしくメあるか　［万20-4345防人歌］
(リ)　再述代名詞。
［近畿］　花橘　下づ枝ら〈羅〉は　人皆取り
　　　　　　　　　　　［応神13年 紀歌35。「ら」は「花橘」を受ける］
(ヌ)　直前語の周囲・近隣を含む広い地域を表す。…のあたり。
［近畿］　荒野ら〈等〉に　里はあれドモ　　　　　［万6-929］
「ら」には"複数"を表すものがあるが、これは助詞「ら」とは別の語なので、次章で述べる。

【3】助詞「ロ・ら」の本質音はR∀Ω
（1）助詞「ロ・ら」。
　助詞「ロ」「ら」は、いずれもラ行一音節であり、意味・用法には共通する点がある。そこで助詞「ら」は助詞「ロ」と同一語で、その音韻転化したものだと考える。助詞「ロ」「ら」をまとめて助詞「ロ・ら」と表記する。
（2）助詞「ロ・ら」の本質音はR∀Ω。
　助詞「ロ・ら」の本質音はR∀Ωだと推定する。

【4】助詞「ロ・ら」が「ら」になる遷移過程
［近畿］　下づ枝ら＝しづイエR∀Ω→しづイエR∀ω＝しづイエR∀＝しづイエら
［東方］　嶺ら＝ねR∀Ω→ねR∀ω＝ねR∀＝ねら
　このとおりでよいのだが、吟味すべきことがある。近畿語では助詞「ノ・

な＝N∀Ω」では、呼応潜顕が起きない場合、∀は潜化し、Ωは顕存するので、「ノ」になる。これに対し、助詞「ロ・ら＝R∀Ω」では、近畿語においても、∀が顕存してΩが潜化することがよくある。同じ母音部∀Ωでありながら「ノ・な」と「ロ・ら」の遷移が異なるのはどうしてか。

近畿語のラ行音素節の母音部の潜顕の仕方は他の行と異なることがある。

母音部がYUYの事例で説明しよう。「寂し＝さBYUYし」は「さByUyし＝さぶし」になるが、同じ母音部であっても、「針」「百合」「しり方」の「り＝RYUY」は、近畿語では「RYuY→RyY＝り」になる。母音部が同じであっても、直前の父音素がRの場合と、R以外の場合とでは、異なる遷移が起きるのである。近畿語で「ロ・ら＝R∀Ω」の遷移過程が「ノ・な＝N∀Ω」と異なるのも、前者では父音部がRであるのに対し、後者では父音部がR以外だからである。

【5】「坐すら男」が「ますらを」になる遷移過程

「ますらを〈麻須良袁〉」［万17-3973］の構成は「坐す＋助詞ら＋男」だと考える。

　　坐すら男＝坐す＋R∀Ω＋WO→ますR∀ΩWO

R∀ΩWOでは、兼音素Ωは父音素性を発揮し、音素節ΩWOを形成する。その父音部ΩWでは、Ωは潜化し、Wは顕存する。

　　→ますR∀-ΩWO→ますR∀-ωWO＝ますR∀-WO＝ますらを

第55章　助詞「あ」

§1　複数を表す助詞「あ」

日本語には助詞「あ」がある。体言・動詞・助詞に付くが、熟合・縮約するので、音節「あ」として現れることはない。

【1】数詞に名詞が続く場合、名詞に助詞「あ」が付いて縮約する

① 「年」は通常は「トし〈登斯〉」［景行記歌28］だが、数字に続くと「五年〈等世〉」［万5-880］のように、「トせ」になる。「トせ」は「年」に助詞「あ」が続いたものと考える。

助詞「あ」の本質音は A¥ だと推定する。
「年」の本質音は「ト SY」だと推定する。

　　　五年＝五＋年＋助詞あ＝いつ＋ト SY＋A¥→いつト SYA¥

YA¥ は融合する。¦YA¥¦ の ¥ は潜化する。¦YAj¦ は「エ乙・え丙」を形成する。

　　　→いつト S¦YA¥¦→いつト S¦YAj¦＝いつトせ

② 数詞に「かぢ（梶）・かい（櫂）」が続くと「か」になる。

船を漕ぐ「梶」「櫂」は上代語では「かぢ〈可治〉」[万15-3624]・「かい〈加伊〉」[万2-153]と記される。数字に「かぢ」「かい」が続く用例として「八十か〈夜蘇加〉」[万20-4408]がある。

「かぢ」「かい」の本質音は同一で、KAYDY だと推定する。KAY と DY の間で音素節が分離すれば「かぢ」になり、Y が D を双挟潜化すれば「かい」になる。

[上代1]　梶＝KAYDY→KAY–DY→KAy–DY＝かぢ
[上代2]　櫂＝KAYDY→KAYdY→KA–YY＝かい

「八十櫂」は、「八十」に、KAYDY と、助詞「あ＝A¥」が下接・縮約したもの。

　　　八十櫂＝八十＋KAYDY＋A¥→やそ KAYDYA¥

KAYDYA¥ では、Y が D を双挟し、その YDY を A が双挟する。この場合、まず、Y が D を双挟潜化する。

　　　→やそ KAYdYA¥＝やそ KAYYA¥

AYYA では、A は YY を双挟潜化する。

　　　→やそ KAyyA¥→やそ KAAj→やそ KaA＝やそ KA＝やそか

【2】助詞「ロ・ら」に助詞「あ」が下接・縮約して「ら」になって複数を表す用例

　　媛女ら〈良〉が　媛女さびすト　　　　　　　　[万葉5-804]

「ロ」が複数を表すことはない。そこで、複数を表す「ら」は、助詞「ロ・ら」ではなく、助詞「ロ・ら」に助詞「あ」が下接・縮約したものだと考える。

　　　媛女ら＝媛女＋R∀Ω＋A¥→をトめ R∀ΩA¥

母音部∀ΩA¥では、完母音素 A は顕存し、他は潜化する。

→をトメ RαωA j = をトメ RA = をトめら

§2 動詞語素に助詞「あ」が付く用法

(1) 動詞語素に続く助詞「あ」が後続語を連体修飾する用例。

① 垂ら乳根。

「垂乳根乃母」[万9-1774]の「垂乳根」は、「多良知祢能波波」[万15-3691]から解るように、「垂ら乳根」であり、"垂れた乳房"の意味である。

"垂れる"の意の「垂る」は下二段動詞だから、その六活用形には「垂ら」はない。「垂ら」は、下二段「垂る」の動詞語素「垂 R」に助詞「あ＝A¥」が下接・縮約したものと考える。この場合の「あ」は連体修飾を表す。

　　　垂ら乳根＝垂 R＋A¥＋乳根＝た RA¥ちね→た RA j ちね＝たらちね

② 向か股。

『古事記』上巻の「向股に踏みなづみ〈於向股踏那豆美〉」に相当する語は神代上紀第六段本文では「陥股」であり、「陥股」の読みについては『日本書紀私記（乙本）』神代紀上の注（『新訂増補国史大系第8巻』69頁）に「むかモモ〈牟加毛毛〉にふみぬき」とある。

左右の股（脚の上部の後背部）は、人が普通に直立した場合には左右に並ぶが、両膝を外向けにして曲げながら、両足を外股に大きく開くと、左右の股は向き合う。この姿勢が「向か股」であり、相手を威嚇する姿勢である。

「向か股」の語素構成は、四段「向く」の動詞語素「向 K」に、助詞「あ」と「股」が続いたもの。

　　　向か股＝向 K＋A¥＋股→む KA¥モモ→む KA j モモ＝むかモモ

(2) 動詞語素に続く助詞「あ」が"……する地域"を表す用例「日向」。

「日向〈辟武伽〉」[推古紀20年 紀歌103]は国名である。景行紀17年条によれば、「是ノ国は直く日ノ出づる方に向く」ということから「日向」と呼ばれるようになった。「日＋向か」の「向か」は"向かう地域"の意味である。「向か」は動詞語素「向 K」に助詞語素「あ」が続いたものだと考える。

　　　日向＝日＋向 K＋A¥→ひむ KA¥→ひむ KA j ＝ひむ KA ＝ひむか

第二部 「吾が大王」が「わゴおほきみ」に、「吾が思ふ」が「わがモふ」になる理由

第56章 「吾が大王」が「わゴおほきみ」になる理由

§1 「常」「苑」が訓仮名で「ト」「ソ」になる理由

【1】「常」が通例は「トコ」と読まれ、訓仮名では「ト」と読まれる理由
[上代1] 常を訓みてトコ〈登許〉ト云ふ。
　　　　　　　　　　　　　　　　　　[古事記上巻。「天之常立神」注]
[上代2] やまト〈山常〉には　群ら山あれド　　　　　[万1-2]
　　　みやこト〈常〉成しつ　　　　　　　　　　　[万19-4261]
「トコ」の本質音はTΩKΩだと推定する。
[上代1] 通例は、TΩ・KΩがそれぞれ音素節を形成する。
　　　常＝TΩKΩ→TΩ–KΩ＝ト乙コ乙
[近畿2] ΩKΩで、兼音素ΩはKを双挟潜化する。
　　　常＝TΩKΩ→TΩkΩ＝TΩΩ→TωΩ＝TΩ＝ト乙

【2】「苑」が通例は「ソノ」と読まれ、訓仮名では「ソ」と読まれる理由
[近畿1] 梅ノ花　咲きたる苑〈僧能〉ノ　青柳は　　　[万5-817]
[上代2] 死なばコソ〈木苑〉　相ひ見ずあらメ　　　　[万16-3792]
「苑」の本質音はSΩNΩだと推定する。
[上代1] 通例は、SΩ・NΩがそれぞれ音素節を形成する。
　　　苑＝SΩNΩ→SΩ–NΩ＝ソ乙ノ乙
[上代2] ΩNΩで、兼音素ΩがNを双挟潜化する。
　　　木苑＝コSΩNΩ→コSΩnΩ＝コSΩΩ→コSωΩ＝コSΩ＝コソ乙

§2 「吾君」「いざな君」の遷移過程

【1】「吾君」が「あぎ」になる遷移過程

「吾君」が「あぎ」と読まれることは既に述べたが、吟味すべきことが残っている。「君」の第二音素節「み」は通例は脱落しない。「吾君」の場合に限って「み」が脱落するのはどうしてか。

「吾君」では「吾」が「あ」になり、これに呼応して「君＝KGYMY」のMが潜化するからである。

　　　吾君＝ΩA＋KGYMY→ΩAK–GYMY→ΩAk–GYMY

ΩとMは呼応潜顕し、共に潜化する。ΩAでは父音部のΩは潜化する。これに呼応して、MはYに双挟潜化される。

　　　→ωA–GYmY→A–GyY＝A–GY＝あぎ甲

【2】「いざな君」が「いざなぎ」になる遷移過程

「いざなぎ〈伊邪那岐〉」［古事記上巻］の語素構成は「いざ＋助詞ノ・な＋君」だと考える。

　　　な君＝N∀Ω＋KGYMY→N∀ΩKGYMY→N∀Ωk–GYMY

ΩとMは呼応潜顕し、共に潜化する。

　　　→N∀ω–GYmY＝N∀–GYY→N∀–GyY＝なぎ甲

§3 「大」は「おほ」とも「お」とも読まれる

【1】「大」は「おほ」とも「お」とも読まれる

（1）「大碓」「小碓」兄弟と「おけ」「をけ」兄弟の名を対比する。

　兄たる「大碓」［景行記・景行紀］と弟たる「小碓」［景行記・景行紀］の名に注目しよう。兄の名には「大」が冠され、弟の名には「小」が冠される。兄は"年齢の数が大きい"から「大」が冠され、弟は"年齢の数が小さい"から「小」が冠されるのである。

　他方、兄たる「おけ」と弟たる「をけ」の名に注目しよう。仁賢天皇と顕宗天皇は兄弟である。兄仁賢天皇の名は「おけ〈意祁〉」［清寧記］、〈億計〉［顕宗紀］」であり、弟顕宗天皇の名は「をけ」〈袁祁〉［清寧記］、〈弘計〉［顕宗紀］」である。兄の名には「お」が冠され、弟の名には「を」が冠される。

第56章

「大碓」「小碓」兄弟の名と「おけ」「をけ」兄弟の名を対比しよう。
「葦原ノ賎しき小屋〈袁夜〉に」[神武記歌19]・「相武ノ小野〈袁怒〉に燃ゆる火ノ」[景行記歌24]・「小さ小さ〈乎佐乎左〉モ寝なへ子ゆゑに」[万14-3529]などから解るように、「小」は「を」と読まれるから、弟の名に冠される「を」は「小」のことだと解る。よって、兄の名に冠される「お」は「大」のことだと解る。

（２）「おきな」「おみな」「をみな」を対比する。
"年齢の数が大きい男"を意味する「おきな〈於伎奈〉」[万18-4128]は、"年齢の数が大きい女"を意味する「おみな〈嫗〉」[万２-129]と対になる語である。
そして「おみな」の反対語で、"年齢の数が小さい女""少女"を意味する語は「をみな」である。
　　弾く琴に　舞ひする少女〈袁美那〉　　　　　　　　[雄略記歌95]
「おきな」「おみな」「をみな」に共通する「な」は、助詞「ノ・な」であって、敬称"……さん"の意を添える。
「おみな」「をみな」に共通する「み」は、「吾が女〈美〉」[万4343]の「み」で、"女"の意である。
男性「おきな」の「き」は、「吾君」「いざな君」の「君」と同一語で、男性の尊称「君」が縮約したものだと考える。
以上をまとめて「をみな」と「おきな」「おみな」を対比しよう。
年齢数が小さい「をみな」の「を」は「小」である。そこで年齢数が大きい「おきな」「おみな」の「お」は「大」だと解る。「大」は「お」とも読まれるのである。

（３）「おぎ呂なし」は「大王呂なし」。
「大」が「お」、「君」が「ぎ」と読まれることが知られたので、形容詞「おぎ呂なし」の語素構成と意味を述べよう。
　　海人小船　はららに浮きて　大御食に　仕へまつるト　遠方近方に　漁り釣りけり　ソきだくモ　おぎ呂なき〈於芸呂奈伎〉かモ　コきばくモ　豊ケきかモ　此処見れば　うへ"し神代ゆ　始メけらしモ
　　　　　　　　　　　　　　　　　　　　　　　　　　　　　[万20-4360]

271

「おぎ口なきかモ」は「豊ケきかモ」と対句になって天皇の勢威の盛んな様子を讃える。「おぎ口なし」は"天皇が偉大な王である"状況を形容する意味だといえる。そこで「おぎ口なし」の構成は「大＋王＋助詞ロ＋な＋し」だと考える。原義は"偉大な王のような"である。

　「おぎ口なし」の「お」は「大」の縮約だと考える。「ぎ」は「吾君(あぎ)」「いざな君(ぎ)」の「ぎ」と同様で、「王(きみ)」の縮約だと考える。「ロ」は助詞「ロ＝R∀Ω」。「な」は「をぢなし」「つたなし」「たづかなし」の「な」と同一語で"……のような"の意である。

【2】「大」が「おほ」にも「お」にもなる理由

　「おほ」にも「お」にもなる「大」の変化は、「トコ」にも「ト」にもなる「常」や、「ソノ」にも「ソ」にもなる「苑」の変化に似る。ただ、「大」の変化は「常」「苑」とは異なる点もある。「常」「苑」が一音節に縮約する用例がそれぞれ一例しかないのに対し、「大」は上代語で「おけ」「おきな」「おぎ口なし」の三例で「お」になる。さらに、平安語においても、「おとゞのつくりざま」[源氏物語若紫] のように、「大殿」が「おとど」と表記され、「大」が「お」と読まれたことが解る。「大」は「常」「苑」よりも縮約しやすいといえる。

　「大」が「常＝TΩKΩ」や「苑＝SΩNΩ」より縮約しやすいのは、「大」の本質音がΩΩPΩだからだと考える。Ωが二重にPを双挟するので、Pが双挟潜化されやすいのである。

[上代1]　「おほ」になる。ΩΩとPΩΩの間で音素節が分離する。

　　　大＝ΩΩPΩΩ→ΩΩ–PΩΩ→ΩΩ–PωΩ＝ΩΩ–PΩ

　初頭のΩΩでは、父音部のΩは潜化するが、母母音部のΩは顕存するので、「お」になる。

　　　→ωΩ ほ＝おほ

[上代2]　「お」になる。ΩPΩでは、その直前・直後にあるΩが双挟潜化を促すのでΩはPを双挟潜化する。

　　　大＝ΩΩPΩΩ→ΩΩpΩΩ＝ΩΩΩΩ

　初頭のΩは父音部になり、後の三つのΩは母音部になる。母音部ΩΩΩでは、末尾のΩのみが顕存する。

→ΩωωΩ＝ΩΩ→ωΩ＝お

§4 「吾が大王」が「わゴおほきみ」になる理由

【1】「吾が大王」と「吾ゴ大王」
　「吾が大王」は「わがおほきみ」と読まれることもあるが、「わゴ乙おほきみ」に転じる方が多い。「わがほきみ」「わゴほきみ」になる用例はない。
［上代1］　やすみしし　わがおほきみ〈和賀意富岐美〉　　［景行記歌28］
［上代2］　わゴおほきみ〈和期於保伎美〉　吉野ノ宮を　あり通ひめす
　　　　　　　　　　　　　　　　　　　　　　　　　　　［万18-4099］

【2】「が大」「ゴ大」の遷移過程
　助詞「が」はG∀であり、「大」はΩΩPΩΩである。G∀とΩΩPΩΩが熟合するとG∀ΩΩPΩΩになる。
　G∀直後のΩが父音素性を発揮すれば「がおほ」になり、母音素性を発揮すれば「ゴおほ」になる。
［上代1］　が大＝G∀＋ΩΩPΩΩ→G∀ΩΩPΩΩ
　G∀ΩΩでは、G∀直後のΩは父音素性を発揮し、音素節ΩΩを形成する。
　　　→G∀-ΩΩ-PΩΩ→G∀-ΩΩ-PωΩ→G∀-ωΩ-PΩ＝がおほ
［上代2］　G∀直後のΩは母音素性を発揮して音素節G∀Ωを形成する。このような遷移をΩの前方編入と呼ぶ。
　G∀Ωの直後のΩは単独で音素節「Ω＝お」を形成する。
　　　→G∀Ω-Ω-PΩΩ＝G∀Ω-お-PΩΩ
　G∀Ωの母音部∀Ωでは、後方にあるΩは顕存し、前方にある∀は潜化する。
　　　→GαΩ-お-PωΩ＝GΩ-お-PΩ＝ゴ乙おほ

§5 「翁」「大王口なし」の遷移過程

【1】「翁」が「おきな」になる遷移過程
　「翁」の語素構成は「大＋君＋助詞な」だと考える。
　　翁＝大＋君＋N∀Ω→ΩΩPΩΩ＋KGYMY＋N∀Ω
　　→ΩΩPΩΩKGYMYN∀Ω

ΩPΩ では、Ω は P を双挟潜化する。

→ΩΩpΩΩ–KGYMY–N∀Ω→ΩΩΩΩ–KgYMY–N∀Ω

ΩΩΩΩ では、初頭の Ω が父音部になる。母音部 ΩΩΩ では、末尾の Ω のみが顕存する。

→ΩωωΩ–KYMY–N∀Ω＝ΩΩ–KYMY–N∀Ω

ΩΩ の父音部たる初頭の Ω と、M と、∀Ω は呼応潜顕する。父音部たる Ω は潜化する。これに呼応して、M は Y に双挟潜化され、∀Ω では Ω が潜化する。

→ωΩ–KYmY–N∀ω→ωΩ–KyY–N∀＝お KY な＝おき甲な

【2】「大王口なし」が「おぎ口なし」になる遷移過程

大王口なし＝ΩΩPΩΩ＋KGYMY＋R∀Ω＋な＋し

→ΩΩPΩΩKGYMYR∀Ω なし

ΩKG では、K は Ω に付着し、ΩK と G の間で音素節が分離する。

→ΩΩpΩΩK–GYMY–R∀Ω なし→ΩΩΩΩk–GYMY–R∀Ω なし

→ΩωωΩ–GYMY–R∀Ω なし＝ΩΩ–GYMY–R∀Ω なし

父音部たる初頭の Ω と、M は呼応潜顕する（∀Ω は、その父音部が R なので呼応潜顕に加わらない）。父音部たる Ω は潜化する。これに呼応して、M は Y に双挟潜化される。

∀Ω では、後方にある Ω は顕存し、前方にある ∀ は潜化する。

ωΩ–GYmY–RαΩ なし→ωΩ–GyY–RΩ なし＝おぎ甲口乙なし

第57章 「が＋思ふ」が「がモふ」になる理由

§1 「吾が家・吾ぎ家」と「吾ぎ妹」

【1】「が＋家」が「がへ」にも「ぎへ」にもなる理由

[上代1]　吾がへ〈和何弊〉ノ園に　梅が花咲く　　　　　　　［万5-837］

[上代2]　吾ぎへ〈和岐幣〉ノ方よ　雲居立ち来モ　　　　　　［景行記歌32］

助詞「が」は G∀ で、「家」は「Yへ」である。∀Y は二通りに遷移する。

[上代1]　母音部 ∀Y で、∀ は顕存し、Y は潜化する。

が家→G∀＋Yへ→G∀Yへ→G∀yへ＝G∀へ＝がへ

［上代２］　∀は潜化し、Yは顕存する。

ぎ家→G∀Yへ→GαYへ＝GYへ＝ぎ甲へ

【２】「が＋妹」が「がも」にはならず「ぎも」になる理由

嶮しき山モ　吾ぎもこ〈芸毛古〉ト　二人越ゆれば　安蓆かモ

[仁徳紀40年　紀歌61]

いまだ言はずて　明ケにけり　吾ぎも〈蟻慕〉　[継体紀7年　紀歌96]

「妹」の本質音は「YYも」だと推定する。

が＋妹→G∀＋YYも→G∀YYも

母音部∀YYでは、二連続するYはひとまず顕存し、∀は潜化する。

→GαYYも＝GYYも→GyYも＝GYも＝ぎ甲も

§２ 「心は思ヘド」「吾が思ふ」「吾が面て」で「お」が脱落する理由

【１】「心は思ヘド」「吾が思ふ」「吾が面て」では「お」が脱落する

助詞「は」「が」に「思ふ」「面」が続いて縮約すると、「お」が脱落して「はモふ」「がモふ」「がモ」になる。

い切らむト　心は思ヘド〈波母閉杼〉　い取らむト　心は思ヘド〈波母閉杼〉　　　　　　　　　　　　　　　　　[応神記歌51]

真玉如す　吾が思ふ〈賀母布〉妹　鏡如す　吾が思ふ〈賀母布〉妻

[允恭記歌89]

若くありきト　吾が思はなく〈阿我謨婆儺倶〉に

[斉明紀4年　紀歌117]

吾が面て〈我母弖〉ノ　忘れも時は　　　　　[万20-4367防人歌]

【２】「∀＋ΩM￥O￥」なら Ω は潜化する

（１）「は思」「が思」の遷移過程。

助詞「は」「が」の母音部は∀である。「思ふ」は「ΩM￥O￥ふ」である。

は思ヘド＝P∀＋ΩM￥O￥ヘド→P∀ΩM￥O￥ヘド

∀Ωと￥O￥が呼応潜顕する（惑遊呼応潜顕）。￥O￥ではOは顕存し、￥は二つとも潜化する。これに呼応して、∀Ωでは∀は顕存し、Ωは潜化する。

→P∀ωMjOj∧ド＝P∀MO∧ド＝はモ乙∧ド

が思ふ＝G∀＋ΩM¥O¥ふ→G∀ΩM¥O¥ふ→G∀ωMjOjふ

＝G∀MOふ＝がモ乙ふ

（2）「が面」の遷移過程。

「面」の第二音素節母音部が¥O¥であることは第20章で述べた。「面」第二音素節はM¥O¥であり、「思ふ」第二音素節と同一である。

「思ふ」は「面(おも)」の派生語だと考える。「思ふ＝ΩM¥O¥ふ」は、"人の面（おモ）を心に描く"が原義である。

助詞「が」に、「面(おも)て」が続くと次のように遷移する。

が面て＝G∀＋ΩM¥O¥＋て→G∀ΩM¥O¥て→G∀ωMjOjて

→G∀MOて＝がモ乙て

第十一編　形容源詞と形容源化語素

第58章　足跡(アト)・下下(したた)

§1　船余(ふなあま)り・雨籠(あまゴ)モり

【1】「船」第二音素節が「ね」にも「な」にもなる理由

　「船」の読みは、後続語と熟合しない場合には「ふね」だが、後続語と熟合した場合には「ふな」になる。
［上代1］　鈴船〈赴泥〉取らせ　腰難み　其ノ船(ふね)〈赴尼〉取らせ　大御船(おほみふね)〈赴泥〉取れ　　　　　　　　　　　　　　　　［仁徳紀30年　紀歌51］
［上代2］　ふな〈布儞〉あまり　い帰(がへ)り来むゾ　［允恭紀24年　紀歌70］
　「船」が単独の場合に「ふね」になる形は露出形と呼ばれ、「船」に後続語が熟合して「ふな」になる形は被覆形と呼ばれる。本章で問題にしたいのは、何が原因で、どのような経緯で、露出形「ふね」が被覆形では「ふな」になるのか、ということである。
　「船」第二音素節の母音部は∀¥だと推定する。
［上代1］「ふね」になる。「船」が後続語と熟合しない場合、「ね＝N∀¥」の¥は母音素性を発揮する。∀¥は融合する。N|∀¥|は「ね」になる。
　　　船＝ふN∀¥→ふN|∀¥|＝ふね
［上代2］「ふな」になる。「余り」の「あ」はAだと推定する。
　　　船余り＝ふN∀¥＋Aまり→ふN∀¥Aまり
　∀¥が後続語と熟合すると、遊兼音素¥は父音素性を発揮して音素節を形成する（¥の後方編入）。
　　　→ふN∀-¥Aまり
　音素節¥Aでは、¥は父音部になるが、近畿語では父音部たる¥は潜化す

る。
　　→ふN∀-jAまり＝ふなあまり、

【2】「雨」第二音素節が「メ乙」にも「ま」にもなる理由
　「雨」第二音素節は、後続語と熟合しない場合には「メ乙」になり、後続語と熟合すれば「ま」になる。
［上代1］　あメ乙〈阿米〉立ち止メむ　　　　　　　　　　［允恭記歌80］
［上代2］　あま籠モり〈安麻其毛理〉　物思ふ時に　　　　　［万15-3782］
　「雨」第二音素節の母音部は∨¥だと推定する。「雨」が後続語と熟合しない場合、∨¥は融合する。M|∨¥|は「メ乙」になる。
　　雨＝あM∨¥→あM|∨¥|＝あメ乙
［上代2］「籠モり」の「籠」の本質音はKGOだと推定する。
　　雨籠モり＝あM∨¥＋KGOモり→あM∨¥KGOモり
　¥は父音素性を発揮して音素節¥KGOを形成する。
　　→あM∨-¥KGOモり
　父音部¥KGでは、遊兼音素¥は潜化し、Kも潜化し、Gは顕存する。
　　→あM∨-jkGOモり＝あM∨-GOモり＝あまゴモり

§2　「足跡」が「あト」、「足結ひ」が「あゆひ」、「鐙（足踏み）」が「あぶみ」と読まれる理由

【1】「足」の「し」は脱落することがある
［上代1］　「足」の読みは、後続語と熟合しない場合には「あし」である。
　　牡蠣貝に　足〈阿斯〉踏ますな　　　　　　　　　　　　［允恭記歌86］
［上代2］　「足」が後続語と熟合した場合には「し」が脱落することがある。「足跡」「足結ひ」「足踏み」などがその事例である。
　　御足跡〈阿止〉作る　石ノ響きは　　　　　　　　　　　［仏足石歌1］
　　足結ひ〈阿由比〉ノ小鈴　　　　　　　　　　　　　　　［允恭記歌81］
　　川ノ渡り瀬　足踏み〈安夫美〉浸かすモ　　　　　　　　［万17-4024］

【2】「足」の「し」が脱落する理由
　「足」の本質音はAS¥だと推定する。
［上代1］　AS¥が後続語と熟合しない場合には、¥は母音素性を発揮する。

S¥はサ行・¥段（い段）の「し」になる。

　　足＝AS¥→A-S¥＝あし

［上代２］「足跡」「足結ひ」「鐙（足踏み）」で「し」が脱落する遷移過程。
（１）「足跡」で「足」の「し」が脱落する遷移過程。

　「跡」の本質音はTOだと推定する。

　　足跡＝足＋跡＝AS¥＋TO→AS¥TO

　母音部Aの後に、父音素Sと、遊兼音素¥と、父音素Tが続く。このように、Aの後に父音素と遊兼音素¥と父音素が続く場合、母音部Aは遊兼音素¥に父音素性を発揮させる。

　¥が父音素性を発揮した場合、AS¥Tでは、母類音素Aの後に、父音素性を発揮する音素がS・¥・T三連続する。それでSは母類音素Aに付着して音素節ASを形成する（父音素の前方編入）。¥はTOと結合して音素節¥TOを形成する（¥の後方編入）。ASと¥TOの間で音素節が分離する。

　　→AS-¥TO

　ASでは、音素節末尾にある父音素Sは潜化する（末尾父音素潜化）。

　¥TOの父音部¥Tでは、遊兼音素¥は潜化し、父音素Tは顕存する。

　　→As-<i>j</i>TO＝A-TO＝あトｚ

　このような経緯で「足」の「し」は脱落する。

（２）「足結ひ」で「足」の「し」が脱落する遷移過程。

　「結ひ」の本質音は「YUひ」だと推定する。

　　足結ひ＝足＋結ひ＝AS¥＋YUひ→AS¥YUひ

　母音部Aの後に、父音素Sと、遊兼音素¥と、ヤ行父音部のYが続く。この場合、母音部Aは¥に父音素性を発揮させる。Aの直後には父音素性を発揮する音素がS・¥・Y三連続する。それでSは母類音素Aに付着して音素節ASを形成する。¥はYUと結合して音素節¥YUを形成する。

　　→AS-¥YUひ→As-¥YUひ

　父音部¥Yでは、遊兼音素¥は潜化し、通兼音素Yは顕存する。

　　→A-<i>j</i>YUひ＝A-YUひ＝あゆひ

（３）「足踏み」で「足」の「し」が脱落する遷移過程。

　「踏み」の本質音は「PBUみ」だと推定する。

279

足踏み＝AS¥＋PBUみ→AS¥PBUみ

　AS¥PBでは、母音部Aは¥に父音素性を発揮させる。父音素性を発揮する音素がS・¥・P・B四連続する。それでSはAに付着して音素節ASを形成する。¥はPBUと結合して音素節¥PBUを形成する。

　　　→AS-¥PBUみ→As-¥PBUみ

　父音部¥PBでは、¥とPは潜化し、Bは顕存する。

　　　→A-jpBUみ＝A-BUみ＝あぶみ

§3 「下下」が「したた」と読まれる理由

　「下」に「下」が続くと後の「し」が脱落して「したた」になる。

　　　軽ノ媛女　下下〈志多多〉にモ　寄り寝て通れ　　　［允恭記歌83］

　「下下に」の原義は、『古事記歌謡全解』記歌83の段で述べたように、"（上半身を）下に下に低くして"で、"謙虚に"の意になる。

　「下」の本質音はS¥TAだと推定する。

　　　下下＝S¥TA＋S¥TA→S¥TAS¥TA＝しTAS¥TA

　母音部Aに父音素と遊兼音素¥と父音素が続く場合、母音部Aは¥に父音素性を発揮させる。Aの後に父音素性を発揮する音素がS・¥・T三連続する。それでSはAに付着して音素節TASを形成する。¥はTAと結合して音素節¥TAを形成する。

　　　→しTAS-¥TA→しTAs-¥TA

　父音部¥Tでは、¥は潜化し、Tは顕存する。

　　　→しTA-jTA＝しTA-TA＝したた

第59章　「荒し男」の「荒し」は形容源詞、「し」は形容源化語素S¥

　本章以下では「形容詞」は"形容詞型の活用をする助動詞"を含むものとする。

§1　「荒し男」の「荒し」は形容源詞、「し」は形容源化語素 S¥

【1】「荒し男」「堅し岩」では「荒し」「堅し」が終止形の形で後続語を修飾する

　　荒し男〈安良志乎〉すらに　嘆き伏せらむ　　　　　　［万17-3962］

　ク活用形容詞「荒し」には連体形「荒き〈安良伎〉」［万15-3688］がある。にもかかわらず、万3962では終止形の形の「荒し」が後続語を修飾する。

　　堅し磐〈柯陀之波〉　　　　　［雄略紀7年是歳条。「堅磐」注］

　ク活用形容詞「堅し」に「磐」が続くのなら、「堅き磐」が縮約して「かたきは」になりそうなものだが、そうはならずに、「堅し」が用いられ、「堅し磐」が縮約して「かたしは」になる。どうして終止形の形の「堅し」が後続語を修飾するのか。

【2】「うつくし妹」では終止形の形の「うつくし」が後続語を修飾する

　　うつくし妹〈于都倶之伊母〉が　また咲き出来ぬ

　　　　　　　　　　　　　　　　　　　　　　［孝徳大化5年 紀歌114］

　シク活用形容詞「うつくし」には連体形「うつくしき〈于都倶之枳〉」［書紀歌121］がある。にもかかわらず、書紀歌114では終止形の形の「うつくし」が後続語を修飾する。これはどうしてか。

【3】形容源詞

　「荒し男」「堅し磐」「うつくし妹」の「荒し」「堅し」「うつくし」は終止形の形だが、用途は連体修飾である。終止形が連体修飾するとは考えられない。これらの「荒し」「堅し」「うつくし」は形容詞ではないと判断する。

　「荒し」「堅し」「うつくし」のように、形容詞終止形の形でありながら、形容詞終止形ならざる作用をする詞を**形容源詞**と呼ぶ。

【4】形容源詞の語幹

　形容源詞から「し」を除去した部分を形容源詞の**語幹**と呼ぶ。

【5】形容源詞末尾の「し」は形容源化語素 S¥

　形容源詞の末尾にある「し」を**形容源化語素**と呼ぶ。

　形容源化語素「し」の本質音は S¥ だと推定する。

　形容源化語素「し」は、サ変動詞連用形「し」とは別の語であり、代名詞

「其」とも別の語である。

【6】形容源詞は活用語ではない

　形容源詞は語幹に形容源化語素S¥が続いたものであって、活用語足を含まない。形容源詞は活用語足を含まないから活用語ではない。形容源詞には連体形や已然形などの活用形は存在しない。

§2　形容源詞の連体用法

【1】形容源詞の連体用法

　形容源詞は、「荒し男」のように、「語幹＋S¥」だけで後続の体言を修飾する用法がある。これを形容源詞の連体用法と呼ぶ。

【2】「かモ」に上接する「悔やし」「トモし」「うへ"し」は形容源詞の連体用法

　「かモ」に上接する形容詞は連体形になる。ところが、連体形にならず、末尾が「し」のままで「かモ」に上接する語がある。

　　悔やしかモ〈久夜斯可母〉　かく知らませば　　　　　　[万5-797]
　　鳴く鹿ノ　言羨しかモ〈乏可母〉　　　　　　　　　　　[万8-1611]
　　　　　　　コトトモ
　　うへ"しかモ〈宇倍之訶茂〉　蘇我ノ子らを　大王ノ　使はすらしき
　　　　　　　　　　　　　　　　　　　　　　　　　[推古紀20年　紀歌103]

　これらは形容詞ではなく、形容源詞の連体用法である。

§3　形容源詞は後続語と縮約する場合としない場合がある

【1】形容源詞連体用法「堅し岩」「うつうし妹」の遷移過程

（1）形容源詞と後続語が熟合・縮約する場合の遷移。

　「岩」の本質音は「YYは」だと推定する。

　　堅し岩＝堅＋S¥＋YYは→堅S¥YYは→堅SjYYは
　　→かたSyYは＝かたSYは＝かたしは

（2）形容源詞と後続語が熟合・縮約しない場合の遷移過程。

　　うつくし妹＝うつく＋S¥＋YYも→うつく＋し＋いも＝うつくしいも

　「うつくし妹」は熟合・縮約すれば、「堅し岩」と同様の遷移過程で「うつくしも」になるだろう。そうならないのは、形容源詞は後続語との熟合・縮

282

【2】「うつしおみ」「うつせみ」「うつソミ」の遷移過程。
［上代1］　うつしおみ。形容源詞「うつ＋し」が「おみ」を修飾する。縮約はしていない。

　　恐し、我が大神、うつしおみ〈宇都志意美〉有らむトは　　　［雄略記］
　　　　かしこ
「おみ」の本質音は「OYみ」だと推定する。

　　現しおみ＝うつ＋S¥＋OYみ→うつし＋Oyみ＝うつしおみ

［上代2］　うつせみ。「うつしおみ」が縮約したもの。

　　うつせみ〈宇都勢美〉モ　かくノミならし　　　　　［万19-4160］

　　現せみ→うつ＋S¥＋OYみ→うつS¥OY

　　¥OYは融合する。|¥OY|は「え甲・え丙」を形成する。

　　→うつS|¥OY|み＝うつせみ

［上代3］　うつソミ。「うつしおみ」が縮約したもの。

　　うつソみ〈宇都曽見〉ノ　人にある吾れや　　　　　［万2-165］

　　現ソみ＝うつ＋S¥＋OYみ→うつS¥OYみ

　　¥¥OYでは、完母音素Oは顕存し、¥・Yは潜化する。

　　→うつS_j_Oyみ＝うつSOみ＝うつソ乙み

§4　形容源詞の已然用法

　係助詞「コソ」を結ぶ語句が「けらしモ」「良しモ」になる用例がある。
　　　　　　　　　しか
　　然れコソ〈許曽〉　神ノ御代より　ヨロしな∧　此ノ橘を　時じくノ
　　　　　　　　　　　　　　　　　か
　　香くノ木ノ実ト　名付ケけらしモ〈家良之母〉　　　［万18-4111］
　　　　　おそき
　　子ロが襲着ノ　有ろコソ良しモ〈安路許曽要志母〉　［万14-3509東歌］

係助詞「コソ」を結ぶ活用語は已然形になるのに、終止形の形をした「けらし」「良し」が「コソ」を結ぶのはどうしてか。

「コソ」を結ぶ「けらし」「良し」は、形容詞ではなく、形容源詞である。形容源詞は活用語ではないので末尾は常に「し」である。形容詞なら已然形で結ぶ場合であっても、形容源詞の場合は末尾は「し」になるしかないのである。

　已然形の作用をする形容源詞を形容源詞の**已然用法**と呼ぶ。

「コソ」を形容源詞で結ぶ場合、その末尾は「し」であって、形容詞の終止形末尾と同じ音節である。これでは感嘆の意を十二分に表せないので、形容源詞の後に助詞「モ」を添えて、詠嘆の意を強める。

§5 「苦しみ」に「し」があり、「寒み」に「し」がない理由

【1】形容源詞の語幹に「しみ」「み」が続く用法

形容源詞の語幹に「しみ」あるいは「み」が続いて、"……しいので"の意味を表す用法がある。形容源詞の語幹に「しみ」あるいは「み」が続く用法を形容源詞の**み語法**と呼ぶ。

形容源詞の み語法では、「苦しみ」には「し」があるが、「寒み」には「し」がない。形容詞に転じた場合にシク活用する形容源詞の み語法に「し」があり、ク活用する形容詞の み語法には「し」がないのである。

《しみ》 草枕 旅を苦しみ〈久流之美〉 恋ヒをれば　　　　　　［万15-3674］
《み》 秋風寒み〈左無美〉 其ノ川ノ傍に　　　　　　　　　　　［万17-3953］

「苦しみ」に「し」があり、「寒み」に「し」がないのはどうしてか。

【2】形容源詞み語法は形容源詞に接尾語「み」が続いたもの

形容源詞み語法は、形容源詞に接尾語「み」が続いたものだと考える。

み語法の「み」の本質音は MY だと推定する。

形容源詞み語法の語素構成は「形容源詞語幹＋S¥＋MY」である。

「形容源詞語幹＋S¥＋MY」は熟合あるいは縮約する。

【3】語幹「苦」の末尾音素節の母音部は W、語幹「寒」の末尾音素節の母音部は U

《しみ》「苦しみ」の語幹「くる」の末尾音素節の母音部は W だと推定する。
《み》「寒み」の語幹「さむ」の末尾音素節の母音部は U だと推定する。

【4】「苦しみ」「寒み」の遷移過程

《しみ》 苦しみ＝苦＋し＋み＝くRW＋S¥＋MY→くRWS¥MY

S¥の¥は兼音素なので、父音素性と母音素性を兼ね備える。S¥Mの¥はどのような場合に父音素性を発揮し、どのような場合に母音素性を発揮するか。それは、S¥M 直前の母音部の音素配列に依る。

S¥M 直前の母音部が W である場合には、母音部 W は S¥M の¥に母音

素性を発揮させる。¥は、母音素性を発揮すると「い甲・い丙」を形成する。それで、S¥は「し」になる。「S¥＝し」の前後で音素節が分離する。

　　　→く RW-S¥-MY＝くるしみ

《み》　寒み＝寒＋S¥＋み＝さ MU＋S¥＋MY→さ MUS¥MY

　S¥M 直前の母音部が U である場合には、母音部 U は S¥M の ¥ に父音素性を発揮させる。

　¥ が父音素性を発揮すると、MUS¥M では、母類音素 U の直後で、父音素性を発揮する音素が S・¥・M 三連続する。この場合、先頭の S は直前の母類音素 U に付着して音素節 MUS を形成する。

　¥ は直後の MY と結合して音素節 ¥MY を形成する。

　MUS と ¥MY の間で音素節が分離する。

　　　→さ MUS-¥MY

　音素節 MUS では、末尾にある父音素 S は潜化する（末尾父音素潜化）。

　音素節 ¥MY では、¥M が父音部になり、Y が母音部になる。父音部 ¥M では、遊兼音素 ¥ は潜化し、父音素 M は顕存する。

　　　→さ MUs-jMY＝さ MU-MY＝さむみ甲

　このように、「く RWS¥み」では S・¥ が顕存するので「し」が現れるが、「さ MUS¥み」では S・¥ が潜化するので「し」は脱落する。

§6　「悲しさ」「羨しさ」に「し」があり、「無さ」「良さ」に「し」がない理由

【1】形容源詞サ語法

　形容源詞の語幹に「しさ」あるいは「さ」が続いて、"……しい状況""……しいと強く感じる"の意味を表す用法がある。これを形容源詞の**サ語法**と呼ぶ。

　サ語法では、「悲しさ」には「し」があるが、「無さ」には「し」がない。

《しさ》　母が悲しさ〈迦奈斯佐〉　　　　　　　　［万5-890一云］
《さ》　　為る為方ノ無さ〈奈左〉　　　　　　　　［万17-3928］

　「悲しさ」に「し」があり、「無さ」に「し」がないのはどうしてか。

【2】形容源詞サ語法は形容源詞に接尾語「さ」が続いたもの
　形容源詞サ語法は、形容源詞に接尾語「さ」が続いたものだと考える。
　形容源詞サ語法の「さ」をSAと表記する。形容源詞サ語法の語素構成は「形容源詞語幹＋S￥＋SA」である。
【3】語幹「悲」の末尾音素節の母音部は∀、語幹「無」の末尾音素節の母音部はA
《しさ》「悲しさ」の語幹「かな」の末尾音素節の母音部は∀だと推定する。
《さ》「無」の語幹「な」の末尾音素節の母音部はAだと推定する。
【4】「悲しさ」「無さ」の遷移過程
《しさ》　悲しさ＝かN∀＋S￥＋SA→かN∀S￥SA
　S￥S直前の母音部が∀である場合、母音部∀はS￥Sの￥に母音素性を発揮させる。S￥は「し」になる。S￥の前後で音素節が分離する。

　　→かN∀-S￥-SA＝かなしさ
《さ》　無さ＝NA＋S￥＋SA→NAS￥SA
　S￥S直前の母音部がAである場合、母音部AはS￥Sの￥に父音素性を発揮させる。母類音素Aの直後で父音素性を発揮する音素がS・￥・S三連続する。この場合、先頭のSは直前の母類音素Aに付着して音素節NASを形成する。NASと￥SAの間で音素節が分離する。父音部￥Sでは、遊兼音素￥は潜化し、父音素Sは顕存する。

　　＝NAS-￥SA→NAs-jSA→NA-SA＝なさ
【5】「羨しさ」「良さ」の遷移過程
　形容源詞サ語法「羨しさ」には「し」があるが、形容源詞サ語法「良さ」には「し」がない。
《しさ》　妹らを見らむ　人ノ<ruby>羨<rt>トモ</rt></ruby>しさ〈等母斯佐〉　　　［万5-863］
《さ》　<ruby>今宵<rt>コヨヒ</rt></ruby><ruby>枕<rt>ま</rt></ruby>かむト　思へるが良さ〈吉紗〉　　　［万10-2073］
《しさ》「羨し」の語幹「トモ」の末尾音素節の母音部はΩだと推定する。

　　　羨しさ＝トMΩ＋S￥＋SA→トMΩS￥SA
　S￥S直前の母音部がΩである場合、母音部ΩはS￥Sの￥に母音素性を発揮させる。S￥は「し」になる。S￥の前後で音素節が分離する。

　　→トMΩ-S￥-SA＝トモ$_Z$しさ

《さ》　良さ = YYO + S¥ + S*A* → YYOS¥S*A*

　S¥S直前の母音部がOである場合、母音部OはS¥Sの¥に父音素性を発揮させる。母類音素Oの直後で父音素性を発揮する音素がS・¥・S三連続する。この場合、先頭のSは直前の母類音素Oに付着して音素節YYOSを形成する。YYOSと¥S*A*の間で音素節が分離する。

　　→YYOS–¥S*A* → YyOs– *j* S*A* = YO–S*A* = ヨ乙さ

第十二編　形容詞の語素構成と活用

第一部　形容詞の終止形・連用形・連体形・未然形

第60章　形容詞終止形語尾にカ行音節がない理由

§1　「苦し」終止形が「くるし」に、「寒し」終止形が「さむし」になる理由

　上代語・平安語の形容詞（カリ活用を除く）は、シク活用でもク活用でも、終止形以外では語尾にカ行音素節「き」「く」「け」がある。だが、終止形では、シク活用でもク活用でも、語尾にカ行音素節はない。その理由を述べる。
【1】形容詞の語幹の定義
　上代語・平安語での形容詞で、終止形から、その末尾の「し」を除去した部分を形容詞の**語幹**と呼ぶ。
　現代語で、終止形の末尾に「しい」がある形容詞では「しい」を除去した部分を語幹と呼び、終止形の末尾に「しい」ではなく「い」がある形容詞では「い」を除去した部分を語幹と呼ぶ。
【2】形容詞の語素構成
　シク活用形容詞の語素構成とク活用形容詞の語素構成は同一で、形容詞語幹に、形容源化語素S￥と、形容詞の活用語足が続いたものである。
【3】形容詞終止形の活用語足は￥
　形容詞終止形の活用語足は￥だと推定する。
　形容詞の終止形にカ行音素節がないのは、形容詞終止形の活用語足にK

が含まれないからである。

【4】上代語でシク活用「苦し」終止形が「くるし」に、ク活用「寒し」終止形が「さむし」になる遷移過程

《シク活》 吾れは苦し〈倶流之〉ゑ　　　　　［天智紀10年 紀歌126］

　終止形「苦し」の語素構成は、語幹「くる＝くRW」に、形容源化語素S¥と、形容詞終止形の活用語足¥が続いたものである。

　　　苦し＝くRW＋S¥＋¥→くRWS¥¥

　S¥¥直前の母音部がどのようであっても、¥¥は二音素とも母音素性を発揮する。S¥¥は音素節を形成する。RWとS¥¥の間で音素節が分離する。母音部¥¥では、前の¥は潜化し、後の¥（終止形の活用語足たる¥）は顕存する。

　　　→くRW-S¥¥＝くRW-Sj¥＝くRW-S¥＝くるし

《ク活》 秋ノ夜は　あかトき寒し〈左牟之〉　　　　［万17-3945］

　終止形「寒し」の語素構成は、語幹「さむ＝さMU」に、形容源化語素S¥と、活用語足¥が続いたもの。

　　　寒し＝さMU＋S¥＋¥→さMUS¥¥→さMU-S¥¥→さMU-Sj¥
　　　＝さMU-S¥＝さむし

§2　現代語終止形で「くるしい」に「し」があり、「さむい」に「し」がない理由

【1】現代語形容詞の語素構成は上代語と同一

　現代語の形容詞の語素構成は、シク活用・ク活用とも上代語と同一である。

【2】現代語シク活用形容詞終止形の語幹直後が「しい」になる遷移過程

《シク活》 苦しい＝くRW＋S¥＋¥→くRWS¥¥

　S¥¥直前の母音部がWである場合、Wは二つの¥の双方を顕存させ、双方に母音素性を発揮させる。¥¥は、上代東方語と同様、融合する。|¥¥|は長音「いー」になる。S|¥¥|は「しー」になる。「しー」は現代仮名遣では「しい」と表記される。

　　　→くRWS¥¥＝くRWS|¥¥|＝くるしー＝くるしい

《シク活》 悲しい＝かN∀＋S¥＋¥→かN∀S¥¥

∀は二つの¥の双方を顕存させ、母音素性を発揮させる。¥¥は融合する。
　　→かN∀S¥¥→かなS|¥¥|＝かなしー＝かなしい
【3】現代語ク活用形容詞終止形の語幹直後が「い」になる遷移過程
《ク活》　寒い＝さMU＋S¥＋¥→さMUS¥¥
　S¥¥直前の母音部がUである場合、UはS直後の¥には父音素性を発揮させ、末尾の¥には母音素性を発揮させる。
　母類音素Uの直後では、父音素性を発揮する音素がS・¥二連続する。それでその先頭のSは直前のUに付着して音素節MUSを形成する。¥¥は音素節を形成する。
　　→さMUS-¥¥
　音素節MUSでは、末尾の父音素Sは潜化する（末尾父音素潜化）。
　¥¥では、前の¥は父音部になり、後の¥は母音部になる。父音部たる¥は潜化するが、母音部たる¥は「い」を形成するので、j¥は「い」になる。
　　→さMUs-¥¥→さMU-j¥＝さむい
《ク活》　無い＝NA＋S¥＋¥→NAS¥¥
　S¥¥直前の母音部がAである場合、AはS直後の¥には父音素性を発揮させ、末尾の¥には母音素性を発揮させる。母類音素Aの直後では、父音素性を発揮する音素がS・¥二連続する。それでSは直前のAに付着して音素節NASを形成する。¥¥は音素節を形成する。
　　→NAS-¥¥→NAs-¥¥＝NA-j¥＝ない

第61章　連用形「悲しく」に「し」があり、連用形「深く」に「し」がない理由　―シク形容∀群とク形容A群

§1　「悲し」の連用形「かなしく」に「し」がある理由　―シク形容∀群

【1】シク活用形容詞連用形「悲しく」の遷移過程
　悲しく〈可奈之久〉思ほゆ　　　　　　　　　　　　　　[万17-4016]

形容詞連用形の活用語足はKWUだと推定する。

シク活用形容詞連用形「悲しく」の語素構成は、語幹「かN∀」に、形容源化語素S￥と、形容詞連用形の活用語足KWUが続いたもの。

悲しく＝かN∀＋S￥＋KWU→かN∀S￥KWU

母音部∀にS￥Kが続く場合、∀は￥に母音素性を発揮させる。S￥の前後で音素節が分離する。

→かN∀-S￥-KWU

KWUでは、Kが父音部になり、WUが母音部になる。母音部WUでは、兼音素Wは潜化し、完母音素Uは顕存する。

→かN∀-S￥-KwU＝かN∀-S￥-KU＝かなしく

【2】シク形容∀群

「かなしく」の遷移過程で述べたことを一般化して次のように考える。

語幹末尾音素節の母音部が∀である形容詞はシク活用する。

語幹末尾音素節の母音部が∀である形容詞・形容源詞を**シク形容∀群**と呼ぶ。

語幹末尾音素節が「あ」段の形容詞・形容源詞のうち、以下のものはシク形容∀群に属する。

「悪しき〈安之伎〉」［万-3737］・「あたらしき〈婀拕羅斯枳〉」［書紀歌80］・「あやしく〈安夜思苦〉」［万18-4075］・「いやしき〈伊夜之吉〉」［万5-848］・「うやうやしく」宇夜宇夜自久［続紀宣命27］・「こきだしき〈許貴太斯伎〉」［続紀天平元年宣命7］・「嶮しけド〈佐賀斯祁杼〉」［仁徳記歌70］・「俄しく〈尓波志久〉」［万20-4389防人歌］・「愛しき〈波思吉〉」［万2-113］・「久しく〈比佐斯久〉」［万5-814］・「まだしみ〈麻太之美〉」［万-4207］。

§2 「深し」の連用形「ふかく」に「し」がない理由 ——ク形容A群

【1】ク活用形容詞連用形「深く」の遷移過程

水底深く〈布可久〉 思ひつつ ［万20-4491］

ク活用形容詞連用形「深く」の語素構成は、語幹「深」に、形容源化語素S￥と、形容詞連用形の活用語足KWUが続いたもの。

語幹「深」の末尾音素節の母音部はAだと推定する。

深く＝ふ KA＋S¥＋KWU→ふ KAS¥KWU

　母音部 A に S¥K が続く場合、A は¥に父音素性を発揮させる。A の後に、父音素性を発揮する音素が S・¥・K 三連続する。それで S は A に付着して音素節 KAS を形成する。KAS と¥KWU の間で音素節が分離する。

　　→ふ KAS–¥KWU

　KAS では、音素節末尾の S は潜化する（末尾父音素潜化）。

　¥KWU の父音部¥K では、遊兼音素¥は潜化し、父音素 K は顕存する。

　K の直後の W は母音素性を発揮する。母音部 WU では、兼音素 W は潜化し、完母音素 U は顕存する。

　　→ふ KAs–𝑗 KWU→ふ KA–KwU→ふ KA–KU＝ふかく

【2】ク形容 A 群

　語幹末尾音素節の母音部が A である形容詞はク活用する。

　語幹末尾音素節の母音部が A である形容詞・形容源詞を**ク形容 A 群**と呼ぶ。

　語幹末尾音素節が「あ」段の形容詞・形容源詞のうち、以下に挙げる形容詞・形容源詞はク形容 A 群に属する。

　「あかき〈安加吉〉」[万20-4465]・「荒き〈安良伎〉」[万15-3688]・「痛き〈伊多伎〉」[万20-4307]・「堅く〈加多久〉」[雄略記歌102]・「辛き〈可良伎〉」[万15-3652]・「高き〈多可吉〉」[万174003]・「近く〈知可久〉」[万15-3635]・「つらけく〈都良計久〉」[万5-897]・「無く〈奈久〉」[万1-36]・「長く〈那我倶〉」[書紀歌78]・「ねたけく〈袮多家口〉」[万18-4092]・「早く〈波椰区〉」[書紀歌67]・「短き〈美自可伎〉」[万15-3744]・「ゆらみ〈由良美〉」[清寧記歌107]・「若く〈倭柯倶〉」[書紀歌117]。

§3　形容詞連用形にラ変動詞「有り」が下接・縮約したカリ活用形容詞

　山田孝雄が『奈良朝文法史』196～199頁でいうように、形容詞連用形に、ラ変動詞「有り」が下接・縮約した語がある。いわゆるカリ活用である。

《未然》　見が欲しからむ〈保之加良武〉　　　　　　　　　　　[万17-3985]

《連用》　悲しかりけり〈加奈之可利家理〉　　　　　　　　　　[万5-793]

《連体》　悪しかる〈安志可流〉咎モ　　　　　　　　　［万14-3391東歌］
《已然》　天地ノ　神は無かれや〈无可礼也〉　　　　　［万19-4236］

「欲しからむ」は、形容詞連用形「欲しく＝ほしKWU」に、ラ変動詞未然形「あら＝AYら」と、「む」が続いたもの。

　　　欲しからむ＝欲しKWU＋AYらむ→ほしKWUAYらむ
　　母音部WUAYでは後方にある完母音素Aのみが顕存し、他は潜化する。
　　　→ほしKwuAyらむ＝ほしKAらむ＝ほしからむ

§4　桜井茂治説と私見との相違点

　形容詞については多くの説が提起されているが、ここでは、桜井茂治の「形容詞の活用形の成立について」『国学院雑誌』66-8の見解と私見との相違点について述べる。

【1】シク活用形容詞の連用形・終止形の語素構成について

　桜井は46頁で、シク活用「恋ほし」でいえば、その連用形を「コホ＋シ＋ク」と分解し、終止形を「コホ＋シ」と分解する。

　〔シク活用形容詞の連用形を三つの要素に分解する〕という点については私は桜井説に従う（但し、私は語幹「恋ほ」をさらに動詞語素「恋PW」と¥Ωとに分解する）。

　終止形については、私見は桜井説とは異なる。桜井は終止形「恋ほし」を「恋ほ」と「し」との二つに分けるが、私は終止形「恋ほし」を、語幹「恋ほ」と、形容源化語素S¥と、終止形活用語足¥、三つの要素に分解する。桜井は仮名単位で活用語の構成を考えるが私は音素単位で考えるのである。

　未然形・連体形・已然形をも総合していえば、私見は〔形容詞の五活用形は、ク活用・シク活用共に、語幹と、形容源化語素S¥と、活用語足の三要素に分解できる〕という統一性がある。

【2】形容詞の「し」の品詞について

　桜井は44頁で「強めの助詞」に注目するという。また、過去助動詞「き」の連体形とも関連があるという。

　これに対し私は、形容源化語素「し」は、「強めの助詞」とは別の語であり、過去助動詞「き」の連体形「し」とも別の語だと考える。

§5　形容詞連用形が平安語でウ音便、現代語で拗音便・オウ音便を起こす理由

　形容詞連用形が平安語・現代語で音便を起こす基本的理由は、形容詞連用形の活用語足KWUの部分で、Wが父音素性を発揮することにある。

【1】平安語で形容詞連用形がウ音便を起こす遷移過程

（1）平安語でシク活用連用形がウ音便を起こす遷移過程。

　平安語のシク活用形容詞連用形のウ音便では「語幹＋し＋う」になる。

　　　かなしうおぼさるるに　　　　　　　　　　　　　　　［源氏物語桐壺］

　平安語の形容詞連用形の語素構成は上代語と同一である。

　　　悲しう→か N∀S¥KWU→か N∀-S¥KWU

　上代語のシク活用と同じく、平安語のシク活用ではS¥の¥は母音素性を発揮する。この後、平安語では、上代語とは異なり、KWUでWが父音素性を発揮することがある。この場合、S¥の後に、父音素性を発揮する音素がK・W二連続する。それでKは¥に付着して音素節S¥Kを形成する。

　　　→か N∀-S¥K-WU

　S¥K末尾のKは潜化する。WUはワ行・U段の「う」になる。

　　　→かな S¥k-WU＝かな S¥-WU＝かなしう

（2）平安語でク活用連用形がウ音便を起こす遷移過程。

　平安語でク活用連用形がウ音便を起こすと、「語幹＋う」になる。

　　　雪のいとたかう降たるを　　　　　　　　　　　　　　［枕草子280段］

　語幹「高」は「た KA」だと推定する。

　　　高う＝た KA＋S¥＋KWU→た KAS¥KWU

　AはS¥Kの¥に父音素性を発揮させる。SはAに付着して音素節KASを形成する。

　　　→た KAS-¥KWU→た KAs-¥KWU＝た KA-¥KWU

　¥KWUでは、Wは父音素性を発揮し、¥KWが父音部になる。父音部¥KWでは、まず遊兼音素¥が潜化する。

　　　→た KA-*j*KWU＝た KA-KWU

　父音部KWでは、Wが潜化することもあり、Kが潜化することもある。

Kが潜化した場合、ウ音便になる。

→たKA-kWU＝たKA-WU＝たかう

（3）ウ音便がシク活用で多く起きる理由。

桜井茂治は「形容詞の活用形の成立について」46〜47頁で、"共時的に見れば、平安語で形容詞連用形がウ音便になる数は、シク活用の方がク活用よりもはるかに多い"と指摘する。たとえば『源氏物語大成索引』によれば、ウ音便化する比率は、シク活用では42.1％に達するのに対し、ク活用では18.8％しかない。

なぜ、平安語でのウ音便は、シク活用で多く起きるのか。

上述の私見によるならその理由を説明できる。

シク活用では、「S¥KWU」になった後、Wが父音素性を発揮さえすれば、Kは¥に付着して潜化し、ウ音便になる。

これに対し、ク活用では、「S¥KWU」になった後、Wが父音素性を発揮しても、それだけではウ音便にならない。父音部KWでKが潜化しないとウ音便にはならない。

それで、シク活用ではウ音便が多く起き、ク活用では少なく起きる。

【2】現代語でシク活用連用形が拗音便に、ク活用連用形がオウ音便になる遷移過程

（1）現代語でシク活用連用形が拗音便になる遷移過程。

従来、現代語でシク活用形容詞連用形の末尾が「しゅう」になる音便はウ音便と呼ばれているが、重要なのは「しゅ」という拗音を含む音便だということである。よって、本書ではこれを拗音便と呼ぶ。

シク活用連用形「悲しく」が現代語で拗音便「かなしゅう」になる遷移は、「かなS¥k-WU」になるところまでは平安語のウ音便と同一である。現代語ではその後、S¥とWがあらためて熟合し、一つの音素節になる。

［現代］　悲しゅう→かN∀-S¥k-WU＝かなS¥-WU→かなS¥Wう→かなShWう＝かなしゅう

（2）現代語でク活用連用形がオウ音便になる遷移過程。

現代語では「高く＝たかく」の音便は「たこう」になる。「あ」段たる「か」が「お」段の「こ」になり、「く」が「う」になるのである。そこで本書で

はこれをオウ音便と呼ぶ。
　「た KA–WU」になるところまでは平安語のウ音便と同じ遷移である。その後、現代語では KA と WU はあらためて熟合し、一つの音素節になる。

　　　高う→た KAs–*j* KWU→た KA–kWU＝た KA–WU→た KAWU

　母音部 AWU は融合して「お」の長音「おー」になる。K¦AWU¦は「こー」になる。「こー」は現代語では「こう」と表記される。

　　　→た K¦AWU¦→たこー＝たこう

第62章　連体形「苦しき」に「し」があり、連体形「寒き」に「し」がない理由　YΩY

§1　「幸く」が「さきく」「さけく」「さケく」「さく」と読まれる理由

【1】近畿語の副詞「さき甲く」は東方語では「さけ甲く」「さケ乙く」「さく」とも読まれる

［近畿］　さきく〈佐伎久〉いまして　早帰りませ　　　　［万5-894］
［東方1］　さけ甲く〈佐祁久〉ト申す　　　　　　　　　　［万20-4372防人歌］
［東方2］　さケ乙く〈佐気久〉あり待て　　　　　　　　　［万20-4368防人歌］
［東方3］　さく〈佐久〉あれて　言ひし言葉(ケトば)ぜ　忘れかねつる
　　　　　　　　　　　　　　　　　　　　　　　　　　　［万20-4346防人歌］

【2】「幸く」が近畿語で「さき甲く」、東方語で「さけ甲く」「さケ乙く」「さく」になる理由

　「幸く」の本質音は「さ KYΩYK*U*」だと推定する。
［近畿］　母音部が YΩY である場合、近畿語では、Y は Ω を双挟潜化する。

　　　幸く＝さ KYΩYK*U*→さ KYωYK*U*＝さ KYYK*U*
　　　→さ K*y*YK*U*＝さ KYK*U*＝さき甲く

［東方1］　YΩY は融合する。¦YΩY¦は「え甲」を形成する。

　　　幸く→さ K¦YΩY¦K*U*＝さけ甲く

［東方2］　¦YΩY¦の末尾の Y が潜化する。¦YΩy¦は「エ乙」を形成する。

幸く→さ K{YΩY}く→さ K{YΩy}く＝さケ乙く

［東方3］　双挟音素配列 KYΩYK で、Y は Ω を双挟潜化し、そのYωYを K
　　が双挟潜化する。

　　　幸く＝さ KYΩYK*U*→さ KYωYK*U*＝さ KYYK*U*
　　　→さ Kyy*KU*＝さ KK*U*→さ Kk*U*＝さ K*U*＝さく

§2　形容詞連体形語尾が「き甲」「け甲」「ケ乙」になる理由

【1】形容詞連体形語尾は近畿語では「き甲」「け甲」になり、東方語ではさらに「ケ乙」にもなる

［近畿1・東方1］「き甲」になる。

《シク活》　思ふそら　苦しき甲〈久流之伎〉モノを　　　　［万17-3969］
　　　愛しき甲〈加奈思吉〉子ロが　布干さるかモ　　　　　［万14-3351東歌］
《ク活》　衣 手寒き甲〈佐牟伎〉 モノにソありける　　　　［万15-3591］
　　　富士ノ嶺ノ　いや遠長き甲〈奈我伎〉山路をモ　　　　［万14-3356東歌］

［近畿2・東方2］「け甲」になる。

《シク活》　愛しけ甲やし〈波斯祁夜斯〉 吾家ノ方よ　　　　［景行記歌32］
　　　愛しけ甲〈可奈之家〉子ロを　　　　　　　　　　　　［万14-3564東歌］

［東方3］「ケ乙」になる。

《シク活》　悪しケ乙〈阿志気〉人なり　　　　　　　　　　［万20-4382防人歌］
　　　うつくしケ乙〈宇都久之気〉ま児が手離り　　　　　　［万20-4414防人歌］
《ク活》　長ケ乙〈奈賀気〉此ノ夜を　　　　　　　　　　　［万20-4394防人歌］
　　　葦火焚ケトモ　住み良ケ乙〈与気〉を　　　　　　　　［万20-4419防人歌］

【2】形容詞連体形の活用語足は KYΩY

　近畿語で「き甲」「け甲」になり、東方語では「き甲」「け甲」「ケ乙」になる遷移は、「幸く」第二音素節の変化に似る。そこで形容詞連体形の活用語足は、「幸く」第二音素節と同じで、KYΩY だと推定する。

§3 連体形「苦しき」に「し」があり、連体形「寒き」に「し」がない理由 ——シク形容W群・ク形容U群

【1】「苦し」の連体形が「くるしき」になる**遷移過程**

「苦しき」は、語幹「くRW」に、形容源化語素S¥と、形容詞連体形の活用語足KYΩYが続いたものである。

[近畿1・東方1]《シク活》 苦しき＝くRW＋S¥＋KYΩY

→くRWS¥KYΩY

母音部WにS¥Kが続く場合、Wは¥に母音素性を発揮させる。S¥の前後で音素節が分離する。YΩYでは、YはΩを双挟潜化する。

→くRW-S¥-KYωY→くるしKyY＝くるしKY＝くるしき甲

【2】シク形容W群

語幹末尾音素節の母音部がWである形容詞はシク活用する。

語幹末尾母音部がWである形容詞・形容源詞を**シク形容W群**と呼ぶ。

以下に挙げる形容詞はシク形容W群に属する。「現しき」〈宇都志枳〉[神代上紀第五段一書第一「顕見蒼生」注]および〈宇都志伎此〉[古事記上巻]・「くすしく〈久須之久〉」[続紀天平神護二年宣命41]・「涼しき〈須受之伎〉」[万20-4306]。

【3】「寒し」の連体形が「さむき」になる**遷移過程**

連体形「寒き」は、語幹「さむ＝さMU」に、S¥と連体形活用語足KYΩYが続いたもの。

[近畿1・東方1]《ク活》 寒き＝さMU＋S¥＋KYΩY

→さMUS¥KYΩY

母音部UにS¥Kが続く場合、Uは¥に父音素性を発揮させる。母音素Uの直後で、父音素性を発揮する音素がS・¥・K三連続する。それでSはUに付着して音素節MUSを形成する。

→さMUS-¥KYΩY→さMUs-¥KYΩY

¥KYΩYの父音部¥Kでは、¥は潜化し、Kは顕存する。

→さMU-jKYωY→さMU-KyY＝さMU-KY＝さむき甲

【4】ク形容U群

　語幹末尾音素節の母音部がUである形容詞はク活用する。

　語幹末尾母音部がUである形容詞・形容源詞を**ク形容U群**と呼ぶ。

　以下に挙げる形容詞はク形容U群に属する。「厚き〈阿都伎〉」[仏足石歌12]・「憂けく〈宇計久〉」[万5-897]・「薄き〈宇須伎〉」[万20-4478]・「心憂く〈情具久〉」[万4-735]・「憎く〈尓苦久〉」[万1-21]・「ぬるく〈奴流久〉」[万16-3875]・「古き〈布流伎〉」[万18-4077]・「安く〈夜須久〉」[允恭記歌78]。

【5】形容詞連体形の語尾が「け甲」「ケ乙」になる遷移過程

[近畿2・東方2]　語尾が「け甲」になる。YΩYは融合する。

《シク活》　愛しけ＝P∀＋S¥＋KYΩY

　　→P∀S¥KYΩY→P∀-S¥-K{YΩY}＝はしけ甲

[東方3]　語尾が「ケ乙」になる。{YΩY}の末尾のYは潜化する。

《シク活》　悪しケ＝∀＋S¥＋KYΩY→∀S¥K{YΩY}

　　→∀-S¥-K{YΩy}→あしケ乙

《ク活》　長ケ＝なGA＋S¥＋KYΩY→なGAS-¥KYΩY

　　→なGAs-jK{YΩY}→なGA-K{YΩy}＝ながケ乙

§4　連体形「トモしき」に「し」があり、連体形「青き」に「し」がない理由　——シク形容Ω群・ク形容O群

【1】「トモし」の連体形が「トモしき」になる遷移過程

　　身ノ盛リ人　羨しき〈登母志岐〉ロかモ　　　　　　　[雄略記歌94]

　「トモしき」は、語幹「トモ」に、S¥と、連体形活用語足KYΩYが続いたもの。「トモ」の「モ」の母音部はΩだと推定する。

《シク活》　羨しき＝トMΩ＋S¥＋KYΩY→トMΩS¥KYωY

　母音部ΩにS¥Kが続く場合、Ωは¥に母音素性を発揮させる。

　　→トMΩ-S¥-KyY＝トMΩしKY＝トモ乙しき甲

【2】シク形容Ω群

　語幹末尾母音部がΩである形容詞はシク活用する。

　語幹末尾音母音部がΩである形容詞・形容源詞を**シク形容Ω群**と呼ぶ。

以下に挙げる形容詞・形容源詞はシク形容Ω群に属する。「コゴしみ〈許其思美〉」[万3-414]・「惜しき〈乎思吉〉」[万17-3904]。

【3】「青し」の連体形が「青き」になる遷移過程

　　　青き〈阿遠岐〉　御着しを　真粒さに　取り装ひ　　　[古事記上巻歌]

「青き」は語幹「青＝AWO」に、S￥と、KYΩYが続いたもの。語幹末尾の母音部は完母音素Oである。

　　　青き＝AWO＋S￥＋KYΩY→AWOS￥KYΩY

母音部OにS￥Kが続く場合、Oは￥に父音素性を発揮させる。母類音素Oの直後で父音素性を発揮する音素がS・￥・K三連続する。それでSはOに付着して音素節WOSを形成する。

　　　→あWOS－￥KYΩY→あWOs－*j*KYωY→あWO－KyY＝あWO－KY

　　　＝あをき甲

【4】ク形容O群

　語幹末尾音素節の母音部がOである形容詞はク活用する。

　語幹末尾母音部がOである形容詞・形容源詞を**ク形容O群**と呼ぶ。

　以下に挙げる形容詞・形容源詞はク形容O群に属する。

　「良き〈曳岐〉」「天智紀10年　書紀歌126」・「良さ〈吉紗〉」「万10-2073」。

【5】ク活用する助動詞「ゴトし」

　　　行く水ノ　返らぬゴトく〈其等久〉　吹く風ノ　見エぬがゴトく〈其登久〉　　　　　　　　　　　　　　　　　　　　　　　[万15-3625]

　「ゴトし」の「ト」の母音部はOだと推定する。助動詞「ゴトし」はク形容O群に属する。

§5　ク活用「広き」 ─ク形容YΩ群

【1】「広」の本質音は「ひRYΩ」

　上代語では「広」は「ひロ乙」とも「ひり」とも読まれる。

[上代1]　広津、此を、ひロ乙きつ〈比慮岐頭〉ト云ふ。

　　　　　　　　　　　　　　　　　　　　[雄略紀七年注]

[上代2]　推古朝遺文によれば、「広」は「ひり」とも読まれる。欽明天皇の諡号は『日本書紀』によれば「天国排開広庭尊」だが、その「広」の部分

第62章

は、「元興寺伽藍縁起并流記資材帳」所引の「塔露盤銘」および「天寿国繡帳銘」では「比里」と記される。

「ロ乙」とも「り」とも読まれる「広」第二音素節の本質音は$RY\Omega$だと推定する。

[上代1]　広＝ひ $RY\Omega \rightarrow$ ひ $Ry\Omega$ ＝ひ $R\Omega$ ＝ひロ乙

[上代2]　広＝ひ $RY\Omega \rightarrow$ ひ $RY\omega$ ＝ひ RY ＝ひり

【2】ク活用連体形「広き」の遷移過程

　　広き＝ひ $RY\Omega + S¥ + KY\Omega Y \rightarrow$ ひ $RY\Omega S¥KY\omega Y$

母音部 $Y\Omega$ に $S¥K$ が続く場合、$Y\Omega$ は ¥ に父音素性を発揮させる。母類音素 Ω の直後で父音素性を発揮する音素が $S \cdot ¥ \cdot K$ 三つ続くので、S は Ω に付着して音素節 $RY\Omega S$ を形成する。

　　$\rightarrow$ ひ $RY\Omega S - ¥KYY \rightarrow$ ひ $RyOs - \textit{j} KyY$

　　＝ひ $RO-KY$ ＝ひロ乙き甲

【3】ク形容 $Y\Omega$ 群

語幹末尾母音部が $Y\Omega$ である形容詞をgク形容 $Y\Omega$ 群と呼ぶ。

§6　現代語形容詞連体形が「くるしい」「さむい」になる理由

現代語の形容詞連体形語尾が「い」になる基本的理由は、形容詞連体形の活用語足 $KY\Omega Y$ で、K 直後の Y が父音素性を発揮することにある。

【1】現代語シク活用「苦しい」の連体形「くるしい」の遷移過程

現代語の形容詞連体形の語素構成は上代語の連体形「苦しき」と同一である。

《連体》　苦しい＝く $RW + S¥ + KY\Omega Y \rightarrow$ く $RWS¥KY\Omega Y$

　　$\rightarrow$ く $RW-S¥KY\Omega Y$ ＝くる $S¥KY\Omega Y$

現代語の $S¥KY\Omega Y$ では、K の直後の Y は父音素性を発揮する。

母音素性を発揮する ¥ の直後で、父音素性を発揮する音素が $K \cdot Y$ 二連続する。それで K は ¥ に付着して音素節 $S¥K$ を形成する。

　　$\rightarrow$ くる $S¥K-Y\Omega Y \rightarrow$ くる $S¥k-Y\Omega Y$ ＝くる $S¥-Y\Omega Y$

$Y\Omega Y$ では、初頭の Y が父音部になり、ΩY が母音部になる。母音部 ΩY では Ω は潜化し、Y は顕存する。YY は「い」になる。

→くるし-YωY＝くるし-YY＝くるしい

【2】現代語ク活用「寒い」の連体形「さむい」の遷移過程

《連体》 寒い＝さ MU＋S￥＋KYΩY→さ MUS￥KYΩY

母音部 U は US￥K の￥に父音素性を発揮させる。

現代語の S￥KYΩY では、K 直後の Y は父音素性を発揮する。

母類音素 U の直後では、父音素性を発揮する音素が S・￥・K・Y 四連続するので、S は直前の U に付着して、音素節 MUS を形成する。

→さ MUS-￥KYΩY→さ MUs-￥KYΩY

￥KYΩY では￥KY が父音部になり、ΩY が母音部になる。父音部￥KY では、Y が顕存し、￥・K は潜化する。母音部 ΩY では、Y は顕存し、Ω は潜化する。

→さ MU-j kYωY＝さむ-YY＝さむい

§7 ク活用「古し」の語素構成

【1】「あかる橘」「若やる胸」「大日る女(おほひるめ)」の「る」は助詞「る」

形容詞語幹や、「形容詞語幹＋助詞や」や、名詞に付いて、後続語を修飾する助詞「る」がある。

（1）助詞「る」の用例。

① あかる〈安可流〉橘　髻(うず)に挿し　［万19-4266］

「あかる」の「あか」は「明 K」から派生した語。「あかる」は"赤みがかった"の意。

② 若やる〈和加夜流〉胸を　微手手(そだた)き　　　　　　［記上巻歌3b］

「若やる」の「や」は助詞。「若やる」は"若若しい"の意。

③ 大日孁貴、此を、おほひるめノむち〈於保比屡咩能武智〉ト云ふ。

［神代上紀第五段本文注］

この「る」は譬喩を表す。「おほひるめ」は"大日る女"で、"大いなる太陽のような女"の意で、天照大神・日神の別名である。

（2）助詞「る」は RU。

助詞「る」の本質音は RU だと推定する。

【2】ク活用「古し」の語素構成
（1）動詞「古る」の動詞語素は「ふRW」。
　　奈良ノ都は　古りぬれト〈布里奴礼登〉　　　　　［万17-3919］
「ふり」は二音節だから上甲段ではなく、上二段または四段だが、平安語の用例に已然形「我身ふるれば」［古今和歌集14-736］があるので、上二段だと考える。上二段の動詞語素の末尾はWなので、「古る」の動詞語素は「ふRW」だと推定する。
（2）上代語ク活用形容詞連体形「古き」の遷移過程
　　吾が夫子が　古き〈布流伎〉垣内ノ　桜花　　　　　［万18-4077］
「古き」の語素構成は、動詞語素「ふRW」に、助詞「る＝RU」と、S￥と、活用語足KYΩYが続いたもの。
　　　古き＝古RW＋RU＋S￥＋KYΩY→ふRWRUS-￥KYΩY
　　RWRでは、RはWを双挟潜化する。
　　　→ふRwRUs-ʝKYωY→ふRrU-KyY→ふRU-KY＝ふるき甲

第63章　形容詞未然形の仮定用法・ずむ用法　──シク形容W￥Ω群

§1　形容詞未然形仮定用法の用例

　形容詞未然形には、仮定条件を表す用法と、否定助動詞「ず」・意志助動詞「む」に上接する用法とがある。前者を形容詞の**未然形仮定用法**と呼び、後者を形容詞の**未然形ずむ用法**と呼ぶ。
【1】形容詞未然形仮定用法の用例
　形容詞未然形仮定用法の語尾は、近畿語では「け甲」だが、東方語では「か」にもなる。
《ク活》［近畿］惜しき　偉儺部ノ手組み　懸ケし墨縄　其が無け甲ば〈那稽麼〉　誰れか懸ケむヨ　　　　　　［雄略紀13年　紀歌80］
「無けば」は"無かったならば"の意であり、未然形の仮定用法である。
［東方］将来をな兼ねソ　現在かし良かば〈余加婆〉　　［万14-3410東歌］

303

「良かば」は"良かったならば"の意であり、未然形の仮定用法である。
《シク活》 恋ヒしけ甲ば〈古非思家婆〉 来ませ吾が夫子 垣つ柳 末摘み
枯らし 吾れ立ち待たむ　　　　　　　　　　　　　　［万14-3455東歌］
　万3455の「恋ヒしけば」は未然形仮定用法であり、"(あなたが私を）恋し
かったら"の意だと考える。これに対し、山口佳紀は『古代日本語文法の成
立の研究』295～297頁で、「必ずしも仮定条件とは言えないばかりか、むし
ろ確定条件と解すべきではないか」といい、「「恋し」と感ずるのはむしろ作
者の方で、「恋しいからいらっしゃって下さい、吾が背子よ」と呼びかけた
もの」と説明する。確定条件を表すのは已然形だから、山口は万3455の「恋
ヒしけば」を已然形だと論定するのである。山口の解釈と論定によるなら、
この歌では活用語の主語が二度、転換することになる。まず、作者が「恋ヒ
し」と感じ、次に主語が転換して「吾が夫子」が「来」、その後また主語が
転換して、作者が「摘み枯らし」「立ち待たむ」。このような錯列した主語述
語関係よりも、〔「吾が夫子」が「恋ヒし」と思って「来」る、それを作者が
「摘み枯らし」つつ「立ち待たむ」〕と解釈した方が単純かつ自然である。よっ
て私は、万3455の「恋ヒしけ」は未然形仮定用法だと論定する。

【2】形容詞未然形語尾「け」「か」についての従来説

　山田孝雄は『奈良朝文法史』199～200頁で、形容詞未然形語尾「け」「か」
を形容詞カリ活用未然形「から」に関係付けて次のとおりいう。「「かり」の
活用は下に複語尾助詞の接してある時に往々音の上に変化を生ずることあり。
即ち未然形の「から」が「か」と約せられ、又転じて「け」となることあり。
「かば」「けば」「けむ」「けなく」などいふ形これなり。」

　私は山田説に賛同できない。その理由を二つ挙げる。

　第一。動詞には、未然・連用・終止・連体・已然・命令の六活用がある。
そして形容詞には固有の連用形・終止形・連体形は確実にある。それなら、
形容詞に固有の未然形があって当然である。

　上に挙げた「恋ヒしけ」や「良か」、そして「速けむ」[古事記歌50]の「速
け」や「無けなく」[万3743]の「無け」などを形容詞未然形だと見ても何
の矛盾もない。これらを形容詞未然形だとするのは妥当であり、単純である。
これらを"「形容詞連用形語尾く＋ラ変未然形あら」の縮約・音韻転化"だ

とするのは不自然であり、迂遠である。

　第二。「から」は「連用形語尾く＋ラ変あら」が縮約したものだから、仮に形容詞カリ活用未然形の「から」が縮約して「か」になるものならば、ラ変の「あら」が「あ」になる用例があって当然である。だが、そのような用例は存在しない。また、「から」が縮約して「け」になるものならば、ラ変の「あら」が「え」になる用例があって当然である。だが、そのような用例は存在しない。

§2　形容詞未然形仮定用法の遷移過程

【1】形容詞未然形仮定用法の活用語足は KYAYM

　形容詞未然形仮定用法の語尾が「無け甲ば」「良かば」のように「け甲」にも「か」にもなるという変化は、四段動詞が助動詞「り」に上接する「咲け甲り」「向かる」の場合の動詞語尾の変化に似る。「咲け甲り」「向かる」の「け」「か」の音素配列は共に KYAY である。そこで、形容詞未然形仮定用法の活用語足は KYAYM だと推定する。

【2】ク活用容詞未然形仮定用法の遷移過程

[近畿]　無けば＝NA＋S¥＋KYAYM＋P∀→NAS−¥KYAY|MP|∀
　　　→NAs−ｊK|YAY|ば＝NA−K|YAY|ば＝なけ甲ば

[東方]　良かば＝YYO＋S¥＋KYAYM＋P∀→YyOS−¥KYAYば
　　母音部 YAY では、完母音素 A は顕存し、Y は二つとも潜化する。
　　　→YOs−ｊKyAyば＝YO−KAば＝ヨ乙かば

【3】シク活用容詞未然形仮定用法の遷移過程

（1）シク活用「恋ヒし」の語幹「恋ヒ」の語素構成。

　「恋ヒし」第一音素節は近畿語では「こ甲」〈古非之久〉［万17-3928］になり、東方語では「く」〈苦不志久〉［万20-4345防人歌］にもなる。その母音部は、『上代特殊仮名の本質音』第43章で述べたように、W∀W だと推定する。

　「恋ヒし」第二音素節は、近畿語では「ヒ乙」〈孤悲思吉〉［万17-3987］にも「ほ」〈姑裵之枳〉［斉明7年 紀歌123］にもなり、東方語では「ふ」〈故布思可流〉［万14-3476東歌］にも「ひ甲」〈古比之久〉［万20-4407防人歌］

305

にもなる。その母音部はW¥Ωだと推定する。

そこで「恋ヒし」の「恋ヒ」はKW∨WPW¥Ωと表せる。これは、動詞語素「恋PW＝KW∨WPW」に、形容詞の段付加語素¥Ωが続いたものだと考える。

（2）未然形仮定用法「恋ヒしけば」の遷移過程。

《シク活》　恋ヒしけば＝恋PW＋¥Ω＋S¥＋KYAYM＋P∨

→こPW¥ΩS¥KYAYば

母音部W¥ΩにS¥Kが続く場合、W¥ΩはS¥Kの¥に母音素性を発揮させる。

→こPW¥Ω-S¥-K{YAY}ば＝こPW¥Ωしけ甲ば

W¥Ωでは、W¥は融合する。P{W¥}は「ヒ乙」になる。

→こP{W¥}ωしけ甲ば＝こヒ乙しけ甲ば

【4】シク形容W¥Ω群

語幹末尾音素節の母音部がW¥Ωである形容詞はシク活用する。

語幹末尾母音部がW¥Ωである形容詞・形容源詞を**シク形容W¥Ω群**と呼ぶ。

「わビし」はシク形容W¥Ω群に属する。

　　　絶ゆト言はば　わビしみ〈和備染〉せむト　　　　　［万4-641］

§3　形容詞未然形ずむ用法の遷移過程

【1】近畿語での形容詞未然形ずむ用法の用例

形容詞未然形ずむ用法の語尾は、近畿語では「け甲」だが、東方語では「ケ乙」にもなる。

（1）形容詞に「ず」のク語法「なく」が続く場合、語尾が「け甲」になる。

　　　妹に恋ヒつつ　為方(すべ)無け甲なくに〈奈家奈久尓〉　　　［万15-3743］

（2）形容詞に「む」が続く場合、近畿語では語尾は「け甲」になる。

［近畿］《シク活》　別れなは　心悲(うらがな)しけ甲む〈宇良我奈之家武〉

　　　　　　　　　　　　　　　　　　　　　　　　　　　　　［万15-3584］

《ク活》　竿(さを)取りに　速(はや)け甲む〈波夜祁牟〉人し　吾が相方(もこ)に来む

　　　　　　　　　　　　　　　　　　　　　　　　　　　　　［応神記歌50］

【2】東方語形容詞未然形ずむ用法「恋ふしケもはモ」

　形容詞に「む」が続く場合、東方語では語尾が「ケ乙」になることがある。
[東方]《シク活》　家口には　葦火焼ケトモ　住み良ケを　筑紫に至りて
恋ふしケ乙もはモ〈古布志気毛波母〉　　　　　　　　［万20-4419防人歌］

　「恋ふしケもはモ」の語素構成について。「恋ふしケも」の「も」は意志助動詞「む」の連体形。「む」の連体形が「も」になる用例は東方語「吾が家口に　行かむ〈由加毛〉人モ〈母〉が」［万20-4406］にある（4406・4419両歌は、古事記と同様、「毛」を「も甲」に、「母」を「も乙」に、正しく使い分けている）。

　「はモ」は、「問ひし君はモ〈波母〉」［記歌24］のように、体言に続いて詠嘆を表す助詞である。「恋ふしケも」の「も」が連体形なのは「はモ」に上接するためである。

　「恋ふしケもはモ」は"恋しいと思うだろうなあ"の意である。

【3】形容詞未然形ずむ用法の活用語足はKYAY

　形容詞未然形ずむ用法の活用語足はKYAYだと推定する。

【4】形容詞未然形ずむ用法の遷移過程

（1）形容詞未然形が助動詞「ず」のク語法「なく」に続く場合の遷移過程。
　　　無けなく＝NA＋S￥＋KYAY＋なく→NAS-￥K |YAY| なく
　　　→NAs-ｊK |YAY| なく＝NA-K |YAY| なく＝なけ甲なく

（2）形容詞未然形が助動詞「む」に続く場合の遷移過程。
[近畿]《ク活》　速けむ＝はYA＋S￥＋KYAY＋む
　　　→はYAS-￥KYAYむ→はYAs-ｊK |YAY| む
　　　＝はYA-K |YAY| む＝はやけ甲む
[東方]《シク活》　恋ふしケも＝恋PW＋￥Ω＋S￥＋KYAY＋MΩ＋AU
　　　→こPW￥Ω-S￥-K |YAY| -MΩ |AU|
　東方語では |YAY| の末尾のYは潜化することがある。
　　　→こPWｊω し K |YAy| -Mω |AU|
　　　＝こPW し K |YAy| -M |AU| ＝こふしケ乙も甲

第二部　ク活用「しコメき」「武き」とシク活用「うれしく」「らしき」

第64章　ク活用「しコメしコメき」「武き」　―ク形容Y∀Y群

§1　「しコメしコメき」はク形容Y∀Y群

【1】「女（め・み・メ）」の本質音はMY∀Y

"女"の意味の一音節語は、第44章で述べたように、8世紀の近畿語では「め甲」と読まれ、東方語および7世紀前半の近畿語では「み甲」とも読まれ、九州語では「メ乙」とも読まれる。

「め甲」「メ乙」「み甲」と読まれる「女」の本質音はMY∀Yだと推定する。
［近畿1］「め甲」になる場合は、Y∀Yは融合する。|Y∀Y|は「え甲」を形成する。

　　　女＝MY∀Y→M|Y∀Y|＝め甲

［九州］「メ乙」になる場合、Y∀Yは融合するが、|Y∀Y|の末尾のYは潜化する。|Y∀y|は「エ乙」を形成する。

　　　女＝MY∀Y→M|Y∀Y|→M|Y∀y|＝メ乙

［近畿2・［東方］「み甲」になる場合は、Yは∀を双挟潜化する。

　　　女＝MY∀Y→MYαY→MyY＝MY＝み甲

【2】ク活用形容詞連体形「しこメき」の遷移過程

ク活用「しコメき」は、第44章で述べたように、「醜女（しコメ）き」の義である。よって、その語幹末尾はMY∀Yである。

　　　醜女き＝醜＋MY∀Y＋S¥＋KYΩY→しコ MY∀YS¥KYΩY

母音部Y∀YにS¥Kが続く場合、Y∀Yは¥に父音素性を発揮させる。

　　　→しコ MY∀YS-¥KYωY→しコ MY∀Ys-jKyY

　　　→しコ M|Y∀Y|-KY

九州語では {Y∀Y} の末尾の Y は潜化することがある。
= しコ M {Y∀y} −KY = しコメ乙き甲

【3】ク形容 Y∀Y 群
語幹末尾音素節の母音部が Y∀Y である形容詞はク活用する。
語幹末尾母音部が Y∀Y である形容詞・形容源詞をク形容 Y∀Y 群と呼ぶ。

§2 「若たける」「獲加多支鹵(わかたきろ)」と「武き」

ク活用「武し」の語幹末尾母音部がどのようであるかを考えたい。
　　勇みたる　武き〈多家吉(たけ)〉軍卒ト(いくさ)　　　　　　　　　［万20-4331］

【1】「獲加多支鹵」第四音素節は「き甲」
　埼玉県稲荷山古墳出土鉄刀の銘文には「獲加多支鹵大王」とある。この「支」の読みは何か。
　岸俊男・田中稔・狩野久は『稲荷山古墳出土鉄剣金象嵌銘概報』でいう。「「支」は音仮名の字母としては、甲類の「キ」を表わし、これを「ケ」とよむ例はない。」
　この内容は正しい。"「獲加多支鹵」の「支」は「き甲」である"を最終的な結論とせねばならない。
　ところが岸らは逆接の接続詞「しかし」を用いて、「しかし、継体紀で同じ甲類の「キ」の音仮名の字母として用いられている「祁」が他方では一般に「ケ」とよまれ、「キ」「ケ」両方に用いられている。」といい、「獲加多支鹵」の「支」の読みを「け甲」だとする。
　岸のこの論法には従えない。「支」と「祁」は別の漢字であり、音韻が異なる。『広韻』によれば、「支」は平声で支韻に属する。他方、「祁」は平声としては脂韻に属し、上声としては旨韻に属する。だから、〔「祁」が「け」「き」両方に読まれる〕からといって、それを理由にして"「支」も「き」「け」両方に読まれる"と断定してはならない。
　「支」の読みは「き甲」である。「獲加多支鹵」の「支」は「き」である。
　「獲加多支鹵」の「鹵」は、『上代特殊仮名の本質音』第152章で述べたように、「ろ甲」だと考える。「獲加多支鹵」の読みは「わかたき甲ろ甲」である。

【2】「建・武」第二音素節の本質音はどのようか

「獲加多支鹵」の意味は、漢字2字で表せば「若建」[景行記など]・「幼武」[雄略紀]だと考える。8世紀での「若建」の「建」読みは、「出雲建」の「建」と同一で、「たけ甲る〈多祁流〉」[景行記]である。

そこで「獲加多支鹵」なる人物は、古墳時代には「わかたき甲ろ」と呼ばれたが、八世紀では「わかたけ甲る」と呼ばれたと考える。

「たき甲・たけ甲」第二音素節の本質音はどのようか。

〔古墳時代には「い甲」段で八世紀には「え甲」段になる〕という変化は「女＝MY∀Y」と同様である。そこで「建・武（たけ甲る・たき甲ろ）」第二音素節の本質音はKY∀Yだと推定する。

そしてク活用形容詞「武し」の語幹「たけ甲」は、「建・武」の「たけ」と同一で、「たKY∀Y」だと推定する。

「武し」は、語幹末尾音素節の母音部はY∀Yだから、ク形容Y∀Y群に含まれる。

【3】ク活用連体形「武き」が「たけき」になる遷移過程

　　武き＝たKY∀Y＋S￥＋KYΩY→たKY∀YS￥KYωY

　　→たKY∀YS−￥KyY→たK{Y∀Y}s−jKY＝たけ甲き

【4】ク活用「侮し」

礼無くして従はず、なめ甲く〈奈売久〉あらむ人をば帝ノ位に置くコトは得ずあれ　　　　　　　　　　　　　　　　　　[続紀天平宝字八年宣命29]

「なめ甲し」は、「たけ甲し」と同じく、語幹末尾音素節「え甲」段である。そして両者ともク活用である。そこで「なめし」の語幹末尾音素節「め」の母音部は、「武し」第二音素節と同じく、Y∀Yだと推定する。「侮し」はク形容Y∀Y群に属する。

第65章　ク活用「うれたし」とシク活用「うれし」 ―シク形容YAYYO群

§1　ク活用「うれたし」は「うRYA＋YYTAし」

【1】「言痛」「言痛かりつ」の語素構成・遷移過程

（1）近畿語「コちたみ」の語素構成・遷移過程。

　　人言(ひトゴト)を　繁(シゲ)み　言痛(コちた)み〈許知痛美〉　　　　　　　［万2-116］

　「言」の本質音は「コTΩ」だと推定する。

　「痛し」の第一音素節「い」はYYだと推定する。また、第62章で述べたように、「痛し」はク形容A群であり、語幹末尾音素節の母音部はAである。

　　言痛み＝コTΩ＋YYTA＋S¥＋MY→コTΩYYTAS-¥MY

　近畿語では、母音部ΩYYでは、後方で二連続するYはひとまず顕存し、Ωは潜化する。

　　→コTωYYTAs-jMY→コTyYTA-MY＝コちたみ甲

（2）東方語「コトたかりつ」の遷移過程。

　東方語には「言痛かりつ」が「コトたかりつ〈許等多可利都〉」［万14-3482 東歌］になる用例がある。

　『上代特殊仮名の本質音』第108章で述べたように、「言」は駿河語で「ケ乙ト」になるので、その第一音素節の本質音はK¥O¥だと推定する。

　　言痛かり＝K¥O¥TΩ＋YYたかり→K¥O¥TΩYYたかり

　東方語では母音部¥O¥と母音部ΩYYが呼応潜顕し、共に「才乙」段になることがある。前者では完母音素Oは顕存し、¥は二つとも潜化する。これに呼応して、後者ではΩは顕存し、Yは二つとも潜化する。

　　→KjOjTΩyyたかり＝KOTΩたかり＝コ乙ト乙たかり

【2】「うれたし」の語素構成・遷移過程

　　うれたく〈宇礼多久〉モ　鳴くなる鳥か　　　　　　［記上巻歌2］

　ク活用形容詞「うれたし」は、『時代別国語大辞典上代編』の「うれたし」の項がいうように、「心」と「痛(うら)し」が縮約した語である。

「心(うら)」の「ら」は RYA だと推定する。

 心痛く＝う RYA＋YYTA＋S¥＋KWU

  →う RYAYY-TAS-¥KwU→う R¦YAY¦Y-TAs-ｊKU

  →う R¦YAY¦y-TA-KU＝うれたく

§2　シク活用「嬉し」は「う RYA＋YYO し」

【1】シク活用「嬉(うれ)し」の語素構成・音素配列

 思ふどち　い群れて居れば　うれしく〈宇礼之久〉モあるか
          [万19-4284]

「うれし」は、「心(うら)」に「良し」が続いたもの。

 嬉しく＝う RYA＋YYO＋S¥＋KWU→う RYAYYOS¥KwU

母音部 YAYYO に S¥K が続く場合、YAYYO は¥に母音素性を発揮させる。

  →う RYAYYO-S¥-KU→う R¦YAY¦yo しく＝うれしく

【2】シク形容 YAYYO 群

 語幹末尾音素節の母音部が YAYYO である形容詞はシク活用する。

 語幹末尾母音部が YAYYO である形容詞をシク形容 YAYYO 群と呼ぶ。

第66章　助動詞「らし」がシク活用になる理由　―ク形容 YA 群

【1】助動詞「らし」の遷移過程

助動詞「らし」はシク活用する。

 蘇我ノ子らを　大王ノ　使はすらしき〈兎伽破須羅志枳〉
         [推古紀20年 紀歌103]

「使はすらしき」は、「使はS」に、「心(うら)＝WWRYA」と、S¥と、連体形の活用語足 KYΩY が続いたもの。

 使はすらしき＝使はS＋WWRYA＋S¥＋KYΩY

  →つかはSWWRYAS¥KYωY

母音部 YA に S¥K が続く場合、YA は¥に母音素性を発揮させる。

→つかは SwWRYA-S￥-KyY→つかは SWRyA し-KY
＝つかはすらしき甲

【2】シク形容 YA 群

語幹末尾音素節の母音部が YA である形容詞はシク活用する。
語幹末尾母音部が YA である助動詞をシク形容 YA 群と呼ぶ。

第三部　形容詞の已然形

第67章　形容詞已然形語尾が「けれ」「け」「か」「き」になる理由　―ク形容￥Ｏ￥群

§1　形容詞已然形の接続用法・コソや用法

上代語の形容詞已然形の語尾は「けれ」「け」「か」「き」の四通りあるが、§1・§2では「けれ」「け」「か」について述べる。

形容詞の已然形には接続用法と　コソや用法とがある。

【1】形容詞已然形接続用法

形容詞已然形語尾「けれ」「け」「か」に「ば」「は」「ド」「ト」「ドモ」が続く用法を形容詞已然形の**接続用法**と呼ぶ。

[近畿1]　近畿語で已然形語尾が「けれ」になる。

《ク活》　若ければ〈和可家礼婆〉　道行き知らじ　　　　　[万5-905]
　　　　　返しやる　使ひ無ければ〈奈家礼婆〉　　　　　　[万15-3627]

[近畿2]　已然形語尾が「け」になる。

《シク活》　倉橋山は　嶮しけド〈佐賀斯祁杼〉　　　　　　[仁徳記歌70]
《ク活》　畝傍山　木立ち薄けト〈于須家苔〉　　　[舒明即位前 紀歌105]
　　　　　奈良ノ大路は　行き良けド〈余家杼〉　　　　　　[万15-3728]
　　　　　吾が恋ヒ止まず　本ノ繁けは〈之繁家波〉　　　　[万10-1910]
　　　　　雷な鳴りソね　吾が上には　故は無けドモ〈奈家杼母〉　児らに依りてソ　　[万14-3421東歌]

[東方]　已然形語尾が「か」になる。
　　　打つや斧音ノ　遠かドモ〈等抱加騰母〉　　　　　［万14-3473東歌］
【2】形容詞已然形コソや用法
　　形容詞已然形が助詞「や」に上接する用法と、係助詞「コソ」を結ぶ用法をまとめて形容詞已然形の**コソや用法**と呼ぶ。
《シク活》　少なくモ　年月経れば　恋ヒしけれやモ〈古非之家礼夜母〉
　　　　　　　　　　　　　　　　　　　　　　　　　［万18-4118］

§2　形容詞已然形語尾「けれ」「け」「か」の遷移過程

【1】形容詞の語尾の定義

　形容詞を形成する音素節のうち、〔活用語足を形成する音素群のうち、顕存している音素〕を一つでも含む（単数または複数の）音素節を、形容詞の**語尾**と呼ぶ。

　形容詞の末部にあるカ行音節・ラ行音節は語尾である。

　形容詞終止形の末部にある「し」は、その現象音S¥の¥が終止形活用語足たる¥だから、語尾でもない。

【2】形容詞已然形語尾「けれ」「け」「か」についての従来説

（1）山田孝雄の“「く＋あれ」が「か」「け」になった”説。

　山田孝雄は『奈良朝文法史』199〜200頁で、形容詞カリ活用已然形「かれ」に関係付けて次のとおりいう。「「かり」の活用は下に複語尾助詞の接してある時に往々音の上に変化を生ずることあり。(中略)已然形の「かれ」は「か」と約せらるることあり。「かど」これなり。かくて「かれ」は又下の「れ」音の感化によつて「けれ」となることあり。その「けれ」が、又助詞「ば」「ど」「ども」につづくときに約められて「け」となることあり。「けば」「けど」「けども」の如きこれなり。」

　山田の形容詞已然形についての説明には賛同できない。山田は「「かれ」は又下の「れ」音の感化によつて「けれ」となる」というが、その「かれ」は「形容詞連用形語尾く＋ラ変動詞已然形あれ」の縮約したものであり、その「れ」は動詞已然形の語尾だから、「エ乙」相当である。だから、「かれ」が「れ」音の感化によって「けれ」になたのなら、その「け」は「ケ乙」で

なくてはならない。だが文献事実はそうではない。形容詞已然形「けれ」「け」の「け」はすべて「け甲」である。

（2）北条忠雄の"「しげかく」は「しげからく」の「ら」が脱落したもの"説。

　北条忠雄は『上代東国方言の研究』449～450頁で、東方語の「良かば」「遠かば」や「あやほかト〈安夜抱可等〉」［万14-3539東歌］や、「ク（所謂接尾語）の接したもの」たる「しげかく〈之牙可久〉」［万14-3489東歌］などの用例を挙げて、次のとおりいう（圏点は省略して引用する）。「下に接した助詞バ・ドモ及び接尾語クからいへば、これらの-カは、形容詞といふよりは、むしろ動詞性のものであること疑ふ余地あるまい。この-カの動詞性を考へるとき、そこに想定される原形は、所謂形容動詞のカリ活用である。（中略）前に掲出した遠カ・善カ・危ホカ・繁カの動詞性と、このカリ活形容動詞とを相比照するとき、両者は全く同質のものと考へられ、ここに、遠カ・善カ・危ホカ・繁カは、カリ活形容動詞の語尾ラ・リ・ル・レのいづれかが脱落したものと考へられることになる。」

　北条は「カリ活形容動詞の語尾ラ・リ・ル・レのいづれかが脱落したもの」というが、語尾の「ら」「り」「る」「れ」は脱落するものなのか。

　「しげかく」の事例で説明する。「しげかく」はク語法と呼ばれる用法である。北条は、"「しげかく」は、「しげく＋ラ変ク語法あらく」が縮約して「ら」が脱落したもの"とするのである。

　だが、ラ変ク語法の用例は、「あらく〈阿良久〉」［万5-809］・「けらく〈家良久〉」［万18-4106］になるが、その「ら」が脱落した用例は文献事実にない。よって、私は北条説には従えない。

【3】形容詞已然形接続用法の遷移過程

　形容詞已然形接続用法の活用語足は KYAYRY∀YM だと推定する。

［近畿1］　已然形語尾が「けれ」になる遷移過程。
《ク活》　無ければ ＝ NA＋S¥＋KYAYRY∀YM＋P∀
　　　→NAS-¥KYAYRY∀Y|MP| ∀→NAs-ｊKYAYRY∀Y ば

　YAY は融合し、Y∀Y も融合する。R 前後の Y は共に融合音に含まれる。この場合、R は双挟潜化されない。

→NA–K|YAY|–R|Y∀Y| ば＝なけ甲れば

［近畿2］ 已然形語尾が「け」になる遷移過程。

《シク活》 嶮しけド＝さG∀＋S￥＋KYAYRY∀YM＋T*O*

　　→さG∀–S￥–KYAYRY∀Y–|MT|*O*

　Yは Rを双挟潜化する。

　　→さがしKYAYrY∀Yド＝さがしKYAYY∀Yド

　YAY は融合する。

　　→さがしK|YAY|Y∀Yド→さがしK|YAY|yαyド

　　＝さがしK|YAY|ド＝さがしけ甲ド

《ク活》 薄けト＝うSU＋S￥＋KYAYRY∀YM＋T*O*

　　→うSUS–￥KYAYRY∀YM–T*O*

　　→うSUs–*j*KYAYrY∀Ymト→うSU–K|YAY|Y∀Yト

　　→うすK|YAY|yαyト＝うすK|YAY|ト＝うすけ甲ト

［東方］ 已然形語尾が「か」になる。

　　遠かドモ＝トP￥O￥＋S￥＋KYAYRY∀YM＋T*O*モ

　　→トP￥O￥S￥KYAYRY∀Y|MT|*O*モ

　母音部￥O￥に S￥Kが続く場合、￥O￥は S￥Kの￥に父音素性を発揮させる。

　　→トP￥O￥S–￥KYAYRY∀Yドモ

　　→トP￥O￥s–*j*KYAYrY∀Yドモ→トP*j*O*j*–KYAYY∀Yドモ

　母音部 YAYY∀Y では、完母音素 A は顕存し、他は潜化する。

　　→トPO–KyAyyαyドモ＝トPO–KAドモ＝トほかドモ

【4】ク形容￥O￥群

　「遠し」のように、語幹末尾音素節の母音部が￥O￥である形容詞はク活用する。

　語幹末尾母音部が￥O￥である形容詞を**ク形容￥O￥群**と呼ぶ。

【5】形容詞已然形コソや用法の遷移過程

　コソや用法の活用語足は KYAYRY∀Y だと推定する。

《シク活》 恋ヒしけれやモ＝恋PW＋￥Ω＋S￥＋KYAYRY∀Y＋Y*A*＋モ

　　→こPW￥Ω–S￥–K|YAY|–R|Y∀Y|–Y*A*モ

→こ P {W ¥} ω しけ甲れやモ＝こヒ乙しけ甲れやモ

§3　形容詞已然形語尾「き」の遷移過程

【1】「コソ」を結ぶ形容詞已然形語尾は「き」になる

［近畿3］「コソ」を結ぶ形容詞の語尾はすべて「き」になる。

《シク活》　いにしへモ　然かにあれコソ〈有許曽〉　うつせみモ　妻を争ふらしき〈良思吉〉　　　　　　　　　　　　　　　　　　　［万1-13］
　　　う〴"しコソ〈社〉　見る人ゴトに　語り継ぎ　偲(しの)ひけらしき〈家良思吉〉
　　　　　　　　　　　　　　　　　　　　　　　　　　　［万6-1065］
《ク活》　鮎(あゆ)コソ〈挙曽〉は　島傍(しまへ)モ良き(え)〈曳岐〉　［天智紀10年 紀歌126］
　　　野を広み　草コソ繁き(しげ)〈許曽之既吉〉　　　　　［万17-4011］

【2】「コソ…形容詞語尾き」についての従来説

　山口佳紀は『古代日本語文法の成立の研究』285頁で次のとおりいう。「上代において、形容詞は、動詞のように〈〜コソ〜已然形〉の呼応をなさず、〈〜コソ〜連体形〉の呼応が行なわれた」。

　山口は「コソ…形容詞語尾き」の「き」を連体形だというのだが、どうしてこの場合の「き」が連体形だといえるのか、その説明はない。

　上代語・平安語では、〔係助詞「コソ」を結ぶ活用語は已然形になる〕という規則性がある。山口は"「コソ」を結ぶ形容詞「き」の活用は連体形"だというが、それは上代語・平安語の規則性に違背する見解である。

【3】「コソ」を結ぶ形容詞「良き」「らしき」は已然形

　〔係助詞「コソ」を結ぶ活用語は已然形である〕という命題は上代語・平安語文法の鉄則である。そして「コソ」を結ぶ形容詞の語尾はすべて「き」である。よって、「コソ」を結ぶ形容詞「良き」「らしき」は已然形だと論定できる。

【4】「コソ」を結ぶ形容詞已然形「き」の遷移過程

（1）近畿語で「コ乙」、東方語で「こ甲」になる「コソ」第一音素節はKOΩO。

　形容詞已然形語尾が「き」になるのは、近畿語で、係助詞「コソ」を結ぶ場合だけである。

　「コソ」は近畿語で「コ乙ソ」だが、東方語では「忘ら来ばこ甲ソ〈古曽〉」

317

［万14-3394東歌］のように、「こ甲ソ」になる。『上代特殊仮名の本質音』第42章で述べたように、「コ乙ソ・こ甲ソ」の本質音はKOΩOSOだと推定する。

　近畿語でKOΩOSOが「コ乙ソ」になるのは、KOΩOのOΩOとSOのOが呼応潜顕し、共にOになるからである。OΩOでは、OはΩを双挟潜化する。

［近畿］　コソ＝KOΩOSO→KOωOSO→KoOSO＝KOSO＝コ乙ソ

　東方語で「こ甲ソ」になるのは、OΩOが融合するからである。|OΩO|は「お甲」を形成する。

［東方］　こソ＝KOΩOSO→K|OΩO|SO＝こ甲ソ

（2）「コソ」を結ぶ形容詞已然形の語尾が「き」になる遷移過程。

　「コソ」を結ぶ形容詞已然形はコソや用法であり、活用語足はKYAYRY∀Yである。

［近畿3］《シク活》　争ふらしき＝争P＋WWRYA＋S￥＋KYAYRY∀Y

　　→争PWWRYA-S￥-KYAYRY∀Y

　　→争PwWRyAしKYAYRY∀Y＝争ふらしKYAYRY∀Y

　「コソ……形容詞已然形き」の場合、「コソ＝KOΩOソ」のOΩOと、KYAYRY∀YのYAYとY∀Yは、呼応潜顕する。前者ではΩはOに双挟潜化される。これに呼応して、中者YAYではAはYに双挟潜化され、後者Y∀Yでは∀はYに双挟潜化される。

　　→KOωOソ…争ふらしKYaYRYαY

　　→KoOソ…争ふらしKYYRYY

　YRYでは前後のYが双挟潜化を促すのでYはRを双挟潜化する。

　　→KOソ…争ふらしKYYrYY＝コソ…争ふらしKYYYY

　　→コソ…争ふらしKyyyY＝コソ…争ふらしKY＝コソ…争ふらしき甲

《ク活》　良き＝YYO＋S￥＋KYAYRY∀Y

　　→YYOS-￥KYAYRY∀Y→Y|YO|s-jKYAYRY∀Y

　　→Y|YO|-KYAYRY∀Y＝イェKYAYRY∀Y

　「KOΩOソ」のΩがOに双挟潜化されるのに呼応して、YAYのAはYに双挟潜化され、Y∀Yの∀はYに双挟潜化される。

　　→KOωOソ…イェKYaYRYαY→KoOソ…イェKYYrYY

＝コソ…イエ KYYYY→コソ…イエ KyyyY＝コソ…イエ KY＝コソ…イエき甲

第四部　形容詞きう縮約・否定助動詞ずう縮約

第68章　形容詞くは語法・形容詞くトモ語法

§1　形容詞くは語法の語素構成

【1】形容詞くは語法

　形容詞末尾の「く」に助詞「は」が付いて仮定条件を表す用法がある。これを形容詞くは語法と呼ぶ。

《シク活》　恋ヒしくは〈恋之久者〉　形見にせヨト　吾が夫子が　植ゑし秋萩　花咲きにけり　　　　　　　　　　　　　　　　　　［万10-2119］
《ク活用》　慰むる　心し無くは〈奈久波〉　天離る　鄙に　一日モ　あるへ"くモあれや　　　　　　　　　　　　　　　　　　　［万18-4113］

　山田孝雄は『奈良朝文法史』100〜101頁で、これらの用例を、「畏くトモ」［仁徳紀歌45］と合わせて、未然形だとする。だが、近畿語の形容詞未然形仮定用法の語尾としては「け」がある。にもかかわらず、「け」に加えて「く」までもが未然形語尾になって仮定を表すのはどうしてか。山田はそのことについては説明しない。

　濱田敦は「形容詞の仮定法」『日本語の史的研究』178頁で「仮定条件を表す形容詞が未然形ではなくして連用形である」という。だが、一般に活用語の連用形は仮定条件を表さない。どうして形容詞だけは、未然形のみならず、連用形までもが仮定条件を表すのか。濱田はそのことについては説明しない。

【2】形容詞きう縮約

（1）「形容詞語幹＋くは」は「形容詞連体形＋助詞う＋は」の縮約。

　仮定条件を表す「恋ヒしくは」「無くは」などに見える「く」は、形容詞連体形語尾「き」に助詞「う＝WΩW」が下接・縮約したものだと考える。この場合の助詞「う」は"場合"を意味する。

形容詞連体形「……しき」「……き」に、"場合"の意味の「う」と助詞「は」が続けば、"……しい場合は"という意味になる。これが形容詞くは語法である。

（2）「形容詞連体形＋助詞う＋は」が縮約して「形容詞語幹＋くは」になる遷移過程。

《シク活》　恋ヒしくは＝恋ヒ＋S¥＋KYΩY＋WΩW＋P∀
　　→こヒ S¥KYΩYWΩW は→こヒ S¥-KYωYWωW は
　　＝こヒし KYYWW は

母音部 YYWW では、後方にある WW はひとまず顕存し、YY は潜化する。
　　→こヒし KyyWW は→こヒし KwW は＝こヒし KW は＝こヒしくは

《ク活》　無くは＝NA＋S¥＋KYΩY＋WΩW＋P∀
　　→NAS-¥KYωYWωW は→NAs-j KYYWW は
　　→NA-KyyWW は→な KwW は＝な KW は＝なくは

このように、形容詞連体形語尾「き」に助詞「う＝WΩW」が下接・縮約して「く」になることを形容詞きう縮約と呼ぶ。

（3）形容詞くは語法が平安語でウ音便になる遷移過程。

濱田敦は同書同頁で、仮定条件を表す「恋ヒしくは」などが「連用形である事の一つの傍証」として、「くは」が平安語でウ音便になることを挙げる。

　　一つは何せむに、同じうはあまたつかまつらむ
　　　　　　　　　　　　［『日本古典文学全集　枕草子』（底本は能因本）232頁］

だが、ウ音便が起きるのは連用形だけではない。くは語法でもウ音便が起きる。その遷移過程を述べる。

平安語でウ音便で仮定を表す「同じうは」は、形容詞きう縮約によって形成された語であり、その構成は上代語の形容詞くは語法と同様である。

　　同じうは＝同じ＋KYΩY＋WΩW＋は→おなじ KYωYWωW は
　　→同じ KyyWW は＝同じ KWW は

ウ音便になるのは、父音素 K 直後の W が父音素性を発揮した場合である。その場合、KWW では KW が父音部になる。父音部 KW では、K は潜化し、W は顕存する。

　　→同じ kWW は＝同じ WW は＝おなじうは

第68章

そこで私は形容詞くは語法は"形容詞連用形+は"ではなく、「形容詞連体形+助詞う+は」の縮約だとするのが妥当だと考える。

§2　形容詞くトモ語法の語素構成

【1】形容詞くトモ語法

形容詞末尾の「く」に助詞「トモ」が付いて逆接を表す用法がある。これを形容詞くトモ語法と呼ぶ。

　　　畏くトモ〈伽之古倶等望〉　吾れ養はむ　　　　[仁徳紀16年 紀歌45]

仁徳天皇が妃の桑田玖賀媛を離縁して臣下に再婚させようとした時に、播磨国造の祖速待が応諾して詠んだ歌である。

武田祐吉は『記紀歌謡集全講』269頁で、「仮設条件法。君の愛する娘子を養うことは、おそれ多いことであっても。」と説明する。だが、どうして連用形の形の「畏く」が逆接仮定条件を表すのか、その説明はない。

相磯貞三は『記紀歌謡全註解』402頁で、「畏れ多くともの意。恐縮ですが私が養育しましょうというのである。この「とも」は、形容詞の未然形に添うた助詞で、未定の意を表わす。」という。

だが、連用形の形の「畏く」がどうして未然形といえるのか、その説明はない。また、相磯は「未定の意を表わす」というが、前後の文脈と歌意からして、速待は既に「畏し」と感じていた。「未定の意」を表すとは考えられない。

【2】「畏くトモ」の「く」は形容詞きう縮約

(1)「畏くトモ」の「く」は形容詞きう縮約。

「畏くトモ」は連体形「畏き」に、助詞「う=WΩW」と助詞「トモ」が続いて縮約したもの。「う」は"場合"を表す。形容詞きう縮約に助詞「トモ」が続けば逆接を表す。「畏くトモ」は直訳すれば"恐れ多い場合だが"であり、"おそれ多いけれども"と訳せる。

(2)形容詞きう縮約「畏くトモ」の遷移過程。

「畏くトモ」は形容詞語幹「畏」に、S¥と、連体形の活用語足 KYΩYと、助詞「う=WΩW」と、助詞「トモ」が続いたもの。

《ク活》　畏くトモ＝かしこ＋S¥＋KYΩY＋WΩW＋トモ

321

第77章で述べるように、「かしこ」の「こ」の母音部は∀U∀だと推定する。∀U∀はS¥Kの¥に父音素性を発揮させる。¦∀U∀¦は「お甲」を形成する。

　　→かし K∀U∀S-¥KYωYWωW トモ
　　→かし K¦∀U∀¦s-jKYYWW トモ→かしこ-KyyWW トモ
　　→かしこ-KwW トモ＝かしこ-KW トモ＝かしこくトモ

第69章　否定助動詞ずは語法

§1　否定助動詞ずは語法が仮定条件を表す理由

【1】否定助動詞ずは語法

　否定助動詞「ず」に助詞「は」が付いた「ずは」は仮定などを表す。この語法を否定助動詞ずは**語法**と呼ぶ。

「ずは」が仮定を表す用例を挙げる。

　　　恋ヒ忘れ貝　取らずは〈等良受波〉行かじ　　　　　［万15-3711］
　　　布勢ノ浦を　見ずは〈見受波〉上らじ　　　　　　　［万18-4039］
　　　逢ふコト難し　今日にしあらずは〈安良受波〉　　　［万14-3401東歌］

　これらの「ずは」は"……しなかったら"という仮定を表す。ずは語法のうち、仮定を表すものを**仮定用法**と呼ぶ。

【2】否定助動詞には連体形「ず」がある

（1）否定助動詞「ず」の連体形は「ぬ」の他に「ず」もある。

　橋本進吉は「奈良朝語法研究の中から」『橋本進吉博士著作集第五冊上代語の研究』150頁で、「「ず」は奈良朝に於ても連用形かさもなければ終止形であるが、助詞「は」は如何なる場合にも終止形についた例が無いから、「ず」は必連用形でなければならない。」という。

　だが、"「ず」は連用形でなければ終止形"という橋本の論断には疑義がある。濱田敦が「助動詞」『万葉集大成第六巻』109頁で指摘するように、「ず」には「連体的用法に立つもの」がある。「逢はず間」の「ず」である。

　　　夜見し君を　明くる朝　逢はず間〈安波受麻〉にして　今ソ悔やしき

[万15-3769]

『日本古典文学大系万葉集四』は頭注で「逢はずまに」を「お逢いせぬままで」と訳す。これは、「逢はず」の「ず」を否定助動詞「ず」の連体形だとしたからである。

　私は濱田らの見解に従い、否定助動詞「ず」には連体形「ず」があると論定する。

（２）否定助動詞連体形「ず」の語素構成。

　連体形「ず」の語素構成は、否定助動詞語素 N¥ に、段付加語素 SU と、連体形の活用語足 AU が下接したもの。

　　　　ず＝N¥＋SU＋AU→N¥SUAU→N j SUaU

　　　　→|NS| UU→ZuU＝ZU＝ず

【３】否定助動詞ずは語法の遷移過程

　「ずは」の語素構成は、否定助動詞連体形「ず」に助詞「う＝WΩW」と助詞「は」が下接・縮約したもの。

　　　　取らずは＝取 R＋∀＋N¥＋SU＋AU＋WΩW＋P∀

　　　　→ト R∀N¥SUAUWΩW は→ト R∀N j SUaUWωW は

　　　　→トら |NS| UUWW は

UUWW では、二連続する完母音素 U はひとまず顕存し、WW は潜化する。

　　　　→トら ZUUww は→トら ZuU は＝トらずは

【４】ずは語法仮定用法が仮定を表す理由

　ずは語法仮定用法での助詞「う＝WΩW」は"場合"を表す。「ずは＝連体形ず＋助詞う＋は」の直訳は"……しない場合は"であり、仮定"……しなかったら"の意味になる。

【５】否定助動詞ずう縮約

　否定助動詞連体形「ず」に助詞「う＝WΩW」が下接・縮約して「ず」になることを否定助動詞ずう縮約と呼ぶ。

§2　ずは語法ぐらいなら用法・もちろん用法

　ずは語法には"……しなかったら"と訳せるものの他に、"……するぐらいなら"と訳せるものと、"……しないのはもちろんのこと"と訳せるもの

がある。
【1】ずは語法ぐらいなら用法
① いざ吾君(あぎ) 振熊(ふるくま)が 痛手負(お)はずは〈淤波受波〉 鳰鳥(にほどり)ノ 淡海(あふみ)ノ海に潜(かづ)きせなわ　　　　　　　　　　　　　　　　[仲哀記歌38]
② かくばかり 恋ヒつつあらずは〈乍不有者〉 高山ノ 岩根(いはね)し枕(ま)きて死なましモノを　　　　　　　　　　　　　　　　[万2-86]

「痛手負はずは」の「ずは」は否定助動詞ずは語法である。「負はずは」は「負は＋否定助動詞連体形ず＋助詞う＋は」が縮約したもの。

「痛手負はずは」の原義は、橋本進吉が「上代の国語に於ける一種の「ずは」について」『橋本進吉博士著作集第五冊上代語の研究』320頁でいうように、「痛手を負はざらんが為に」である。この歌の「ず＋う＋は」の助詞「う」の意味は"ため"だと考える。

「痛手負はずは（中略）海に潜きせなわ」は直訳すれば"痛手を負わないためには海に潜ろう"であり、"痛手を負うぐらいなら湖底に沈んでしまおう"の意である。

「恋ヒつつあらずは」も「痛手負はずは」と同様で、歌意は、"これほどまでに恋焦がれて苦しむぐらいなら、死んでおくのだったのに"である。

ずは語法のうち、「……するぐらいなら」と訳せるものを、**ぐらいなら用法**と呼ぶ。

【2】ずは語法もちろん用法
　立ち萎(しな)ふ 君が姿を 忘れずは〈和須礼受波〉 命(よ)ノ限りにや 恋ヒ渡りなむ　　　　　　　　　　　　　　　　[万20-4441]

「忘れずは」の「ずは」は否定助動詞ずは語法である。この場合の助詞「う」は"わけ"を意味する。「忘れずは命ノ限りにや恋ヒ渡りなむ」は、直訳すれば"あなたを忘れないと言えるわけ、それは、命(いのち)が尽きるまでずっとあなたを恋い続けよう、ということ"である。"あなたの姿を忘れないのはもちろんのこと、命尽きるまでずっと恋い続けます"と訳せる。

ずは語法のうちで、"……しないのはもちろんのこと"と訳せるものを**もちろん用法**と呼ぶ。

第十三編　形容詞はどうしてク活用とシク活用に分岐するのか

第一部　穏ひし・寂し・斎斎し・緩し

第70章　形容源詞「おだひし」とシク活用形容詞「さぶし」「斎斎し」—Y群・YUY群・UY群

§1　形容源詞「おだひし」—シク形容Y群

【1】形容源詞「おだひし」の用例

　　天ノ下ノ公民ノ息安まるへ"き事を旦夕夜日ト云はず思ひ議り奏したまひ仕へ奉れば、款しみ明きらけみ おだひ甲しみ〈意太比之美〉たノモしみ思ほしつつ大坐し坐す　　　　　　[続紀宝亀二年宣命51]

　『時代別国語大辞典上代編』の「おだひ|[穏]」・「おだひ|し[穏]」の項がいうように、「おだひし」は、宣命31の「おだひ〈於多比〉に」と同源・同義の語で、"おだやか" の意味である。これを「穏ひし」と記す。

【2】形容源詞み語法「おだひしみ」の遷移過程

　「おだひ」の「ひ甲」の母音部はYだと推定する。
　「穏ひしみ」は、「穏PY」に、S¥と、MYが続いたもの。

　　　穏ひしみ＝穏PY＋S¥＋MY→おだPYS¥MY

　母音部YにS¥Mが続く場合、Yは¥に母音素性を発揮させる。

　　　→おだPY-S¥-MY＝おだひ甲しみ

【3】シク形容Y群

　語幹末尾音素節の母音部がYである形容源詞み語法は語幹直後が「し」

になる。

語幹末尾母音部が Y である形容源詞をシク形容 Y 群と呼ぶ

§2　シク活用連用形「寂しく」の遷移過程　―シク形容 YUY 群

【1】シク活用形容詞連用形「寂しく」の用例
　　　妻屋さぶしく〈佐夫斯久〉　思ほゆ△"しモ　　　　　　［万5-795］
【2】連用形「さぶしく」の遷移過程
　「さぶしく」第二音素節の母音部は、第3章で述べたように、YUY である。
《連用》　寂しく＝さ BYUY＋S￥＋KWU→さ BYUYS￥KwU
　母音部 YUY に S￥K が続く場合、YUY は￥に母音素性を発揮させる。YUY では、Y は二つとも潜化する。
　　→さ BYUY-S￥-KU→さ ByUy しく＝さ BU しく＝さぶしく
【3】シク形容 YUY 群
　語幹末尾音素節の母音部が YUY である形容詞はシク活用する。
　語幹末尾母音部が YUY である形容詞・形容源詞をシク形容 YUY 群と呼ぶ。

§3　シク活用連体形「斎斎しき」の遷移過程　―シク形容 UY 群

【1】シク活用「斎斎し」の用例
《連体》　ゆゆしき〈由由斯伎〉かモ　白檮原媛女　　　　　［雄略記歌91］
《已然》　斎斎しけれドモ〈由遊志計礼杼母〉　　　　　　　［万2-199一云］
【2】連体形「斎斎しき」の遷移過程
　第3章で述べたように、「斎斎しき」の語幹は YUY が二つ連続した YUYYUY である。
　　　斎斎しき＝YUY＋YUY＋S￥＋KYΩY→YUYYUYS￥KYΩY
　YU と YYUY の間で音素節が分離する。
　　→YU-YYUYS￥KYωY→ゆ YYUYS￥KyY
　YYUY では、YY は父音部になり、UY は母音部になる。
　母音部 UY に S￥K が続く場合、UY は￥に母音素性を発揮させる。
　　→ゆ YYUY-S￥-KY→ゆ YYUy し KY→ゆ YyU し KY

326

＝ゆ YU し KY＝ゆゆしき甲

【3】シク形容 UY 群

語幹末尾母音素節の音部が UY である形容詞はシク活用する。

語幹末尾母音部が UY である形容詞をシク形容 UY 群と呼ぶ。

第71章　上代語形容源詞「ゆらみ」と平安語ク活用「ゆるし」　—ク形容∀W 群

【1】上代語容原詞「ゆらみ」と平安語「ゆるし」・現代語「緩い」

　　大王ノ　心をゆらみ〈由良美〉　臣ノ子ノ　八重ノ柴垣　入り立たずあり　　　　　　　　　　　　　　　　　　　　　[清寧記歌107]

「ゆらみ」は形容源詞み語法である。その語幹「ゆら」の末尾素節の母音部はどのようであるか。

上代語「ゆら」は、平安語「ゆるし」・現代語「緩い」の語幹「ゆる」と同一語だと考える。

　　夕暮れにゆるく吹たる雨風　　　　　　　　　　　[枕草子188]

【2】「ゆら・ゆる」第二音素節母音部は∀W

「ら」にも「る」にもなる音素節として、欽明天皇の名の一部「開」の第二音素節がある。

「元興寺伽藍縁起并流記資材帳」所引の「塔露盤銘」は欽明天皇の名を「阿末久爾意斯波羅岐比里爾波」と表記し、「開」を「はらき〈波羅岐〉」とする。

継体紀元年条「天国排開広庭尊」の注は「開、此を、はらき〈波羅企〉ト云ふ」と記す。

これらによれば、「開」第二音素節は「ら」である。

他方、「天寿国繡帳銘」は欽明天皇の名を「阿米久爾意斯波留支比里爾波」と記し、「開」第二音素節を「る〈留〉」だとする。

「開」第二音素節の本質音は R∀W だと推定する。母音部∀W で、W が潜化すれば「R∀w＝ら」になり、∀が潜化すれば「RαW＝る」になる。

上代語で「ゆら」、平安語「ゆる」になる語幹の本質音は YWR∀W だと推定する。

［上代］　緩み＝YWR∀W＋S¥＋MY→YWR∀WS¥MY

母音部∀WにS¥Mが続く場合、∀Wは¥に父音素性を発揮させる。

→YWR∀WS−¥MY→YWR∀Ws−jMY→YWR∀W−MY

母音部∀Wでは、∀は顕存し、Wは潜化する。

→YWR∀w−MY＝WR∀−MY＝ゆらみ甲

［平安］　緩く＝YWR∀W＋S¥＋KWU→YWR∀Ws−jKWU

YWの母音部WとR∀Wの母音部∀Wは呼応潜顕する。前者ではWは顕存する。これに呼応して、後者ではWは顕存し、∀は潜化する。

→YWRαW−KwU＝YWRW−KU＝ゆるく

【3】ク形容∀W群

語幹末尾音素節の母音部が∀Wである形容詞はク活用する。

語幹末尾母音部が∀Wである形容詞・形容源詞を**ク形容∀W群**と呼ぶ。

第二部　語幹末尾が「エ乙」段・「え甲」段の形容詞

第72章　「さやケし」の「ケ」と「さやかに」の「か」
　　　　—ク形容¥A¥群

【1】ケし型形容詞・かに型形容動詞

（1）語幹末尾が「ケ乙」であるク活用形容詞を**ケし型形容詞**と呼ぶ。

「あきらケき〈安伎良気伎〉」［万20-4466］・「かそケき〈可蘇気伎〉」［万19-4192］・「さやケき〈佐夜気吉〉」［万20-4468］・「しづケし〈之頭気師〉」［万3-388］・「すむやケく〈須牟也気久〉」［万15-3748］・「たしケく〈多之気久〉」［万18-4094］・「たひらケく〈多比良気久〉」［万20-4409］・「ゆたケき〈由多気伎〉」［万20-4362］はケし型形容詞である。

（2）末尾が「かに」である形容動詞を**かに型形容動詞**と呼ぶ。

「いささかに〈伊佐左可尓〉」［万19-4201］・「おロかに〈於呂可尓〉」［万18-4049］・「さだかに〈佐太加尓〉」［続紀神亀元年宣命5］・「さやかに〈左夜

加尓〉」[万20-4474]・「たひらかに〈多比良可尓〉」[日本後紀巻十一逸文（日本紀略（新訂増補国史大系第十巻）延暦二十二年三月条所引）]・「むくさかに〈牟倶佐加尓〉」[続紀神亀元年宣命5]は かに型形容動詞である。

【2】形容詞「さやケし」の「ケ」と形容動詞「さやかに」「か」は同一語K￥A￥

　ケし型形容詞の語幹からケを除去した部分と、かに型形容動詞から「かに」を除去した部分とが同一になるものがある。「さやケし」「さやかに」および「たひらケし」「たひらかに」である。

　山口佳紀は『古代日本語史論究』第一章第五節で両者の用例を比較検討し、「〈～カニ〉型が基で、そこから〈～ケシ〉型が派生した」と結論する。

　私は、ケし型形容詞と かに型形容動詞のどちらが「基」かということよりも、「ケし」の「ケ」の本質音と「かに」の「か」の本質音がどのようであるかを問題にしたい。

　同一語の同一音素節が「あ」段にも「エ」段にもなる事例がある。「皆」第二音素節である。「皆」第二音素節は、近畿語で「な」になり、九州語で「ね」になる。

[近畿]　下枝(しづえ)らは　人ミな〈未那〉取り　　　　　　[応神紀13年 紀歌35]
[九州]　人モね〈母祢〉ノ　うらぶれ居(を)るに
[万6-877。佐賀県松浦で詠まれた歌。人モねノは近畿語の人皆之[万12-3064]に相当する]

　『上代特殊仮名の本質音』第111章で述べたように、近畿語で「な」になり、九州語で「ね」になる「皆」第二音素節母音部は￥A￥だと推定する。
[近畿]「な」になる。￥A￥で、完母音素Aは顕存し、遊兼音素￥は二つとも潜化する。
　　　皆＝ミN￥A￥→ミN𝑗A𝑗＝ミNA＝ミな
[九州]「ね」になる。￥A￥は融合する。|￥A￥|では、末尾の￥は潜化する。|￥A𝑗|は「エ乙・え丙」を形成する。
　　　皆＝モN￥A￥→モN|￥A￥|→モN|￥A𝑗|＝モね

　そこで次のとおり考える。ケし型形容詞で「ケ」になる音素節と、かに型形容動詞で「か」になる音素節は、現象音は異なるが、本質音は同一で、K

¥A¥である。

【3】 かに型形容動詞「さやかに」・ケし型形容詞「さやケき」の遷移過程
（１） かに型形容動詞「さやかに」の遷移過程。

　　さやかに＝さや＋K¥A¥＋に→さやK¥A¥に

　近畿語では、母音部¥A¥では、呼応潜顕が起きなければ、Aのみが顕存して、¥は二つとも潜化する。

　　　→さやKjAjに＝さやKAに＝さやかに

（２） ケし型形容詞「さやケき」「さやケし」の遷移過程。

　ケし型形容詞では、K¥A¥の¥A¥とS¥の¥が呼応潜顕する。
《連体》　さやケき＝さや＋K¥A¥＋S¥＋KYΩY

　　　→さやK¥A¥S¥KYωY

　母音部¥A¥にS¥Kが続く場合、¥A¥はS¥Kの¥に父音素性を発揮させる。

　　　→さやK¥A¥S–¥KYY→さやK¥A¥s–¥KyY

　¥A¥と、¥Kの¥は呼応潜顕する。後者は潜化する。これに呼応して、¥A¥では、融合して¦¥A¥¦になった後、末尾の¥が潜化する。K¦¥Aj¦は「ケ乙」になる。

　　　→さやK¦¥Aj¦–jKY＝さやK¦¥Aj¦–KY＝さやケ乙き甲

《終止》　淵モ瀬モ　清くさやкゃし〈佐夜気志〉［続紀宝亀元年　続紀歌７］

　　さやケし＝さや＋K¥A¥＋S¥＋→さやK¥A¥–S¥¥

　¥A¥と¥¥は呼応潜顕する。¥¥では前の¥は潜化し、後の¥は顕存する。これに呼応して、¥A¥は融合し、¦¥A¥¦末尾の¥が潜化する。

　　　→さやK¦¥Aj¦–Sj¥＝さやケ乙し

【4】 ク形容¥A¥群

　「確ケし」「静ケし」のように、語幹末尾母音部が¥A¥である形容詞はク活用する。

　語幹末尾母音部が¥A¥である形容詞・形容源詞を**ク形容¥A¥群**と呼ぶ。

第73章　ク活用する助動詞「へ"し」 —ク形容 YO¥群

【1】助動詞「へ"し」の遷移過程

　助動詞「へ"乙し」の第一音素節は、近畿語では「へ"乙」だが、東方語では「べ甲」になることがある。
[近畿]　相ひ見ずは　恋ヒしくあるへ"し〈安流倍之〉　　　　[万20-4408]
[東方]　家ノ妹が　なるべ甲き〈弊伎〉コトを　言はず来ぬかモ
　　　　　　　　　　　　　　　　　　　　　　　　　[万20-4364防人歌]

　「へ"し」の「へ"」が近畿語で「エ乙」段、東方語で「え甲」段になるという変化は四段動詞已然形語尾と同じである。そこで「へ"し」第一音素節の母音部は、四段動詞已然形語尾の母音部と同一で、YO¥だと推定する。

　助動詞「へ"し」の助動詞語素は、第11章で述べたように、「WMWへ"」である。

　そこで「へ"し」の語素構成は、WMWBYO¥に、S¥と、形容詞の活用語尾が続いたものだといえる。

[近畿]《終止》　有るへ"し = 有 R¥¥ + WMWBYO¥ + S¥ + ¥
　　　→あ R¥¥WmWBYO¥Sj¥→あ R¥¥WWB¦YO¥¦S¥
　　　→あ R$j$$j$WWB¦YO$j$¦し→あ RwWB¦YO$j$¦し = あるへ"乙し
[東方]《連体》　なるべき = な R + WMWBYO¥ + S¥ + KYΩY
　　　→な RWmWBYO¥S¥KYωY
　母音部 YO¥は S¥K の¥に父音素性を発揮させる。
　　　→な RwWBYO¥S-¥KyY→な RWB¦YO¥¦s-jKY
　東方語では、¦YO¥¦の¥は顕存することがある。B¦YO¥¦は「べ甲」になる。
　　　→な RWB¦YO¥¦-KY = なるべ甲き甲

【2】ク形容 YO¥群

　語幹末尾母音部が YO¥である形容詞はク活用する。これをク形容 YO¥群と呼ぶ。

331

第74章　葦原ノしけしき小屋・葦原ノしコ男　―シク形容￥OY群

【1】シク活用「しけし」と「葦原ノ醜(しコを)男」

（1）シク活用連体形「しけしき」。

　シク活用「しけし」がある。「小屋」を修飾する場合なら、"貧粗な"と訳せる。

　　　葦原ノ　しけしき〈志祁志岐〉小屋(を)に　　　　　　　［神武記歌19］

（2）しコ男・醜男。

　他方、「しけし」の語幹「しけ」に似た「しコ」があり、「男」を修飾する。須佐之男命が大国主神を評した言葉の中である。

　　　此は葦(あしはらノ)原しコ〈色許〉男ト謂(を)ふ。　　　　　　［古事記上巻］

　「葦原しコ男」の「しコ男」の部分は、『日本書紀』では「醜男」と表記される。

　　　大国主神　赤ノ名は大物主神、（中略）亦(また)は葦(あしはらノ)原　醜男ト曰ふ。

　　　　　　　　　　　　　　　　　　　　［神代上紀第八段一書第六］

　そこで「しコ」は「男」を修飾する際には"醜い"と訳せる。

【2】「しけし」の「しけ」は「醜男」の「しコ」と同一語

　「しけし」の語幹「しけ」と「醜男」の「しコ」は共に"下卑た"のような意味である。

　「しけ」第二音素節は「え甲」段であり、「しコ」第二音素節は「オ乙」段だが、「え甲・え丙」段の音素節が「オ乙」段に転じる事例は「うつせみ」「うつソ乙み」にある。そこでシク活用「しけし」の語幹「しけ」と「醜男」の「しコ」は、馬淵和夫が「『古事記』のシ・オ・ホのかな」『国語学』31号71頁でいうように、同一語だと考える。

【3】連体形「賎(しけ)しき」および「しコ男」の遷移過程

　「しけ・しコ」第二音素節の母音部は、「うつせみ・うつソみ」第三音素節の母音部と同一で、￥OYだと推定する。

《連体》　賎しき＝しK￥OY＋S￥＋KYΩY→しK￥OYS￥KYωY

母音部￥OYはS￥Kの￥に母音素性を発揮させる。
　　→しK￥OY-S￥-KyY
￥OYは融合する。｜￥OY｜は「え甲・え丙」を形成する。
　　→しK｜￥OY｜しKY＝しけ甲しき甲
　醜男＝しK￥OY＋WO→しK￥OY-WO
K￥OYの￥OYとWOのOは呼応潜顕し、共にOになる。
　　→しKjOy-WO＝しKO-WO＝しコ乙を
【4】シク形容￥OY群
　語幹末尾母音部が￥OYである形容詞はシク活用する。これをシク形容￥OY群と呼ぶ。

第75章　シク活用「異(け)し」「うらめし」 ―シク形容￥∀Y群

【1】「異(け)し」がシク活用になる理由
　「異(け)し」の語幹末尾の音素節は近畿語でも東方語でも「け甲」であり、他の音素節に変化しない。
［近畿］　逢はざれド　異(け)しき〈家之伎〉心を　吾が思はなくに
　　　　　　　　　　　　　　　　　　　　　　　［万15-3775］
［東方］　逢はねドモ　異(け)しき〈家思吉〉心を　吾が思はなくに
　　　　　　　　　　　　　　　　　　　　　　　［万14-3482東歌］
　第38章で述べたように、「え甲」以外に変化しない母音部は￥∀Yだと考える。そこで「異(け)し」の語幹「け甲」の母音部は￥∀Yだと推定する。
　　異しき＝K￥∀Y＋S￥＋KYΩY→K￥∀YS￥KYωY
　母音部￥∀YはS￥Kの￥に母音素性を発揮させる。
　　→K￥∀Y-S￥-KyY→K｜￥∀Y｜しKY＝け甲しき甲
【2】シク形容￥∀Y群
　語幹末尾母音部が￥∀Yの形容詞はシク活用する。これをシク形容￥∀Y群と呼ぶ。

【3】「うらめ甲し」。
《連用》 うらめしく〈宇良売之久〉 君はモあるか　　　［万20-4496］
《連体》 うらめしき〈宇良売斯企〉 妹ノ命(ミコト)ノ　　　［万5-794］
　「うらめし」は近畿語の用例しか見えないが、語幹末尾音素節が「え甲」段以外に変化しないシク活用形容詞であることは「異(ケ)し」と同様である。そこで「うらめし」の語幹末尾音素節の母音部は、「異し」の「け」の母音部と同一で、￥∀Yだと推定する。

第76章　ク活用「繁(シゲ)し」「まねし」──ク形容￥∀￥群

【1】ク活用「繁し」　￥∀￥
　ク活用形容詞「繁(シゲ)し」の第二音素節は近畿語でも東方語でも常に「ゲ乙」である。
［近畿］　吾が胸痛し　恋ヒノ繁(シゲ)き〈之気吉〉に　　　［万15-3767］
［東方］　小筑波(ヲつくは)ノ　繁(シゲ)き〈之気吉〉木(コ)ノ間(ま)よ　立つ鳥ノ［万14-3396東歌］
　第30章で述べたように、「エ乙」以外に変化しない母音部は￥∀￥である。そこで「繁(シゲ)し」語幹末尾の母音部は￥∀￥だと推定する。
　　　繁き＝しG￥∀￥＋S￥＋KYΩY→しG￥∀￥S￥KYωY
　母音部￥∀￥はS￥Kの￥に父音素性を発揮させる。
　　　→しG￥∀￥S-￥KyY→しG¦￥∀￥¦s-jKY
　　　→しG¦￥∀j¦-KY＝しげ乙き

【2】ク形容￥∀￥群
　語幹末尾母音部が￥∀￥の形容詞はク活用する。これを**ク形容￥∀￥群**と呼ぶ。

【3】ク活用「まねし」「さまねし」
　　　君が使ひノ　まねく〈麻祢久〉通ヘば　　　［万4-787］
　　　うらさぶる　心さまねし〈佐麻祢之〉　　　［万1-82］
　「まねし」の「ね」が他の音素節に変化する用例はない。そして「繁し」と同じく、ク活用する。そこで「まねし」の「ね」を「エ乙」段相当の音素節と想定し、「まねし」およびその派生語「さまねし」の「ね」の母音部を

¥∨¥だと推定する。

第三部　語幹末尾が「お甲」段・「お丙」段の形容詞

第77章　楽し・か黒し・かしこし ―シク形容ΩWΩ群・ク形容ΩOΩ群・ク形容∨U∨群

§1　楽し ―シク形容ΩWΩ群

【1】「楽し」第二音素が「の甲」「ぬ」に変化する理由
　「楽し」第二音素は「の甲」にも「ぬ」にもなる。
[上代1]　たのしく〈多努志久〉飲まメ　　　　　　　　[万5-833]
[上代2]　共にし摘メば　たぬしく〈多奴斯久〉モあるか
　　　　　　　　　　　[仁徳記歌54。*「奴」は真福寺本による]
　　此ノ御酒ノ　あやに歌だぬし〈娜濃芝〉
　　[神功13年 紀歌33。腹ぬち〈波邇濃知〉[紀歌28]の濃が「ぬ」であるのと同様、娜濃芝の濃も「ぬ」である]
　『上代特殊仮名の本質音』第39章で述べたように、「お甲」段にも「う」段にもなる（訓仮名の場合および呼応潜顕した場合には「オ乙」段にもなる）音素節の母音部はΩWΩだと推定する。「楽し」第二音素節はNΩWΩだと推定する。

【2】「楽しく」の遷移過程
[上代1]　楽しく＝たNΩWΩ＋S¥＋KWU→たNΩWΩS¥KwU
　母音部ΩWΩはS¥Kの¥に母音素性を発揮させる。
　　　→たNΩWΩ-S¥-KU＝たNΩWΩしく
　ΩWΩは融合する。|ΩWΩ|は「お甲」を形成する。
　　　→たN|ΩWΩ|しく→たの甲しく
[上代2]　ΩWΩで、Wは顕存し、Ωは二つとも潜化する。

335

楽しく→た NΩWΩ-S¥-KU = た NωWω しく = た NW しく = たぬしく

【3】シク形容 ΩWΩ 群

語幹末尾母音部が ΩWΩ である形容詞はシク活用する。これをシク形容 ΩWΩ 群と呼ぶ。

§2　か黒し・尊(たふと)し　―ク形容 ΩOΩ 群

【1】「取る」第一音素節は一歌の中で「と甲」にも「ト乙」にもなる

　　　秀垂りト乙〈登〉らすモ　秀垂りと甲〈斗〉り　固くと甲〈斗〉らせ　下
　　　固く　弥固くと甲〈斗〉らせ　秀垂りと甲〈斗〉らす子(やがた)

　　　　　　　　　　　　　　　[雄略記歌102。「秀垂り」は"美酒"のこと]

【2】か黒し・尊し

　ク活用形容詞語幹末尾の音素節にも「お甲」段・「オ乙」段が両用されるものがある。

（1）か黒し（かぐろ甲し・かぐロ乙し）。

[上代1]　　かぐろ甲き〈迦具漏伎〉髪に　　　　　　　[万5-804]
[上代2]　　かぐロ乙き〈可具呂伎〉髪に　　　　　　　[万15-3649]

（2）尊し（たふと甲し・たふトし乙）。

[上代1]　　たふと甲く〈多布斗久〉ありけり　　　　　[記上巻歌7]
[上代2]　　たふト乙かり〈多布止可理〉けり　　　　　[仏足石歌15]

【3】「か黒き」第三音素節が「ろ甲」にも「ロ乙」にもなる理由

　「取る」第一音素節、そして「か黒し」「尊し」の第三音素節のように、「お甲」段にも「オ乙」段にもなる音素節の母音部は、『上代特殊仮名の本質音』第36章で述べたように、ΩOΩ だと推定する。

[上代1]　　ΩOΩ が融合すれば「お甲」を形成する。

　　　　か黒き = かぐ RΩOΩ き → かぐ R |ΩOΩ| き = かぐろ甲き

[上代2]　　ΩOΩ で、完母音素 O が顕存し、兼音素 Ω が潜化すれば「オ乙」を形成する。

　　　　か黒き = かぐ RΩOΩ き → かぐ RωOω き = かぐ RO き = かぐロ乙き

【4】「か黒し」がク活用になる理由

　　　　か黒き = かぐ RΩOΩ + S¥ + KYΩY → かぐ RΩOΩS¥KYωY

第77章

母音部 ΩOΩ は¥に父音素性を発揮させる。
　　→かぐ RΩOΩS-¥KyY→かぐ RΩOΩs-ｊKY
［上代１］　ΩOΩ が融合する場合。
　　→かぐ R¦ΩOΩ¦-KY＝かぐろ甲き甲
［上代２］　ΩOΩ が潜顕する場合。
　　→かぐ RωOω-KY＝かぐ RO-KY＝かぐロ乙き甲

【５】ク形容 ΩOΩ 群
　語幹末尾母音部が ΩOΩ である形容詞はク活用する。これを**ク形容ΩOΩ群**と呼ぶ。
　「尊し」「黒し」はク形容 ΩOΩ 群に属する。

§３　ク活用「畏（かしこ）し」　—ク形容∀U∀群

【１】「畏（かしこ）し」の遷移過程
《未然》　ずむ用法。　かしこけメ〈可之古家米〉やモ　　　　［万19-4235］
《連体》　かしこき〈箇辞古耆〉ロかモ　　　　　［仁徳紀22年　紀歌47］
　「かしこし」第三音素節は「こ甲」以外の音素節に変化しない。『上代特殊仮名の本質音』第51章で述べたように、「お甲」以外に変化しない母音部の本質音は∀U∀だと推定する。そこで「かしこし」語幹末尾音素節「こ甲」の母音部は∀U∀だと推定する。
《未然》　畏けメ＝かし K∀U∀＋S¥＋KYAY＋メ
　　→かし K∀U∀S¥KYAY メ
　母音部∀U∀は¥に父音素性を発揮させる。
　　→かし K∀U∀S-¥KYAY メ→かし K¦∀U∀¦s-ｊK¦YAY¦ メ
　　→かし K¦∀U∀¦-K¦YAY¦ メ＝かしこ甲け甲メ

【２】ク形容∀U∀群
　語幹末尾母音部が∀U∀である形容詞はク活用する。これを**ク形容∀U∀群**と呼ぶ。

337

第78章　白し・著(しる)し・トほしロし　―ク形容 WAW 群・ク形容 WOW 群

§1　白し　―ク形容 WAW 群

【1】「白」第二音素節が「ろ甲」「ら」「る」になる理由

　「白」は、語幹だけで後続語を修飾することもあり、形容源化語素 S¥ と活用語足に上接して形容詞「しろし」にもなる。

　語幹「白」だけで後続語を修飾する場合には、近畿語では「しろ甲」または「しら」になるが、東方語では「しる」になることもある。

[近畿1]　白(しろ)〈斯漏〉栲(たへ)ノ　袖着そなふ　　　　　　　　　[雄略記歌96]
[近畿2]　白玉(しらたま)〈斯良多麻〉ノ　君が装(よそ)ひし　尊くありけり

　　　　　　　　　　　　　　　　　　　　　　　　　　　[記上巻歌7]
[東方]　白羽(しるは)〈志留波〉ノ磯ト　にヘノ浦ト　　　[万20-4324防人歌]

　万15-3751および『歌経標式』には「しロ乙たへ」という用例があるが、凡例に述べたように、これは上代特殊仮名の本質音を定める資料とはしない。

　「白」の原義は"白色"だと考える。顔面について用いられる場合には、転じて"表情が輝いている""楽しい"の意味になる。

　「白」の本質音は「し RWAW」だと推定する。

[近畿1]　白栲＝し RWAW＋TAヘ→し RWAWTAヘ

　WAW と TA の間で音素節が分離する。WAW は融合して「お甲」になる。

　　→し R{WAW}-TAヘ＝しろ甲たへ

[近畿2]　白玉＝し RWAW＋TDA ま→し RWAWTDA ま

　RWAW が後続語と熟合した場合、末尾の兼音素 W は、父音素性を発揮し、W で始まる音素節を形成することがある。このような遷移を W の**後方編入**と呼ぶ。

　　→し RWA-WTDA ま

　母音部 WA では、完母音素 A は顕存し、兼音素 W は潜化する。

　WTDA では、WTD が父音部になる。WTD では、兼音素 W と父音素 D

は潜化し、父音素Tは顕存する。

→しRwA-wTdAま＝しRA-TAま＝しらたま

［東方］　白羽＝しRWAW＋PA→しRWAWPA

東方語では、母音部WAWで、WがAを双挟潜化することがある。

→しRWAW-PA→しRWaWは＝しRwWは→しRWは＝しるは

【2】「白し」の連体形が「しろき」になる遷移過程

　　　しろ甲き〈斯路岐〉　腕（ただむき）　　　　　　　　［記上巻歌3b］

　　　おモしろ甲き〈於母之楼枳〉　今城（いまき）ノうちは　　［斉明4年 紀歌119］

《連体》　白き＝しRWAW＋S¥＋KYΩY→しRWAWS¥KYωY

母音部WAWはS¥Kの¥に父音素性を発揮させる。

→しRWAWS-¥KyY→しRWAWs-jKY

→しR{WAW}-KY＝しろ甲き甲

【3】ク形容WAW群

語幹末尾母音部がWAWである形容詞はク活用する。これを**ク形容WAW群**と呼ぶ。

§2　著（しる）し・いち著（しろ）し甲し　──ク形容WOW群

【1】「著（しる）し」「いち著（しろ）し」の「著」の第二音素節素が「る」にも「ろ甲」にもなる理由

"顕著な"の意味の形容詞「しるし・しろ甲し」がある。この語を「著し」と表記する。「著し」に関しては「とほしロし」の「しロし」もあるが、これについては§3で述べる。

［上代1］　雲だにモ　しるく〈旨屢倶〉し立たば　　　［斉明4年 紀歌116］

［上代2］　いちしろ甲く〈伊知之路久〉出でぬ　人ノ知へ"く

　　　　　　　　　　　　　　　　　　　　　　　　　　［万17-3935］

【2】「著し」の連用形が「しるく」「しろく」になる理由

「著し」第二音素節の本質音はRWOWだと推定する。

［上代1］　著く＝しRWOW＋S¥＋KWU→しRWOWS¥KWU

母音部WOWはS¥Kの¥に父音素性を発揮させる。

→しRWOWS-¥KwU→しRWOWs-jKU

WOW では W が O を双挟潜化する。
　　　→しRWoW–KU→しRwW–KU＝しRW–KU＝しるく
　［上代2］　いち著く＝いちしRWOW＋S¥＋KWU
　　　→いちしRWOWS–¥KwU→いちしRWOWs–jKU
　　WOW は融合して「お甲」を形成する。
　　　→いちしR¦WOW¦–KU＝いちしろ甲く

§3　遠著(トホシロ)し

【1】「トほしロし」の用例
　『万葉集』に「トほしロ乙し」という語がある。
　　明日香(あすか)ノ　古き都は　山高み　川トほしロし〈登保志呂之〉
　　　　　　　　　　　　　　　　　　　　　　　［万3-324］
　　山高み　川トほしロし〈登保志呂思〉　野を広み　草コソ繁き
　　　　　　　　　　　　　　　　　　　　　　　［万17-4011］

【2】"白色"の意味の「白(しろ)し」は"顕著な・あざやかな"の意味の「著(しろ)し」と同源語か異源語か
　「トほしロし」の語素構成や意味を考えるにあたっての重要な分岐点は、「白(しろ)し」と「著(しろ)し」を同源語と考えるが異源語と考えるか、である。
　本居宣長は「トほしロ」の「ロ」の意味を"白色"とはせず、「あざやか」だとする。本居は『万葉集玉の小琴』巻三で「とほしろしは、あざやかなる事也、凡てあざやかなるをしろしといふ、いちじろきも是也」という。上代語には"白色"の意味の「しろ」の用例はいくつもあるが、本居はそれらを引用しない。本居は「歌に遠白体といふも、物あざやかなるをいへり」というが、これは、"(後代には、上代語の「トほしロ」に「遠白」の漢字を当てて「遠白体」という用語を作ったが、その)「遠白体」の「白」は"白色"の意味はなく、「あざやか」の意味だ"という趣旨である。本居は「白(しろ)し」と「著(しろ)し」を異源語と認識している。
　他方、橋本進吉は「「とほしろし」考」(『橋本進吉博士著作集第五冊』所収) 160頁で、「白又は顕著の意を有する「しろし」及、それから出たと覚しい「いちじろし」の「しろし」」という。橋本は"白色"の意味の「白(しろ)し」

第78章

と"顕著な"の意味の「いち著し」は同源語だと認識している。

　私は、「白し」第二音素節母音部を WAW、「著し」第二音素節母音部を WOW だと推定した。「白し」と「著し」は、本質音が異なるから異源語である。

【3】「トほしロし」の「しロ」は"顕著な・あざやかな"の意味の「著（しろ）し」と同源語か異源語か

　橋本は「トほしロ乙し」の「しロ乙」は"あざやかな・顕著な"の意味の「著（しろ）し」とは別の語だとする。橋本は同書160頁でいう、「「とほしろし」の「しろし」と「しろし」（白）及び「いちしろし」の「しろし」とは同音ではなく、随つて、之を同語と認める事は容易に許されないのである」。

　私は橋本説には従えない。上代語には、同音でなくても同一語だという事例がいくつもある。前章で述べたように、「かぐろ甲し」と「かぐロ乙し」とでは、「ろ甲」「ロ乙」の相違があるが、両者は同一語である。

　「ろ甲」と「ロ乙」の相違があっても、「トほしロし」の「しロ乙し」と「いちしろ甲し」の「著し」は同一語である可能性がある。

　可能性だけではない。「遠」に「著し＝し RWOW し」が続く場合には「トほしロ乙し」になるのが自然なのである。その理由を以下に述べる。

【4】「遠著し」が「トほしロし」になる遷移過程

（1）「遠＋著し」が「トほしロし」になる遷移過程。

　「遠」第一音素節は TO だと推定する。

　　遠著し＝TOP￥O￥＋し RWOW＋S￥＋￥

　　→TOP￥O￥し RWOWS￥￥

TO の O と、￥O￥と、WOW は呼応潜顕し、三者とも O になる。￥O￥では、￥は二つとも潜化する。WOW では、W は二つとも潜化する。

　　→TOP j O j し RwOwS j ￥＝TOPO し ROS￥＝ト乙ほしロ乙し

　「遠著し」の読みが「トほしロ乙し」になるのはごく自然な遷移なのである。よって、上代語「トほしロ乙し」の語幹は「遠」に「著」が続いたものと考えるのが順当である。

（2）「面白し」は「おモしロ乙し」にはなりえない。

　「遠著し」は「トほしロ乙し」になるが、「面白し」は「おモしロ乙し」にはなりえない。

341

「面」の本質音はΩM¥O¥であり、「白し」は「しRWAWし」である。

　面白し＝ΩM¥O¥＋しRWAW＋し→ΩM¥O¥しRWAWし

初頭はΩであり、次のM¥O¥にはOがあるから、これら二音素は共に「オ」段になる。だが、第四音素節母音部WAWにはOもΩもないから「オ乙」段になりえない。WAWは融合して「お甲」になる。

　→ΩMjOjしR|WAW|し＝おモしろ甲し

「遠著し」の「著」と「面白し」の白は異なる語だから、前者に「ロ乙」が現れ、後者に「ロ甲」が現れるのは当然なのである。

【5】「遠著し」の意味

　橋本進吉は、神代下紀第十段本文の「集大小之魚」の「大」に付された、応永年間の訓点「止乎之呂久」（トをしロく）や寛文年間の訓点「トヲシロク」によって、「トほしロし」の意味を"大""雄大"だとする。だが、「トほしロし」第二音素節「ほ」を「を・ヲ」と読むような後代の訓点に依拠して上代語「トほしロし」の意味を定めるのは適切ではない。

　「トほしロし」は「遠＋著＋し」だから、"遠くからでも顕著な""遠くからでもくっきり見える"の意味とするのが順当である。

第79章　形容源詞「いそしみ」・形容詞「いそし」と「いと県主」「いト手」　—シク形容OWO群

【1】形容源詞み語法「いそしみ」・形容詞「いそし」の「いそし」は"忠し"

　上代語では「いそし」は天皇の言葉においてのみ用いられる。「いそし」の意味は単に"精勤な"ではなく、"臣下として主君に忠勤な"の意である。これを「忠し」とも表記する。

　　賢しき臣たちノ、世を累ねて仕へ奉りまさへる事をなモ、忠しみ〈伊蘇志美〉思ほし坐す。　　　　　　　　　　　　　［続紀宝亀二年宣命52］

【2】人名「五十迹手」・形容詞「伊蘇志」・国名「伊蘇」「伊覩」

　「いそしみ」の語幹「いそ」の本質音を探るには仲哀紀九年条の記事が参考になる。

　　仲哀天皇が九州に来た時、筑紫の伊覩ノ県主ノ祖、いト乙て〈五十迹手〉

が穴門まで迎えに来て、仲哀天皇に瓊・鏡・剣を献上して、"天皇が曲妙に分明に国土を統治し、天下を平定なさいますように"と奏上した。天皇は五十迹手をほめて、「いそ甲し〈伊蘇志〉」といった。それで、時の人は五十迹手の本土を「いそ〈伊蘇〉ノ国」と号けた。今、「いと甲〈伊覩〉」国というのは、(「いそ」が)訛ったものである。

「いト乙て」の言動が「いそ甲し」だから、その本拠の国は「いそ甲」と呼ばれたが、今は訛って「いト甲」と呼ばれる、ということである。

【3】人名「いトて」の「いト」と、国名「いそ」「いと」と、形容詞「忠し」
　　の語幹「いそ」は同一語

"天皇が五十迹手をほめて「いそし」といったから、五十迹手の国は「いそ」と呼ばれた"とあるから、国名の「いそ」は形容詞「いそし」の語幹「いそ」と同一語だと考える。

また、『日本書紀』の国名由来の記事には、人名の一部がそのまま国号になる事例がある。景行紀八年条には、"阿蘇都彦・阿蘇都媛が「何、人無(ルな)けむや」といったから、その国を「阿蘇」と名付けた"とある。このことから類推して、人名「いトて」の「いト」と、当初の国名「いそ」と、「今」の国名「いと」は同一の本質音だと考える。以下、これを「いト・いそ・いと」とも表記する。

第5章で述べたように、「十」は、句頭にあれば「ト乙を」と読まれるが、「八十」の場合には「そ甲」と読まれ、訓仮名では「ト乙」と読まれる。現象音がこのように変化する「十」の本質音は TSOWO である。そこで「いト・いそ・いと」の本質音は YYTSOWO だと推定する。

① 五十迹手 = YYTSOWO + て

　YY と TSOWO の間で音素節が分離する。O は W を双挟潜化する。

　　→YY-TsOWO て→い TOwO て→い ToO て = い TO て = いト乙て

② 伊蘇国 = YYTSOWO + 国

　二つ続く父音素 TS のうち、先頭の T は直前の母類音素 Y に付着する。OWO は融合する。

　　→YYT-SOWO 国→YYt-S |OWO| 国 = いそ甲国

③ 忠し = YYTSOWO + S¥ + ¥→YYT-SOWO-S¥¥

→YYt-S¦OWO¦-Sj¥＝YY-S¦OWO¦-S¥＝いそ甲し

④　伊視国→YY-TSOWO 国→い TsOWO 国→い T¦OWO¦ 国
　　＝いと甲国

【4】「忠しみ」の遷移過程

《形容源詞》　忠しみ＝YYTSOWO＋S¥＋MY→YYT-SOWOS¥MY

　　母音部 OWO は S¥M の¥に母音素性を発揮させる。

　　　→YYt-SOWO-S¥-MY→YY-S¦OWO¦し MY＝いそ甲しみ甲

【5】シク形容 OWO 群

　　語幹末尾母音部が OWO である形容詞・形容源詞をシク形容 OWO 群と呼ぶ。

第四部　語幹末尾に助詞がある形容詞

第80章　語幹末尾に助詞「あ」が付いているシク活用形容詞「懐かし」「悔やし」　―シク形容Ａ¥群・シク形容ＷＡ¥群

§1　語幹が「四段動詞語素＋助詞あ」であるシク活用形容詞「懐かし」　―シク形容Ａ¥群

【1】四段動詞語素に助詞「あ」が付いて形容詞・形容源詞の語幹になる

（1）「懐K」に「あ」が付いた形容詞語幹。
　　　いや懐かしく〈奈都可之久〉　相ひ見れば　　　　　　［万17-3978］
（2）「痛P」に助詞「あ」が付いた形容詞語幹。
　　　己が身し　痛はしければ〈伊多波斯計礼婆〉　　　　　［万 5-886］
（3）「盈P」に助詞「あ」が付いた形容詞語幹。
　　　望月ノ　盈はしけむ〈多田波思家武〉ト　　　　　　　［万13-3324］
（4）「潤P」に助詞「あ」が付いた形容詞語幹。
　　　子肌媛女は　争はず　寝しくをしゾモ　潤はしみ〈宇流波志美〉　思ふ

第80章

[応神記歌46]

上代語「うるはし」は、"(他者が) 美麗な"の意ではなく、"(自分が) 十二分に満足している"の意(『古事記歌謡全解』記歌30の段参照)。

【2】「懐かしく」「痛はしければ」の遷移過程

「懐かしく」は、動詞語素「懐K」に、助詞「あ＝A¥」と、形容源化語素S¥と、活用語足KWUが続いたもの。

《連用》 懐かしく＝懐K＋A¥＋S¥＋KWU→なつKA¥S¥KWU

母音部A¥はS¥Kの¥に母音素性を発揮させる。S¥の前後で音素節が分離する。

母音部A¥では、完母音素Aは顕存し、兼音素¥は潜化する。

→なつKA¥-S¥-KwU→なつKA𝑗-S¥-KU＝なつかしく

《已然》 痛はしければ＝いたP＋A¥＋S¥＋KYAYRY∀YM＋P∀

→いたPA¥-S¥-K|YAY|-R|Y∀Y| |MP| ∀

→いたPA𝑗-S¥-け甲れば＝いたはしけ甲れば

【3】シク活用「笑まはし」の遷移過程

さ百合ノ花ノ笑まはしき〈恵麻波之伎〉かモ   [万18-4086]

「笑まはしき」は、動詞語素「笑M」に、継続助動詞「ふ＝OAYP」と、助詞A¥と、S¥と、活用語足が続いたもの。

笑まはしき＝笑M＋OAYP＋A¥＋S¥＋KYΩY

→ゑMOAY-PA¥-S¥-KYωY→ゑMoAy-PA𝑗-S¥-KyY

＝ゑMA-PA-S¥-KY＝ゑまはしき甲

【4】シク形容A¥群

語幹末尾音素節の母音部がA¥である形容詞はシク活用する。

語幹末尾母音部がA¥である形容詞・形容源詞をシク形容A¥群と呼ぶ。

§2 上代語「ヨロコぼし」が平安語で「ヨロコばし」に変化する理由

【1】上代語「ヨロコぼし」の遷移過程

《終止》 嬉し、ヨロコぼし〈与呂許保志〉トなモ見る。

[続紀神護景雲三年宣命46]

345

平安語には連体形「ヨロコボシキ」[東大寺本地蔵十輪経「喜」元慶点]の用例があるので、「ヨロコぼし」はシク活用だと考える。
　上代語「ヨロコぼし」は上二段「ヨロコぶ」から派生した形容詞であり、両者とも「良＋助詞ロ＋コ BW＝YYO＋R∀Ω＋コ BW」を含むと考える。
　上二段動詞「恋ふ」から派生した形容詞「恋ヒし」の語素構成は、「恋ふ」の動詞語素「恋 PW」に、段付加語素 ¥Ω と、S¥ と、活用語足が続いたものである。これと同様、上代語「ヨロコぼし」の語素構成は、「YYO＋R∀Ω＋コ BW」に、¥Ω と、S¥ と、活用語足が続いたものだと考える。
《終止》　良ロコぼし→YYO＋R∀Ω＋コ BW＋¥Ω＋S¥＋¥
　　→YYOR∀Ω コ BW¥Ω-Sj¥
　O と、∀Ω と、コの母音部と、W¥Ω は呼応潜顕し、すべて「オ乙・お丙」段になる。
　　→YyORαΩ コ BwjΩ し＝YORΩ コ BΩ し＝ヨ乙ロ乙コぼし

【2】平安語「良ロコばし」の遷移過程
　上代語の形容詞「ヨロコぼし」は平安語では「ヨロコばし」に変化する。
《連体》　カク伝ヘ奉ツル事、喜バシキカナヤ。　　　　　　　　[今昔物語11-28]
　上代語の「ヨロコぼし」は、上二段動詞「ヨロコぶ」から派生した形容詞だから、その語幹の中に「ヨロコ BW」が含まれる。その末尾にWがあるため、段付加語素 ¥Ω が用いられた。
　ところが上二段「ヨロコぶ」は平安語前期に四段動詞に変化する。これは、第48章で述べたように、「ヨロコ BW」のWが潜化し、動詞語素の末尾が父音素になったからである。
　上代語「ヨロコぼし」では、動詞語素「ヨロコ BW」の末尾にWがあったから、段付加語素 ¥Ω が続いた。だが平安語ではそのWが潜化したから、段付加語素 ¥Ω は用いられない。それで、助詞「あ＝A¥」が用いられた。
《連体》　良ロコばしき→ヨロコ B＋A¥＋S¥＋KYΩY
　　→ヨロコ BA¥-S¥-KYωY→ヨロコ BAjし KyY＝ヨロコばしき

§3　語幹が「下二段動詞語素＋助詞あ」であるシク活用形容詞「痩さし」

【1】下二段動詞語素に助詞「あ」が付いた形容源詞語幹・形容詞語幹

（1）「痩S」に「あ」が付いたもの。
　　家はあれト　君を痩さしみ〈夜佐之美〉　表さずありき　　[万5-854]
『日本古典文学大系万葉集二』438頁補注が「ヤサシは痩すという語の派生語」というとおり、「痩さしみ」は下二段「痩す」[やせ〈夜勢〉万15-3586]から派生した語である。

（2）「疲R」に「あ」が付いたもの。
　　朕は御身疲らしく〈都可良之久〉大坐します
　　　　　　　　　　　　　　　　　　　[続紀神護景雲三年宣命45]

（3）「賞D」に「あ」が付いたもの。
　　賞だしかり〈米太志加利〉けり　　　　　　　　　[仏足石歌15]

（4）「燻B」に「あ」が付いたもの。
　　古に　有りけるわざノ　燻ばしき〈久須婆之伎〉　事ト言ひ継ぐ
　　　　　　　　　　　　　　　　　　　　　　　　　　[万19-4211]

「燻ぶ」は"香木を熱して香りをくゆらせ、その香りの霊妙な効能により、心を癒やす"こと。「くすぶ」から派生した「燻ばし」は"霊妙な"の意味になる。

【2】「痩さしみ」の遷移過程

「痩さしみ」の語幹「痩さ」は、動詞語素「痩S」に助詞「あ」が続いたもの。

　　痩さしみ＝痩S＋A¥＋S¥＋MY→や SA¥S¥MY
　　母音部A¥は、S¥Mの¥に母音素性を発揮させる。
　　　→や SA¥-S¥-MY→や SAjしみ甲＝やさしみ甲

347

§4 語幹が「上二段動詞語素＋助詞あ」であるシク活用形容詞「悔やし」 ―シク形容 WA¥ 群

【1】「悔やしき」の遷移過程

上二段「悔ゆ」から派生した「悔やし」がある。

　　今ゾ　悔やしき〈久<small>く</small>夜斯岐〉　　　　　　　　［応神記歌44］

「悔やし」の語幹は、上二段動詞の語素「悔 YW」に、助詞「あ＝A¥」が続いたもの。

　　悔やしき＝悔 YW＋A¥＋S¥＋KYΩY→く YWA¥S¥KYωY

音素節 YWA¥ では Y が父音部になり、WA¥ が母音部になる。
母音部 WA¥ は S¥K の ¥ に母音素性を発揮させる。

　　→く YWA¥-S¥-KyY

母音部 WA¥ では、完母音素 A は顕存し、他は潜化する。

　　→く YwA<i>j</i> し KY＝く YA しき<small>甲</small>＝くやしき<small>甲</small>

【2】シク形容 WA¥ 群

語幹末尾音素節の母音部が WA¥ である形容詞はシク活用する。これをシク形容 WA¥ 群と呼ぶ。

第81章　語幹末尾に助詞「う」が付いているシク活用形容詞「斎つくし」「思ほしき」 ―シク形容 WΩW 群

§1 語幹が「動詞語素＋助詞う」であるシク活用形容詞「斎つくし」 ―シク形容 WΩW 群

【1】語幹が四段動詞終止形の形であるシク活用形容詞の用例

語幹が四段動詞終止形の形であるシク活用形容詞がある。

　　やまトノ国は　皇神<small>すめかみ</small>ノ　斎<small>い</small>つくしき〈伊都久志吉〉国　　［万5-894］
　　吾が行<small>わ</small>きノ　息<small>いき</small>衝<small>つ</small>くしかば〈伊伎都久之可婆〉　足柄<small>あしがら</small>ノ　嶺<small>みね</small>延ほ雲を
　　見トト偲<small>しの</small>はね　　　　　　　　　　　　　　　　　　　［万20-4421防人歌］

【2】「斎つくしき」の遷移過程
　形容詞の語幹の中には、「懐かし」のように四段動詞語素に助詞「あ」が付いたものがある。このことから類推して、「斎つくし」の語幹「斎つく」は四段動詞語素「斎つK」に助詞「う＝WΩW」が付いたものと考える。また、「息衝くし」の「衝く」は動詞語素「衝K」に助詞「う＝WΩW」が付いたものと考える。

　　斎つくしき＝斎つK＋WΩW＋S￥＋KYΩY→いつKWΩWS￥KYΩY
　母音部WΩWはS￥Kの￥に母音素性を発揮させる。
　　→いつKWΩW-S￥-KYΩY→いつKWωWしKYωY
　　→いつKwWしKyY＝いつKWしKY＝いつくしき甲

【3】シク形容WΩW群
　語幹末尾音素節の母音部がWΩWである形容詞はシク活用する。これをシク形容WΩW群と呼ぶ。
　「息衝くし」はシク形容WΩW群に属する。§2で述べる「思ほし」「厭ほし」「たノモし」もWΩW群に属する。

§2 「思ほしき」「厭ほしみ」「たノモしみ」の語素構成・遷移過程

　シク活用形容詞には、その語幹が四段動詞のようでありながら、語尾が「オ」段のものがある。
（1）「思ほしき」の語素構成・遷移過程。
　　　思ほしき〈於毛保之吉〉　事モ語らひ　　　　　　　［万18-4125］
　「思ほしき」の語素構成は、「思P」に、助詞「う＝WΩW」と、S￥と、活用語足が続いたものだと考える。

　　思ほしき＝ΩM￥O￥P＋WΩW＋S￥＋KYΩY
　　→ΩM￥O￥PWΩW-S￥-KYωY
　初頭のΩと￥O￥とWΩWは呼応潜顕し、三者とも「オ乙・お丙」を形成する。
　　→ΩM𝑗O𝑗PwΩwしKyY→ΩMOPΩしき＝おモほしき甲
（2）「厭ほしみ」の語素構成・遷移過程。
　　　此は朕がをぢなきに依りてし、かく言ふらしト念ほし召せは愧づかしみ、

厭ほしみ〈伊等保自弥〉なモ念(おも)(ほす)。

[続紀天平宝字六年（西暦762年）宣命27］

「厭ほしみ」は「厭P」に、助詞「う＝WΩW」と、S¥と、MYが続いたもの。「いトP」の「ト」はTOだと推定する。

厭ほしみ＝いTOP＋WΩW＋S¥＋MY→いTOPPWΩW-S¥-MY

OとWΩWは呼応潜顕し、共に「オ乙・お丙」を形成する。

→いTOトPwΩwしみ＝いTOPΩしみ＝いト乙ほしみ

（3）「たノモしみ」の語素構成・遷移過程。

思ひ議(はか)り奏(まを)したまひ仕へ奉れば、欸(いそ)しみ明きらケミ おだひしみ たノモしみ〈多能母志美〉思ほしつつ大坐(おほま)し坐す　　［続紀宝亀二年宣命51］

「たノモしみ」は「手＋祷M」に、助詞「う＝WΩW」と、S¥と、MYが続いたもの。「手祷む」は"両手の掌を合わせて祈るように願う"こと。「祷む」は「NOむ」だと推定する。

手祷モしみ＝T∀¥＋NOM＋WΩW＋S¥＋MY

→T∀-¥NOMWΩW-S¥-MY→た-jNOMWΩWしみ

OとWΩWは呼応潜顕し、共に「オ乙」を形成する。

→た-NOMwΩwしみ＝たNOMΩしみ＝たノ乙モ乙しみ

第82章　語幹末尾に助詞「か」が付いているシク活用「恥づかし」「いぶかし」およびク活用「いぶせし」—ク形容YOY群

§1　恥づかし

シク活用形容詞には語幹末尾が「か」のものがある。

里人ノ　見る目恥づかし〈波豆可之〉　　　　　［万18-4108］

「恥づかし」は、平安語の用例「いとはづかしく」［源氏物語帚木］があるのでシク活用だと考える。

「恥づかし」の語幹は、上二段動詞「恥づ」の動詞語素「恥DW」に、助詞「か」が付いたものだと推定する。

助詞「か」の本質音はK∀だと推定する。
「恥づかし」は語幹末尾音素節の母音部が∀だからシク形容∀群に属する。
《終止》　恥づかし＝恥 DW＋K∀＋S¥＋¥→は DWK∀S¥¥
　　→はづか S j ¥→はづか S¥＝はづかし

§2　「いぶせし」は「いぶ＋為(せ)＋し」　―ク形容 YOY 群

【1】「いふかし」「いぶせし」の「いふ・いぶ」の原義は何か
（1）シク活用「いふかし」の用例。
　　かくだにモ宣り賜はねは、汝(な)たち、いふかしみ〈伊布加志美〉、おほほしみ念(おも)はむか
　　［正倉院文書「孝謙天皇詔」。天平勝宝九歳三月宣命64。『大日本古文書四』225～226頁］
　　眉根描(まよねか)き　心(した)いふかしみ〈伊布可之美〉　思へりし　妹が姿を　今日(けふ)見つるかモ　　　　　　　　　　　　　　　　　［万11-2614―書］
　　相(あ)ひ見まく　欲(ほ)りしみしすれば　君よりモ　吾れソまさりて　いふかしみ〈伊布可思美〉する　　　　　　　　　　　　　　　　　［万12-3106］
　『時代別国語大辞典上代編』「いふかし」の項は「様子が知れず気がかりである」という。
（2）ク活用「いぶせし」の用例。
　　まロ寝をすれば　いぶせみ〈移夫勢美〉ト　心なぐさに［万18-4113］
　　しぐれノ雨ノ　山霧ノ　いぶせき〈烟寸〉吾が胸　誰(た)れを見ば　止(や)まむ
　　　　　　　　　　　　　　　　　　　　　　　　　　　　［万10-2263］
　同書「いぶせし」の項は「心が晴れず、うっとうしい」「物事がぼんやりしている」という。
（3）「いふかし」「いぶせし」にある「いふ」「いぶ」は同一語。
　同書の記すところによれば「いふかし」の意味と「いぶかし」の意味はよく似ている。また、「いふかし」の「いふ」と「いぶせし」の「いぶ」は、上代語では第二音素節の清濁が異なるが、現代語「いぶかしい」では第二音素節は濁音である。
　そこで「いふかし」「いぶせし」の「いふ」「いぶ」は同一語だと考える。

（4）「いふ・いぶ」の原義は何か。

万2263で「いぶせき」と読まれる「烟寸」の「烟」は「煙」の別体で、"けむり"のことである。そこで「いぶ・いふ」は"けむり"に関係する語だと推察する。

"けむり"という意味と「いぶ」という音の双方に関係する現代語は"燻す"である。木材を加熱し、その煙りで肉を調理することである。そこで「いぶ・いふ」の原義は、"肉を燻す際にでる煙り"だと考える。

（5）「いふかし」の原義。

「いふかし」の「か」は助詞「か」だと考える。

「いふかし」の原義は"肉を燻す際の煙りのような"だと考える。"燻す煙りでよく見えない"ということから、「様子が知れず気がかりである」の意味になる。「いふかし」を「燻かし」とも表記する。

（6）語幹「いぶせ」の「せ」はサ変「す」の語素 SYOY。

「いぶせし」の「せ」はサ変動詞「す」の語素 SYOY だと考える。YOY が融合して、「S{YOY}＝せ」になる。

「いぶせし」の原義は"肉を燻す状況のような"だと考える。

"肉を燻すと煙りでよく見えない"ということから、「心が晴れず、うっとうしい」「物事がぼんやりしている」の意味になる。「いぶせし」を「燻せし」とも表記する。

【2】「いふかしみ」「いぶせみ」の遷移過程

「燻＝いふ・いぶ」の本質音は YYMPW だと推定する。

　　燻かしみ＝YYMPW＋K∀＋S¥＋MY

　　　→YYMPW-K∀-S¥-MY

YY の母音部 Y の直後に父音素が M・P 二つ続く。それで、M は直前の母類音素 Y に付着して音素節 YYM を形成することがある。YYM と PW の間で音素節が分離する。

　　　→YYM-PW かしみ→YYm-PW かしみ＝いふかしみ甲

　　燻せみ＝YYMPW＋SYOY＋S¥＋MY

　　　→YYMPWSYOYS¥MY

YY と MPW の間で音素節が分離する。MP は融合する。

→YY−|MP| W−SYOYS￥MY＝いぶ SYOYS￥MY

母音部 YOY は S￥M の￥に父音素性を発揮させる。

→いぶ SYOYS−￥MY→いぶ S|YOY| s−j MY＝いぶせみ甲

一字一音の用例ではないが、「馬声蜂音石花蜘蛛」[万12-2991]を「いぶせくモ」と読む説がある。この説に従って、「いぶせし」の連用形を「いぶせく」だとした場合の遷移過程を記す。

《ク活》　燻せく＝YYMPW＋SYOY＋S￥＋KWU

→YYMPWSYOYS￥KwU

母音部 YOY は S￥K の￥に父音素性を発揮させる。

→YYMPWSYOYS−￥KU→YY−MPW−SYOYs−j く

→い|MP| W−S|YOY| く＝いぶせく

【3】ク形容 YOY 群

語幹末尾音素節の母音部が YOY である形容詞はク活用する。

語幹末尾母音部が YOY である形容詞・形容源詞を**ク形容 YOY 群**と呼ぶ。

第83章　「うむがし」の「が」は助詞「が」

【1】「うむがし」の用例

① 聖武天皇は藤原不比等(ふひと)の娘光明子に皇后の位を授ける際の宣命で、元明天皇の言葉を引用する。元明天皇は、不比等の勤務状況を「うむがしき事」と評する。

　其ノ父ト侍(はべ)る大臣(おほおみ)ノ、皇(すめら)我が朝(みかど)を助ケ奉(たす)り、輔ケ奉(まつ)りて、頂(いただ)き恐(かしこ)み供(つか)へ奉りつつ、夜半曉時(よなかあかとき)ト休息(やす)モふコトなく、浄き明かき心を持ちてははとひ供(め)へ奉るを見し賜(たま)へば、其ノ人ノうむがしき〈宇武何志伎〉事、歎(いそ)しき事をつひに得(え)忘(わす)れじ。　　　　　[続紀天平元年宣命7]

② 聖武天皇は、不比等の妻 県犬養橘三千代(あがたいぬかひたちばなのみちよ)の勤務状況を「うむがしみ」と評する。

　県犬養 橘(たちばなのおほとじ)夫人ノ天皇ノ御世重ねて明かき浄(きよ)き心をモちて仕(つか)へ奉(まつ)り、皇(すめら)朕(わ)が御世に当たりてモ怠(おこた)り緩(ゆる)ふ事なく、助ケ仕(つか)へ奉り、しかノミにあらず、祖父大臣(おほぢおほおみ)ノ殿門(とのかど)を荒し穢(けが)す事なく守りつつありし事、忠(いそ)しみ、うむ

353

がしみ〈宇牟賀斯美〉、忘れたまはず（下略）。

　　　　　　　　　　　　　　　　　　　　　［続紀天平勝宝元年宣命13］

③　元正天皇は、不比等が歴代天皇の政治を輔佐した状況を「うむがしみ辱づかし」と思って、太政大臣に任じようとした。

　祖父大臣ノ明かく浄き心モチて御世累ねて天下申し給ひ、朝庭助ケ仕へ奉りたぶ事を、うむがしみ〈宇牟我自弥〉〉辱づかしト念ほし行して、挂ケまくモ畏き聖ノ天皇ノ朝、太政大臣トして仕へ奉れト勅りたまひけれド（下略）。　　　　　　　　［続紀天平宝字四年宣命26］

【2】「ははとひ」の意味を参考にして「うむがし」の意味を探る

　宣命7で、元明天皇は"私は不比等が「ははとひ〈波波刀比〉」つかえまつるのを見て、うむがしき人だと思った"と言った。そこで、まず「ははとひ」の意味を探りたい。『時代別国語大辞典上代編』「ははとひ」の項は「母問ヒが妥当か。」という。私はこの説に賛同し、「ははとひ」は「母問ひ」だと考える。「母問ひ」の原義は"（子が）母に（「私にできることはありませんか」などと）問う"ことで、転じて"母に孝行する"意になる。

　同書同項は「敬う意の連用修飾語となった」と説明するが、この説には同意できない。「母問ひ」は"敬う"の意には転じない。また、「母問ひ」は「供へ奉る」にかかる連用修飾語ではない。「母問ひ供へ奉る」では、「母問ひ」が主たる動詞であり、「供へまつる」は補助動詞にすぎない。

　私見を述べよう。元明天皇は「母問ひ」＝"（不比等は）よく母（元明天皇）に孝行を尽くす"と言った。"自分は不比等の母の如き存在である"という趣意である。

　光明子を皇后に立てる際には"光明子は皇族でないから皇后に立てるべきではない"と反対する臣下たちもいた。この反対論を押さえるために、聖武天皇は元明天皇の「母問ひ」を引用した。"元明天皇は不比等の母の如き存在だ。だから光明子は元明天皇の孫娘同然だ"と、反対派の臣下たちに説諭したのである。

【3】「うむがし」の語素構成・意味

　形容詞語幹末尾には、「恥づかし」の「か」のように、助詞が含まれることがある。このことから類推して、「うむがし」の「が」は助詞「が」だと

考える。

「が」の直前にある「うむ」は何か。

元明天皇は"不比等は「母問ひ」したから、「うむがし」と思う"と言った。その「母問ひ」は"母親孝行"のことである。そこで、「うむ」は孝行に関係する意味だと考える。孝行に関係する「うむ」といえば、"親が子を生む"の「生む」である。「うむがし」の「うむ」は「生む」だと考える。

「生むがし」は"生まれた子は生んでくれた親に孝行するが、そのような"であり、"親孝行な"の意味だと考える。

宣命7には「うむがしき事、いそしき事」とある。「うむがし」は"親孝行な"であり、「いそし」は"忠し"だから、まとめれば"孝・忠"である。元明天皇は不比等を"孝・忠"だと評したのである。

元明天皇の臣下たちの中には不比等以外にも忠孝な者は多くいただろう。その中で取りわけ不比等が「生むがしき」(孝)・「忠しき」(忠)と評されるのはどうしてか。

不比等の父鎌足は大きな業績を残した。仮に不比等が凡庸な臣下であれば、世人は"父とは大違いだ。父は黄泉で嘆いているだろう"などと酷評する。これでは父の名声を辱めることになり、親不孝である。だが、不比等は夜半も暁時も休むことなく勤務に励んだので賛嘆されることはあっても誹謗されることはなかった。不比等は父鎌足の名を穢すことはなかった。元明天皇はそのことを嘉して不比等を「生むがし」＝"孝"と評したのである。

宣命13の「生むがし」について。三千代は歴代天皇に仕えて精勤した。これは忠たることだから、聖武天皇は三千代を「忠し」と評した。また、三千代は夫不比等の殿門を穢すことなく守ったが、これは舅鎌足の名を穢すことなく守ったのと同じことだから孝である。それで聖武天皇は三千代を「生むがし」＝"親孝行"と評した。

宣命26の「生むがし」について。不比等は歴代天皇の政治を輔佐した。これは「忠＝いそし」であるが、父鎌足の名声を守ったという面からいえば、「孝＝生むがし」である。それで元正天皇は不比等を「生むがし」と評した。

【4】「うむがしき」の遷移過程

「生むがしき」は四段動詞「生む」に、助詞「が＝G∀」と、S¥と、KYΩY

355

が続いたもの。

語幹「生むが」の末尾母音部は∀だから、「生むがし」はシク形容∀群に含まれる。

　　　生むがしき＝生む＋G∀＋S¥＋KYΩY→うむ G∀S¥KYωY

　　　→うむ-G∀-S¥-KyY＝うむがしき[甲]

第84章　語幹末尾に助詞「ロ・ら」があるシク活用形容詞
　　　　—シク形容∀Ω群

§1　シク活用「良ロし・良らし」

【1】シク活用「良ロし」

　　　良ロしき〈予呂辞枳〉島々　　　　　　　　　[応神紀22年 紀歌40]

「良ロし」の語幹はク活用「良し」の語幹「良＝YYO」に助詞「ロ・ら＝R∀Ω」が続いたもの。

　　　良ロしき＝YYO＋R∀Ω＋S¥＋KYΩY→YyOR∀ΩS¥KYΩY

母音部∀ΩはS¥Kの¥に母音素性を発揮させる。

　　　→YOR∀Ω-S¥-KYωY

父音素Rに∀Ωが続く場合、Ωのみが顕存する場合と、∀のみが顕存する場合とがある。「良ロしき」の場合にはΩのみが顕存する。

　　　→YORαΩしKyY＝YORΩしKY＝ヨ乙ロ乙しき[甲]

【2】良らし

　　　明から媛女を　いざ養(を)さば　良(よ)らしな〈余良斯〉な　[応神記歌43]

「良らし」の語素構成は「良ロしき」の語幹「YYO＋R∀Ω」に、S¥と終止形の活用語足¥が続いたもの。

　　　良らし＝YYO＋R∀Ω＋S¥＋¥→YyO-R∀Ω-Sj¥

母音部∀Ωでは、∀は顕存し、Ωは潜化する。

　　　→YO-R∀ω-S¥＝YO-R∀-S¥＝ヨらし

【3】シク形容∀Ω群

語幹末尾音素節の母音部が∀Ωである形容詞はシク活用する。これをシ

ク形容∀Ω群と呼ぶ。

§2　シク活用「メづらし」

　　いやメづらしく〈米豆良之久〉　思ほゆるかモ　　　　　［万18-4084］
　「メづらしく」は動詞「メづ」に、助詞「ロ・ら＝R∀Ω」と、S￥とKWU
が続いたもの。

　　　メづらしく＝メづ＋R∀Ω＋S￥＋KWU→メづR∀Ω-S￥-KwU

　∀Ωでは∀は顕存し、Ωは潜化する。

　　→メづR∀ωしく→メづR∀しく＝メづらしく

第五部　「またけむ・まソけむ」と「おほし」

第85章　「またけむ・まソけむ」と「おほし」　─ク形容Ω∀群・ΩΩ群

§1　「全けむ」が「またけむ」にも「まソけむ」にもなる理由　─ク形容Ω∀群

【1】ク活用「全し」は「またし」にも「まソzし」にもなる
［上代1］　第二音素節が「た」になる。
《未然》　命ノ　またけむ〈麻多祁牟〉人は　　　　　　［景行記歌31］
《連用》　命をし　またく〈麻多久〉しあらば　　　　　［万15-3741］
［近畿2］　第二音素節が「ソz」になる。
《未然》　命ノ　まソけむ〈摩曽祁務〉人は　　　　　［景行紀17年　紀歌23］

【2】「全けむ」が「またけむ」「まソzけむ」になる遷移過程
　「またし」「まソし」は同一語で、その語幹はM∀STΩ∀だと推定する。
　「またけむ」「まソけむ」の語素構成は同一で、語幹M∀STΩ∀に、S￥と、
未然形ずむ用法の活用語足KYAYと、助動詞語素MΩと、AUが続いたもの。
［上代1］　またけむ＝M∀STΩ∀＋S￥＋KYAY＋MΩ＋AU

357

$\quad\rightarrow M\forall ST\Omega\forall S¥K\{YAY\} -M\Omega AU$

母音部 $\Omega\forall$ は ¥ に父音素性を発揮させる。S と ¥ の間で音素節が分離する。

$\quad\rightarrow M\forall ST\Omega\forall S-¥K\{YAY\} -M\omega aU$

$\quad\rightarrow M\forall ST\Omega\forall s-jK\{YAY\} -MU$

$\quad= M\forall ST\Omega\forall$-けむ

ST と $\Omega\forall$ は呼応潜顕する。その遷移過程は二通りある。

第一。ST で S が潜化すると、$\Omega\forall$ では Ω が潜化し、$\forall$ は顕存する。

第二。ST で T が潜化すると、$\Omega\forall$ では Ω は顕存し、$\forall$ は潜化する。

「またけむ」になる場合には第一の遷移が起きる。

$M\forall ST$ では、S が弱母音素 $\forall$ に付着し、音素節 $M\forall S$ を形成する。

$\quad\rightarrow M\forall S-T\Omega\forall$-けむ

音素節 $M\forall S$ の末尾にある父音素 S は潜化する。これに呼応して、$\Omega\forall$ では Ω は潜化し、$\forall$ は顕存する。

$\quad\rightarrow M\forall s-T\omega\forall$-けむ $= M\forall-\forall$-けむ $=$ またけむ

[上代2]　まソけむ $= M\forall ST\Omega\forall + S¥ + KYAY + M\Omega + AU$

「$M\forall ST\Omega\forall$-けむ」になるところまでは「またけむ」の場合と同じ遷移である。

$\quad\rightarrow M\forall ST\Omega\forall$-けむ

S は弱母音素 $\forall$ に付着せず、$M\forall$ と $ST\Omega\forall$ の間で音素節が分離する。

$\quad\rightarrow M\forall-ST\Omega\forall$-けむ

ここで、上記第二の遷移が起きる。音素節 $ST\Omega\forall$ の初頭には父音素が二連続する。この場合には、前の S は顕存し、後の T は潜化する。S が潜化したことに呼応して、$\Omega\forall$ では Ω が顕存し、$\forall$ は潜化する。

$\quad\rightarrow M\forall-St\Omega\alpha$-けむ $=$ ま-SΩ-けむ $=$ まソ乙けむ

【3】ク形容 $\Omega\forall$ 群

語幹末尾音素節の母音部が $\Omega\forall$ である形容詞はク活用する。これを**ク形容 $\Omega\forall$ 群**と呼ぶ。

§2　形容詞「おほし」がク活用する理由　──ク形容ΩΩ群

【1】形容詞「おほし」がク活用する理由

　形容詞「おほし」の語幹がΩΩPΩΩであることは第56章で述べた。本章では、「おほし」がク活用する理由を述べる。

《未然》　恋ふる日　おほけむ〈於保家牟〉　　　　　　［万17-3999］

　　　多けむ＝ΩΩPΩΩ＋S¥＋KYAY＋MΩ＋W
　　　→ΩΩ–PΩΩS¥KYAYMωW
　母音部ΩΩにS¥Kが続く場合、ΩΩは¥に父音素性を発揮させる。
　　　→ωΩ–PΩΩS–¥K{YAY}む→おPΩΩs–jK{YAY}む
　　　→おPωΩ–K{YAY}む＝おPΩけ甲む＝おほけ甲む

【2】ク形容ΩΩ群

　語幹末尾音素節の母音部がΩΩである形容詞はク活用する。これを**ク形容ΩΩ群**と呼ぶ。

第六部　補助動詞「なす」「ノす」と
　　　　形容詞語幹末尾の「如(な)」

第86章　補助動詞「なす・ノす」

【1】補助動詞「なす」「ノす」の用例

　近畿語では「なす」になり、東方語（近畿の吉野の言語を含む）では「ノす」になる（東歌万14-3358或本などでは「なす」にもなる）補助動詞がある。
　「なす」「ノす」は名詞に続いて"……のように""……のようだ"の意味を添え、動詞連体形に続いて"……するように"の意味を添える。
［近畿］《連用》　つてに用法。　矢河枝(やがはえ)なす〈那須〉　来入(きい)り参来(まゐく)れ

［仁徳記歌63］

《終止》　木幡(こはた)ノ道に　遇(あ)はしし媛女(をトめ)　（中略）　歯並(はな)みは　椎菱(しひひし)なす〈那須〉

[応神記歌42]
[東方]《連用》 つてに用法。 波にあふノす〈能須〉 逢へる君かモ
[万14-3413]
《終止》 大雀(おほさざき) 佩(は)かせる大刀(たち) 本(モトつるぎ) 剣 末(すゑふ)増ゆ 冬木(ふゆキ)ノす〈能須〉 柄(から)が下
木ノ鞘鞘(さやさや)
[[応神記歌47。作者は吉野の国主たち。吉野は近畿ではあるが東方語圏だと考える]]

【2】「なす」「ノす」の動詞語素と語素構成

「なす」「ノす」について、『時代別国語大辞典上代編』の「なす」【如】の項は「似ル・ノス(東国語形)・ナスも ioa の母交替による同義語であろう」という。私はこの説には同意できない。「似」の動詞語素は、上甲段活用だとすれば NY であり、上乙段活用だとすれば NWY である。いずれにしても、A・∀・O・Ω を含まないから、「似」が「あ」段・「オ」段に交替することはない。「似る」は「なす」「ノす」とは異源語である。

「なす」「ノす」の語素構成について次のとおり考える。

「なす」と「ノす」は同一語であり、その動詞語素は NAO である。

「なす」「ノす」の語素構成は、語素 NAO に、段付加語素 SU と、活用語足が続いたもの。「なす」「ノす」の活用語足は、動詞と同一である。

「なす」「ノす」をまとめて「如す」と表記する。

【3】「如す」の終止形・連用形の遷移過程

[近畿]《連用》 つてに用法。   如す＝NOA＋SU＋¥¥→NOASU¥¥
　　母音部 OA では、近畿語完母潜顕法則により、O は潜化し、A は顕存する。
　　母音部 U¥¥ では、完母音素 U は顕存し、¥¥ は潜化する。
　　　　→NoASU ｊｊ ＝NASU＝なす
[近畿]《終止》 如す＝NOA＋SU＋W→NoASUw＝NASU＝なす
[東方]《連用》 つてに用法。   如す＝NOA＋SU＋¥¥→NOASU¥¥
　　東方語では、母音部 OA で、O が顕存して A が潜化することがある。
　　　　→NOaSU ｊｊ ＝NOSU＝ノ乙す

第87章 「如＝NOA」が語幹末尾にある形容詞 ―ク形容OA群

§1 をぢなし

ク活用形容詞で、語幹末尾に「な」があり、その「な」が"……のような"と解せる場合、その「な」は「如す」の動詞語素NOAだと考える。

【1】ク活用形容詞・形容源詞「をぢなし」の用例
《連体》 をぢなき〈乎遅奈伎〉や 吾(わ)れに劣(おと)れる 人を多み
　　　　　　　　　　　　　　　　　　　　　　　　　　　　　[仏足石歌13]
《形容源詞》 大匠(おほたくみ) をぢなみ〈袁遅那美〉コソ 隅(すみ)傾けれ
　　　　　　　　　　　　　　　　　　　　　　　　　　　　　[清寧記歌106]

【2】「をぢなし」の語素構成と意味

山口佳紀は『古代日本語文法の成立の研究』第二章第二節で、語幹末尾に「な」のある形容詞について、参考文献を挙げて解説するが、「をぢ」については「ヲヂの意が全く不明である。」という。

私見を述べる。「をぢなし」の「をぢ」は「小(を)＋爺(ぢ)」である。「小爺」の意味は、「かま鹿(しし)ノをぢ」[書紀歌107]の「をぢ」と同じで、"高齢の男性"である。

「をぢなし」の「な」は、補助動詞「如す」の語素NOAである。

「をぢなし」の原義は"高齢の男性のような"だが、上代語では、ごく一部の高齢男性に見られる短所を誇張した意味で用いられている。古事記歌106の「をぢなみ」は"思考力・注意力が足りないから"の意であり、仏足石歌13の「をぢなき」は"頑魯な"の意である。

【3】「小爺なし」がク活用になる遷移過程

「をぢなき」の語素構成は、「小(を)＋爺(ぢ)」に、「如＝NOA」と、S¥と、活用語足KYΩYが続いたもの。

　　小爺なき＝小＋爺＋NOA＋S¥＋KYΩY→をぢNOAS¥KYωY

　母音部OAはS¥Kの¥に父音素性を発揮させる。

→をぢ NOAS−¥KyY→をぢ NoAs−jKY＝をぢ NA-KY＝をぢなき甲

【4】ク形容 OA 群

語幹末尾音素節の母音部が OA である形容詞はク活用する。

語幹末尾母音部が OA である形容詞・形容源詞を**ク形容 OA 群**と呼ぶ。

§2以下で述べる「つたなし」「いらなし」「すくなし」「きたなし」「すかなし」はク形容 OA 群に属する。

§2 つたなし

正倉院文書に「つたなし〈都田无之。「无」に右傍書「奈」がある〉」[『大日本古文書』23巻42頁。正倉院文書宝亀5年11月7日]がある。平安語の用例から「つたなし」はク活用だと考える。

『時代別国語大辞典上代編』の「つたなし」の項は、綏靖紀即位前条の「懦弱不能致果」の「懦」を『日本書紀私記甲本』が「ツタナク」と読むことなどから、「つたなし」の意味を「臆病だ」と記す。意味は大体これでよいのだが、問題は、どうして「つたなし」が"臆病な"の意味になるのか、である。

この「懦弱不能致果」は、神八井耳命が弓矢を持って手研耳命を殺そうとしたが、手足が震えて矢を放てなかったことをいう。そこで次のように考える。

「つたなし」の「つた」は蔓性の植物「蔦」である。蔦や葛など蔓性の植物は、他のものに巻き付く。そのことについて『古事記』に歌がある。

　　　出雲建が　佩ける大刀　葛　多巻き　さ身無しに　あはれ

　　　　　　　　　　　　　　　　　　　　　　　　　　[景行記歌23]

"蔓性の葛が刀の柄と鞘に巻き付いていて、刀身を抜けなかったので（出雲建は倭建命に斬りかかることができなかった）"というのである。

「つたなし」の語幹は、「蔦」に「如す」の語素 NOA が続いたものだと考える。「つたなし」は「蔦如し」であり、原義は"蔓性の植物が巻き付いたような"である。

神八井耳命が「つたなく」と形容されるのは、"（持った弓矢に）蔦が巻き付いていた（わけでもなかろうに、つがえた矢を放てないとは臆病なことだ）"

ということからである。

「蔦なし」は"微力""巧みでない"の意味にもなる。これは"(指や手足に)蔦が巻き付いているようで(思うように動かせない)"ということからである。

《終止》 蔦如し＝蔦＋NOA＋S¥＋¥→つた NOAS¥¥
　　　→つた NoAS j ¥＝つた NAS¥＝つたなし

§3 いらなし

　　いらなけく〈伊良那祁久〉 其コに思ひ出　　　［応神記歌51］
「いらなけく」はク活用「いらなし」のク語法である。「いらなし」の「いら」は『岩波古語辞典補訂版』の「いらなし」の項がいうように、棘(とげ)のことである。

「いらなし」は「棘(な)＋如＋し」だと考える。「棘(いら)なし」は"とげが刺さったように、心が痛む"の意である。

§4 すくなし

【1】「すくなし」の「すく」と「すくすくト」の「すく」は同一語

語幹に「すく」を含むク活用形容詞「すくなし」がある。
　　旅ト言へば　言にソ易(やす)き　少なく〈須久奈久〉モ　妹に恋ヒつつ　為方(すべ)
　　無けなくに　　　　　　　　　　　　　　　　　　　　　［万15-3743］
「すく」が重畳する副詞「すくすくト」がある。
　　小小波路(ささなみぢ)を　すくすくト〈須久須久登〉　吾(わ)が幸行(いま)せばや
　　　　　　　　　　　　　　　　　　　　　　　　　　　［応神記歌42］

形容詞「すくなし」と副詞「すくすくト」に共有される「すく」は同一語だと考える。「すく」の原義は"育ちざかりの幼児"だと考える。

形容詞「すくなし」は「すく＋如(な)＋し」である。「すくなし」の原義は"育ちざかりの幼児のような"であり、転じて"小さい"の意味になる。

また、"育ちざかりの幼児は身長・体重がぐんぐん増える"ということから、副詞「すくすくト」は"健康に""順調に"の意味になる。

【2】「すこし」「すこやか」の「すコ」は上代語「すく」と同一語

平安語・現代語には「すこし」「すこやか」の語がある。

玉篋　小披尓　　　　　　　［万9-1740。傍訓は広瀬本に依る］
タマクシケ　スコシ　アクルニ

「すこし」「すこやか」の「すコ」は上代語「すく」と同一語で、その本質音は「す KWΩW」だと推定する。

第35章で述べたように、母音部 WΩW は、上代近畿語では W が Ω を双挟潜化して「WωW→wW」を経て W になるが、平安語・現代語では W は二つとも潜化して「wΩw＝Ω」になる。

［平安・現代］　少し＝す KWΩW し→す KwΩw し＝す KΩ し＝すコし
［平安・現代］　健やか＝す KWΩW やか→す KwΩw やか→す KΩ やか
　　　　　　　＝すコやか

【3】上代語ク活用形容詞連用形「少なく」の遷移過程

《連用》　少なく＝す KWΩW＋NOA＋S￥＋KWU

　　→す KWΩWNOAS−￥KwU→す KWωWNOAs−*j* KU

　　→す KwWNoA−KU＝す KWNA く＝すくなく

§5　きたなし

『日本書紀』では、神代上紀第五段一書第六の「汙穢」について、第五段一書第七に「きたなき〈枳多儺枳〉」という注があり、「きたなき」は"汙穢"の意味で用いられる。

一方、宣命43には、天皇位を簒奪しようとした犬部姉女が「きたなく悪しき奴」と結託したという文言や、「きたなき佐保川」という語句がある。
　　　　　　　　　　　　　　　　　　いぬべノあねめ

きたなく〈岐多奈久〉悪しき奴ドモト相ひ結び謀りけらく、朝庭を傾ケ
　　　　　　　　　やつこ　　あ　　　はか　　　　　　みかど　かたぶ
奉り、国家を乱りて（中略）天皇ノ大御髪を盗み給はりて、きたなき
まつ　　あめノした　みだ　　　　　　おほみかみ
〈岐多奈伎〉佐保川ノ髑髏に入れて　　　　［続紀神護景雲三年宣命43］
　　　　　　　　　ひとがしら

どうして「きたなき」は、天皇位を簒奪しようとする謀叛人を形容するのに用いられるのか。また、どうして「きたなき」は「佐保」の前に置かれるのか。

「きたなし」の語幹の語素構成は「北＋如」だと考える。「きたなし」の「き
　　　　　　　　　　　　　　　　　　　な
た」は、漢字「北」の訓「きた」を借りて、漢字たる「北」の意味を表した

第87章

ものだと考える。

　漢字の「北」はどんな意味か。『説文解字』には「北、乖也、从二人相背」とある。これを『角川新字源』は「たがいに背を向け合っているふたりのさまにより、そむく意を表す」と訳す。
　それで「北如し」は"「そむく」ような"の意味になる。
　「きたなく悪しき奴」は"(天皇に) 背く、悪い奴"の意である。
　「きたなき佐保」の「きたなき」も"そむくような""天皇位を簒奪しようとした"の意である。説明しよう。
　上代人なら、"天皇位を簒奪しようとした"といえば誰を想いおこすか。
　垂仁天皇の時代、天皇を殺して天下を奪おうとした兄妹がいた。狭穂彦王・狭穂姫である(垂仁記・垂仁紀参照)。それで、「きたなき」＝"天皇位を簒奪しようとした"といえば「さほ」を想いおこす。「きたなき佐保」の「きたなき」は、文意の根幹にあずかる語ではなく、「佐保」を想いおこさせる想起詞である。

§6　すかなし

　　心には　揺るふコトなく　すかノ山　すかなく〈須可奈久〉ノミや　恋
　　ヒわたりなむ　　　　　　　　　　　　　　　　　　[万17-4015]
　歌の趣意は次のようである。(この人は) 心で揺るぎなく"飼っていた鷹はきっと帰って来るだろう"と信じて待ち続けているけれど、(鷹は帰って来ないだろうから) 期待はずれに終わり、鷹の帰りをむなしく待ち続けるだけになるだろう。
　「すか」という語は次の歌にも見える。
　　美夜自呂ノ　すか〈須可〉辺に立てる　顔が花　な咲き出でソね　籠メ
　　て偲はむ　　　　　　　　　　　　　　　　　　　　[万14-3575東歌]
　「すかなし」「すか辺」の「すか」は、動詞"空く"の語素「すK」に、助詞「あ＝A¥」が付いたものだと考える。「すか」の原義は"空虚"である。
　「すかなし」の語幹「すかな」は、この「すか」に「如」が続いたものだと考える。「すかなし」の原義は"空虚のような"である。万4015の「すかなく」は"期待は外れ、望みはかなわず、がっかり"の意である。

365

「すか辺」は"実りがない場所"で、"不毛の地""荒れ地"のことである。

§7 おぎ口なし

「おぎ口なき」[万20-4360]の「おぎ口な」が「大＋君＋助詞ロ＋如」であることは既に述べた。ここでは連体形「おぎ口なき」の遷移過程を述べる。

　　　大君ロ如き ＝ ΩΩPΩΩ ＋ KGYMY ＋ R∀Ω ＋ NOA ＋ S￥ ＋ KYΩY

　　　→ΩΩpΩΩK–GYMY–RαΩ–NOAS–￥KYωY

　　　→ΩωωΩk–GYMY–RΩ–NOAs–jKyY

　　　→ΩΩ–GYMY–RΩ–NoA–KY

ΩΩの初頭にある父音部のΩとMは、呼応潜顕し、双方とも潜化する。

　　　→ωΩ–GYmY ロ NA き→お GyY ロ なき ＝ おぎ甲ロ乙なき甲

第88章 「たづ」の原義とシク活用「たづたづし」 ― WΩW

§1 鶴が「たづ」と呼ばれる理由

「たづ」を"鶴"の意味で用いた最古の用例は軽太子の歌である。

　　天飛ぶ　鳥モ使ひソ　鶴〈多豆〉が音ノ　聞コイェむ時は　吾が名問はさね　　　　　　　　　　　　　　　　　　　　　　　[允恭記歌84]

『万葉集』には、「見つるかモ」を「見鶴鴨」[万1-81など]と表記するように、「鶴」を「つる」と読む例がある。上代では、「鶴」は「つる」と読まれた。それなのに、どうして軽太子は"鶴"のことを「たづ」と表すのか。

軽太子がこの歌を詠むまで、「たづ」には"鶴"の意味はなかった。「たづ」の原義は"片足立ち"だと考える。原義どおりにこの歌を訳せば次のようである。

天空を飛ぶ鳥も（最新の情報を伝える）使者だ。だから、"片足立ち"の鳴き声が聞こえるような時は、私が何と名宣っているか、聞いてほしい。(天皇に即位して、何々宮に坐す誰某天皇と名宣っているよ。)

この歌を聞いた上代人は、一瞬、"空を飛ぶ鳥で、「たづ」（片足立ち）す

るものとは何だろう"と思うが、すぐ、"片足立ちするが空を飛ぶ鳥、それは鶴だ。軽太子は鶴のことを「たづ」と表したのだ"と気付く。軽太子の気概と歌の技法に感動した歌人たちは、これ以後"鶴"を「たづ」というようになる。

§2 シク活用「たづたづし」

【1】上代語「たづたづし」と平安語・現代語「たドたドし」
（1）上代語「たづたづし」の意味。
　　　あな　たづたづし〈多豆多頭思〉　友無しにして　　　　　［万4-575］
　この歌の「たづたづし」の意味は『時代別国語大辞典上代編』「たづたづし」の項によれば「たよりない・心細い」である。
　　　夕闇は　道たづたづし〈多豆多頭四〉　　　　　　　　　　［万4-709］
　　　ゆふやみ
　この歌の「たづたづし」の意味は同書同項によれば「あぶなっかしい。確かでない」である。
　「たづたづし」の「たづ」は允恭記歌84の「たづ」と同じ語で、"片足立ち"の意である。その「たづ」を二つ重ねて語幹とした形容詞「たづたづし」の原義は"片足立ちのように不安定な"である。それで、"たよりない"や"あぶなっかしい"の意味になる。
（2）上代語「たづたづし」が平安語で「たドたドし」になる理由。
　上代語の「たづたづし」の語幹は平安語・現代語では「たドたド」に転じる。
　　　手つき口つき、みなたどたどしからず。見聞きわたりはべりき。
　　　　　　　　　　　　　　　　　　　　　　　　　　［源氏物語帚木］
　このように、上代近畿語では「う」段で、平安語・現代語では「オ」段に転じる音素節として、「過ぐす・過ゴす」第二音素節がある。「過ぐす・過ゴす」第二音素節の母音部は、第35章で述べたように、WΩWである。そこで「たづたづし」の第二音素節・第四音素節「づ」の母音部はWΩWだと推定する。
【2】「たづたづし」の遷移過程
　「たづたづし」は、その語幹末尾音素節母音部がWΩWだから、シク形容

WΩW 群に属する。

《終止》　たづたづし＝たづ＋た DWΩW＋S¥＋¥→たづた DWωW-S ｊ ¥
　　　　→たづた DwW-S¥＝たづた DW-S¥＝たづたづし

第89章　「おほほし・おぼほし」「おほロか」「おほならば」

§1　おほほし・おぼほし

【1】「おほほし」と「おぼほし」は同一語。
　第二音素節が清音の「おほほし」と濁音の「おぼほし」がある。
［上代1］　いふかしみ、おほほし〈意保保志〉み念（おも）はむか
　　　　　　　　［正倉院文書「孝謙天皇詔」。天平勝宝九歳三月。宣命64］
　　　国遠き　道ノ長道を　おほほしく〈意保保斯久〉　今日や過ぎなむ　事
　　　問ひ(て)モ無く　　　　　　　　　　　　　　　　　［万5-884］
　　　母が目見ずて　おほほしく〈意保保斯久〉　何方（いづち）向きてか　吾が別るら
　　　む　　　　　　　　　　　　　　　　　　　　　　　［万5-887］
　　　己妻（おのづま）を　人ノ里におき　おほほしく〈於保保思久〉　見つつゾ来ぬ
　　　此ノ道ノ間（あひだ）　　　　　　　　　　　　　［万14-3571防人歌］
　　　老夫（おきな）ノ歌に　おほほしき〈大欲寸〉　九ノ子（ココノ）らや　感ケてをらむ
　　　　　　　　　　　　　　　　　　　　　　　　　　　［万16-3794］
［上代2］　海媛女（あまをとめ）　漁（いざ）り焚（た）く火ノ　おぼほしく〈於煩保之久〉　角（つの）ノ松原
　　思ほゆるかモ　　　　　　　　　　　　　　　　　　　［万17-3899］
　『時代別国語大辞典上代編』は「おほほし」の項で「おぼほし」についても説明する。「おほほし」と「おぼほし」を同一語だとするのである。私も、「いふ」「いぶ」が同一語であるのと同様、「おほほし」と「おぼほし」は同一語だと考える。

【2】「おほほし・おぼほし」の語素
　『時代別国語大辞典上代編』は「おほ［凡］」の項で、「形容詞オホホシはこのオホの重複形オホオホのシク活用化したもの」という。私はこの説に賛同し、語幹「おほほ・おぼほ」は語素「おほ」が重複したものと考える。「お

ほほ・おぽほ」の語素「おほ」はΩMPΩだと推定する。

「おほほし・おぽほし」は「ΩMPΩ+ΩMPΩ」であり、その末尾音素節の母音部はΩだから、「おほほし・おぽほし」はシク形容Ω群に属する。

ΩMPΩは「大・多」の本質音ΩΩPΩΩとは異なる。「おほほし・おぽほし」は「大し・多し」とは異源語である。

【3】「おほほしく」「おぽほしく」の遷移過程

[上代1] おほほしく＝ΩMPΩ＋ΩMPΩ＋S¥＋KWU

→ΩMPΩΩMPΩ-S¥-KwU＝ΩMPΩΩMPΩ しく

ΩMPΩΩMPΩ では、初頭の ΩMP の部分で、M が Ω に付着する場合としない場合がある。付着する場合は音素節 ΩM が形成される。

→ΩM-PΩΩMPΩ しく

PΩΩMP の M は直前の母類音素 Ω に付着して音素節 PΩΩM を形成する。

→Ωm-PΩΩM-PΩ しく→Ω-PΩΩm ほしく→お PωΩ ほしく

＝お PΩ ほしく＝おほほしく

[上代2] おぽほしく→ΩMPΩΩMPΩ-S¥-KwU

初頭の ΩMP では MP は融合する。

→Ω-{MP}ΩΩMPΩ しく→お *B*ΩΩMPΩ しく

ΩΩMP の M は Ω に付着して、音素節 *B*ΩΩM を形成する。

→お *B*ΩΩM-PΩ しく→お *B*ΩΩm ほしく

→お *B*ωΩ ほしく＝おぽほしく

§2 「おほ＝ΩMPΩ」の原義と「おほほし・おぽほし」の意味

『時代別国語大辞典上代編』は、万3899の「おぽほしく」の意味を「ものの形がおぼろである。ぼんやりしている」とし、万3571の「おほほしく」を「心がぼんやりとして晴れない」「おろかである」とし、万3794の「おほほしき」を「おろかである」とする。私はこれらの解釈に賛同する。

問題にしたいのは、「おほほ・おぽほ」に含まれる語素「おほ＝ΩMPΩ」の原義は何か、である。

宣命64では、「おほほし」は「いふかし」と並記される。そこで「おほほし」と「いふかし」は似た意味だと推察する。

「いふ・いぶ」は「燻(いぶ)す」の「いぶ」であり、煙りが多く出る状況である。上代の自然環境を思うと、"煙りが多く出る"に似た状況として、"霧や霞の中にいる"状況を挙げることができる。そこで語素「おほ」の原義は"霧や霞の中にいる状況"だと推察する。

「おほほし・おぼほし」の意味が「ものの形がおぼろである。ぼんやりしている」になるのは、「おほ」が"霧や霞の中にいる状況"だからである。

「心がぼんやりとして晴れない」の意味になるのは、「おほ」の原義を、心の状況を表すのに用いて、"自分の心は霧の中にいるようで、ぼんやりして晴れない"としたのである。

「おろかである」の意味になるのは、「おほ」の原義を頭脳の状況を表すのに用いて、"頭脳の中が霧の中のようで、考えることができない"ということである。

§3　おほロか・おほならば・己が生(を)をおほにな思ひソ・朝霧ノおほ

【1】上代語「おほロか」と現代語「おぼろ」

（1）上代語「おほロか」。

磐之媛(いはノひめ)が　おほロか〈飫朋呂伽〉に　聞コさぬ［仁徳紀30年 紀歌56］

「おほロか」は、"霧や霞の中にいる状況"の意味の「おほ＝ΩMPΩ」に、助詞「ロ」と助詞「か」が続いたものだと考える。

歌意は次のようである。（私が八田(やた)皇女を宮中に娶り入れたことを）皇后磐之媛は"その事は霧霞の中で行われたことのようで、よく見えない。見なかったことにしましょう"とは、お思いにならない。

　　おほロか＝ΩMPΩ＋ロ＋か→ΩMPΩロか→ΩM-PΩロか

　　→Ωmほロか＝おほロか

（2）現代語「おぼろ」。

現代語「おぼろ」の語素構成は上代語「おほロか」の「おほロ」と同一である。現代語ではMPは融合する。

　　朧＝ΩMPΩ＋ロ→Ω|MP|Ωロ→お$B\Omega$ロ＝おぼロ

「おぼロ」の原義は"霧や霞の中にいるようでぼんやりしている"である。

「おぼロ月夜」は「おぼ＋ロ＋月夜」で、"「おぼ」の月"すなわち"霞の

中の月"の意である。

【2】おほならば かモかモせむを

おほならば〈凡有者〉 かモかモせむを 畏みト 振りたき袖を 忍ビてあるかモ　　　　　　　　　　　　　　　　　　　　　[万6-965]

「おほならば」は"霧の中（で出会い、私が何をしても他人には見えないの）だったら"の意。

【3】己が生を おほにな思ひソ

己が生を おほ〈於保〉にな思ひソ 庭に立ち 笑ますが故に 駒に逢ふモノを　　　　　　　　　　　　　　　　　　　　[万14-3535東歌]

「己がを」は、"自分の命"から転じて、"自分の人生"の意を表す。

歌意。自分の人生を、"（自分は）霧の中にいる（ようなもので、むやみに行動すると危ない。何もしないのが一番良い）"などと思ってはいけません。庭に立ってにこにこ笑っていらっしゃるだけで、駒（に乗った貴人）に出会え（て、その御方と結婚することにな）るかもしれないのに。

【4】朝霧ノおほ

朝霧ノ　おほ〈髣髴〉になりつつ　　　　　　　　　　　　[万3-481]

「朝霧ノ」は枕詞。"朝の霧"といえば、"霧の中にいる状況"すなわち「おほ」を想いおこす。それで、「朝霧ノ」は「おほ」にかかる。

第90章　語幹末尾に「助詞か＋如」があるク活用形容詞

§1　たづかなし

拙なく　たづかなき〈多豆何奈伎〉朕が時

[続紀天平勝宝元年宣命13]

ク活用「たづかなし」の「たづ」は「たづたづし」の「たづ」と同一語で、"片足立ち"の意である。「か」は助詞K∀である。「な」は「をぢなし」「つたなし」の「な」と同一語で、"……のような"の意味を添える語素「如＝NOA」である。

「たづかなし」は、"片足立ちとか、それに類似したような"が原義で、"頼

371

りない"の意味になる。

「たづかなし」は、その語幹末尾音素節の母音部が OA だから、ク形容 OA 群に属する。

　　たづかなき＝たづ＋K∀＋NOA＋S￥＋KYΩY

　　→たづか NOAS-￥KYωY→たづか NOAs-ｊKyY

　　→たづか NoA-KY＝たづか NA-KY＝たづかなき甲

§2　おほつかなし

一字一仮名の用例ではないが「於保束無」を「おほつかなく」と読む説に従って、その語素構成と意味を述べる。

　　水鳥ノ　鴨ノ羽色(はいろ)ノ　春山ノ　おほつかなく〈於保束無〉モ　思(おモ)ほゆるかモ　　　　　　　　　　　　　　　　　　　　〔万8-1451〕

「おほつかなく」の「おほ」は「おほほし」「おほ口か」の「おほ＝ΩMPΩ」と同一語で、"霧や霞の中にいる状況"。「つ」は「遠つ人〈等富都比等〉」〔万5-857〕の「つ」と同じく、助詞である。「か」は助詞 K∀。「な」は「如(な)＝NOA」である。

「おほつかなく」は、"霧や霞の中にいるとか、それに類似したような"が原義で、"ぼんやりと""明瞭ではなく"の意味になる。

語幹末尾の母音部が OA だから、「おほつかなし」はク形容 OA 群に属する。

　　おほつかなく＝おほ＋つ＋か＋NOA＋S￥＋KWU

　　→おほつか NOAS-￥KwU→おほつか NoAs-ｊKU

　　＝おほつか NA-KU＝おほつかなく

第七部 「欲し」「時じ」「同じ」

第91章　動詞「欲る」と形容詞「欲し」 —シク形容￥群

§1　四段動詞「欲る」　POR￥

四段動詞「欲る」がある。
《連用》 つてに用法。　此くや　恋ヒむモ　君が目を欲り〈報梨〉
　　　　　　　　　　　　　　　　　　　　［斉明紀7年 紀歌123］
《連体》 玉ならば　吾が欲る〈褒屢〉玉ノ　鮑白玉
　　　　　　　　　　　　　　　　　　　　［武烈即位前 紀歌92］
「欲る」の動詞語素は POR￥ だと推定する。
《連用》 つてに用法。　欲り ＝ POR￥ ＋ ￥￥ → POR￥￥￥
　　→ POR j j ￥ ＝ POR￥ ＝ ほり
《連体》 欲る ＝ 欲R￥ ＋ AU → POR￥AU → POR j aU ＝ PORU ＝ ほる

§2　サ変動詞「欲りす」

【1】上代語のサ変動詞「欲りす」
《未然》 ずむ用法。　汝が目欲りせむ〈保里勢牟〉　　［万14-3383東歌］
　サ変「欲りす」は、動詞「欲る」の語素 POR￥ に、サ変動詞「為」が続いたもの。
　　欲りせむ ＝ POR￥ ＋ SYOY ＋ YWRY ＋ ∀ ＋ む
　　→ POR￥SYOYYwrY∀む → PO-R￥-S{YOY} YY∀む
　　→ ほりS{YOY} yyαむ ＝ ほりS{YOY}む ＝ ほりせむ

【2】現代語のサ変動詞「欲する」が促音便「ほっする」になる遷移過程
《終止》　欲する ＝ POR￥ ＋ SYOY ＋ YWRY ＋ W
　　→ POR￥SYOYYWRYW
　YOYYW と YW は呼応潜頭して、共に W になる。後者では W は顕存し、

Yは潜化する。これに呼応して、前者では末尾のWのみが顕存し、他は潜化する。

　　→POR￥SyoyyW–RyW＝POR￥SWる

　母音部OにR￥Sが続く場合、Oは￥に父音素性を発揮させる。

　R￥SWでは、R￥Sが父音部になり、Wは母音部になる。父音部R￥Sでは、前方にあるRと￥が潜化する。これによって促音便が形成される。

　　→PO´r𝑗SWる＝ほっする

§3 「見が欲し国」の「欲し」は形容源詞

　　吾が見が欲し〈本斯〉国は葛城　　　　　　　　　[仁徳記歌58]

　この「欲し」は形容詞の終止形の形でありながら後続の名詞を修飾するから、形容源詞である。形容源詞「欲し」の語素構成は、動詞「欲る」の語素POR￥に形容源化語素S￥が続いたものである。

《形容源詞》　欲し＝POR￥＋S￥→POR￥S￥

　母音部OにR￥Sが続く場合、Oは￥に父音素性を発揮させる。父音素性を発揮する音素がR・￥・S三つ続くので、RはOに付着して音素節PORを形成する。

　　→POR–￥S￥→POr–￥S￥＝PO–￥S￥

　父音部￥Sでは、￥は潜化し、父音素Sは顕存する。

　　→PO–𝑗S￥＝PO–S￥＝ほし

§4　形容詞「欲し」

【1】シク活用形容詞「欲し」の遷移過程

《連用》　いや見が欲しく〈保之久〉　　　　　　　　　[万18-4111]

　連用形「欲しく」は、動詞語素POR￥に、形容源化語素S￥と、活用語足KWUが続いたものである。

　　欲しく＝POR￥＋S￥＋KWU→POR￥S￥KwU

　母音部OはR￥Sの￥に父音素性を発揮させる。

　　→POR–￥S￥KU→POr–𝑗S￥KU＝PO–S￥KU＝ほしく

【2】シク活用「思ほしき」の語素構成と遷移過程

思ほしき〈於母保之伎〉 言伝遣らず　　　　[万17-3962]

「思ほし」は"心に望んでいる"の意のシク活用形容詞である。語素構成は、動詞語素「思P」に、「欲し」の動詞語素POR¥と、S¥と、KYΩYが続いたものである。

思欲しき＝思P＋POR¥＋S¥＋KYΩY→思PPOR¥S¥KYωY

→思PpOR¥S¥KYY→思POR-¥S¥KyY

→思POr-jS¥KY＝思PO-S¥KY＝おモほしき甲

【3】シク形容¥群

語幹末尾音素節の母音部が¥である形容詞はシク活用する。

語幹末尾母音部が¥である形容詞・形容源詞をシク形容¥群と呼ぶ。

第92章　シク活用形容詞「時じ」と形容源詞「鳥じ」

§1　シク活用形容詞「時じ」

【1】形容詞「時じ」の用例

形容詞「時じ」には"特定の時ではなく、いつでも""一時期だけではなく、ずっと""しかるべき時節ではない"などの意味がある。

《未然》　ずむ用法。　来ませ吾が夫子　時じけメやモ〈時自異目八方〉

[万4-491]

《連用》　時じくソ〈時自久曽〉　雪は降りける　　　　[万3-317]

【2】連用形「時じく」の遷移過程

連用形「時じく」の語素構成は、「時」に、否定助動詞の語素N¥と、形容源化語素S¥と、活用語足KWUが続いたものである。

《連用》　時じく＝時＋N¥＋S¥＋KWU→時N¥S¥KwU

母音部¥にS¥Kが続く場合、母音部¥はS¥Kの¥に母音素性を発揮させる。S¥とKの間で音素節が分離する。

→時N¥S¥-KU

N・Sに挟まれた¥は潜化する。NSは融合する。

→時 N j S¥ く →時 |NS| ¥ く ＝時 Z¥ く ＝トきじく

　形容詞「時じ」の遷移過程では形容源化語素 S¥ の S・¥ は共に顕存するから、「時じ」はシク活用に含まれる。

　「時じ」は語幹末尾母音部が¥だから、シク形容¥群に属する。

§2　形容源詞「鳥じモノ」

【1】「鳥じモノ」の語素構成と遷移過程

　　鳥じモノ〈鳥自物〉　海に浮き居て　　　　　　　［万7-1184］
　　鹿じモノ〈鹿自物〉　斎ひ伏しつつ　　　　　　　［万2-199］

　「鳥じモノ」は"鳥ではないが、まるで鳥のように"の意であり、「鹿じモノ」は"鹿ではないが、まるで鹿のように"の意である。

　「鳥じモノ」の「鳥じ」は形容源詞である。その語素構成は、「鳥」に、否定助動詞語素 N¥ と、形容源化語素 S¥ が下接・縮約したもの。

　　鳥じモノ＝鳥＋N¥＋S¥＋モノ→鳥 N¥S¥ モノ→鳥 N j S¥ モノ
　　→鳥 |NS| ¥ モノ＝鳥 Z¥ モノ＝トりじモノ

【2】「名詞＋じ＋モノ」の「名詞＋じ」はシク形容¥群

　「鳥じモノ」は、語幹末尾母音部が¥だから、シク形容¥群に属する。

　「鴨じモノ〈可母自毛能〉」［万15-3649］・「鹿じモノ〈鹿自物〉」［万2-199］・「男じモノ〈男士物〉」［万11-2580］なども同様である。

第93章　語幹末尾に「無(な)」がある形容詞

§1　心無し・あづき無し

　語幹末尾の「な」が「無(な)」である形容詞がある。

（1）心無し。
　　真遠(まト)くノ　野にモ遇(あ)はなむ　心無(な)く〈己許呂奈久〉　里ノみ中に　遇(あ)へる夫(せ)なかモ　　　　　　　　　　　　　　　［万14-3463東歌］

　この歌の「心無く」は"私の望む心どおりでは無く"の意である。

　歌意。（誰からも見られない）遠くの野原の中で出遇えたら良かったのに

第93章

(駆け寄れるから)。私の希望に反して、(人が大勢いる)里のまん中で出遇ってしまった愛する人よ。

(2) あづき無し。
　　面形ノ　忘る門有らば　あづき無く〈小豆鳴〉　男じモノや　恋ヒつつ居らむ　　　　　　　　　　　　　　　　　　　　　　　　［万11-2580］

「あづき」は"正常な行動規範"の意であり、「あづき無く」は"常軌を逸して"の意である。

　歌意。(つらい失恋をしたが、あの人の)顔を忘れることのできる門はこれだ、という門があるならば、(私は女だが、女としての)正常な行動規範に従うこと無く、男がするように、何人もの相方に次々に恋を(するという道に入門)しよう。

　　あづき無く〈小豆奈九〉　何ノ狂言　今更に　小童言する　老人にして　　　　　　　　　　　　　　　　　　　　　　　　　　　　　　［万11-2582］

　歌意。正常な行動規範に背いて、何という非常識なこと(を言ってしまったことだ)。今この年になりながら、小児の言うようなことを言ったものだ、(私は分別ある)老人なのに。

　　なかなかに　黙然モあらましを　あづき無く〈小豆無〉　相ひ見始メてモ　吾れは恋ふるか　　　　　　　　　　　　　　　　　　　［万12-2899］

　歌意。いっそ(あの人に)声をかけなければよかった。正常な行動規範に背くことだが、初めて会って(あの人と深く愛し合うようになりながら)、(逢うことさえもできなくなり)私があの人に恋い焦がれることになろうとは。

§2　かたじケ無し

　宣命にはク活用形容詞「かたじケなし」がある。
① 吉備ノ朝臣は朕が太子ト坐しし時より、師トして教へ悟しける多ノ年歴ぬ。今は身モ敢へずあるらむモノを、夜昼退らずして護り助ケ奉へ侍るを見れば、かたじケなみ〈可多自気奈弥〉なモ念ほす。然かれドモ、人トして恩みを知らず恩みを報いぬをば聖ノ御法にモ禁メ給へるモノにあり。是を以ちて吉備朝臣に右大臣ノ位を授ケ賜ふ。　　　［続紀天平神護二年宣命41］

377

② 賢（さか）しき臣たちノ、世を累（かさ）ねて仕へ奉りまさへる事をなモ、かたじケなみ〈加多自気奈美〉いそしみ思ほし坐す。　　　　　［続紀宝亀二年宣命52］
③ 皇太子ノ位に謀反大逆人ノ子を治メ賜へれば、卿（おほおみ）ら、百官人（おほみやひと）ら、天ノ下ノ百姓ノ念（おも）へらまくモ、恥づかし、かたじケなし〈賀多自気奈志〉。

［続紀宝亀三年宣命54］

「かたじケなし」は上代語では『続日本紀』の宣命の中でのみ用いられる。そこで「かたじケなし」は、律令制度における天皇のみが用いる語だと考える。天皇専用語たる「かたじケなし」の意味は何か。

「かたじケなし」を用いた三つの用例では、話者たる天皇が「かたじケなし」といった時の心情を明瞭に知ることができる。

宣命41では、"深く恩義を感じている"。

宣命52では、"懸命に勤務してくれたことを感謝している"。

宣命54では、"〔大逆をたくらむ人の子を皇太子にしている〕と人々が知ったら恥ずかしい"。

そこで「かたじケなし」は、天皇が心情を表す際の表し方に関する形容詞だと考える。

「かたじケなし」の語素構成については、岡田希雄が「新訳華厳経音義私記倭訓攷」『国語国文』11－3の22〜23頁で述べたものがある。岡田は、上代語・平安語の「かたじケなし」の用例・訓解を挙げ、本居宣長の見解を紹介・批判した上で、「かたじケなし」の意味を「元来容貌の猥悪を云ふ」と述べ、語素構成について、「カタは貌にてナシは無シであり」、「ジケは不明だが、ジはシシジモノなどのジか。ケも様子を示す語と見られぬ事も無い。」という。

私見は岡田説に従う部分が多いが、「容貌の猥悪を云ふ」という解釈には賛同できない。「かた」の解釈についても同意できないところがある。

私見を述べよう。「かたじ」の「じ」は、「鳥じモノ」などの「じ」であり、"本質的には……ではないのだが、まるで……のように"の意味である。

「かたじ」の「かた」は「形」である。「じ」の直前にある語は体言であり、「鹿じ」「男じ」の用例のように、習性・特性を表現するために用いられることが多い。そこで「形」は"感情をそのまま顔の形に表す人"の意だと考え

る。

　「ケ」は、「静ケし」「確ケし」などの「ケ」と同じで、"……のような"の意味を添える語素である。

　「形じケ」の意味は次のようだといえる。"(私は天皇だから) 心情を、軽々しく顔の形に表さないのだが、(今だけは感じる程度が非常に強いので) まるで〔心情をそのまま顔の表情に出す人〕であるかのように、顔に出すような"。

　「形じケな」の「な」は"無"であり、上記の「形じケ」の内容に"……ことはせずに"の意を付加するものである。

　まとめると「形じケ無し」の意味は次のようである。

　(私は律令制度での天皇だから) 心情を顔の形に表さないのだが、(今だけは感じる程度が非常に強いので)〔心情をそのまま顔の表情に出す人〕のように顔に出す(か、というと、それでもやはり天皇だから) 顔の形には出さないが、非常に深く感じているのだ。

　「あづき無し」「形じケ無し」の語幹末尾にある「無」の母音部はAだから、これらはク形容A群に属する。

《終止》　形じケ無し＝形＋N¥＋S¥＋ケ＋NA＋S¥＋¥
　　　→形 N j S¥ ケ NA–S¥ ¥→形 {NS} ¥ ケ NA–S j ¥
　　　→形 Z¥ ケ な S¥ ＝かたじけなし

第94章　形容源詞「おなじ・おやじ」とシク活用形容詞連体形「おなじき」

§1　形容源詞「おなじ・おやじ」

【1】形容源詞「おなじ」「おやじ」の用例
［上代1］　君がむた　行かましモノを　おなじ〈於奈自〉コト　後れて居れド　良きコトモ無し　　　　　　　　　　　　　　　　　　　　　　　　［万15–3773］
［上代2］　橘は　己が枝枝　成れれドモ　玉に貫く時　おやじ〈於野児〉緒に貫く　　　　　　　　　　　　　　　　　　　　　　　　　　　［天智紀10年 紀歌125］

【2】「同じ」が「おやじ」とも「おなじ」とも読まれる理由

　形容源詞「おなじ」の語幹と形容源詞「おやじ」の語幹は同一語で、OYNYAM￥だと推定する。

[上代1]　同じ＝OYNYAM￥＋S￥→OYNYAM￥S￥

　OYNYAでは、NがYに双挟潜化される場合とされない場合とがある。Nが双挟潜化されなければ、Nの直前で音素節が分離し、「おなじ」になる。

　　　　→OY-NYAM￥S￥→Oy-NyAM￥S￥＝O-NAM￥S￥

　　M・Sに挟まれた￥は潜化する。MSは融合する。

　　　　→おな-MjS￥＝おな|MS|￥＝おなZ￥＝おなじ

[上代2]　同じ→OYNYAM￥S￥

　NはYに双挟潜化される。YYAは音素節を形成する。

　　　　→OYnYAMjS￥→O-YYA-Z￥→おYyAじ＝おYAじ＝おやじ

§2　シク活用形容詞連体形「おなじき」の遷移過程

【1】シク活用形容詞「おなじ」の用例

《連体》　月見れば　おなじき〈於奈自伎〉里を　心隔てつ　[万18-4076]

【2】シク活用形容詞連体形「おなじき」の遷移過程

　「おなじき」の語素構成は語幹OYNYAM￥に、形容源化語素S￥と、活用語足KYΩYが続いたものである。

　　　　同じき＝OYNYAM￥＋S￥＋KYΩY→OY-NYAM￥S￥KYωY

　　M直後の￥はS￥Kの￥に母音素性を発揮させる。

　　M・Sに挟まれた￥は潜化する。MSは融合する。

　　　　→Oy-NyAM￥S￥-KyY→O-NAMjS￥-KY

　　　　→O-NA|MS|￥-KY→おなZ￥-KY＝おなじき甲

　形容詞「同じ」は、語幹末尾母音部が￥だから、シク形容￥群に属する。

第八部　否定推量助動詞「ましじ」「じ」

第95章　上代語「ましじ」・平安語「まじ」

【1】上代語助動詞「ましじ」の遷移過程

　上代語にはク活用する助動詞「ましじ」がある。
《終止》今城ノ内は　忘らゆましじ〈麻旨珥〉　　　［斉明紀4年 紀歌96］
《連体》うらぐはノ木　寄るましじき〈予屢麻志士*枳〉　川ノ隈隈　寄口ほひ行くかモ　［仁徳30年 紀歌56。＊「士」は前田本・北野本などによる］
　「ましじ」の助動詞語素は WWM∀ だと推定する。
　WWM∀ の原義は"容易に完遂できる状況"である。
　「寄るましじき」の語素構成は、「寄R」に、助動詞語素 WWM∀ と、形容源化語素 S¥ と、否定助動詞語素 N¥ と、形容源化語素 S¥ と、形容詞の活用語足 KYΩY が続いたもの。
　WWM∀ に S¥ が続くと"容易に完遂できそうな"の意味になる。その後に否定を表す N¥ が続くと、"容易に完遂できそうだが、実際はその逆で、きわめて困難、もしくは不可能"の意味になる。その後に S¥ が続くと、"容易に完遂できそうだが、実際にはきわめて困難で、不可能といえるような"の意味になる。
　「寄るましじき」は"寄ってきて一緒になるのは簡単そうだが、実際にはきわめて困難、もしくは不可能な"の意である。

　　　寄るましじき＝寄R＋WWM∀＋S¥＋N¥＋S¥＋KYΩY
　　　→ヨ RwWM∀S¥N¥S¥KYωY
母音部 ∀ に S¥N が続く場合、∀ は ¥ に母音素性を発揮させる。
S¥ と N¥S¥ の間で音素節が分離する。
　　　→ヨ RW-M∀-S¥-N¥S¥KyY＝ヨるまし N¥S¥KY
N¥S¥K では、N の直後の ¥ は S¥K の ¥ に母音素性を発揮させる。
N・S に挟まれた ¥ は潜化する。

→ヨるまし N𝑗S¥-KY→ヨるまし |NS| ¥-KY→ヨるましじき甲
　助動詞「ましじ」は、語幹末尾母音部が¥だから、シク形容¥群に属する。
【2】「ましじ」が平安語で「まじ」になる**遷移過程**
　平安語にはク活用する助動詞「まじ」がある。
　　むくさにわかれんことは　えあるまじき事になん
　　　　　　　　　　　　　　　　　　　　　　［古今和歌集仮名序］
　平安語の「まじき」の語素構成は上代語の「ましじき」と同一である。
　　有るまじき→あ R¥¥+WWM∀+S¥+N¥+S¥+KYΩY
　　→あ R𝑗𝑗WW-M∀S¥N¥S¥KYωY
　平安語では、S¥N¥S¥で三つの母音部¥・¥・¥は呼応潜顕し、末尾の¥のみが顕存し、他は潜化する。
　この呼応潜顕を果たすために、まず∀S¥Nの¥が父音素性を発揮する。∀の直後で父音素性を発揮する音素がS・¥・N三連続するので、Sは∀に付着して音素節M∀Sを形成する。
　　→あ RwW-M∀S-¥N¥S¥KyY→ある M∀s-𝑗N¥S¥KY
　　→ある M∀-N𝑗S¥き→あるま|NS|¥き=あるまじき
　助動詞「まじ」は、語幹末尾母音部が¥だから、シク形容¥群に属する。

第96章　否定推量助動詞「じ」

【1】否定推量助動詞「じ」の用例
　否定推量の意を表す助動詞「じ」には終止形と連体形の用例がある。終止形は「じ」であり、連体形は「じ」と「じい」である。
《終止》　若ければ　道行き知らじ〈之良士〉　　　　　　［万5-905］
《連体》　［上代1］　然かにはあらじか〈阿羅慈迦〉　　　　［万5-800］
［上代2］　玉ノ緒ノ　絶イェじい〈不絶射〉妹ト　結びてし　事は果たさず
［万3-481。「不絶射妹」を「たイェじいいも」と読む説に従って論を進める］
【2】否定推量助動詞「じ」の語素構成
　助動詞「じ」の語素構成は、意志助動詞語素 MΩ に、否定助動詞語素 N¥ と、形容源化語素 S¥ と、活用語足が続いたもの。

終止形の活用語足は￥、連体形の活用語足はYだと推定する。
「じ」は動詞未然形ずむ用法に続く。

【3】否定推量助動詞「じ」の遷移過程
《終止》 知らじ＝知R＋∀＋MΩ＋N￥＋S￥＋￥→しR∀MΩN￥S￥￥

弱母音素∀に父音素と兼音素Ωと父音素と￥が続く場合、Ωは父音素性を発揮する。∀MΩN￥でΩが父音素性を発揮すると、弱母音素∀の直後に、父音素性を発揮する音素がM・Ω・N三連続する。そこでMは直前の∀に付着する。R∀MとΩNの間で音素節が分離する。

　　→しR∀M−ΩN￥S￥￥

父音素Mは音素節の末尾にあるので潜化する。

　　→しR∀m−ΩN￥S￥￥＝しR∀−ΩN￥S￥￥

父音部ΩNでは、兼音素Ωは潜化する。

　　→しら−ωN￥S￥￥＝しら−N￥S￥￥

N・Sに挟まれた￥は潜化する。NSは融合する。
母音部￥￥では、前にある￥は潜化する。

　　→しら−NjSj￥→しら−|NS|￥＝しら−Z￥＝しらじ

《連体》［上代1］ 有らじか＝あR￥￥＋∀＋MΩ＋N￥＋S￥＋Y＋か
　　→あRjj∀M−ΩN￥S￥Yか→あR∀m−ωN￥SjYか
　　→あら−NjSYか→あら|NS|Yか→あらZYか＝あらじか

［上代2］「じ」の連体形に「妹＝いも＝YYも」が続いて「じいいも」になる遷移過程。

　　絶氐じい妹＝たY＋￥Ω￥＋WRW＋∀＋MΩ＋N￥＋S￥＋Y＋YYも
　　→たY|￥Ω￥|WrW∀M−ΩN￥S￥YYYも
　　→たY|￥Ωj|WW∀m−ωNjS￥YYYも
　　→たY|￥Ωj|wwα−|NS|￥YYYも
　　→たY|￥Ωj|−Z￥YYYも

Z￥と、YYと、Yはそれぞれ音素節を形成する。YYはY行・Y段の音素節「い」になる。末尾のYは母音素性を発揮し、単独で「い」になる。

　　＝た氐じいいも

第九部　形容素詞の連体用法・已然用法

第97章　東方語「あやはとモ」は形容素詞の已然用法
　　　　　─ク形容 AU 群

§1　「あやふかる」「あやほかト」「あやはとモ」の第三音素節は PAU

【1】近畿語「あやふかる」と東方語「あやほかト」「あやはとモ」
（1）上代近畿語には形容詞カリ活用連体形「あやふかる」がある。
［近畿］　あやふかる〈阿夜布可流〉が故に
［正倉院仮名文書（乙）。『書道全集第9巻』172～173頁の「87 万葉仮名文書」に当たる］
（2）上代東方語には「あやほかト」「あやはとモ」がある。
［東方1］　あずノ上に　駒を繋ぎて　あやほかト〈安夜抱可等〉
　　　　　　　　　　　　　　　　　　　　　　　　　　［万14-3539東歌］
［東方2］　あず へから　駒ノ行こ如す　あやはとモ〈安也波刀文〉　人妻子ロを　目行かせらふモ　　　　　　　　　　　　　　　［万14-3541東歌］

【2】語幹「あやふ」「あやほ」「あやは」は「あや PAU」
　「あやふかる」「あやほかト」「あやはとモ」は共に"危ない"の意味である。そこで「あやふかる」の語幹「あやふ」と、東方語の「あやほ」「あやは」は同一の語素だと考える。
　「あやふ」「あやほ」「あやは」の第三音素節は「う」段・「お」段・「あ」段に変化するが、このように変化する音素節は他にもある。四段動詞連体形の語尾は、近畿語「降る」では「う」段であり、東方語「逢ほ」では「お」段であり、東方語「通は」では「あ」段だが、その母音部は同一で、AU である。そこで「あやふ」「あやほ」「あやは」の第三音素節の母音部は AU だと推定する。「あやふ」「あやほ」「あやは」の本質音は「あや PAU」である。
［近畿］　あや PAU→あや PaU＝あや PU＝あやふ

［東方1］　あや PAU→あや P {AU} ＝あやほ
［東方2］　あや PAU→あや PAu＝あや PA＝あやは
　「あやふ」「あやほ」「あやは」をまとめて「危」と表記する。

§2　形容素詞の連体用法

　形容詞の語幹に相当する語が直後の体言を修飾する用法がある。「赤玉〈阿加陀麻〉」［記上巻歌7］・「白玉〈斯良多麻〉」［記上巻歌7］・「事無酒〈許登那具志〉」［応神記歌49］などである。これらの用例では、形容源化語素「し＝S¥」も活用語足 KYΩY も用いられていない。

　このように、形容詞の語幹に相当する語が、形容源化語素・活用語足を伴わずに何らかの作用をする場合、これを**形容素詞**と呼ぶ。

　形容素詞が形容詞連体形相当の作用をする用法を**形容素詞の連体用法**と呼ぶ。

§3　東方語「あやはとモ」の「あやは」は形容素詞の已然用法

【1】東方語「あやはとモ」についての従来説

　東方語「あやはとモ」の語素構成はどのようであるか。

　福田良輔は『奈良時代東国方言の研究』378～380頁で「あやはとモ」の「あやは」を四段活用動詞だとする。福田は次のとおりいう。「東国方言には、中央語形には全く見られない動詞の接続形式がある。（中略）「アヤハトモ」は、中央語系古代語では「あやふ（危）とも」とあるべきところであり、三五二六の「カヨハ鳥」は「通ふ鳥」とあるべきところである。すなわち四段活動詞と見られる連体形及び終止形のウ列音がア列音となっているが、このような接続形式は、中央語系には見当らない。（中略）東国地方では、四段活動詞の活用形のア列音から体言、もしくは動詞の終止形に付く助詞「とも」に続く語法があったものと思われる。しかし、ア列音で終止する事例がないことを考えると、体言に続く連体形と見るのが妥当であろう。（中略）したがって、「通は鳥」「垂ら小柳」「危はとも」は、三音節の四段活動詞のア列音から体言に続く事例、もしくはこれに準ずる事例と見ることができよう。」

　福田の見解を要約すれば次のようである。"「アヤハトモ」の「アヤハ」は

「四段活動詞と見られる」。「終止形に付く助詞「とも」に続く」ことからすると「アヤハ」は終止形。「しかし、ア列音で終止する事例がないことを考えると、体言に続く連体形と見るのが妥当であろう。」

福田の見解には従えない。助詞「トモ」に上接する動詞は終止形である。"「あやは」は連体形で「とモ」に上接する"という福田の見解は上代語の文献事実に違背する。

【2】 近畿語の助詞「ト乙モ」が東方語で「と甲モ」[万14-3541]になる理由

東方語の助詞「とモ」は近畿語の助詞「トモ」と同一語で、その第一音素節の本質音は、『上代特殊仮名の本質音』第42章で述べたように、TOΩOだと推定する。

近畿語ではOがΩを双挟潜化する。東方語ではOΩOは融合して「お甲」になる。

[近畿]　TOΩO モ→TOωO モ→ToO モ＝TO モ＝ト乙モ
[東方]　TOΩO モ→T|OΩO| モ＝と甲モ

【3】 東方語「あやはとモ」の「あやは」は形容素詞の已然用法

（1）東方語「あやはとモ」の「あやは」は形容素詞。

「あやはとモ」の「あやは」は、形容詞「あやふかる」「あやほかト」の語幹「あやふ」「あやほ」と同一語である。「あやは」は形容詞の語幹に相当する語でありつつ、形容源化語素・活用語足を伴わずに助詞「とモ」に上接して逆接条件を表すから、形容素詞である。

（2）東方語「あやはとモ」の「あやは」は形容素詞の已然用法。

形容源詞には連体用法と已然用法がある。これと同様、形容素詞にも、連体用法と已然用法がある。

「あやはとモ」は"危ないけれども"の意味である。助詞「とモ・トモ」に上接して逆接の意味を表すから、形容素詞「あやは」は已然形として作用している。

「あやはとモ」の「あやは」のように已然形相当の作用をする用法を形容素詞の**已然用法**と呼ぶ。

（3）形容素詞は活用語ではない。

形容素詞には連体用法と已然用法があるが、これらの用法では活用語足は

用いられていない。形容素詞では活用語足が用いられないから活用語ではない。

§4　形容詞「あやふかる」「あやほかト」と形容素詞「あやはとモ」の遷移過程

【1】形容詞「あやふかる」「あやほかト」の遷移過程

「あやふ・あやほ・あやは」の本質音はAYAMPAUだと推定する。

［近畿］カリ活用。　危かる＝AYAMPAU＋S￥＋KWU＋AY る

→AYAMPAUS￥KWUAY る→AYAMPAUS￥KwuAy る

母音部AUはS￥Kの￥に父音素性を発揮させる。

→AYAMPAUS-￥KA る→AYAMPAUs-jKA る

YAMPでは、完母音素Aの後に父音素がM・P二連続する。MはAに付着して音素節YAMを形成する。

母音部AUでは、Aは潜化し、Uは顕存する（近畿語完母潜顕法則）。

→A-YAM-PAU かる→あYAm-PaU かる＝あYA-PU かる

＝あやふかる

［東方1］《已然》「危かト」は語幹AYAMPAUに、S￥と、已然形接続用法の活用語足KYAYRY∀YMと、助詞「ト」が続いたもの。

危かト＝AYAMPAU＋S￥＋KYAYRY∀YM＋ト

→A-YAM-PAUS-￥KYAYrY∀Ym ト

→A-YAm-PAUs-j KYAYY∀Y ト

母音部YAYY∀Yでは、完母音素Aのみが顕存する。

→あYA-P|AU|-KyAyyαy ト→あやほKA ト＝あやほかト

【2】ク形容 AU 群

「あやふし」「あやほし」のように、語幹末尾母音部がAUである形容詞はク活用する。これを**ク形容 AU 群**と呼ぶ。

【3】形容素詞「あやはとモ」の遷移過程

「あやはとモ」は語幹AYAMPAUに助詞「とモ」が続いたものである。

［東方2］形容素詞已然用法。　危とモ＝AYAMPAU＋TOΩO モ

→A-YAM-PAU-T|OΩO| モ

東方語では母音部AUで、前方にあるAが顕存し、後方にあるUが潜化することがある。

　　→あYAm-PAuとモ→あYA-PAとモ＝あやはとモ

【4】現代語「あやぶむ」の遷移過程

　現代語には、"あぶないと思う"意味の「あやぶむ」がある。その語素構成は、"危険"を表す語素AYAMPAUに、これを動詞化する語素Mと、動詞の活用語足が続いたものだと考える。

《終止》　危ぶむ＝AYAMPAU＋M＋W→AYAMPAUMW

　　MPは融合する。

　　→A-YA-|MP|aU-MW→あや-BUむ＝あやぶむ

【5】現代語ク活用形容詞連用形「あぶなく」の遷移過程

　現代語には"危険な"の意味のク活用形容詞「あぶない」がある。

　「あぶない」の語幹「あぶな」は、AYAMPAUに、「如＝NOA」が続いたものだと考える。

[現代]《連用》　危なく＝AYAMPAU＋NOA＋S￥＋KWU

　　→AYAMPAUNOAS-￥KwU→AYAMPAUNOAs-jKU

　AはYを双挟潜化する。MPは融合する。

　　→AyA|MP|AU-NoA-KU→aABaU-NAく

　　→ABUなく＝あぶなく

第十部　ク・シクが分岐するのはどうしてか

第98章　ク・シク分岐語幹末母音部説

§1　"ク活用形容詞は状態を表し、シク活用は情意を表す"説には例外が多い

　形容詞にはク活用とシク活用がある。何が異なるからク活用とシク活用に分かれるのか。

"形容詞の意味が異なるからク活用・シク活用の区別が生じる"とする説がある。

石井文夫は「形容詞の意味と活用」『未定稿』2でいう。「シク活用の形容詞は性質・状態を表わし、シク活用の形容詞は感覚・感情を表す傾向があることになります。」

また、山本俊英は「形容詞ク活用・シク活用の意味上の相違について」『国語学』23で、ク活用が「重し」「白し」「高し」「長し」「深し」等の状態的な属性概念を表す語が大部分」であるのに対し、シク活用は「うれし」「うらめし」「かなし」「楽し」「恋ほし」等の心的な、情意的な面を表す語が大部分」だと分析する（傍点山本）。

井上・山本がいうように、ク活用には「長し」「速し」など、対象物の状態を物理的に測定できるものが多く、シク活用は「恋ヒし」「苦し」など心情を表すものが多い。

しかし、井上・山本の言葉にもあるように、それは「傾向がある」だけ、「大部分」がそのようであるだけにすぎない。

「悪しき〈安之伎〉」［万15-3737］は情意を表し、シク活用である。だが、その反対語「良き〈予耆〉」［書紀歌47］は情意を表すがク活用である。

私は"ク活用形容詞は状態を表し、シク活用は情意を表す"説を是認することはできない。

では、何が異なるから、ク活用形容詞とシク活用形容詞の区別が生じるのか。

§2　語幹末尾の母音部の音素配列によってク活用・シク活用の区別が定まる

【1】ク活用・シク活用の区別は形容詞の語幹末尾の母音部の相違によって生じる

第97章までで、諸々のク活用形容詞・シク活用形容詞について、その意味・語素構成・音韻転化を検討することにより、語幹末尾音素節の母音部の音素配列を推定し、ク形容A群・シク形容∨群などに分類した。それらを総括しよう。

《ク活》　ク活用形容詞の語幹末尾音素節の母音部になるのは次に示す18群である。

　　A・O・U・
　　AU・OA・YΩ・$\forall$W・$\Omega\forall$・$\Omega\Omega$・
　　WAW・YOY・YO¥・Y$\forall$Y・$\forall$U$\forall$・ΩOΩ・¥A¥・¥O¥・¥$\forall$¥

《シク活》　シク活用形容詞の語幹末尾音素節の母音部になるのは次の18群である。

　　W・Y・$\forall$・Ω・¥・
　　A¥・UY・YA・$\forall\Omega$・
　　OWO・WA¥・WΩW・W¥Ω・YUY・ΩWΩ・¥OY・¥$\forall$Y・
　　YAYYO

この一覧から解るように、ク活用形容詞の語幹末尾にある母音部と、シク活用形容詞の語幹末尾にある母音部は、相異なる。

【2】ク・シク分岐語幹末母音部説

そこで私は次のように考える。

形容詞は、その語幹末尾音素節の母音部の音素配列によって、ク活用するものと、シク活用するものとに分かれる。

これを**ク・シク分岐語幹末母音部説**と呼ぶ。

第十四編　ク語法は「連体形＋AYく」

第99章　ク語法「AYく」説

§1　大野晋のク語法 aku 説

【1】ク語法の用例

　上代語には、活用語に「く」が続いて、形容詞の場合には"……しいと感じて"や"……しいところ"や"……しい程度"などの意味を付加し、動詞の場合には"……すること"や"……する内容"などの意味を付加する用法がある。これはク語法と呼ばれる。
（1）形容詞のク語法の用例。
《シク活》　シク活用のク語法は末尾が「しけく」になる。
　　　　悲しけく〈加那志祁久〉　此コに思ひ出　　　　　　［応神記歌51］
《ク活》　近畿語ではク活用のク語法の末尾は「け甲く」になるが、東方語では「かく」になることがある。
［近畿］　実ノ無け甲く〈那祁久〉を　　　　　　　　　　　［神武記歌 9 ］
［東方］　夜らノ山辺ノ　しげ甲かく〈之牙可久〉に　妹口を立てて　さ寝床払ふモ　　　　　　　　　　　　　　　　　　　［万14-3489東歌］
　万3489の形容詞語幹「しげ甲」は、「しゲ乙（繁）」とは別の語で、"人の行為を誹謗する舌鋒が鋭い"こと。「しげ甲し」を「鋭し」とも表記する。
（2）動詞のク語法の用例。
《四段》　梅ノ花　散らく〈知良久〉は何処　　　　　　　　［万 5 -823］
《ラ変》　直に逢はず　有らく〈阿良久〉モ多く　　　　　　［万 5 -809］
《上甲》　天ノ原　門渡る光　見らく〈見良久〉し良しモ　　［万 6 -983］
《上二》　恋ふらく〈古布良久〉は　富士ノ高嶺に　降る雪如すモ

391

《下二》　さ寝らく〈佐奴良久〉は　玉ノ緒ばかり　　　［万14-3358一本］
　　　　　　　　　　　　　　　　　　　　　　　　　　［万14-3358東歌］
《サ変》　殺さむト　為らく〈須羅句〉を知らに［崇神十年注 紀歌18一云］
《カ変》　神代より　言ひ伝て来らく〈久良久〉　　　　　　［万5-894］
（3）ナ変完了助動詞「ぬ」・否定助動詞「ず」・過去助動詞「き」のク語法。
《完了ぬ》　夜ノ更ケぬらく〈深良久〉　　　　　　　　　［万10-2071］
《否定ず》　いまだ干なくに〈飛那久尓〉　　　　　　　　　［万5-798］
《過去き》［上代1］「けく」になる。応神記・応神紀の歌にのみ見える用例である。
　　　菱殻ノ　刺しけく〈佐辞鶏区〉知らに　　　　　［応神紀13年 紀歌36］
　　　沼縄繰り　延へけく〈波閉祁久〉知らに　　　　　　　［応神記歌44］
［上代2］応神記歌・応神紀歌以外の用例では「しく」になる。
　　　馬立てて　玉拾ひしく〈拾之久〉　　　　　　　　　　［万7-1153］

【2】ク語法の語素構成についての従来説

　金田一京助は1942年に東京大学の講義で、"ク語法は、活用語の連体形に「あく」が続いたもの"と述べた。私は基本的には金田一の説に賛同する。
　大野晋は、金田一説に従いつつ、"「あく」は平安語に見える「あく離る」の「あく」であり、名詞である"と、『日本古典文学大系万葉集一』の「校注の覚え書」57〜60頁や、『仮名遣と上代語』322〜326頁で述べた。
　　　いつまでか　野辺に心の　あくかれむ　花しちらずは千世もへぬべし
　　　　　　　　　　　　　　　　　　　　　　　　　　　［古今和歌集2-96］
　「あく離る」は現代語では「あこがれる」になる。「あく」の原義は"事理""事の筋道"である。
　私は、大野の説のうち上記の部分については賛同し、ク語法は、動詞・助動詞・形容詞の連体形に、「あく離る」の「あく」が続いたものと考える。
　だが、「あく」の音素配列については大野説には従わない。

【3】大野晋のク語法 aku 説には不備がある

　大野は『仮名遣と上代語』324頁で、ク語法は「活用語の連体形＋aku」がその起源形であると考えることによってはじめて包括的・統一的にその起源の説明が可能となる」という。しかし、ク語法を「連体形＋aku」とした

のでは、説明できない用例が残る。
（1）大野説では過去助動詞（回想の助動詞ともいう）「き」のク語法が「しく」になることを包括的には説明できない。

　大野は『日本古典文学大系万葉集一』59〜60頁でいう。「ただ一つの例外というのは、回想の助動詞キの連体形シにアクの接続した場合である。この場合は、他の例にならえば si ＋ aku→siaku→seku すなわちセクという形になりそうだが、シクという形になる。この場合は、イヅク（何処）のク（意味は、やはり、所とか事にあたる）がついて、アクはつかなかったものである。」

　"ク語法の構成は、一般的には「連体形＋あく」だが、過去助動詞「き」の場合だけは「連体形＋く」である" というのである。これでは包括的・統一的な説明とはいえない。

（2）大野説では過去助動詞「き」のク語法が「けく」になることを説明できない。

　過去助動詞「き」のク語法には「しく」の他に「けく」もある。上掲の「刺しけく」「延へけく」である。

　この「けく」は、大野も認めるように、過去助動詞「き」のク語法である。そして過去助動詞の連体形は「し」である。そうすると、大野説によるならば、「si＋aku→siaku→seku＝せく」になるはずである。ところが、応神記歌・応神紀歌での文献事実は「けく」であって、「せく」ではない。

　このことについて、大野は『仮名遣と上代語』326頁でいう。「キという形は、終止形だけではなく、古くは連体形としても働いたことがあるのではないか。」大野は "助動詞「き」の連体形には「き」もあった" とした上で、「ki-aku→keku という変化が起ったものと見るべきであろう」という。大野説が成り立つためには "助動詞「き」の連体形には「き」もあった" という仮説が必要になる、ということである。

　日本語学では活用語の六活用形を定めるには、文献事実そのものに依らねばならない。文献事実によれば助動詞「き」の連体形は、「問ひし君はモ」［景行記歌24］などから解るように、「し」である。過去助動詞「き」には連体形「き」は存在しない。

大野は、自分の立てた"ク語法＝連体形＋aku"という仮説を存立させるために、文献事実に違背する仮説"過去助動詞連体形たる「き」がある"を提起するが、それは論理が逆である。真であるのは、〔過去助動詞には連体形たる「き」は存在しない〕という文献事実である。この文献事実に違背する大野説に従うことはできない。

§2　ク語法「AYく」説

【1】ク語法の「あく」はAYKWΩW

ク語法の「あく」の本質音はAYKWΩWだと推定する。

「く」の母音部WΩWは、「過ぐす・過ごす・過ゴす」の「ぐ・ご・ゴ」の母音部と同じであり、上代近畿語・平安語では現象音がWになるが、現代語でΩになる。

〔平安〕　あく離れむ＝AYKWΩW＋離れむ→AYKWΩW かれむ

AYでは、完母音素Aは顕存し、兼音素Yは潜化する。
WはΩを双挟潜化する。

　→AyKWωW かれむ→AKwW かれむ＝AKW かれむ＝あくかれむ

〔現代〕　あこ離れ＝AYKWΩW＋離れ→AYKWΩW がれ

WΩWでは、Ωは顕存し、Wは二つとも潜化する。

　→AyKwΩw がれ→AKΩ がれ＝あコがれ

【2】ク語法「AYく」説

ク語法は活用語の連体形に名詞「あく＝AYKWΩW」が下接・縮約したものだと考える。

§3　形容詞ク語法の遷移過程　—近畿語「悲しけく」「無けく」と東方語「しげかく」

【1】近畿語のク語法「悲しけく」「無けく」

《シク活》「悲しけく」は、形容詞語幹「かN∀」に、形容源化語素S¥と、形容詞連体形の活用語足KYΩYと、「あく＝AYKWΩW→AYく」が続いたもの。

　悲しけく＝かN∀＋S¥＋KYΩY＋AYく→かN∀S¥KYΩYAYく

母音部 YΩYAY では YAY が融合する。

　　→か N∀−S¥−KYΩ {YAY} く→かなし Kyω {YAY} く
　　＝かなし K {YAY} く＝かなしけ甲く

《ク活》　無けく＝NA＋S¥＋KYΩY＋AY く→NAS−¥KYΩYAY く
　　→NAs−j KYΩ {YAY} く→NA−Kyω {YAY} く
　　＝な K {YAY} く＝なけ甲く

【2】東方語のク活用ク語法「しげかく」

東方語「鋭かく」の語幹「しげ」は「し GY∀Y」だと推定する。「鋭し」はク形容 Y∀Y 群に属する。

［東方］　鋭かく＝し GY∀Y＋S¥＋KYΩY＋AY く
　　→し GY∀YS−¥KYΩYAY く→し G {Y∀Y} s−j KYΩYAY く

母音部 YΩYAY では完母音素 A のみが顕存し、他は潜化する。

　　→し G {Y∀Y} −KyωAy く＝し G {Y∀Y} −KA く＝しげ甲かく

§4　動詞のク語法の遷移過程

動詞のク語法は、動詞の連体形に、「AY く」が続いたものである。

《四段》　動詞語素に、連体形の活用語足 AU と、「AY く」が続く。

　　散らく＝散 R＋AU＋AY く→ち RAUAY く

母音部 AUAY では、まず、A が U を双挟潜化する。最終的には、後方にある完母音素 A のみが顕存し、他は潜化する。

　　→ち RAuAY く→ち RAAy く→ち RaA く＝ち RA く＝ちらく

《ラ変》　有らく＝AYR¥¥＋AU＋AY く→AyR¥¥AUAY く
　　→AR¥¥AuAY く→AR$j$$j$AAy く→あ RaA く＝あらく

《上甲》　MY に、活用形式付加語素 YRY と AU と「AY く」が続く。

　　見らく＝MY＋YRY＋AU＋AY く→MYYRYAUAY く

YRYAUAY では、R 直後の母類音素群に複数の完母音素がある。この場合、R は双挟潜化されずに顕存する。

　　→MyYRYAuAY く＝MYRYAAY く

YAAY では AA はひとまず顕存し、Y は二つとも潜化する。

　　→MY−RyAAy く→MY−RaA く＝MY−RA く＝み甲らく

《上二》「恋 PW」に、YRY と AU と「AY く」が続く。

　　恋ふらく＝恋 PW＋YRY＋AU＋AY く→こ PWYRYAUAY く

　WY と YAUAY は呼応潜顕する。後者では、まず、A が U を双挟潜化し、次に二つの Y が潜化し、最終的には後方にある完母音素 A のみが顕存する。R 直後の Y が潜化したことに呼応して、前者では Y は潜化し、W は顕存する。

　　→こ PWYRYAuAY く→こ PWy-RyAAy く→こ PW-RaA く

　　＝こふらく

《下二》　動詞語素 N¥Ω¥ に、WRW と AU と「AY く」が続く。

　　寝らく＝N¥Ω¥＋WRW＋AU＋AY く→N¥Ω¥WRWAUAY く

　¥Ω¥W と WAUAY は呼応潜顕する。後者では、まず、A が U を双挟潜化し、次に W・Y が潜化し、最終的には後方にある A のみが顕存する。R 直後の W が潜化したことに呼応して、前者では W は顕存し、他は潜化する。

　　→N¥Ω¥WRWAuAY く→N$j\omega j$W-RwAAy く

　　→NW-RaA く＝ぬらく

《サ変》　SYOY に、活用形式付加語素 YWRY と AU と「AY く」が続く。

　　為らく＝SYOY＋YWRY＋AU＋AY く→SYOYYWRYAUAY く

　YOYYW と YAUAY は呼応潜顕する。後者では、まず、A が U を双挟潜化し、次に二つの Y が潜化し、最終的には後方にある A のみが顕存する。R 直後の Y が潜化したことに呼応して、前者では W は顕存し、他は潜化する。

　　→SYOYYWRYAuAY く→SyoyyW-RyAAy く

　　→SW-RaA く＝すらく

《カ変》　K¥O¥ に、YWRY と AU と「AY く」が続く。

　　来らく＝K¥O¥＋YWRY＋AU＋AY く→K¥O¥YWRYAUAY く

　¥O¥YW と YAUAY は呼応潜顕する。後者では、まず、A が U を双挟潜化し、次に二つの Y が潜化し、最終的には後方にある A のみが顕存する。R 直後の Y が潜化したことに呼応して、前者では W は顕存し、他は顕存する。

　　→K¥O¥YWRYAuAY く→KjojyW-RyAAy く

　　→KW-RaA く＝くらく

§5　完了助動詞「ぬ」・否定助動詞「ず」のク語法の遷移過程

【1】ナ変活用する完了助動詞「ぬ」のク語法

　　更ケぬらく＝更 K＋¥Ω¥＋WRW＋YYN＋WRW＋AU＋AY く

　　→ふ K¥Ω¥WrWYY–NWRWAUAY く

　　→ふ K¦¥Ω¥¦ WWYY–NWRWAuAY く

　　→ふ K¦¥Ω j¦ wwyy—NW–RwAAy く

　　→ふ K¦¥Ω j¦—NW–RaA く ＝ふケ乙ぬらく

【2】否定助動詞「ず」のク語法

　動詞の未然形ずむ用法に、否定助動詞語素 N¥と、その連体形の活用語足 AU と、「AY く」が続く。

　　干なく＝PWY＋YRY＋∀＋N¥＋AU＋AY く

　　→PWYYrY∀–N¥AuAY く →P¦WY¦ YY∀–N j AAy く

　　→P¦WY¦ yyα–NaA く＝P¦WY¦–NA く＝ヒ乙なく

§6　詠嘆助動詞「け甲り・ケ乙り・かり」と過去推量助動詞「けらし」

　過去助動詞「き」のク語法について述べる前に詠嘆助動詞「け甲り・ケ乙り・かり」と過去推量助動詞「けらし」の語素構成・遷移過程を述べておきたい。

【1】助動詞「け甲り・ケ乙り・かり」の用例

　「けり・ケり・かり」はラ変活用する。第一音素節は近畿語では「け甲」だが、東方語では「ケ乙」にも「か」にもなる。

　[近畿]《終止》　尊(たふと)くありけ甲り〈阿理祁理〉　　　　[記上巻歌7]
　《已然》　歌ひつつ　醸(か)みけ甲れ〈迦美祁礼〉かモ　　　　[仲哀記歌40]
　[東方1]《連体》　絶えにケ乙る〈多延尓気流〉かモ　　　　[万20–4404防人歌]
　[東方2]《終止》　垢(あか)付きにかり〈都枳尓迦理〉　　　　[万20–4388防人歌]

【2】「有りけり」の語素構成・遷移過程と YSYKYAY 呼応潜顕

　山田孝雄は『奈良朝文法史』326頁で、疑問符を付けながらも、「き（？）—あり」が熟合して「けり」になったとする。私は山田説に賛同する。

（1）「有りけり」の語素構成。

「けり・ケリ・かり」は動詞の語素形Y用法に続く。

「けり・ケリ・かり」は、過去助動詞「き」の助動詞語素SYKに、その語素形Y用法の活用語足Yと、ラ変動詞「有り＝AYり」が続いたもの。
［近畿］《終止》 有りけり＝有R￥￥＋Y＋SYK＋Y＋AYR￥￥＋W
　　　→あR￥￥YSYKYAYR￥￥W

（2）YSYKYAY呼応潜顕。

音素配列YSYKYAYの遷移過程はYSYKYAY直後がRである場合と、Kである場合とで異なる。

YSYKYAYの直後がRである場合には、SがYに双挟潜化され、Kは顕存する。

YSYKYAYの直後がKである場合は、応神記歌・応神紀歌での用例と、それ以外の用例とで、異なる遷移過程が起きる。

応神記歌・応神紀歌では、SがYに双挟潜化され、Kは顕存する。

応神記歌・応神紀歌以外の用例では、KがYに双挟潜化され、Sは顕存する。

この遷移をYSYKYAY呼応潜顕と呼ぶ。

（3）「有りけり」の遷移過程。

「有りけり」の遷移過程の続きは次のようである。

YSYKYAY直後の父音素はRなので、SはYに双挟潜化される（YSYKYAY呼応潜顕）。

　　　→あR￥￥YsSYKYAYR￥￥w→あR$j\,j$YYKYAYR￥￥
　　　→あRyYK｛YAY｝Rj￥＝あRYK｛YAY｝R￥＝ありけ甲り

【3】東方語「絶イエにケる」「付きにかり」の遷移過程

［東方1］　絶イエにケる→絶Y＋￥Ω￥＋WRW＋YYN＋Y＋SYK＋Y
　　　＋AYR￥￥＋AU

　　　→た Y｛￥Ω￥｝WrWYY–NYSYKYAYR$j\,j$aU

　　　→た Y｛￥Ωj｝wwyy–NYSYKYAYRU

　　　→たイエNYSYKYAYRU

YSYKYAY直後の父音素はRなので、SはYに双挟潜化される（YSYKYAY呼応遷移）。

→たHNYsYKYAYRU→たHNYY-K{YAY}る

東方語では{YAY}の末尾のYは潜化することがある。

→たHNyY-K{YAy}る＝たHにケఒる

［東方２］　付きにかり＝付K＋YYN＋Y＋SYK＋Y＋AYR¥¥＋W

→つKyY-NYSYKYAYR¥¥w→つKY-NYSYKYAYRｊ¥

YSYKYAYRでは、SはYに双挟潜化される（YSYKYAY呼応潜顕）。

→つき-NYsYKYAYR¥

母音部YAYで、Aは顕存し、Yは二つとも潜化する。

→つき-NYY-KyAyり→つき-NyY-KAり＝つきにかり

【４】助動詞「けらし」の遷移過程

　　領巾振りけらし〈布利家良之〉　松浦佐用姫　　　　［万５-873］

「振りけらし」は、「振R」に、活用語足Yと、過去助動詞語素SYKと、活用語足Yと、ラ変「有り」の語素AYR¥¥と、助動詞「WWRYA＋し」が続いたもの。

　　振りけらし＝振R＋Y＋SYK＋Y＋AYR¥¥＋WWRYA＋し

　　＝ふRYSYKYAYR¥¥WWRYAし

SはYに双挟潜化される（YSYKYAY呼応潜顕）。

Rは¥¥WWを双挟潜化する。

　　＝ふRYsYKYAYRｊｊwwRyAし

→ふRyYK{YAY}RrAし＝ふりK{YAY}RAし＝ふりけ甲らし

§7　過去助動詞「き」のク語法が「けく」にも「しく」にもなる理由

［上代１］　過去助動詞「き」のク語法が応神記歌・応神紀歌で「けく」になる遷移過程。

「刺しけく」の語素構成は、動詞語素「刺S」に、語素形Y用法の活用語足Yと、過去助動詞語素SYKと、その連体形の活用語足Yと、「あく＝AYKWΩW」が続いたもの。

《四段》　刺しけく＝刺S＋Y＋SYK＋Y＋AYKWΩW

→さSYSYKYAYKWωW

YSYKYAYの直後がKであって、応神記・応神紀の歌詞である場合には、SがYに双挟潜化され、Kは顕存する（YSYKYAY呼応潜顕）。

　　　→さ SYsYKYAYKwW→さ SyYK {YAY} KW＝さしけ甲く

《下二段》「延へけく」の語素構成は、「延P」に、¥Ω¥と、語素形Y用法の活用語足Yと、SYKと、その連体形の活用語足Yと、AYKWΩWが続いたもの。

　　　延へけく＝延P＋¥Ω¥＋Y＋SYK＋Y＋AYKWΩW

　　　→はP¥Ω¥YSYKYAYKWωW

YSYKYAYの直後がKであって応神記・応神紀の歌詞である場合には、SがYに双挟潜化され、Kは顕存する（YSYKYAY呼応潜顕）。

　　　→はP¥Ω¥YsYKYAY–KwW→はP{¥Ω¥} YY–K{YAY} く

　　　→はP{¥Ωj} yy け甲く＝は へ乙け甲く

［上代２］　過去助動詞「き」のク語法が応神記歌・応神紀歌以外の用例で「しく」になる遷移過程。

「拾ひしく」の語素構成は、動詞語素以外は「刺しけく」と同一である。

《四段》　拾ひしく＝拾P＋Y＋SYK＋Y＋AYKWΩW

　　　→ひり PYSYKYAYKWωW

YSYKYAYの直後がKである場合、応神記歌・応神紀歌以外の用例では、KがYに双挟潜化され、Sは顕存する（YSYKYAY呼応潜顕）。

　　　→ひり PYSYkYAYKwW＝ひり PYSYYAYKW

PYの母音部YとSYYAYの母音部YYAYは呼応潜顕し、共にYになる。そのために、まずYAYでYがAを双挟潜化する。

　　　→ひり PYSYYaY く→ひり PYSyyY く＝ひり PYSY く

　　　＝ひりひ甲しく

上記のように、ク語法「AYく」説に依るなら、すべてのク語法の用例を統一的に説明できる。

応神記・応神紀の歌詞に限ってYSYKYAYの遷移過程が異なるのはなぜか。

それは日本語学の問題というより、むしろ日本古代史の問題になる。応神天皇・仁徳天皇らの歴史については拙著『古代天皇系図の謎』『邪馬壹国の

第99章

論理と数値』『日本の国号』『巨大古墳の被葬者』等を参照されたい。

参考文献

『日本思想大系古事記』1982年。岩波書店。
『日本古典文学大系日本書紀』上・下。1965年・1967年。岩波書店。
『校本万葉集』別冊一〜三（広瀬本）。1994年。岩波書店。
『補訂版万葉集本文篇』1998年。塙書房。
『日本古典文学大系万葉集』一〜四。1957年〜1962年。岩波書店。
『万葉集注釋』第一〜第廿。沢瀉久孝。1957年〜1968年。中央公論社。
『日本古典文学大系風土記』1958年。岩波書店。
『日本古典文学大系古代歌謡集』1957年。岩波書店。
『新日本古典文学大系続日本紀』一〜五。1989年〜1998年。岩波書店。
『寧楽遺文』上巻・中巻・下巻。1962年。東京堂出版。
『時代別国語大辞典上代編』1967年。三省堂。
『橋本進吉博士著作集第三冊文字及び仮名遣の研究』1949年。岩波書店。
『橋本進吉博士著作集第四冊国語音韻の研究』1950年。岩波書店。
『橋本進吉博士著作集第五冊上代語の研究』1951年。岩波書店。
『橋本進吉博士著作集第六冊国語音韻史』1966年。岩波書店。
『橋本進吉博士著作集第七冊国文法体系論』1959年。岩波書店。
山田孝雄『奈良朝文法史』1954年、宝文館。
有坂秀世『上代音韻攷』1955年。三省堂。
有坂秀世『国語音韻史の研究増補新版』1957年。三省堂。
『万葉集大成第六巻言語篇』1955年、平凡社。
大野晋「日本語の動詞の活用形の起源について」『国語と国文学』30巻6号。1953年。
大野晋『上代仮名遣の研究　日本書紀の仮名を中心として』1953年。岩波書店。
大野晋『日本語の文法を考える』1978年。岩波書店。

大野晋『仮名遣と上代語』1982年。岩波書店。
大野透『万葉仮名の研究』1962年。明治書院。
福田良輔『奈良時代東国方言の研究』1965年。風間書房。
北条忠雄『上代東国方言の研究』1966年。日本学術振興会。
阪倉篤義『語構成の研究』1966年。角川書店。
馬淵和夫『上代のことば』1968年。至文堂。
馬淵和夫『国語音韻論』1971年。笠間書院。
川端善明『活用の研究　Ⅰ・Ⅱ』1978年・1979年。大修館書店。
柳田征司『音韻脱落・転成・同化の原理』1984年。
山口佳紀『古代日本語文法の成立の研究』1985年。有精堂出版。
山口佳紀『古代日本語史論究』2011年。風間書房。
橋本四郎『橋本四郎論文集』1986年。角川書店。
蜂矢真郷『古代語形容詞の研究』2014年。清文堂出版。

おわりに

　本書の内容の一部を簡略に述べる。
　一字一仮名表記の用例によって上代語動詞の六活用形を論定したならば、動詞の段行活用の分類について重要な命題を得ることができる。
　平安語で上一段活用する「居る」は、上代語では次のとおり活用する。
　　　連用　ゐ　　終止　う　　連体　ゐる
　「居」の終止形は、平安語では「い」段で始まる二音節「ゐる」だが、上代語では「う」段の一音節「う」である。
　同様のことは「干（乾）」の活用においても見られる。平安語で上一段活用する「干る」は、上代語では次のとおり活用する（一字一仮名表記の用例には『干』の已然形は存在しない）。
　　　未然　ヒ乙　　連用　ヒ乙　　終止　ふ
　活用段に着目すると、上代語での「居」「干」の活用は一つの群にまとめることができる。次のとおりである。
　　　未然　イ乙　　連用　イ乙・い丙　　終止　う　　連体　い丙＋る
　注目すべきは、連用形に「イ乙」段一音節の形があることである。これには類例がある。上代語「廻」の活用は次のとおりで、連用形は「イ乙」段一音節「ミ乙」である。
　　　連用　ミ乙　　連体　ミ乙る
　そこで、上代語での「居」「干」「廻」の活用は一つの群にまとめることができる。未然・連用・終止・連体の順に記す。
　　　イ乙　　イ乙・い丙　　う　　イ乙・い丙＋る
　上代語でのこの活用を上乙段活用と呼ぶ。
　他方、序章で述べたように、平安語で上一段活用する「見る」の上代語での終止形は、「い甲」段一音節「み甲」であって、上乙段活用の終止形「う」段一音節とは異なる。

上代語での「見」の活用を上甲段活用と呼ぶ。
　平安語の上一段活用は、上代語では上甲段活用と上乙段活用とに分離していたのである。

　本書を著すにあたっては多くの先学の論考から啓示を頂いたが、とりわけ橋本進吉博士と大野晋博士に厚く敬意を捧げる。

2018年7月2日

坂田　隆

著者略歴

坂田　隆（さかた　たかし）

1948年、京都府に生まれる。
1973年、京都大学大学院工学研究科修了。工学修士。
1980年、佛教大学文学部史学科卒業。文学士。
大阪府立高等学校教諭を退職後、日本語学（音素論・語素論・活用論）・上代日本文学（想起詞論）・日本古代史学（邪馬壹国宮室＝福岡県田川郡赤村説）の研究に専念。

主要著書

『邪馬壹国の歴史』1975年。私家版。
『古代天皇系図の謎』1977年。新人物往来社。
『邪馬壹国の論理と数値』1983年。新人物往来社。
『卑弥呼をコンピュータで探る　―安本美典説の崩壊―』1985年。青弓社。
『分割された古代天皇系図』1986年。青弓社。
『卑弥呼と倭姫命』1988年。青弓社。
『日本の国号』1993年。青弓社。
『巨大古墳の被葬者』1995年。新泉社。
『古代の韓と日本』1996年。新泉社。
『人麻呂は誰か』1997年。新泉社。
『上代特殊仮名の本質音』2013年。真珠書院。
『ちはやぶる・さねかづら』2014年。ビレッジプレス。
『古事記歌謡全解』2015年。ビレッジプレス。

主要論文

「『盗まれた神話』批判　―古田武彦氏に問う」『鷹陵史学』7。1981年。
「倭面上国」『古代日本海文化』11～13。1988年。
「不改常典」『古代史の海』42。2005年。
「中大兄三山歌の連想詞・暗喩詞」『古代史の海』23号。2001年。

日本語学 ―「見る」の終止形は上代語では「み」である―

令和元年8月1日　初版発行　　Printed in Japan

著　者	坂田　隆（さかた　たかし）	
発行者	株式会社真珠書院	
	代表者　三樹　蘭	
印刷者	亜細亜印刷株式会社	
	代表者　藤森英夫	
製本者	亜細亜印刷株式会社	
	代表者　藤森英夫	
発行所	株式会社真珠書院	
	東京都新宿区大久保1-1-7　郵便番号169-0072	
	電話　03-5292-6521	
	振替　00180-4-93208	

ⒸTakashi Sakata 2019
ISBN 978-4-88009-511-0